글로벌 경쟁시대의

경영전략

김성호 남정우

비즈프레스

머리말

세계경제는 지난 10년 새 어려움을 겪어왔다. 2007년 서브프라임모기지 사태, 2008년 리먼브러더스 파산으로 촉발된 미국발 금융위기에 이어 유럽 재정위기의 타격으로 인해 세계적으로 성장세가 둔화되는 경향을 보이고 있다. 또한 일본은 20년 가까이 이어져 온 디플레이션과 엔고(円高) 탈출을 위해 '아베노믹스'로 대표되는 공격적인 경제정책을 펼치고 있고 이는 엔화의 약세를 주도하며 우리나라를 포함한 주변국의 수출산업에도 커다란 영향을 주고 있는 상황이다.

한편 우리나라는 한·중 자유무역협정(FTA)을 적극적으로 진행하는 동시에 미국이 주도하는 환태평양경제동반자협정(TPP: Trans-Pacific Partnership)에도 참가할 예정이다. TPP의 경우 우리나라는 일본과 멕시코를 제외한 주요 참가국과 FTA를 맺었거나 협의 중이기 때문에 실질적으로는 한·일 FTA의 효과를 낼 것이라는 주장도 있다. 일본의 경우 우리나라와 주요 산업구조가 유사하기 때문에 우리 기업에 매우 큰 영향을 미칠 가능성이 있다.

뿐만 아니라 2013년 11월 개최된 기후변화 당사국 총회에서는 기존의 선진국 중심에서 개도국을 포함한 모든 국가들이 2020년 이후 의무적으로 탄소배출을 감축할 것에 합의하며, 구체적인 감축계획을 2015년까지 수립해야 하는 상황에 있다. 이는 각국에 환경규제정책을 강화시키는 배경이 됨으로써 기업에게는 또 다른 곤란으로 다가오고 있다.

이처럼 최근 기업들은 다양한 내·외부적 환경에 영향을 받으며 치열하게 경쟁해 나가야 하는 상황이다. 이와 같은 환경에서 기업에게 중요한 것은 제한된 자원을 어떻게 활용하여 경쟁우위를 만들어 낼 것인가이다. 즉, 경쟁에서 이기기 위한 전략의 수립이 과거 이상으로 중요하다는 것이다.

본서의 필자들은 다년간의 교육현장 경험과 10여 년의 일본 유학 경험을 바탕으로 급변하고 있는 경영환경에 대한 전략적 의사결정들에 대한 그간의 자료들을 정리하여 본서에 담아보고자 했다.

이에 본서는 다음과 같은 사항들을 고려하며 서술하였다.

첫째, 가능한 넓은 범위의 경영활동 분야에 대한 경영전략을 소개하려 노력했다.

둘째, 이론적 내용들과 사례들을 연계시켜 이해하기 쉽도록 구성하려고 노력했다.

셋째, 경영학 전공자의 교재로서 뿐만 아니라 경영전략에 관심이 있는 일반 독자들도 이해하기 쉽게 설명하고자 노력했다.

본서는 총 14장으로 구성되어 있다. 앞서 언급한 바와 같이 각 장은 경영전략의 핵심이 되는 부분으로 구성하였으며, 주요 이론과 함께 가급적 최신의 사례와 대표적인 사례를 소개하여 이해하기 쉽도록 구성하였다.

특히 본서의 제13장에서는 본서의 각장에서 소개한 전략이론을 바탕으로 구체적으로 전략을 수립하는 과정을 체계적으로 정리하였으며 제14장에서는 지구환경문제라는 관점에서 새롭게 부각되고 있는 그린경영전략에 대해서도 최근까지의 흐름을 정리하고 그린경영전략의 필요성 및 전략방안에 대해서도 소개하고 있다.

한편 본서의 특징이라고 한다면 일본의 경영전략 관련 교재에서 다루는 이론적 견해와 일본기업의 사례들도 다양하게 소개하려 노력했다는 점일 것이다.

집필을 마치고 나니 부끄러움과 아쉬움이 더 크게 남는 것 같다. 후회하지 않기 위해 노력했음에도 불구하고 많은 부분에서 필자들이 미처 발견하지 못한 부족한 점이 발견될 것으로 생각된다. 그럼에도 불구하고 본서를 접한 학생들 및 일반 독자들의 지적과 질책이 보다 충실하고 발전된 교재를 만드는 밑거름이 될 것으로 믿으며 많은 관심과 격려를 부탁드린다.

2014년 2월 저자를 대표하여
김성호교수

목차

Chapter 01 경영전략의 개념 및 의의

Chapter 02 경영전략과 환경

Chapter 03 경영조직과 경영전략

Chapter 04 인사관리와 경영전략

Chapter 05 재무관리와 경영전략

Chapter 06 국내시장의 경영전략

Chapter 07 해외시장의 경영전략

Chapter 08 유통 · 물류 경영전략

Chapter 09 R&D와 경영전략

Chapter 10 전략적 제휴

Chapter 11 M&A와 경영전략

Chapter 12 경영전략과 자원분석

Chapter 13 경영전략의 수립과 실행

Chapter 14 그린 경영전략

제1장

경영전략의 개념 및 의의

I 경영전략의 개념

군대에는 군사전략이 있고 개인에게는 자신의 꿈을 이루려는 인생의 성공전략이 있으며 기업에게는 경영전략이 있다. 군사전략은 전쟁에서의 승리를 목표로 하고 있을 것이며 개인들은 자신들의 꿈과 희망을 이루려는 성공을 위한 목표가 있을 것이다.

전략의 어원(語源)은 그리스어 Strategos로 Stratos(군대)를 이끌다(lead)의 뜻을 가진 Strategy가 되었으며 여기에 관리와 합쳐져 경영전략(Strategic management)이라는 단어가 되었다. 결국 전략(戰略)은 전쟁에서 승리를 얻기 위한 장군의 작전이며 기업으로서는 성공이라는 목표 달성을 위한 계획인 것이다.

이러한 전략은 정해진 목표를 관철시키고, 가지고 있는 수단(자원)을 목적에 맞게 투입하고, 참여자들의 의사결정권이 정해진 목표를 달성하기 위해 사용되도록 조정하는 과정을 통해 구체적으로 실현된다.(랄프 쇼이스, 전략사전, p.23)

전략의 정의에 대한 다양한 견해를 보면, Alfred D. Chandler는 "전략이란 기업의 장기적인 목표의 결정과 그 목표를 달성하기 위한 행동을 결정하고 경영 자원을 배분하는 것"이라고 정의하였다.

Kenneth Andrews는 "전략이란 기업의 목표와 그 목표를 달성하기 위한 여러 가지 계획이나 정책을 말한다. 또한 전략은 그 회사가 어떤 사업분야에 참여하고 있어야만 하고 그 회사가 어떠한 성격의 회사이어야 하는가를 결정하는 중요한 이론이다"라고 정의한다.

Ansoff와 McDonnell은 "전략은 조직의 행위를 이끄는 일련의 의사결정 원칙"이라고 하였다. 한편 아오시마 · 카토(青島·加藤)는 경영전략을 "기업의 장래상과 그것을 달성하기 위한 길"이라고 정의하고 있다.

이처럼 경영전략은 학자들에 따라 다양하게 정의되고 있으나 제한된 또는 희소한 경영자원을 집중·배분하여 기업에게 경쟁우위를 창출하고 유지시킬 수 있는 주요한 의사결정이라고 정의할 수 있을 것이다.

한편 특정의 산업분야에 진입하여 지속적인 성장으로 이어지는 기업은 드물다. Forbes에 의하면 100년을 이어 온 기업들은 미국은 152개, 영국은 41개, 독일과 일본이 각각 24개와 45개였으며 한국은 두산그룹과 한국전력공사 2개뿐 이다.(〈그림 1-1〉 참조)

그림 1-1 세계 100년 이상 지속적으로 성장해 온 기업

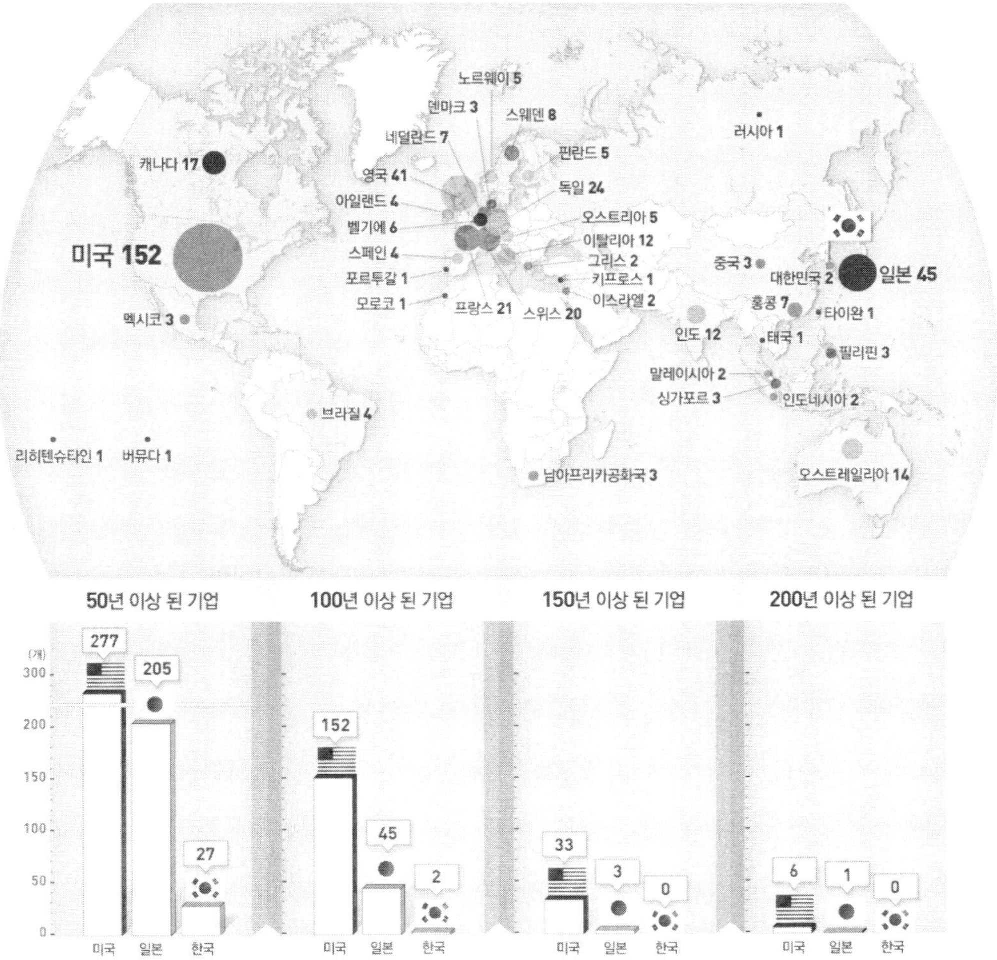

그런데도 경제 전문가들은 앞으로 10년 이후에는 이들 기업 가운데 30% 정도만이 지금의 핵심 사업을 이어갈 수 있고, 나머지 40%는 타 기업에게 인수 또는 합병되며, 나머지 30%는 사라지게 될 것임을 강조하고 있다.

이는 결국 기업의 경영환경은 무한경쟁의 위기에 수시로 직면하게 되고 안정적인 미래에 대한 불투명이나 불안으로부터 자유롭지 못하다는 것을 단적으로 보여 주는 것이다.

그리하여 기업의 영속성에 대한 조건으로 '기업이 영속성을 갖기 위해서는 스토리를 갖춘 정신적 DNA(Deoxyribo Nucleic Acid)가 우선되어야 한다'고 하면서 '기업의 핵심가치와 기술이 스토리를 갖추고 고객들을 설득할 수 있어야만 영속할 수 있으며, 그 스토리가 무너지면 기업의 100년 이상 장수는 어렵다'고 강조한다.(이코노미세계, 2013년 3월 14일)

이는 지속적인 성장(sustainable management)을 태생적(胎生的)인 속성(屬性)으로 하는 계속기업(going concern)에게 있어 경영전략은 필수적인 것임을 보여주고 있는 것이다.

결국 경영전략이란 기업의 목표를 수립하고 이에 필요한 방법으로 기업에서 요구되는 전반적인 방향을 설정할 수 있도록 관리하는 기법인 것이다.

물론 이를 성공적으로 수행하기 위해서 기업은 특정의 조직과 그 조직을 둘러싸고 있는 환경과 일치(meet)되어야하며 조화(harmony)를 이뤄야 한다는 것이다.

다시 말해 경영전략은 '경영환경과의 일치방법에 대한 기본설계도'라고 할 수 있다.(1からの戦略論, 嶋口充輝·内田和成·黒岩健一郎, 碩学舎, 2009, pp.13-14)

경영환경은 자사를 둘러싼 모든 것으로 정의할 수 있는데, 그 중심에는 고객과 경쟁기업이 있다. 경영환경과 더불어 우수한 전략은 경영조직과도 일치한다.

또한 경영조직이란 자사에서 일하는 종업원의 활동시스템으로 구조와 문화에 따라 뛰어난 활동과 서투른 활동으로 구분된다. 따라서 전략과 자사의 경영조직이 일치한다는 것은 우수한 전략 중 하나의 조건이 된다.

이처럼 경영환경과 전략이 적합한 상태를 외부적합이라 부르고, 전략과 경영조직이 적합한 상태를 내부적합이라 부른다. 외부적합과 내부적합은 양쪽 모두를 만족시킬 수 있어야하며, 어느 쪽이 결여되어도 기업은 좋은 업적을 올릴 수 없다(〈그림 1-2〉 참조).

그림 1-2 경영환경, 경영전략, 경영조직의 관계

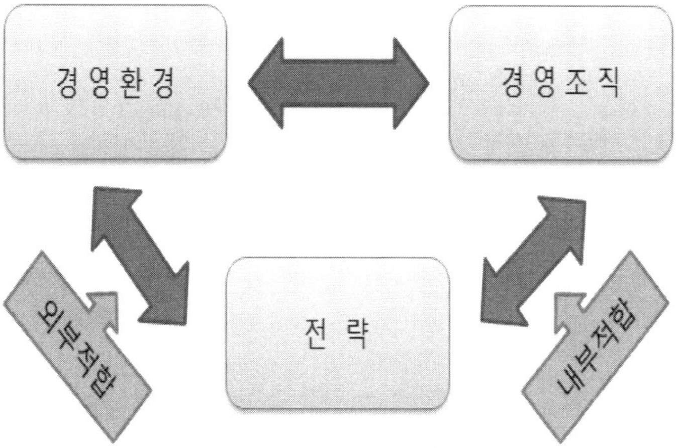

그리고 여기에서 주의해야 할 점은 첫째, 경영환경은 항상 변화하고 있다는 것이다. 고객은 유행에 민감하게 반응하며 경쟁기업은 언제라도 새로운 제품을 시장에 출시할 수도 있다.

새로운 기술이 개발될 수도 있고 경기대책에 따른 정책의 변화도 있게 되어 단기적으로 경영환경에 일치한다고 하더라도 장기적으로는 불일치가 일어날지도 모른다.

특히 최근에는 고객 · 소비자 needs의 변화, 산업의 경계를 넘어서는 경쟁 환경의 심화, 글로벌화에 의한 지역적 범위의 확대 등에 따라 기업을 둘러싼 경영환경이 크게 변화하고 있으며 변화의 속도 및 불확실성이 크게 증가하고 있다. 따라서 경영환경의 변화를 예측하여 전략을 수립할 필요가 있다.

둘째는 자사의 전략이 경영환경을 변화시킬 가능성도 있다는 것이다. 자사의 신제품이 고객의 needs를 환기시키거나 자사의 가격변경에 경쟁기업이 따라올 수도 있는 것이어서 결국 전략과 경영환경은 상호작용(相互作用)하고 있음을 알 수 있다.

이처럼 경영환경은 기업이 경영 또는 사업을 영위하는데 관계되는 환경 및 상황의 전반을 의미한다. 구체적으로는 경제적 · 정치적 상황 등의 거시환경부터 사업을 운영하는데 관계되는 고객 · 거래처의 상황, 경쟁상대의 상황, 자사가 활용할 수 있는 경영자원의 상황 등까지도 포함된다. (〈그림 1-3〉 참조)

그림 1-3 기업경영 요소의 관계

경영환경	❖ 기업경영 상의 환경 ▪ 거시환경(국가, 세계의 경제적·정치적 상황 등) ▪ 사업과 관련한 고객·거래처(공급자, 자금 조달처 등)의 상황 ▪ 사업과 관련한 경쟁상대의 상황 ▪ 자사가 활용할 수 있는 경영자원의 상황 등
기업의 목적	❖ 기업경영 상의 목적 ▪ 사업을 지속해 가는 것 ▪ 이익을 창출하는 것 ▪ 성장해 가는 것 ▪ 사업을 통해 사회에 공헌하는 것 등
경영전략	❖ 기업 환경하에서 기업의 목적·목표를 달성하기 위해 필요한 방법 ▪ 일정한 제약하에서 경영자원을 활용하여 어떻게 사업을 영위해 나갈 것인가의 문제

자료: 日本總合硏究所 経營戰略硏究會, 2013, p.12.

이를 구체적으로 살펴보면 우선 기업은 '계속적으로 사업을 영위하는 것'이 목적인 것이다.

일반적으로 영리기업은 '이익을 창출하는 것', 상장기업은 '주주의 기대에 부응해 이익을 창출하고 성장하는 것'이 대표적인 목적이다.

이러한 '목적'에 달성시기 및 달성정도를 부여하고 '어느 시점에 어떠한 상태에 도달하는 가'를 나타내는 것이 '목표'이다. 따라서 목표를 달성하기 위해서는 무언가 방법이 필요하게 되고 그 방법이 '경영전략'이라 할 수 있다.

경영전략(經營戰略) 또는 전략관리(戰略管理)는 특정의 기업이 관련을 맺고 있는 모든 활동들을 평가(evaluate)하고 통제(control)를 수행하는 가운데 기업의 궁극적인 목표를 달성시키는 도구(tool)이며 기술(technique)이고 방책(method)인 것이다..

그러므로 경영전략은 아래의 〈그림 1-4〉와 같이 기업의 사명(mission)을 추구하고 목표(object)를 달성하기 위하여 효과적인 전략(strategy)을 수립(formulation)하며 이를 실행(implementation)하고 그동안의 성과(output)를 평가(evaluation)하여 통제하는 경영활동(business activities)의 모든 과정이고 절차라고 할 수 있다.

그림 1-4 경영전략의 절차

마지막으로 경영전략의 수립에서 실행과 피드백에 이르기까지를 환경의 단계별로 정리하면 다음의 〈그림 1-5〉와 같다

그림 1-5 경영전략 수립의 단계별 개요

사업구조파악	경영목표 및 경영전략을 수립하기 위한 추진조직의 구성 및 상세추진계획을 수립하는 단계
외부환경분석	경영전략 및 평가체계 수립을 위해 외부환경 변화를 파악/분석하여 이에 대한 기회 및 위협요인을 도출하는 단계
내부역량분석	기존의 경영이념 및 사업영역을 바탕으로 핵심역량, 프로세스, 재무능력 그리고 이해관계자에 대한 평가 및 분석을 통해 강점 및 약점요인을 도출하는 단계
비전/전략적 과제 도출	전략 수립 주체의 실천 및 구체화 작업으로 SWOT 분석을 통해 전략적 과제를 도출하고 사업별/시기별 전략적 방향을 설정하는 단계
사업별/기능별 전략 수립	경영목표를 설정하고 사업별로 경영자원과 경영전략 의지를 마케팅 전략, 개발전략, Logistics 전략, 재무전략 등의 하부구조를 재분배 및 세부계획을 수립하는 단계
실행 및 피드백	수립된 비전과 전략적 의지를 구체적으로 실천함으로써, 전략의 타당성을 증명하고 핵심적인 요소와 기능별 전략의 입체화를 전개하는 단계

Ⅱ 경영전략의 의의

경영학에서는 '전략'과 '전술'이라는 개념이 자주 인용되고 있다. 전략(戰略)과 전술(戰術)의 차이점은 다음과 같이 정의할 수 있다.

전략은 '중장기적이며 보다 광범위한 범위를 대상'으로 하는 반면 전술은 '단기적이며 비교적 협소한 범위를 대상'으로 한다는 점이다.

두 개념을 구분할 수 있는 명확한 정의가 있는 것은 아니지만 일반적으로 '복수년(複數年) 및 연차(年次)' 기준의 대처 또는 전사(全社)적인 대처를 대상으로 하는 경우에 '전략'이라는 용어를 사용한다.

한편, '월차(月次) 또는 일차(日次)' 기준의 대처 또는 현장(現場)에서의 대처가 대상이 될 경우에는 '전술'이라는 용어를 사용하는 것이 일반적이다. (〈그림 1-6〉 참조)

그림 1-6 전략과 전술의 차이

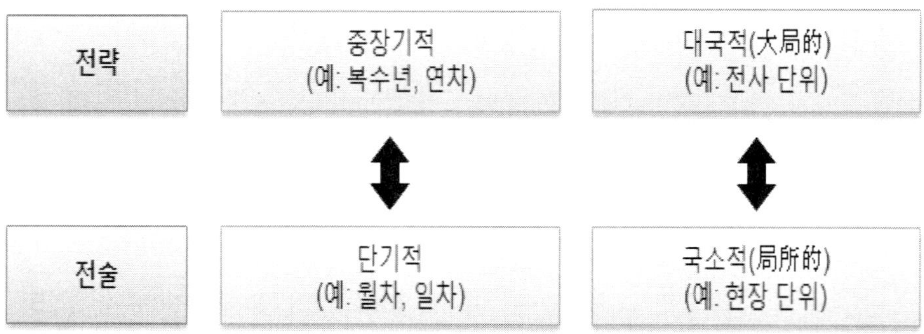

자료: 日本總合硏究所 經營戰略硏究會, 2013, p.17.

경영에 있어서 전략을 책정한다는 것은 구체적으로 무엇인가를 결정하여야 한다는 것이다. 경영전략을 수립하기 위해서는 기본적으로 다음의 네 가지 사항에 대하여 결정하여야 한다.

첫째, 어떻게 경쟁기업에게 이길 것인가를 결정해야 한다. 바둑의 정석처럼 기업에도 승리의 패턴이 있다. 전략의사결정권자는 승리의 패턴대로 싸울지 또는 다른 방식을 택할지를 결정해야 한다. 이것을 '경쟁전략의 결정'이라고 한다.

둘째, 누구와 함께 할 것인가를 결정해야 한다. 사업의 모든 것을 자사에서 수행하는 것보다 협력해 주는 기업에게 일부분의 작업을 맡기는 것이 효율적인 경우가 많다. 따라서 어느 부분을 자사에서 수행하고 또한 어느 부분을 타사에 맡길 것인가를 고려해야 하는데, 이것을 '사업시스템의 결정'이라고 한다.

셋째, 어떠한 사업을 할 것인가를 결정해야 한다. 특히 사업을 확대하거나 축소할 경우 이 결정은 중요해진다. 이것을 '사업영역의 결정'이라고 한다.

넷째, 어떤 사업에 주력할 것인가를 결정해야 한다. 자금과 인재가 한정되어 있을 때 모든 사업에 경영자원을 투자하는 것은 불가능하다. 어떤 사업을 우선할지 결정할 필요가 있다. 이것을 '자원전개의 결정'이라고 한다.

상기의 네 가지 요소는 내부 환경 및 외부 환경과의 적합성을 고려한 결정을 통하여 경영전략으로 책정된다.(1からの戦略論, 嶋口充輝·内田和成·黒岩健一郎, 碩学舎, 2009, p.16)

기업이 수립하고 수행하는 전략은 크게 기업전략과 사업전략 그리고 기능별전략으로 구분할 수 있다.

먼저 기업전략은 기업 전체를 아우르는 전략적 배치를 말하며 기업 내의 복수의 사업을 대상으로 한다. 기업이 성장하면서 복수의 사업을 보유하게 되는 경우가 거의 대부분으로 다수의 사업을 대상으로 기업의 방향성 및 자원배분의 방법을 검토하는 것이다. 즉 기업전략의 핵심문제는 어떤 사업을 진행할 것이냐에 있다.

다음으로 사업전략은 기업이 경쟁 환경 안에서 고객에게 특정의 상품 및 서비스를 제공하는 '사업'을 운영해 나가는데 있어 필요한 전략을 말한다. 즉, 어떤 사업을 할 것인가, 사업영역 내의 다른 공급자들에 대한 지속적인 경쟁우위는 어떻게 확보할 것인가 등이 핵심문제이다.

마지막으로 기능별 전략은 기업이 하나의 사업을 수행하기 위해서는 판매 · 운영, 생산 · 조달, 연구개발, 인사, 재무 등과 같은 복수의 '기능'이 필요한 바 이처럼 기능별로 필요한 전략을 의미한다. 대표적인 기능별 전략으로는 '마케팅전략', '생산 · 조달전략', '연구개발(R&D) · 기술전략', '조직 · 인사전략', '재무전략'등을 들 수 있다. (〈그림 1-7, 1-8〉 참조)

그림 1-7 기업전략과 사업전략

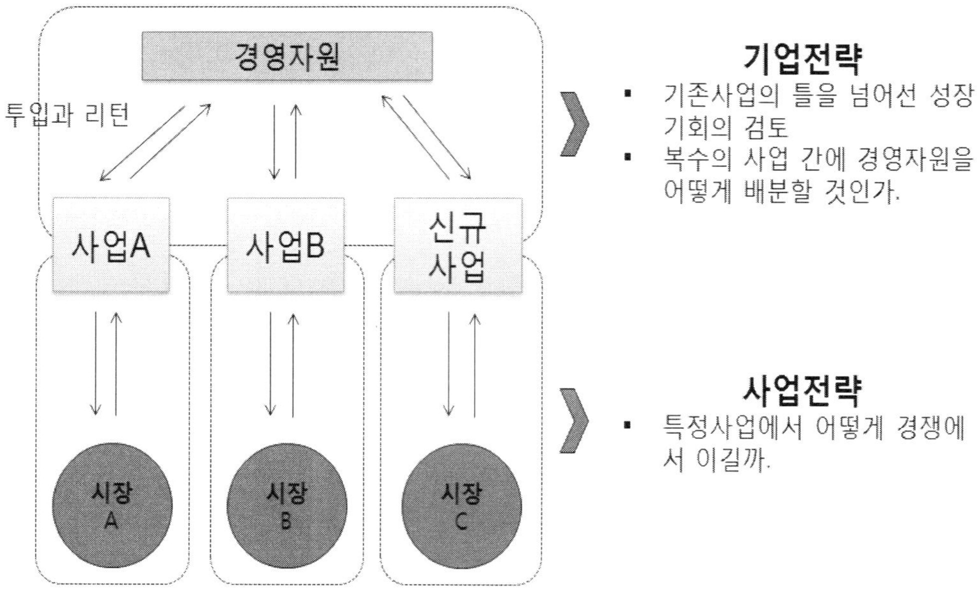

자료: 日本總合硏究所 経營戰略硏究會, 2011, p.69.

그림 1-8 대표적인 기능별 전략

마케팅전략	고객 needs에 맞춘 상품·서비스의 기획 및 제공방법을 검토
생산·조달전략	상품·서비스를 생산하기 위한 체제 및 원재료의 조달방법을 검토
연구개발(R&D)·기술전략	연구개발의 체제 및 필요한 기술의 획득방법을 검토
조직·인사전략	전략수행을 위한 조직 및 인적자원의 배치·획득방법을 검토
재무전략	주로 금전적 자원의 조달방법을 검토

자료: 日本總合硏究所 経營戰略硏究會, 2013, p.19.

이처럼 기업은 복수사업을 대상으로 하는 기업전략, 개별사업을 대상으로 하는 사업전략과 기능별 전략 등 대상 및 범위에 대응할 수 있는 경영전략을 수립하고 시행함으로써 경쟁우위를 확보하게 되는 것이다.

이제 경영전략의 일반적인 의의에 대한 사례들을 살펴보기로 하자.

석유산업은 전략가들에게 상대적으로 별로 놀랄 만한 것이 없는 산업이다. 물론 때로는 극적인 변화가 일어나기도 하지만 대개는 상대적으로 예측 가능한 방식으로 일어난다.

예를 들어 전략가들은 지정학적인 힘이나 새로운 자원의 발견에 따라 국제적인 공급이 증가하거나 줄어들 것이라는 점을 알고 있으며 동시에 소득이나 GDP, 날씨 등에 의해 수요가 증가하거나 줄어들 것이라는 점도 알고 있다.

이러한 요소들은 회사나 경쟁사들이 조정할 수 없고 진입장벽(entry barrier)이 워낙 높기 때문에 누구도 게임의 방식을 크게 바꿀 수 없다. 기업은 안정적인 세상에서 고유한 능력과 자원을 모아 경쟁 우위적 위치를 방어하면 된다.

반면 석유업계 전략가에게 인터넷 소프트웨어 산업은 악몽과 같다. 혁신이나 새로운 회사들이 갑자기 매우 자주 나타난다. 기업이 매출이나 시장점유율을 달성하거나 잃게되는 속도는 어지러울 정도다.

그러므로 Microsoft나 Google, Facebook 등과 같은 대기업들이 통보도 없이 새로운 플랫폼이나 기준을 도입해 경쟁을 근본적으로 뒤흔들 수도 있다.

이런 환경에서는 경쟁업체들보다 신호를 더 빨리 읽고 대응하거나, 변화에 빨리 적응하거나, 기술적 우위를 활용해 수요와 경쟁에 영향을 주어야만 경쟁우위를 차지할 수 있다.

그러나 석유산업에서 통하는 종류의 전략은 훨씬 덜 예측 가능하고 훨씬 덜 안정된 인터넷 소프트웨어 업계의 현장에서는 통할 가능성은 거의 없다.

즉 석유산업 전략가와 소프트웨어 산업 전략가는 서로 다른 시간의 척도를 지니고 다른 도구를 사용하며 자신들의 전략을 실행하는 사람들과의 관계도 다르다. 따라서 각각 필요로 하는 기술도 아주 다르다.

이처럼 다른 경쟁 환경을 갖고 있는 기업들의 경우 그들이 전략을 계획하고 개발하고 실행하는 방식은 달라져야만 한다.

그동안 경영학은 서구의 관점, 그중에서도 미국과 영국의 자본주의에서 말하는 이윤극대화에만 초점을 맞추고 있었다.

그리하여 경쟁우위(competitive advantage)전략 역시 이런 관점에 맞춰서 발전한 모델이다. 이의 좋은 예로 사우디아라비아에 있는 세계 최대 규모인 국영 에너지 회사의 프로젝트 입찰과 관련해서 사업주의 관심사항을 분석한 결과 가장 관심을 보인 것은 이윤 추구가 아니라 자국민의 취업률이었다는 것에서 찾아볼 수 있다.

옥스퍼드 사이드경영대학원(University of Oxford' s Said Business School)의 Richard Whittington교수는 기존 전략이 탄생했던 시점의 경영환경과 현재의 경영환경이 다르다는 점을 핵심 아이디어로 삼고 이를 다시 '정부 소유의 거대 기업 출현'과 '거대 독점기업의 시장 장악'으로 세부적으로 분류하여 경영환경을 분석한 바 있다.

경영전략 분야가 중요한 학문으로 언급되기 시작한 시점은 1950년대 후반으로, Alfred Chandler, Philip Selznick, Igor Ansoff, Peter Drucker 등에 의하여 발전되기 시작했다.

당시 미국은 주주자본주의를 바탕으로 CEO 중심의 경영이 자리를 잡고 있던 시점이었으며 따라서 자연스럽게 전략의 초점이 주주의 이윤극대화에 맞춰지게 되었다.

그러나 현재의 글로벌 경영 환경은 주주 중심의 경영 유효성에 의문을 갖게 되었다. 경제전문지인 Economist에 따르면 중국 주식시장 시가총액의 80%가 국영기업이며, 러시아에서는 시가총액의 62%, 브라질에서는 38%가 국영기업이다.

아시아에서는 상장된 회사의 과반수가 가족 소유회사로 집계되고 있다. 금융위기 이후 다수의 서구은행과 금융투자회사들 역시 넓은 범위에서 보면 정부 소유 형태라 할 수 있다.

시장독점 상황에 대하여 Whittington교수는 많은 시장을 소수의 거대 기업이 장악하고 있어 실제로는 자유시장경쟁 체제가 아니라 독과점 시장 체제가 대부분이라고 지적한 바 있다.

그는 Google과 Facebook이 인터넷 검색 시장과 SNS 시장을 장악하고 있고 회계 시장은 4개의 거대 글로벌 기업들이 수십 년째 지배하고 있다고 주장한다.

주요 투자은행들뿐만 아니라 에너지와 광물채석 회사들, 그리고 미국 E-커머스 시장의 아마존 역시 그들 시장에서 독점적 시장을 구축하고 있어서 독점적 시장 상황에 의한 과거의 자유시장경쟁 체제에 만들어진 경영전략의 개념을 적용하기에는 무리가 따른다.

그리하여 이러한 경우 경쟁우위 전략을 적용하는 것이 과연 적절한가에 대한 의문이 따르게 된다.

전술한 바와 같이 경영전략은 크게 기업의 종합적인 관점에서 비전과 목표를 설정한 후 각 사업 분야(business unit)에 경영자원을 배분하고 조정하여 어떤 사업영역(business domain)에서 경쟁을 하고 어떤 사업 포트폴리오로 사업들 간에 주어진 자원의 배분을 선정할 것인지의 기업경영전략(corporate strategy), 각 사업단위에서 경쟁우위를 확보할 수 있는지를 검토하는 사업부전략(business strategy), R&D · 생산 · 마케팅 · 인사 · 재무 등의 기능에 따라 수립하는 기능별전략 (functional strategy)으로 구분된다.

그러나 시장 특히 고객에 대한 이해 내지는 접근방법이 달라져야할 글로벌경쟁시대에는 다음과 같은 새로운 경영전략에서의 패러다임 변화(paradigm shifting)가 필요하다.

첫째는 이윤 이외의 새로운 측정 지표가 필요하며 큰 전략과 상통하는 사회적 안전장치의 마련 및 국가 경제 개발이라는 새로운 측정 지표에 관심을 두어야 한다.

둘째는 경쟁력이라는 개념도 새롭게 정의해야 한다. 국가의 이해관계가 큰 전략 관점에서 고려돼야 하는 시점에서 시장 중심의 이익추구 전략(작은 전략)이 적용되는 경우 실패 가능성이 높다.

예를 들어 개발도상국가에서 경쟁력이란 이윤창출능력이기보다는 그 지역에서 좋은 사회적 평판을 유지하면서 정부와 좋은 관계를 유지하는 능력이다. 국가 소유의 주요 기업들의 경영 목표가 이윤극대화보다 국가적 관심사와 얽혀 있는 경우가 많아 국가의 관심사항과 일치하는 능력을 창출해 낼 수 있는 기업에게 많은 기회가 돌아오기 때문이다.

Eni(Ente Nationale Idrocarburi)는 이탈리아 최대 국영석유기업이자 세계 최대의 규모를 자랑하는 에너지기업으로 정부가 대주주이며 북아프리카에 진출하면서 지역사회의 균형발전이라는 목적으로 기업의 단기적 이익이 아닌 국가의 장기적 이익에 맞춰 경영활동이 수행되고 있다.

Exxon Mobile과 Chevrone, BP 등 주주자본주의에 의해 움직이는 경쟁사들이 대주주들의 관심사인 단기적 이익극대화를 이유로 아프리카 진출에 주저하고 있을 때 Eni는 시장을 선점할 수 있었던 이유가 되고 있다.

셋째는 현재 그동안의 전략적인 접근 방법은 과거 주주자본주의에 의해 움직이는 회사들, 특히 미국 기업들로부터 얻은 정보와 자료를 바탕으로 만들어졌으나 앞으로는 독과점 시장 상황 및 거대 정부소유의 기업형태를 반영하여 산출된 데이터를 기반으로 하는 연구가 선행되어야 하고 나아가 이를 바탕으로 기존의 전략적 툴(tool)로 재구성되어야 한다 (DBR, No. 131, 2013)

Ⅲ 급변하는 기업환경 현황

2013년 초 한국과 대만 디스플레이 업체들이 중국에서 어려움을 겪었다. 타격을 준 건 중국 기업이 아니라 중국 국가발전개혁위원회(NRDC)였다.

NRDC는 삼성 · LG디스플레이와 대만 치메이 등 6개 업체가 담합했다고 판정했으며 과징금 총 규모는 600억 원에 달했다. 이 중 절반 이상이 한국 업체(삼성 172억 원, LG 210억 원)에 부과됐다. NRDC가 담합으로 해외 업체를 제재한 것은 이번이 첫 사례다. 백광현 법무법인 변호사는 "미국 · 유럽에 이어 중국이 가세하면서 담합 처벌도 이제 완전히 국제화됐다"고 진단했다.

한편 현대자동차는 2013년 11월에 출시할 신형 제네시스에 모든 역량을 집중하고 있다. 정몽구 회장은 제네시스를 "현대차의 모든 기술이 집약된 차"라고 규정했다. 일부 공개된 기능 · 디자인에 대한 호평과 함께 해외 경쟁업체도 긴장하고 있다. 하지만 제네시스 마케팅은 엉뚱한 곳에서 암초를 만났다. 문제가 생긴 곳은 SNS의 제네시스 4행시 짓기 이벤트 때문이었다. 네티즌들은 최근 누수 결함이 생긴 싼타페에 빗댄 조롱성 글을 올렸고, 인터넷 퍼나르기가 이어지면서 당선작보다 더 큰 관심을 받았다.

이처럼 최근 기업들은 새로운 위험 앞에 서 있다. 국내에서만 안 걸리면 그만이던 담합 제재에 국경이 사라졌다. SNS는 기업의 위기 대응력을 평가하는 시험대가 되고 있다.

또한 복지 지출의 증가로 기업이 져야 할 세금 부담은 점점 커지고 있다. 엄격해진 기업 관련 판결은 오너 리스크를 높였으며 생산성 제고는 한국 기업이 아직 풀지 못하고 있는 숙제다.

기업 관련 소송 · 자문을 하는 법무법인에서는 이 같은 위험을 기업이 마주한 5대 위험이라고 규정했다. 김재호 대표변호사는 "5대 위험에 사후 약방문식(死後藥方文)으로 대처할 경우 기업이 치명적 타격을 입을 수 있다"고 말했다. 김정식교수(연세대 경제학부)는 "과거에는 기업 외부 여건의 변화가 지금처럼 빠르지도, 변동성이 크지도 않았기 때문에 한국의 최고경영자는 내부 관리에 비해 외부 변화에 대한 대응과 인식이 부족하다"고 지적했다.

오너 리스크는 이미 여러 기업에 큰 부담이 되고 있다. 전국경제인연합회에 따르면 기업의 사회공헌 프로그램은 일회성을 넘어 평균 10.7년 지속되고 있다. 그러나 기업 오너가 재판을 받으면 이런 활동이 한꺼번에 진정성을 의심받게 된다.

정한중 교수(한국외대 법학전문대학원)는 "기업 성장의 과실이 서민에게 돌아오지 않는다는 생각이 퍼지면서 기업인의 선처 호소가 먹히지 않고 있다"며 "법원도 국민의 법 감정을 무시하기가 어렵게 됐다"고 진단했다.

이런 와중에 세금 부담은 늘어날 수밖에 없는 구조로 가고 있다. 현대경제연구원은 10일 보건 · 복지 · 고용 관련 재정지출이 2017년 127조 원을 넘어설 것으로 전망했다. 이 돈이 나올 곳은 결국 기업뿐이다.

새로 생긴 세금도 대부분 기업이 대상이다. 올해 첫 신고를 받은 일감 몰아주기 증여세는 1,859억 원에 이른다. 삼성이 에버랜드에서 외식 사업 등을 떼내고 패션 부문을 넣은 것도 후계 구도와 함께 내부거래 비중을 낮추기 위한 전략이란 분석이 나오고 있다.

해외에서도 유럽 재정위기 이후 각국 재정이 빠듯해지면서 해외 탈루를 잡기 위한 국가 간 협력이 강화됐다. 비밀의 상징이었던 스위스 금고에 대한 정보 제공도 늘어나는 추세다.

생산성 제고는 오랜 숙제지만 절박함은 더 커졌다. 정년 연장, 근로 시간 단축은 이미 입법화되고 있다. 미국의 제조업 부활 정책, 일본의 엔저 정책, 중국의 추격 등은 한국의 입지를 좁히고 있다.

노사문제는 여전히 쉽지 않다. 현대자동차에선 2년 만에 실리파 노조위원장이 나왔지만, 현대중공업은 12년 만에 강성 노조가 재등장했다. 최배근 교수(건국대 경제학과)는 "단순히 제조업 생산성 제고를 넘어서는 아이디어 집약적 산업을 키워야 한다"고 강조했다.

SNS는 과거에 없던 새로운 위험이다. 김재호 대표변호사는 "IT 발달로 정보의 비대칭성이 줄면서 시민 권력의 시대가 됐다"며 "기업 비리를 감시할 수 있는 채널이 넓어지고 촘촘해져 더 이상 '우리만 아는 비밀'은 없다"고 강조했다.(중앙일보, 2013년 11월 11일)

이처럼 기업을 둘러싼 환경은 급격하게 변화하고 있어 기업에게는 이에 대응하면서도 지속적인 경쟁우위를 확보할 수 있는 경영전략의 수립이 요구되고 있다.

Ⅲ 글로벌 TOP을 위한 volkswagen의 경영전략

독일의 폭스바겐(VW)그룹이 강한 기세로 확대노선을 전개하고 있다. VW은 2018년까지 판매대수에서 세계 최고를 목표로 하고 있다. 그러한 목표달성을 위한 구체적 전략은 다음의 세 가지가 주축이 되고 있다.

첫째는 중국을 시작으로 '신흥국 시프트(shift)', 둘째는 신차 '골프7'을 중심으로 한 '모듈화의 추진', 그리고 마지막 셋째는 디자인의 '이탈리아화'의 세 가지 전략이다.

우선 첫 번째 전략인 '신흥국 시프트'에 대해 살펴보자.

3월 14일 독일의 VW 본사에서 열린 2012년 결산회견에서 마틴 빈터콘사장은 "우리의 강점의 근원은 독일과 유럽에 있다. 그러나 VW의 미래는 중국, 러시아, 인도, 미주, 그리고 동남아시아에 달려있다."고 강조했다.

VW그룹의 2012년 판매대수는 전년대비 12.2% 증가한 928만 대였으나 연결영업이익은 같은 기간 2.1% 증가한 115억 유로에 그쳐 영업이익률은 2011년의 7.1%에서 6%로 낮아졌다. 따라서 2018년의 목표인 8%에서도 후퇴한 결과를 보였다.

이익률 악화요인 중 한 가지는 유럽시장의 침체이다. 마틴 빈터곤 사장에 의하면 '채무위기는 끝나지 않았고 유럽시장의 침체는 당분간 지속될 것'은 분명한 상황이며 '성장의 견인차로서 과거 이상으로 신흥국에 기대지 않으면 안 되게' 되었다. 따라서 중국에서의 공세를 강화한다는 계획이다.

그는 2018년까지 중국에서의 연간생산능력을 현재의 230만 대에서 400만 대 이상으로 끌어 올린다고 표명하였다. 이미 중국에서는 12개의 공장을 가지고 있는데 올해에 만도 7개의 공장을 신규 건설할 계획이다. 또한 중국을 포함한 신흥국을 위해 'Skoda', 'Seat' 등 VW그룹 산하의 저가브랜드 자동차의 투입도 서두르고 있다.

중국에서는 VW브랜드인 '산타나'를 약 8,000유로로 이미 도입했는데, 향후 6,000-7,000유로의 저가격차도 발매한다. 이미 각국의 시장특성에 맞춘 30차종 이상의 전용차를 전개하고 있으며 향후 이러한 각 시장용의 전용차를 더욱 증가시킬 방침이다.

다음으로 급속한 신흥국 시프트를 가능하게 하는 역할은 두 번째 전략인 '모듈화'이다.

모듈화란 VW그룹이 20년 이상 이전부터 오랫동안 쌓아온 새로운 자동차를 만드는 방법이라고 할 수 있다. 자동차를 구동계통, 서스펜션계통 등 복수의 구성단위(모듈)로 나누어 그것을 유연하게 조합하여 자동차를 만드는 방법이다.

차종을 늘리는 경우에도 부품 등을 제로에서 개발할 필요가 없기 때문에 개발기간을 단축할 수 있다.

VW그룹은 약 60차종의 새로운 모델 및 후계 모델을 투입할 계획인데 이러한 모델의 대량투입을 가능하게 한 하나의 요인은 모듈전략이라고 할 수 있다.

즉 복수의 차종에서 모듈을 공유하면 개개의 부품 공유화도 진전되어 비용 삭감으로 이어진다. 또한 공장에서는 차종별로 생산라인을 교체할 필요가 없어져 수요의 변동을 보면서 시장에 투입하는 차종을 유동적으로 변경할 수 있다는 장점도 기대할 수 있다.

모듈전략을 유지시키는 본사공장에서는 2012년 가을에 발매된 전략차종 '골프7'이 최신설비에서 생산되고 있다. 로봇의 수는 1세대 전 모델인 '골프6' 때 보다 약 1,000대나 많은 5,500대로 증가하여 자동화율도 높아졌으며 차체 생산 및 성형 및 조립에도 많은 신기술이 도입되었다.

'골프7'은 'MQB(Modulen Quer Baukasten)'라 불리는 VW그룹의 주력 모듈을 사용하여 생산된 최초의 대중적 차종으로 2018년까지 MQB를 사용해 VW그룹 전체에서 약 40차종, 400만 대 규모의 자동차를 생산할 계획이다.

마지막으로 개발 · 생산에 더해 마케팅에서도 새로운 방향성이 정착되고 있는데 이것이 세 번째 전략인 '디자인의 이탈리아화'이다.

VW그룹은 최근 수년 간 두 개의 이탈리아 브랜드를 산하에 인수했다. 20세기 최고의 자동차 디자이너라고 불리는 Giorgetto Giugiaro의 디자인 회사 'Italdesign-Giugiaro'와 이륜차 메이커인 'Ducati'이다.

VW그룹의 디자인 책임자 Walter de Silva도 이전 이탈리아의 알파로메오로 유명했던 이탈리아인이다. 그는 "글로벌 TOP이 되기 위해서는 Giugiaro씨가 필요했다. 그에게는 전 차종에 대한 의견을 원하고 있다."고 밝혔다.

신흥국에서 판매하는 저가격자동차 비율이 증가하면 가격경쟁에 휘말려 수익성이 저하될 염려가 있으나 VW그룹은 독일의 '기술력'과 이탈리아의 정렬적인 '디자인력'을 모두 가진 브랜드로 이미지를 높임으로써 수익력을 유지하려는 생각이다.

VW은 점차 회복되고 있는 미국시장을 바탕으로 부활의 징조를 보이고 있는 TOYOTA 자동차와 급속하게 힘을 키워온 현대자동차 등의 한국세력에 대해서 향후 얼마나 우위성을 지속적으로 유지할 수 있을까에 대한 해답을 세 가지 전략으로 얻어내려 하고 있다. (NIKKEI BUSINESS, 2013년 3월 25일)

제2장

경영전략과 환경

I 경영환경의 의의

최근에 이르러 기업들은 그들 기업의 역사나 크고 작음 또는 분야나 업종에 상관없이 어느 때 보다도 어려운 여건에 직면하고 있다.

이는 기업의 경영환경이 시장 점유율을 제고(提高)하기는 커녕 유지(維持)도 쉽지 않음을 뜻하는 것이며 나아가 미래에 대한 전망(展望)은 더욱 쉽지 않음을 의미하는 것이다.

더구나 대부분의 기업들은 경영에서의 고정관념(stereotype)을 가지고 있어 미래에 대한 도전 내지 과감한 개발이나 투자보다는 미래에 대하여 막연히 두려워하는 경향마저 지니고 있다.

런던경영대학원의 Freek Vermeulen 교수는 기업경영에서의 고정관념을 문제점으로 지적하면서 기업 내부의 구성원들, 곧 직원들의 업무 만족도를 높일 수 있도록 할 것과 기업의 추구하는 바를 정확하게 보여줄 수 있는 명확한 전략의 수립을 강조하고 있다.

그가 말하는 경영에서의 고정관념은 다음과 같다.

첫째, 모든 기업에는 전략이 존재해야만 한다는 것으로 대부분의 기업은 전략의 부재로 인하여 의사결정시마다 고전을 하고 있다는 것이다.

둘째, M&A는 가치창출에 효과적이라고 믿고 있지만 대부분의 M&A는 실패를 하고 있어 결국은 CEO의 공격성과 경영권 획득의 야망에 지나지 않는다는 것이다.

셋째, 스톡옵션은 CEO의 동기부여에 도움이 된다고 믿지만 이를 통해 이익이 창출되지 않을 경우 오히려 그의 도박성 투자 성향만 커진다고 한다.

넷째, ISO 9000이나 식스시그마 등의 경영기법들이 도움이 된다고 보고 있지만 또한 일시적 유행일 뿐 장기적으로는 기업에 악영향을 끼칠 수 있다는 것이다.

다섯째, 인력 감축 등의 다운사이징이 재무개선에 효과가 있다고 하지만 자발적 이직율을 높여 장기적으로는 기업에 마이너스가 된다고 한다.

여섯째, 연봉차등 지급과 인센티브는 직원들의 동기부여(motivation)에 효과적이라고 하지만 오히려 직원들의 사기(morale)를 저하시키는 결과를 가져와 오히려 고정급여가 더 바람직하다는 것이다.

일곱째, 비즈니스 환경은 급변한다는 것으로 알려져 있지만 변화의 속도와 범위는 20년 전과 동일한 수준일 뿐이라는 것이다.(매일경제, 2013년 8월 17일)

그럼에도 불구하고 그동안 한국의 기업들은 신시장의 개척과 신기술의 개발 등을 통하여 경영환경을 개선하는 등 계속기업으로서의 자리매김을 위하여 적극적인 활동을 전개하고 있다.

기업의 지속적인 성장을 위해서는 무엇보다도 새로운 시장 개척이 필요하다. 이는 국내의 내수시장은 물론 해외의 시장, 곧 글로벌시장에 대한 개척에 있어서도 절대 요구되고 있는 것이다.

이제부터는 2013년에 들어서면서 한국의 기업들이 추진하고 있는 경영전략의 내용들을 요약하여 보기로 하자.

삼성그룹은 '시장 평균을 웃도는 성장'을 경영 목표로 수립하면서 신사업과 신시장(New market) 발굴에 역점을 두고 이의 실현을 위하여 '창조적인 조직 문화를 구현'할 계획으로 2013년을 미래의 고도(高度) 성장을 위한 준비 과정으로 삼고 있다.

이를 위하여 임직원의 무한한 가능성과 잠재력으로 '시장 개척자(Market creator)로서 고객들을 감동시킬 것'이라고 하면서 2012년 말부터는 '두근두근 투모로(Tomorrow)'라는 광고 캠페인을 통하여 태양광 충전 휴대전화, 리튬 이온 2차전지 등 신기술을 미래의 '먹을거리'로 제시하고 있다.

한편 SK그룹은 중국과 연구개발(R&D)을 화두로 삼고 있는 가운데 각 계열사의 중국 현지법인을 총괄 관리하는 '중국통합법인'을 설립하기로 했다.

그리하여 그룹 차원의 신성장동력을 발굴하고 R&D 전략을 세우는 'SK 기술혁신센터'도 신설했으며 종전과 같이 국내에서 성공한 사업모델과 상품으로 중국 사업을 하는 공급자 중심의 안이한 접근 방식에서 탈피하여 '중국의 관점에서 중국 사업을 전개'할 계획이다.

LG그룹은 미래 신사업으로 육성하고 있는 태양전지와 전기자동차용 배터리, 발광다이오드(LED) 등의 생산라인을 올해 본격적으로 가동할 계획이다. 이를 통해 전자, 화학, 디스플레이 등 각 부문에서 글로벌 시장 점유율의 제고를 올해의 목표로 잡았다.

GS그룹은 올해 신 성장동력 확보에 사활을 걸고 수출시장 다변화와 공사 중인 제3중질유 분해탈황시설 등 대규모 투자 사업으로 경쟁력을 높이기로 했다.

중국 충칭(重慶) GS쇼핑의 첫 흑자 달성도 기대되고 있으며 GS건설의 경우에는 에너지 효율화 및 신재생에너지 활용 기술 등의 녹색성장사업에 뛰어들었다.

KT는 가정 내 유무선융합서비스(홈 FMC)와 무선인터넷을 집중 육성하여 성장동력으로 삼을 계획이다. 통화료가 싼 인터넷전화의 장점과 어디서나 통화가 가능한 휴대전화의 장점을 합친 홈 FMC를 통해 고객 만족을 극대화하기로 하였으며 편리한 무선인터넷 활용을 위해 와이브로, 무선랜 등의 투자도 확대하기로 했다.

이제 글로벌경영은 선택이 아닌 필수다. 현대 · 기아자동차그룹의 경우 올해 대내외적인 도전에 직면해 있다. 자동차 세제지원 정책이 끝나고 인수합병으로 몸집을 불린 글로벌 경쟁업체들의 본격적인 반격이 예상되기 때문이다.

현대 · 기아차는 글로벌 생산 네트워크 구축을 통해 경쟁력을 확보한다는 방침으로 현대차는 브라질과 중국 제3공장을 착공할 예정이고, 러시아 공장을 완공한다. 기아차 미국 조지아 주 공장도 본격적인 생산에 들어간다.

롯데그룹은 10년을 끌어 왔던 제2롯데월드의 신축에 집중하여 123층 초고층 빌딩을 서울 송파구 잠실동에 세우게 된다. 특히 글로벌 사업 강화에 역점을 두고 2018년까지 '아시아 톱10 글로벌 기업'을 목표로 중국, 베트남시장에서 유통분야를 중심으로 지속적인 투자를 시행할 계획으로 있다.

한화그룹에서는 "새해는 한화의 글로벌 성장엔진을 본격적으로 가동해 해외시장을 개척하는 극기상진(克己常進 · 자신을 이기고 앞으로 꾸준히 나아간다)의 해가 될 것"이라며 5대양 6대주에서 글로벌 영토 확장의 선봉장이 될 계획을 수립하고 있다.

한진그룹은 2010년 화두를 '글로벌 물류 기업으로의 경쟁력 강화'로 정하고 그룹의 각 사업 분야에서 변화와 혁신을 가속화하려는 전략으로 고객 만족도를 더욱 높이는 한편 환율, 금리, 유가 등 외부 경영환경 변화에도 적극적으로 대응해 그룹의 경쟁력을 향상시키려 하고 있다.

STX그룹은 구체적인 경영 목표를 일찍 확정하였으며 올해 달성목표인 수주 33조 원, 매출 25조 원은 각각 전년 실적 대비 106%, 9% 늘어난 것으로 주력 계열사인 STX조선해양은 한국과 유럽, 중국 등 '글로벌 3대 생산 거점'의 시너지 효과를 극대화해 경영 목표를 달성한다는 계획을 수립하였다.

POSCO의 경우에는 2010년을 'POSCO 3.0'의 해로 설정했다. 이는 3번째 단계를 의미하는 것으로 1991년 광양제철소 완공을 끝으로 1.0에 해당하는 창업(創業)은 마무리했고, 2.0은 수성(守成)과 성장(成長)으로 달성했으며 이제 마지막의 3.0은 글로벌 금융위기의 극복 과정에서 위기를 기회로 삼아 도약하려는 의미를 담고 있다.

현대중공업은 지난해 조선 분야에서 극심한 수주 불황에 시달렸지만 육·해상 플랜트, 전기전자 등 비조선 부문의 매출 호조로 부진한 분야를 보완했다.

현대중공업은 올해도 불확실한 경영환경이 계속될 것으로 예측하면서 조선(造船) 수주(受注)에만 의존하던 체질을 대폭 개선하여 태양광, 풍력, 플랜트 등 신성장 분야에서 활로를 찾는다는 계획이다.

한편 2009년 상반기에 안정성 있는 유동성의 확보 위기로 잠시 흔들렸던 두산그룹도 새로운 10년이 시작되는 새해를 기점으로 '2020년 글로벌 200대 기업'으로의 진입 목표에 매진한다는 방침을 수립하고 있다. 즉 선택과 집중을 통한 성장 전략, 지속적인 체질 개선과 내부역량 강화, 재무 건전성 확보를 세부 경영 목표로 수립하고 있다.(동아일보, 2010년 1월 2일)

Ⅱ 경영환경의 외부분석

최근의 경영환경은 지금까지의 환경과는 달리 많은 변화를 보이고 있다. 즉 기업중심에서 고객중심으로, 양(量) 중심에서 질(質) 중심으로, 보호된 시장에서 치열한 경쟁의 시장으로 바뀐 것이다. 따라서 기업은 이러한 경영환경의 변화에 적응하여야만 계속기업으로의 역할을 수행할 수 있을 것이다.

기업을 에워싸고 있는 환경은 대개 가시적(可視的)인 환경과 비가시적(非可視的)인 환경으로 구분하거나 내부적인 환경과 외부적인 환경으로 구분하고 있다.(〈그림 2-1〉 참조)

그림 2-1 기업경영의 외부 환경

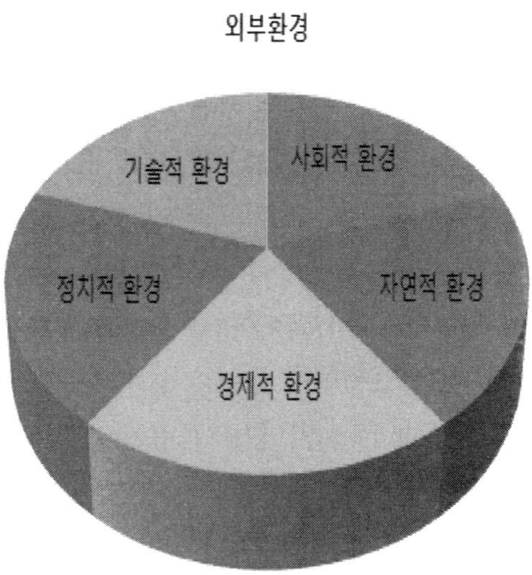

전자의 가시적인 환경은 생산시설인 공장 및 장비나 유통을 위한 창고 또는 본사나 지사의 건물이나 종업원의 규모 등을 말하며, 비가시적인 환경은 기업의 언어인 재정 상태와 종업원들의 생산성과 연구원의 개발능력이나 수준 및 노동조합의 강도(强度)를 말한다.

한편 후자의 내부적인 환경은 기업에 투자한 채권자나 주주 그리고 금융기관이나 거래처 및 노동조합과 지역사회 및 소비자 등이 속하며 외부적인 환경에는 공업용수 및 부존자원의 풍부나 원활한 이용 가능성 그리고 기후나 날씨 등의 자연적인 것과 정치·경제와 사회적인 트렌드나 기술의 유무 및 수준 등이 속한다.

특히 급속한 산업의 발전에 따른 온난화, 오존층 파괴, 산성비, 하천 및 대기 오염 등의 환경문제는 국경을 초월하여 크게 영향을 미치면서 환경(natural environment)에 대한 규제가 세계적으로 강화되는 추세에 있다.

이는 기업들에게 '그린경영'이라는 이름으로 적극적인 친환경적 전략을 강요하고 있어서 환경문제는 CSR의 관점에서만이 아니라 이에 대한 공헌이나 배려에 따른 경영에 초점을 두어야만 하는 요인이 되어 이제 '그린경영전략'은 국제경쟁력과 경쟁 우위성 나아가서는 경영성과까지도 제고시킨다는 긍정적 견해도 더욱 높아지고 있다. 이에 대한 상세한 논의는 제14장에서 다루고 있다.

문화를 포함하는 사회적인 트렌드나 경향 역시 무시할 수 없는 외부적인 환경이다. 즉 중동지역의 무슬림들은 무조건 하루 다섯 번 기도하는 것으로 널리 알려져 있으나 실은 개인성향에 따라 다르다.

일반적으로 학력이나 부의 수준이 높을 경우 덜 챙기는 편이며 특히 보이지 않는 신분계급이 있어 '마케팅이나 재무 등의 업무를 하는 사람들은 하급(下級)의 일을 하지 않으려하고, 차(茶)를 타는 사람은 그 일만 하고, 청소를 하는 사람은 청소만 해야 한다'는 등의 문화적 차이가 있는 점 등을 숙지(熟知)하여야 한다.

한편 전략수립을 위한 외부환경분석의 범위는 크게 거시적 환경과 미시적 환경으로 구분한다.

거시적 환경은 모든 산업에게 영향을 주는 외부환경 요소를 말하며 미시적 환경은 특정 산업에게 영향을 미치는 외부환경을 말한다.

먼저 거시적 환경을 분석하는 frame work으로 PEST 분석을 들 수 있다. 구체적으로는 정치(Politics), 경제(Economy), 사회(Society), 기술(Technology) 등 기업이 직접적으로 통제할 수는 없지만 기업 활동에 큰 영향을 주는 요소의 동향을 분석하는 것이다.(〈그림 2-2〉 참조).

그림 2-2 PEST 분석 개요

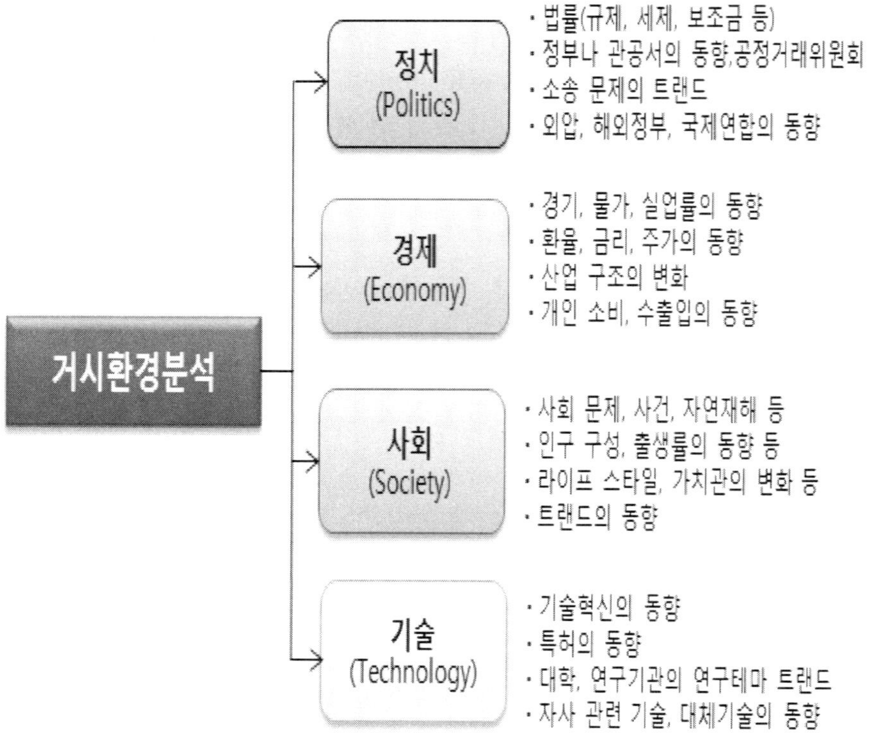

한편 특정산업의 외부환경을 분석하는 대표적인 frame work는 Michael Porter교수가 주창한 5 Forces 분석이다. 이는 기업의 수익성은 그 기업이 속한 산업의 전체 수익성에 의해서 크게 영향을 받기 때문에 그 기업이 속한 산업의 매력도를 분석하는 것이 매우 중요하다는 것으로서 산업에서 기업의 수익성에 영향을 주는 '5개의 힘'의 관계를 분석하는 것이다.

5개의 힘은 ① 기존 기업 간의 경쟁, ② 잠재적 신규 진입자의 위협, ③ 공급자의 교섭력, ④ 구매자의 교섭력, ⑤ 대체품의 위협을 의미한다.(〈그림 2-3〉 참조)

그림 2-3 Michael E. Porter의 5 Forces: 산업구조분석

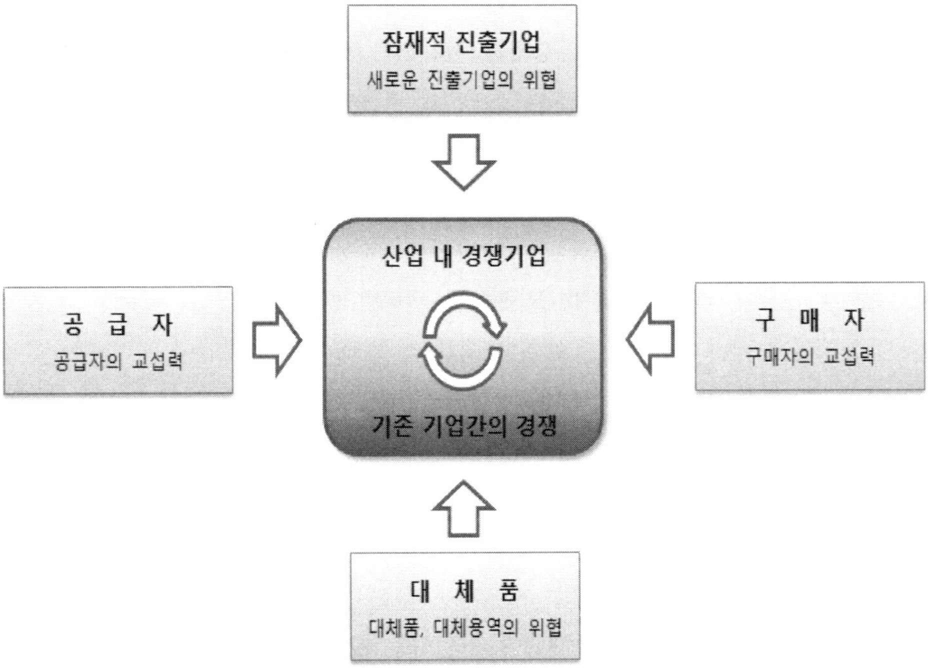

먼저 기존 기업들 간의 경쟁은 자사가 속해있는 산업 내에서의 타사와의 경쟁 환경 정도를 말하며 경쟁이 치열할수록 산업의 매력도는 낮다고 볼 수 있다.

이들 경쟁이 심한 산업의 특징은 첫째로 경쟁기업의 수가 많고 경쟁기업의 규모가 비슷하다는 것이다.

둘째로 업계의 시장성장률이 저조하다는 것이다.

셋째로 차별화가 곤란하다는 것이다.

넷째로 업계에서 철수하기가 곤란하다는 점 등이다.

다음의 잠재적 신규 진입자의 위협은 산업 내에 새로이 진입할 가능성이 있는 기업이 많을수록 산업의 경쟁이 심화되기 때문에 산업의 매력도가 낮아진다.

예를 들어 시장이 급속히 확대되고 있는 산업, 또는 법률 개정 등으로 규제완화가 시행된 산업들에는 신규진입기업이 증가하게 되고 경쟁 환경이 급격하게 심화되는 경향이 있다.

기존 산업 내의 기업들은 신규진입 기업을 줄이기 위해 다양한 진입장벽을 구축 또는 활용하려고 한다. 대표적인 진입장벽은 다음과 같다.

첫째, 규모의 경제성이다. 규모의 경제가 적용되는 산업에 새로이 진출하려는 기업은 기본적으로 대량생산을 실현하지 못하면 경쟁력을 유지할 수 없기 때문에 진입 시에 거액의 비용이 필요해 지게 되고 이는 진입장벽을 높이게 된다.

둘째, 제품의 차별화이다. 기존 기업의 제품·서비스의 가치가 고객들에게 높게 인식되고 있다면 신규 기업은 자사의 제품·서비스를 인식시키기 위해 거액의 광고·선전비를 필요로 하게 된다. 이 역시 진입장벽을 높이게 된다.

셋째, 유통채널의 확보이다. 기존 기업에 의해 산업 내의 유통채널이 정비되어 있는 경우, 또는 기존 기업과 유통기업의 관계가 강한 업계의 경우에 신규 진입 기업은 유통채널을 확보하기 어려워지고 판촉비 등의 비용부담이 증가하게 된다.

넷째, 규모와 관계없는 비용상의 불리함이다. 기존 기업이 독점적인 제품기술을 보유하고 있거나 원재료를 독점하고 있는 경우, 신규진입 기업은 기술을 이용 또는 개발하기 위한 비용 및 불리한 조건으로 원재료를 구입하는데 드는 비용 등이 발생하게 된다.

다섯째, 정부의 규제이다. 산업에 새롭게 진입하는 경우 정부의 인·허가가 필요하거나 특정의 요건을 만족시켜야만 하는 산업 등이 존재하며 이는 진입장벽을 높이게 된다.

다음으로 공급자의 교섭력은 원재료 업체 등 공급자의 힘이 강한 경우 가격교섭 등에서 불리해 지게 되고 이는 수익성을 떨어뜨리는 요인이 된다.

예를 들어 공급업자의 산업이 과점상황인 경우, 공급업자의 제품·서비스의 대체품이 존재하지 않는 경우, 공급업자 변경에 드는 비용이 높은 경우 등이 공급자의 교섭력을 강하게 하는 요인이다.

한편 구매자의 교섭력은 제품·서비스를 구입하는 고객이 산업에 대해 강한 영향력을 가지고 있을 경우 산업의 매력은 낮아진다.

예를 들어 고객이 제품·서비스에 관해 많은 정보를 가지고 있는 경우와 제품·서비스의 차별화가 없거나 적은 경우 그리고 구매자가 공급자를 변경하는데 드는 비용이 적은 경우 등 일 때 구매자의 교섭력은 높아지게 된다.

마지막으로 대체품의 위협은 산업 내의 제품·서비스와 같은 기능을 가진 대체품이 생긴다면 기존 제품·서비스의 상대적인 가치가 낮아지기 때문에 수익성이 떨어지게 된다.

예를 들어 과거 삐삐의 기능을 충분히 만족시키면서 보다 상위의 기능을 가지고 있는 휴대전화의 등장으로 급속하게 쇠퇴한 사례가 대표적이다. 그 외에도 레코드와 CD, 면도기와 전기면도기 등도 대체품에 영향을 받는 사례이다.

기업은 이상과 같은 외부 환경 분석을 통해 자사의 기회와 위협 요인을 명확히 분석하고 경영전략을 수립해야 하는 것이다.

다음은 2013년의 한국 경제, 특히 유통산업의 환경에 관련하여 분석한 것이다.

2013년에는 무엇보다 간편하게 원하는 물건을 사고 담을 수 있는 모바일 쇼핑(Mobile)이 급증했고 1인 가구 상품(One-person household)이 특수를 누렸다.

또한 '짜파구리' 등 TV 프로그램에 등장한 제품들이 일제히 신드롬을 일으키며 영향력을 과시하기도 했으며 포화상태가 된 백화점, 대형마트 대신 아웃렛 매장(Outlet)이 잇달아 생겼다. 장기 불황 기조로 인한 불황형 알뜰 상품(Recession) 인기도 빼놓을 수 없다.

이러한 시장의 동향은 MOTOR라는 단어로 요약하여 볼 수 있는 바, 먼저 M의 경우 그동안에는 채소와 과일 등 신선식품은 매장에 나가서 사는 게 일반적이었으나 최근에는 스마트폰으로 장을 보는 사람이 늘면서 Mobile 쇼핑을 통한 신선식품 매출이 가공식품을 앞질렀다. 이마트에 따르면 올해 11월까지 온라인 쇼핑몰인 이마트몰의 모바일 매출을 분석한 결과 신선식품 매출 비중은 32.3%로 가공식품(31.4%)을 앞질렀다. 특히 "바빠서 장을 못 보는 직장인이나 맞벌이 부부들이 출퇴근할 때 스마트폰으로 식재료를 구입"하면서 모바일 쇼핑 매출은 2011년 6000억 원 수준이던 시장은 지난해 1조7000억 원, 올해 3조 9700억 원으로 급성장했다.

다음인 O의 경우에는 혼자 사는 1인 가구(one-person household)가 늘면서 유통업체들은 간편히 데워 먹는 간편식과 낱개 포장 상품의 매출이 늘었다. 편의점 CU에 따르면 2013년 덮밥류 매출은 지난해보다 43.4%, 국과 찌개 등 간편 가정식 매출은 32.5% 각각 늘어나자 CJ제일제당, 선진포크 등은 데우기만 하면 되는 간편 조리식품을 잇달아 내놨으며 대형 포장제품 위주로 팔던 대형마트들은 작은 포장 전략을 세웠고 롯데마트는 묶음 단위로 팔던 국산 캔맥주를 낱개 판매로 돌려 매출을 크게 늘린 결과 일주일 새 매출이 22.7% 정도 늘어났다.

T의 경우는 TV에 나와 인기를 얻은 제품이 많았던 것으로 '짜파구리(짜파게티+너구리)'나 '골빔면(골뱅이무침+비빔라면)' 등 기존에 나와 있는 제품을 섞어 만든 것들이 인기를

얻었으며, 이런 식으로 여러 제품을 섞어 새로운 음식을 만드는 소비자를 가리켜 '모디슈머(Modify+Consumer)'라는 신조어 까지도 등장하게 되었다.

다음인 O의 경우는 한국의 대형유통기업인 롯데 현대 신세계 등의 백화점이 한 곳도 새 점포를 내지 못한 대신 '아웃렛(outlet) 대전'을 펼친 점이다.

끝으로 R은 저렴한 상품의 인기에 따른 것이다. 즉 2013년 11월 편의점 세븐일레븐을 시작으로 CU, GS25 등 편의점 업계와 홈플러스, 이마트 등 대형마트가 싼 통신비를 앞세워 알뜰폰 사업에 뛰어들었고, 완구나 접시 등 계절을 타지 않는 상품들을 상시 할인해주는 '파격가 처분 매장' 코너나 990원, 1,990원, 2,990원짜리 상품만 모아 파는 '균일가 코너'의 등장으로 새로운 유통분야의 트렌드를 유행시키면서 불황(recession)시장임에도 불구하고 성장의 동력으로 자리 잡게 되었다.

Ⅲ 경영환경의 내부분석

앞서 기술한 것과 같이 기업을 둘러싸고 있는 환경은 대개 가시적인 환경과 비가시적인 환경으로 구분하거나 내부적인 환경과 외부적인 환경으로 구분하고 있다.

이 중 내부적인 환경으로는 특정 기업에 투자한 채권자나 주주 그리고 금융기관이나 거래처 및 노동조합과 지역사회 및 소비자 등이 속한다.(〈그림 2-4〉 참조)

그림 2-4 기업경영의 내부 환경

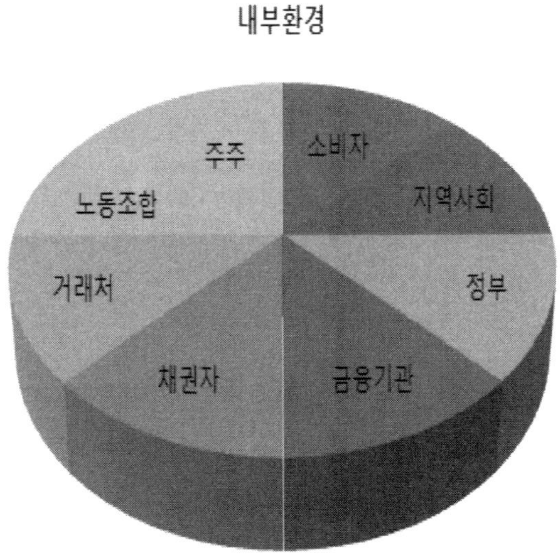

일반적으로 기업에서는 기업의 설립 및 운영을 위하여 자본을 투자한 주주 및 채권자들에게만 집중하게 된다. 그러나 원활한 장기(長期) 및 저리(低利)의 운전자금(working capital)이나 일시적인 자금상의 융통(financing)을 위해서는 금융기관과의 신용 공여 문제에도 우호적인 관계를 맺고 있어야 한다.

또한 특정의 기업이 속한 지역사회 나아가 정부와의 관계는 법률 및 행정상의 유리한 유대관계를 형성해야만 한다. 더구나 최근에는 사회적 기업 활동이나 기업의 대민 (對民)

및 대(對) 사회봉사활동에 대한 공헌(貢獻)을 중시하는 경향이 커지고 있음도 잊지 말아야 한다.

그리고 특히 제품의 생산과 유통과정이 직접 연결되거나 하는 경우에는 소비자나 거래처와 긴밀한 관계를 유지하여야 한다.

특히 경영여건이 순조로운 호황일 경우에는 문제시하지 않다가 기업 자체 또는 일반적인 경제 상황이 나빠질 경우 노조와의 갈등이 여타의 문제들 보다 합의점을 도출하지 못하는 경우가 있다.

흔히 기업경영에서 상생(win-win)은 경영상황의 불화(不和)속에 언급되고 있으나 평소에 기업의 경영전반에 걸친 상황을 공지하고 공유하는 가운데 노사(勞使) 간에 서로 공감(共感)하고 공생(共生)할 수 있는 관계를 형성하여야 한다.

이상에서 본 바와 같이 기업은 외부 환경과 내부 환경을 면밀히 파악함으로써 기업 외부 환경에 따른 기회와 위협에 대해 기업이 가진 내부 환경의 장점과 약점을 최대한 활용할 수 있는 전략을 수행하여야 하는 것이다.

IV 경영환경의 분석사례

1. 경영환경의 분석사례: 국내기업 사례 1

기업은 물론 일반 행정기관에서도 '빅데이터'를 활용한 '스마트 행정'에 도전하고 있다. 이는 생성 양이나 주기 · 형식 등이 방대한 데이터로부터 거시적 추세를 파악할 수 있는 것으로 대개의 정책이나 전략을 수립할 경우 몇몇의 표본만 뽑아서 추론하는 것과는 달리 막대한 규모의 현장 자료를 분석하는 기법이다.

부산의 해운대구에서는 해수욕장 관광, 일자리 창출, 재난관리를 위한 날씨예측 활용 등 3개 주제에 대한 빅데이터 분석으로 관광, 일자리 등 2개 주제에서 최근 결과가 나와 정책에 반영할 계획으로 있다.

먼저 해수욕장 관광객의 요구 사항을 알아보기 위하여 '해운대 인 빅데이터(Haeundae in Big-Data), 해운대 방문객 보이스 분석'을 실시하면서 2012년 6월-10월 31일 사이 국내외 SNS와 블로그 등에서 해운대 · 해운대해수욕장 · Haeundae를 키워드로 하는 단어들을 뽑았다.

해외의 경우에는 200여 개국의 '영어 SNS'가 대상이었으며 1차로 추출된 3만 8,000여건 중에서 스팸 등을 제외한 1만 50건을 집중적으로 분석했다.

해수욕장 개장 기간에 해운대를 거론한 수는 내국인이 3,958건이었던 데 비하여 외국인이 5,723건으로 오히려 많았다. 이는 지난 5년간 부산을 찾은 외국인 관광객이 100만 명 가량(2007년 167만 명, 2012년 261만 명)이나 늘어나는 등 최근 해운대에서 휴가를 보내는 외국 관광객이 증가하는 추세와 관련이 있는 것으로 분석됐다.

분석 결과 관광객들은 미술관 · 박물관 등 문화시설보다 달맞이고개 · 동백섬 · 광안대교 등 자연명소에 더 관심이 많았고, 모텔 · 민박보다 게스트하우스를 선호하는 것으로 조사됐다.

또한 이들은 주로 7-8월 및 10월(부산국제영화제 개최 시기), 금-일요일에 해운대 관련 글을 집중적으로 올린 것으로 나타났다. 음식점의 경우 토속음식(밀면 · 돼지국밥)보다 횟집 · 대구탕 · 스시 등 일반음식점에 대한 언급이 더 많았다.

쇼핑장소로는 백화점보다 재래시장이 더 인기가 있었고, 엔터테인먼트 분야에선 클럽·포장마차를 많이 선호했으며, 특히 외국인들은 K팝 스타·한류 예능 프로그램·부산국제영화제 등이 해운대에 나타나거나 열릴 때 많이 몰렸으며 교통체증·인파·바가지요금 등은 국내와 국외 모두 불만 사항으로 지적됐다.

그리고 일자리 창출의 경우에는 해운대구의 일자리센터에 등록한 1만 여명의 주민 전체를 대상으로 하였으며 거주지·연령·학령·선호직업 등을 분석하여 ▲ 20-30대 여성용 ▲ 베이비부머 은퇴자용 등 세분화된 정책을 수립 중이다.(매일경제, 2013년 7월 11일)

2. 경영환경의 분석사례: 국내기업 사례 2

한국의 패션시장에서 SPA(Specialty store retailer of Private label Apparel)는 성장기를 거쳐 성숙기에 이르면서 쇠퇴기에 들어간다고 볼 수도 있다. 이렇듯 소비자들이 가격 대비 가치가 높은 제품을 찾는 경향이 일반화되면서 롯데·신세계 같은 유통 대기업들도 아웃렛 확장에 사활을 걸고 있다.

지방 도시에서 출발하여 패션의 강자 도시인 서울에 입점하고 드디어는 일본에 까지 진출하려는 기업이 있다. 2015년에는 전국 10곳의 매장에서 매출 1조원 이라는 목표를 수립하였다.

MODA는 아웃렛도 규모의 경제가 필요하다고 주장하면서 Buying power를 키워 좋은 브랜드·상품을 확보하려면 전국 진출이 필수라고 보면서 공격적인 경영전략을 수행하고 있다.(〈그림 2-5〉 참조)

MODA는 2002년부터 대구시 달서구 호림동에서 점포를 운영하고 있는 지역 아웃렛계의 강자다. 그동안 대구 상권에만 머물러 온 MODA는 2010년 KIG홀딩스를 인수하고 전문경영인이 회사를 맡으면서 전국 진출을 시작했다.

2011년 '자루아울렛' 대전점·곤지암점을 인수하더니 2012년 말에는 충남 아산신도시 내 주상복합단지 펜타포트에 '천안아산점'을 신규로 열었다.

전국에 아웃렛 매장을 갖고 있는 업체는 롯데·신세계·이랜드 같은 대기업을 제외하면 MODA가 유일하다. "중견 아웃렛도 덩치를 키우지 않으면 대형 유통사와 경쟁할 수 없다"는 박칠봉대표의 경영철학에 따른 것이다. 그는 한일합섬과 오렌지팩토리아울렛 등을 거친 패션 현장 전문가다.

그림 2-5 모다아울렛의 매출과 영업이익 [단위: 원, ( )안은 온라인쇼핑몰 패션플러스]

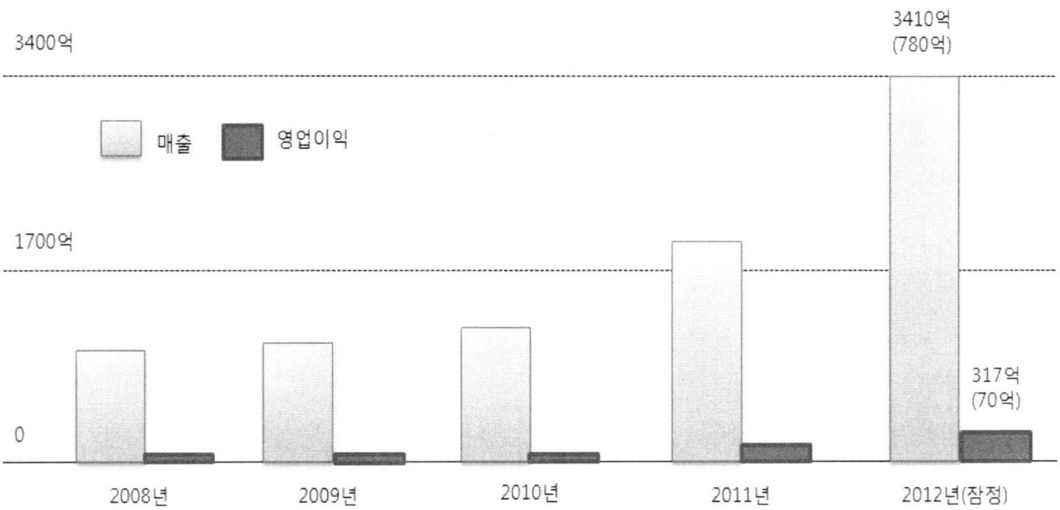

MODA는 롯데 · 이랜드 등과 경합하여 2012년 12월 천안 아산점 입점 계약을 따냈다. 총면적 2만6446㎡(약 8000평)의 매장 공사를 두 달 만에 했고, 입점 브랜드 180여 개도 확보했다.

이는 업계에서 유례를 찾기 힘든 속도전으로 그는 '패션 유통은 타이밍이 필수'라며 '2월 말에 개점해야 3월 초부터 판매되는 좋은 품질의 봄옷을 다량 확보할 수 있다'고 말했다.

또한 서울에도 눈독을 들이고 있다. 박 대표는 "서울 가산디지털시티에 있는 아웃렛을 인수하기 위해 지난해 말 실사까지 마쳤다가 마음을 바꿨다"며 "올해 안에 점포를 낼 것"이라고 말했다.

2012년 4월 13년 역사의 국내 최초 패션 전문 온라인쇼핑몰 '패션플러스'도 인수했다. 처음엔 사업 제휴로 시작했다가 의외로 시너지가 커 아예 인수에 나섰다. 인수한 지 1년도 안 돼 성과를 내기 시작했다.

지난 13년 동안 매년 적자를 기록하던 회사가 인수 6개월 만인 지난해 10월 흑자를 기록했고 매출도 전년 500억 원 규모에서 지난해 780억 원으로 크게 늘어났다. "동대문 물건이 많던 패션플러스 입점 제품을 백화점 · 아웃렛에 입점하는 프리미엄 패션 브랜드들로 바꾼 결과"라는 것이 박 대표의 설명이다.

박 대표는 "전국 10개 점포에서 1조원의 매출을 올리는 것이 목표"라며 "2015년까지 달성하겠다"고 말했다. 하지만 최근의 아웃렛 과열현상에 대한 우려도 표시했다.

그는 "한 업체가 전국에서 10개 점포 이상 운영하는 것은 국민의 소비 수준을 넘어서는 것"이라고 덧붙였다. 박 대표는 아웃렛 운영에도 뚜렷한 원칙이 있다. 아웃렛 매장은 편안하면서도 세련돼야 하지만 백화점처럼 호화스러워선 안 된다는 것이다.

또한 "2년에 한 번 하는 매장 리뉴얼에 많은 돈을 들이면 저렴한 가격으로 고객에게 제품을 제공할 수 없고, 입점업체들도 고생한다"고 말했다. 또 하나의 전략은 20% 미만의 적정 수수료 선을 유지하겠다는 것이다.

박 대표는 "대형 유통기업에 맞서 우수한 브랜드를 유치하려면 브랜드도 살고, 아웃렛도 살리겠다는 윈-윈 전략은 필수"라고 설명했다.(2013년 2월 18일 중앙일보)

3. 경영환경의 분석사례: 국내기업 사례 3

지난 2013년 7월 롯데백화점 본점에 입점한 중국 여성복 브랜드 Marisfrolg가 월 1억 원의 매출을 올리며 선전하고 있다. 이는 국내외 브랜드 경쟁이 치열한 여성패션 상품군에서 중상위권을 유지하는 실적이다.

Marisfrolg는 중국 내 여성복 매출 순위 5위 안에 드는 브랜드로 세련된 유러피안 감성을 추구하고 있으며 이탈리아 · 프랑스 · 일본 등에서 수입한 최고급 천연 원단으로 제조하고 있다.

롯데백화점이 2011년 11월 이 브랜드를 국내 백화점 최초로 입점시킨 것은 급증하는 중국인 쇼핑객을 잡기 위해서였으나 중국인 고객뿐 아니라 국내 소비자에게도 좋은 반응을 얻고 있다.

백화점 관계자는 "이 브랜드가 한국에 진출하면서 까다로운 한국 여성의 취향과 체형을 고려해 다양한 디자인을 선보이고 있다"며 "매출의 절반가량이 내국인에 의해 발생한다"고 설명하고 있다.

롯데백화점은 Marisfrolg 이외에 다른 중국 브랜드도 들여오려고 한다. 중국에서 손꼽히는 여성복 브랜드 'JNBY(Just Naturally Be Yourself)'의 팝업스토어를 12일부터 18일까지 본점 2층 '더웨이브' 매장에 열기로 하였다.

JNBY는 중국, 유럽, 미주 지역 등 전 세계 770개 매장을 운영하고 있으며 연매출은 2200억 원에 달한다. 이영애, 고소영, 하지원 등 톱스타들이 즐겨 찾는 브랜드로 입소문이 나 있으며 국내에는 이태원 등에 5개 매장이 있다.

롯데백화점 여성패션의 MD는 "중국 패션시장은 매년 30% 이상 고속 성장을 거듭하고 있으며 이들 가운데 Marisfrolg, Orchirly 등 브랜드가 두각을 나타내고 있다"면서 "앞으로 중국의 다양한 브랜드를 발굴해 국내 고객에게 소개할 계획"이라고 했다.

한편 중국인 고객이 급증하면서 롯데백화점의 중국인 판매직원도 크게 늘고 있다. 원활한 의사소통을 위해 통역직원을 배치하고 있지만 이들만으로는 넘치는 수요를 감당하지 못해 브랜드별로 중국어가 가능한 직원(현재 조선족 포함하여 75명으로 작년보다 78.5% 증가)을 증원시킬 계획으로 있다.

4. 경영환경의 분석사례: 국내기업 사례 4

두산인프라코어가 중국시장에 진출하면서 분석하였던 사례를 통하여 자세히 살펴보기로 하자.

먼저 정치 부분의 경우 중국의 정치 환경은 아직 위험 요인을 많이 갖고 있다. 즉 사회주의 체제가 여전히 막강한 영향력을 발휘하고 있기 때문에 환경 및 노동관련 규제 강화와 반독점법 시행과 같은 정부차원의 강력한 제재조치를 시행하는 등 많은 정치적 위험 요인이 존재하고 있다.

두산인프라 코어는 처음부터 중국화 된 기업을 만든다는 목표를 수립하고 중국 법·기준을 철저히 지켜왔으나 노동자 보호가 강화되면서 탄력적인 인력 운용이 전보다 용이하지 않게 되었다.

문화 부분의 경우 가장 중요시 되는 것은 꽌시(關係)이다. 중국은 운전기사부터 정부 고위관리들에 이르기까지 모든 계층의 사람들과 꽌시를 잘 맺어야 사업을 번창시킬 수 있다.

중국에서 큰 사업을 하는 사람들이라면 맨 위와 맨 아래 뿐만 아니라 중간의 꽌시를 중시하고 있는데 꽌시는 상부의 고위층만을 공략하는 정치적인 것이 아니기 때문이다.

따라서 두산인프라코어가 중국 현지에서 지속적으로 성장해 나가기 위해서는 꽌시 문화에 의한 중국과의 관계를 지속적으로 유지해 나가는 게 중요하다.

중국은 그동안의 폐쇄정책에서 개혁개방정책을 실시한 후 고도성장을 거듭 하면서 인프라시설에 대한 끊임없는 투자를 시행하고 있는 가운데 2단계 서부대개발의 본격화와 함께 사회주의 신 농촌 건설, 동부지역의 급속한 도시화 등의 개발 붐이 진행되고 있다.

이러한 개발 붐으로 인하여 건설기계 시장 수요가 커지고 있어 전망이 매우 밝다. 전문가들은 세계적으로 건설기계 산업이 발전추세에 있는 것처럼 중국 건설기계 산업도 최근 새로운 경기호전 주기에 접어들면서 관련 산업의 경기가 호황 할 것으로 예상하고 있다.

지속적인 중국의 경제 발전은 건설기계산업의 최대 동력이 되고 있으며 여전히 9-10%대를 유지할 것으로 예상되는 등 건설 및 토목 관련 산업 전망도 밝다.

경제 부분의 경우 중국은 경제개발구역을 중심으로 넓은 대로를 따라 아파트와 공장건설이 이어지고 있어 노동력이 풍부하다고 하지만 실제로는 인력을 구하기 어려워 굴삭기 등의 수요가 커지게 될 것으로 예상된다.

또한 최근 세계 금융시장의 위기로 중국 내의 기업들 역시 줄줄이 도산하고 있어 중국 정부는 자금난을 겪는 기업들에 대해 긴급 자금을 지원하는 실정에 있다.

두산인프라코어는 이러한 경제 상황에 대비하여 경쟁력 강화를 모색하는 한편 세계 시장의 하강조류에 휩쓸리지 않도록 노력하고 있다.

Michael Porter 교수의 산업구조분석에 기초하여 중국의 산업 환경을 분석하여 보면 역시 공급자 교섭력과 산업구조 내의 경쟁, 구매자 교섭력의 세 부분이 중요함을 알 수 있다.(〈그림 2-6〉 참조)

그림 2-6 중국의 건설 산업의 환경 분석

공급자 교섭력		산업구조 내의 경쟁		구매자 교섭력
● 파트너쉽을 통한 관계도 유지 및 교섭의 투명성 유지 ● 모든 유통망을 중국인이 운영함으로써 신뢰도 상승	⇨	● 경쟁사의 M&A로 인한 위협 ● 경쟁사의 새로운 제품라인 개발로 인한 위협	⇦	● 현지인의 취향에 맞춘 현지형 제품 개발 ● 차별화된 A/S로 고객만족도 향상

두산인프라코어의 경우 이러한 분석에 의한 철저한 전략적 접근으로 중국시장 진출 초기의 경쟁사와 비교해 열위에 있던 공급자 관계에서 우위를 차지할 수 있었고, 경쟁사와 비교하여 인지도가 떨어지던 점을 극복하면서 구매자 교섭력에서도 우위를 차지하는 쾌거를 이루어내며 산업구조 내에서 초기의 어려움을 딛고 현재 부동의 1위를 차지하게 되었다.

사업 규모를 살펴보면 2008년 3월 기준으로 중국내 전체 굴삭기 판매량은 14,487대로 전년 동월 대비 28.3% 증가하였고, 1분기 누적 판매량은 24,616대로 전년 동기 대비 43.2% 증가하였다.

이는 사상 최대 월별/분기별 판매량으로 올림픽을 앞둔 중국내 높은 고정자산 투자 증가와 계절적 성수기, 서부대개발을 비롯하여 전 국토의 균형개발로 인한 굴삭기 판매지역의 지속적인 확대 등이 맞물린 결과로 보인다. 1분기의 시장성장세를 감안하면 2008년 연간 판매량은 전년대비 85% 증가한 9만 여대에 이를 것으로 보인다.

그러나 사회주의체제가 사회전반에 걸쳐 강력한 힘을 갖고 있다는 것과 중화민족(中華民族)이라는 중국 우월중심의 문화 속에 있는 중국 정부에 대한 긴장을 늦추지 말아야 한다.

정치경제 상황을 빠르게 파악하고 분석하여 능동적인 대책을 수립해나가야 하며 교육 및 문화 시설을 설립하고 각종 재난 구조 등에도 힘써야 할 것이다.

최근 한국에서도 기업의 중요한 경영활동의 하나로 인식되고 있는 대 사회활동에 대해서도 다양한 활동을 수행하여야 한다.

사회환원사업의 일환으로 2001년에 중국 현지 굴삭기 누적판매 5천대 돌파를 기념하여 중국 정부가 추진하는 '희망공정'에 참여하였다.

이는 서부 지역과 같이 외딴 지역에 초등학교 건립을 주된 목표로 하는 사업으로 두산인프라코어의 경우 당시 녕하(寧夏)·감숙(甘肅)·청해(靑海) 등지에서 3개의 희망학교를 설립하고, 매년 50여명의 학생들에게 장학금을 지원했다.

그동안 인민폐 200여만 원을 중국정부에 기부하여 삼서성, 산서성, 호북성, 산둥성, 내몽고, 운남성 등의 오지지역에 매년 2-3개 씩 10개의 초등학교를 준공하는 등 전폭적인 지원을 하여 왔다.

지난해 4월에 펼쳐졌던 성금 모금행사에서도 인민폐 260만 원을 기부하여 모금 참여 기업 가운데 1위를 차지했고, 앞으로도 매년 희망공정에 최저 50만 원씩을 기부해 나갈 예정이다.

'희망공정' 이외에도 회사 내의 한국직원들이 매월 불우학생을 위한 성금을 기부하고 주재원을 따라 가족들과 함께 정기적으로 현지 학교와 양로원에 지원과 봉사를 하는 등의 미래지향적인 사회환원사업들을 지원하고 있다.

쓰촨성 대 지진 피해의 경우 복구를 위해서 중국 현지법인을 통해 성금액 15억 원을 정부에 전달하였으며, 신속한 피해복구를 위해 지진 발생 이틀 후 굴삭기 160여 대를 복구 현장에 투입하는 등 현지 정부와의 관계를 돈독하게 하고 이를 바탕으로 기업의 이미지를 제고시켰다.

최근까지도 중국 정부는 경제 성장을 위하여 각종 세제 혜택 등을 통해 외국 기업의 중국 투자를 적극적으로 추진해왔다.

그동안 중국은 13억이 넘는 인구에서 비롯된 저임금의 풍부한 노동력과 광활한 대륙, 즉 地大人多가 장점으로 부각되면서 많은 외국 기업들이 중국 현지에 법인을 세우고 공장을 세워왔다.

중국 정부는 '二高一低(이고일저)' 산업에 대한 외국인 투자를 엄격히 제한하겠다고 발표했다. '二高' 산업은 에너지를 많이 소비하고 오염물질 배출이 많은 산업이고, '一低' 산업은 낮은 기술 수준의 산업을 말한다. 이를 실천하기 위하여 최근 환경보호를 위해 피혁이나 봉제와 같이 환경에 큰 악영향을 주는 804개 품목에 대해 금지 조치를 결정하였다.

이는 향후 현지 공장에 대한 환경규제가 더욱더 강화될 것을 시사하는 것으로써 이에 따른 두산 인프라코어의 현지 생산 공장 역시 환경과 관련된 설비 투자 등의 추가와 제조 공정의 개선 등이 요구될 것으로 보인다.

또한 외국 기업에 주어졌던 각종 세제 혜택도 다시 거두어들이는 양상이다. 최근 중국 정부가 개정한 기업 소득세법에 따르면 기존의 외국 기업에 적용되었던 17%의 법인세율이 25%까지 상승하여 중국의 자국 기업과 동일한 세율이 적용될 것으로 보인다.

이외에도 외국기업의 중국 재투자 시 이미 납부한 소득세의 일부를 환급받는 제도나 기업들이 투자 이후 일정 기간 면세를 받아왔던 혜택 등도 사라질 예정이다.

이러한 변화는 수익률을 저하시키고 자칫 중국 기업과의 가격경쟁력에도 악영향을 미칠 수 있으므로 빠른 대책이 필요하다.

한편 인건비의 상승요인도 고려해야 하는 바, 산업연구원의 'e-KIET 산업경제정보'에 따르면 중국의 산업구조가 급속히 고도화되면서 첨단산업의 고급 기술 인력의 인건비는 한국과 별 차이가 없는 실정이라고 했다.

중국정부는 2001-2005년 외자기업의 인건비가 연평균 8.4% 인상됐다고 발표했지만 실제로는 현지에서의 인건비 상승률은 12.6%가 되면서 강력히 시행하고 있는 최저임금제나 외자기업에 대한 4대 보험 부담 요구 등도 인건비 상승의 원인이 되고 있다.

이와 같은 중국의 인건비 상승은 두산인프라코어에 원가 상승의 압박을 주고 있어서 보험 부담에 따른 중국의 인건비 상승 추세는 피할 수 없는 것으로 보인다. 따라서 임금 자체를 낮추기 위한 노력보다 철저한 품질관리를 통한 원가절감을 꾀하는 것이 바람직하다.

그러나 기술력을 갖춘 종업원에 대한 급여의 차등 지급이나 이들에 대한 교육비 지출 증감 그리고 한국 본사의 연수 실시 등은 기술능력을 제고시켜 안정된 우수 인력의 확보와 함께 결과적으로는 품질을 향상시키는데 큰 도움을 줄 것이다.

5. 경영환경의 분석사례: 외국기업

앞으로 정보 네트워크에 연결된 대중을 문제 해결에 활용하는 'Crowdsourcing'이 등장할 것이다. 이는 크라우드(crows · 대중)와 아웃소싱(outsourcing · 외부자원활용)을 합친 단어로 2006년 미국 IT 전문지 'Wired'의 제프 하우 기자가 처음 만든 것으로 제품 개발 과정에 소비자가 참여할 수 있도록 유도하여 수익을 제작자와 아이디어 제공자가 공유하는 방식이다.

이제 Crowdsourcing은 단순히 아이디어를 얻는 차원에서 벗어나 직접적으로 대중의 힘과 머리를 빌리는 단계로 진화하고 있다.

트위터 사용자들을 이용한 택배 시스템이 개발되고 있으며, 인터넷 이용자들이 소프트웨어와 디자인을 진화시키는 프로그램도 개발되었다.

TwedEx는 소셜 미디어인 Twitter와 세계적인 택배사 FedEx의 합성어로 예를 들어 Twitter를 이용한 택배의 경우 교실 맨 뒤에 있는 학생이 맨 앞사람에게 공책을 주고 싶으면, 그냥 바로 앞사람에게 공책을 주고 '앞으로 전달'이라고 하면 된다.

이는 물건을 받는 사람의 동선을 파악해 그와 겹치는 길에 있는 트위터리안에게 물건 전달 의사를 묻는다. 그리고 이를 수락하면 소포에 받는 사람의 인상착의나 이름 등을 적어 건넨다. 그러면 자기가 가는 길 한도 내에서 물건을 들고 가고, 다시 다음 트위터리안에게 물건을 건네주면 된다. 이 사람도 같은 방식으로 가는 길에서 만난 다음 사람에게 물건을 건넨다. 이렇게 해서 물건을 받을 사람과 가장 가깝게 있는 사람이 최종적으로 물건을 전달한다. 택배에 참여한 트위터리안은 소정의 수고료를 받게 되는 것이다.

이러한 TwedEx의 장점은 택배 시간이 짧다는 점이다. 일반 택배는 여러 물건을 모아 운송하기 때문에 시간이 더 걸린다. 또한 집이나 사무실이 아니라도 물건을 받을 수 있는 장점이 있어 물건 받는 사람의 동선만 확인하면 언제 어디서나 물건을 받을 수 있다.

그리하여 다음과 같은 상황이 실제로 이뤄 질 수 있다. 즉 퇴근길에 늘 하던 대로 편의점에 들러 생수를 샀다. 문을 열고 나오는데 낯선 사람이 내 얼굴을 뚫어져라 쳐다본다. 곧 그가 다가와 말을 건넨다. "김혜림씨 맞죠. 여기 당신 소포에요." 그는 우체부도, 택배사 직원도 아니다. 나와 공통점이 있다면 트위터를 사용하고, 퇴근길에 이 편의점을 지나간다는 것 뿐이다. 이는 머지않아 곧 현실로 다가올 택배 서비스 방식이다.

Crowdsourcing을 이용한 택배는 이번이 처음이 아니다. 지난 2010년 중국 엑스포에서 DHL도 비슷한 개념의 'Bring Buddy'를 선보인 바 있다.

또한 지난 3월에는 Walmart가 매장에 온 고객들이 집에 가는 길에 인터넷 쇼핑을 한 사람에게 물건을 전달하는 Crowdsourcing 방식의 택배 시스템을 고려하고 있다고 밝히면서 택배에 참여하는 고객들에게 추가 할인 혜택으로 보상할 것으로 알려졌으며 지금은 브레인스토밍 단계이지만 1-2년 내 가능할 것이라고 보고 있다.

영국 사우스햄튼대의 제임스 맥키너리 교수는 보스턴에서 열린 학회에서 아프리카 코트디부아르에서 실시한 Crowdsourcing 택배 실험을 소개했다.

이는 트위터 대신 휴대전화의 데이터를 분석하여 사람들의 동선을 파악하는 것으로 물건을 릴레이로 전달시킨 결과 외딴 마을까지 물건을 전달하는 데 평균 28일이 걸리게 되어 트럭을 빌려 가는 것보다는 더 긴 시간이 소요되었다.

그러나 택배(宅配)만이 아니라 식량, 식수 같은 생활필수품을 정기적인 배달에 활용하면 저렴하고 확실한 방법이 될 수 있으며 무엇보다 트럭을 빌려 하는 것보다 가격이 아주 저렴하여 시간이 조금 더 걸려도 괜찮을 것이라고 보고 있다.

6. 경영환경의 분석사례: CSR 사례

최근 기업의 경영환경이 치열해지면서 기업들은 생산과 유통 과정에서 만나는 고객들만이 아니라 현지의 다양한 구성원과 공동체들과의 관계(relation)나 영향력(impact)등이 기업 이미지는 물론 구매행동에도 영향을 주어 결과적으로는 기업의 경쟁력을 제고시키는 등 중요성이 부각되면서 CSR(Corporate Social Responsibility)에 대한 관심이 증대되고 있다.

또한 소비자들의 제품이나 서비스에서의 이점보다 차별화된 기업들의 사회공헌활동 이나 이미지개선을 통한 브랜드 자산의 극대화가 구매를 촉진시킨다는 공익연계(cause-related marketing)마케팅, 고객과의 끊임없는 공감을 중시하는 상호의존(reciprocal) 마케팅, 고객들은 가격, 성능, 지인의 추천 등과 같은 인지적 요인만이 아니라 감성적 요인에 따라 구매한다는 감성 마케팅(emotional marketing) 등에 대한 연구도 활발하게 이뤄지고 있다.

하지만 소비자들은 이러한 시도들이 제품의 구매를 제고시키려는 마케팅활동의 일환인 활동일 뿐 '기업의 근본적인 속성(The business of business is business)'을 벗어나지 않을 것이라는 인식을 가지고 있어서 이를 불식시키고 '좋은 회사(good company)'라는 이미지를 심으려는 이유 때문에 CSR에 대한 기업들의 관심은 더욱 커지고 있다.

이제 세계의 중요한 국제적인 기구 등에 의하여 내려진 정의들을 요약, 정리하면 다음의 〈표 2-1〉에서 보는 바와 같다.

<표 2-1> 국제기관들의 CSR 정의

국 제 기 관	CSR 정의
국제표준화기구 (ISO)	기업이 경제, 사회, 환경 문제 등에 대한 기여로 인간, 사회 전체에 혜택을 가져오는 활동
EU의 유럽위원회	기업이 경영활동에 있어 자발적으로 사회적, 환경적 관심을 통합시키는 활동
경제협력개발기구(OECD)	기업이 사회와의 공생관계를 성숙 · 발전시키기 위하여 취하는 행동
국제노동기구 (ILO)	기업이 법적 의무를 넘어 자발적으로 이해 관계자에게 미치는 영향
세계기업 협의회(WBCSD)	직원, 가족, 지역사회 및 사회 전체와 협력하여 지속가능한 발전에 기여하고 이들의 삶의 질을 향상시키고자 하는 기업의 의지
세계은행 (IBRD)	기업 및 주요 이해 관계자와의 관계, 가치관, 법의 준수, 사람 준중, 지역 사회 및 환경관련정책 및 실행의 집합, 기업이 기업의 이해 관계자들의 '삶의 질' 을 향상시키기 위하여 지속적인 발전에 기여하는 약속
국제 비즈니스 리더 포럼 (IBLF)	기업이 윤리 가치에 기반하고, 개방적이고, 투명한 경영, 지역사회 공헌, 자연 환경 준수, 직원에 대한 존중, 지속가능한 비즈니스 성공 등을 달성하기 위해 노력하는 행동
유엔 (UN Global Compact)	인간의 얼굴을 한 자본주의를 구현하기 위한 인권, 노동 기준, 환경, 반부패 등과 관련한 기업의 역할

그리하여 위에서 살펴 본 것처럼 CSR의 목표 및 활동내용은 기업의 사회에 대한 경제적 기여에서 사회적 공헌이나 환경적 책임 등의 관점으로 확대되면서 점차 기업에서의 지속가능한 경영 활동의 필수적인 요소(requirements)로 인식되고 있다.

ISO(International Standard Organization)에서는 기존의 다양한 사회적 책임 인증이 '본래의 의도와 달리 유사하거나 상이한 규정을 갖고 있다'고 보면서 체계적이고 효과적인 실행을 위하여 사회적 책임(Social Responsibility)의 국제적인 표준 지침인 ISO 26000을 발효시켰다.

현대적인 의미에서의 기업의 사회적 책임은 Bowen(1953)이 '기업가의 사회적 책임(Social Responsibilities of the Businessman)'에서 '사회 전체의 목표나 가치의 관점에서 바람직한 정책을 추구하고 의사결정을 하거나 행동으로 옮기는 의무이다'라고 정의를 내린 이후부터 이에 관련한 다양한 연구들이 있게 되었다.

CSR을 학문적으로 발전시킨 Carroll(1979, 1999)은 기업의 사회적 책임의 범주를 '경제적 책임', '법적 책임', '윤리적 책임', '자선적 책임'으로 나눠 설명하고 있다.

그는 '경제적 책임'은 이익추구를 통한 사회적 책임의 근간으로, '법적 책임'은 법률준수 및 게임 규칙에 따른 활동으로, '윤리적 책임'은 정당하고 공정하게 행동할 의무로, '자선적 책임'은 좋은 기업 시민이 되기 위하여 추구하는 활동으로 규정하면서 궁극적으로는 '커뮤니티에 대한 자선의 공헌으로 "삶의 질(quality of life)의 향상"을 추구하려는 것'이라고 강조하였다.

그동안의 눈부신 경제발전으로 명실상부한 선진국에 진입한 한국에서는 기업의 사회적 책임의 역할에 대한 인식은 저조 내지 거의 부정적인 수준에 머무르고 있다.

특히 경제발전이 미숙하였던 시기부터 정부의 친기업적인 보호정책으로 성장을 이룬 대기업들은 인재와 자본 등의 독점으로 성장을 하고 경제는 물론 사회와 국가 전반에 커다란 영향력을 미치게 되었음에도 불구하고 여전히 '사회에 대한 책임'은 미진하다는 평판을 듣는 가운데 사회로부터의 높은 수준의 사회적 책임을 지속적으로 요구받아 왔다.

2012년 연초에 대기업 CEO들의 경영 전반에 걸친 Key Word를 조사한 결과에 따르면 성장에 관련한 표현이 제일 많이(47회) 언급되고 있었으나 안정(5회)이나 효율(4회), 내실(2회)과 생존(2회) 등은 낮게 나타났고 기회(21회)와 위기(22회)는 비슷한 수준이었으며 인재(16회)나 사람(13회) 또는 고객(26회) 등과 같은 인적자원의 관리(HRM) 분야에는 크게 관심을 보이고 있었고 글로벌(25회)과 가치(25회) 등도 빈번하게 언급한 것으로 나타났다.

이제 기업들은 기여(寄與)와 같은 전통적인 기부활동에서 물질(곡물이나 건축 자재 등)이나 교육 및 의료 등과 같은 시설·서비스 등의 제공으로 바뀌면서 종전과는 다른 '대(對) 사회봉사활동'을 수행하고 있다.

얼마 전 까지만 해도 사회에서는 자선(慈善)이나 박애주의(博愛主義)에 따라 그저 '있는 자가 없는 자에게 선물로 주는 행위'와 같은 부정적인 측면에서 인식되고 있었다.

그리하여 CSR 활동을 수행하는 기업들의 역량이나 수준의 한계를 보이는 가운데 '개선불능의 태생적 한계' 같은 문제점을 보이고 있었으나 점차로 기업들의 CSR 활동은 다음의

〈그림 2-7〉에서와 같이 단기 내지 일회성이 아닌 장기적이고도 필수적인 것으로 인식되어지고 있다.

그림 2-7 중국의 건설 산업의 환경 분석

경영환경의 변화	경영본질의 변화	사회공헌의 변화
▪ 고객니즈/기능, 품질에서 의미추구 ▪ 책임대상/주주가치의 극대화에서 이해관계자 만족도 제고 ▪ 경쟁원천/기술, 디자인에서 차별화에 의한 사회적 공헌 중시	▪ 현재의 경쟁력에서 지속가능한 경쟁력으로 ▪ 이윤추구에서 이윤과 평판의 양면추구 효과로	▪ 선택에서 필수로 ▪ 비용에서 투자개념으로 ▪ 공급자 중심에서 수혜자 중심으로

최근 유로존 등으로부터 파급된 세계 경제의 연동화(連動化)로 경제성장률이 하락하면서 개별 국가의 경제는 앞날을 예측하기 어렵게 되었으며 기업들의 경영실적은 그 어느 때보다도 불안 내지 열악한 국면을 보여주고 있다.

그러나 이러한 기업환경의 열세 및 열악한 상황임에도 불구하고 한국의 기업들은 미국은 물론 중국과 일본 등을 포함한 전 세계의 시장과 더불어 FTA를 체결하는 등 해외시장 개척이나 수주활동을 적극적으로 수행하면서 해외에서 시장의 확장으로 구매자 또는 소비자들을 지속적으로 창출시키고 있다.

그리하여 미래를 예측하기 어려운 기업환경임에도 불구하고 기업 외부에서는 '기업은 착해져야 산다!'든가 '착한 기업만이 살아남는다!'를 강조하는 등의 목소리(要求)에 의하여 기업의 경영활동이 전개되는 국내는 물론 외국의 현장에서도 끊임없이 제기되고 있다.

이제 한국에서 '착한 경영활동'으로 사회의 각계로부터 '아름다운 기업'으로 인식되면서 사회적인 책임을 잘 수행하고 있는 기업들의 다양한 활동 내용들을 살펴보기로 하자.

한국에서 존경받는 기업들은 삼성, POSCO, 유한킴벌리, 현대자동차, 녹십자 등으로 일자리 창출, 국가발전 기여, 경영방식의 공익성, 여성 및 장애인 고용, 노사협력과 동반성장, 지배구조의 투명성, 납세의무 등의 준법성, 재무 건전성, 친환경 경영, CSR 활동 여부 등을 기준으로 선정되었다.

대부분의 기업들은 한국의 높은 교육열에 부응한 장학사업 후원, 연말과 재해발생시의 기부활동, 환경보호운동의 일환인 나무심기(유한킴벌리)와 저연비 타이어생산과 수익금의 유방암 예방지원(금호타이어), 친환경배터리의 생산(SK이노베이션), 복지재단의 설립(사내 105개), 휴대폰 재활용·세척활동을 통한 고용창출·각종 자원봉사활동·안내견의 제공을 통한 시각장애인지원(삼성), 어린이 교통안전교육실시·어린이를 위한 인터넷 교육(넥슨), 장애인채용·해외봉사활동지원·재능기부를 통한 집짓기운동의 후원·청소년 학습도우미 장학금 지급(현대카드), 난치병어린이수술지원·저소득층대학생을 위한 사랑드림장학금기탁·홀트봉사활동(롯데리아), 경로잔치, 다문화활동지원, 1촌 1사 활동참여(1 village with 1 company) 등 다양한 활동을 지속적으로 전개하여 왔다.

이어서 한국기업의 해외진출이라는 개괄적인 측면에서는 짧은 역사를 갖고 있음에도 불구하고 인접하고 있다는 지정학적인 요인과 함께 유교적인 전통에서의 동질 내지 중첩된 문화적 공유점 등으로 건수나 물량적인 면에서 다양하게 이뤄지는 중국시장에서의 한국기업들의 CSR 최근 사례들을 살펴보기로 하자.

먼저 1997년 상하이(曲陽店)에 합작형태로 진출한 이마트(易買得)의 경우 현지인의 고용증대, 직원들에 대한 사회·양로·실업·의료 등을 통한 복지정책의 확대와 같은 경제적 책임의 준수와 함께 직원들에 대한 불공정행위나 법률적 위반 행위 및 현지법규의 준수, 경영관리에서의 개선에 관련한 제보의 즉각적인 개선과 같은 윤리적 책임 그리고 점포 주변의 양로원이나 고아원 등에 대한 기부활동을 수행하여 왔다.

한편 1993년에 진출한 LG는 인재·생산·마케팅·R&D의 현지화를 지향하면서 현지 직원에 대한 높은 봉급과 기숙사제공을 통한 경제적 책임, 사회보장제도의 적극적인 가입 및 폐기물 처리법의 준수와 같은 법률적 책임, 나무심기와 CO_2 배출 및 온실가스 감축과 같은 환경적 책임, 임직원들의 부정 및 비리행위에 대한 엄중한 교육과 실시로 한국에서의 '정도경영(正道經營)'을 접목시키는 등 윤리적 책임을 실현하고 있다.

또한 1985년부터 진출을 시작한 POSCO는 경제·법률적인 책임은 물론 폐기물 처리과정 등에서의 환경적 책임과 교육지원이나 문화교류 후원, 자연재해를 입은 지역과 주민들에 대한 재정적 지원과 같은 기부활동으로 자선적 책임을 다하고 있다.

2006년 9월 따렌(大連)에 진출한 STX는 지역사회와의 동화(同化)와 직원들의 안정된 생활을 위해서는 직원 자녀들의 '교육의 질'을 높이는 것을 중요하게 인식하고 초·중·고교의 PC 기증, 원어민(Native Speaker)에 의한 영어교육의 업그레이드, 청소년오케스트라 운영 등을 시행하고 있다.

그동안 중국에 진출하여 한국의 기업들에 의하여 수행하여왔던 CSR 활동의 주요 내용을 요약하면 다음의 〈표 2-2〉와 같다.

<표 2-2> 중국 진출 한국기업들의 CSR 활동

CSR	주 요 내 용
경제적 책임	고용 확보 또는 복지증진(보험가입 등)을 통한 경제적 안정의 창출
법 적 책 임	후생 복지/ 정부 및 지방자치 단체 등의 법률적 지시 등의 준수
환경적 책임	환경보호(폐기물 처리 및 재활용품 활용에 대한 적극적인 활동)
윤리적 책임	공정한 거래(신속한 대금 결제 및 불공정 거래 배제)
자선적책임	노약자(독거자, 장애우)돕기/교육기관원(학교설립, PC기증/장학금)/각종 재해지원/문화교류

자료 : 권영철 유력소, 2012

점차로 치열해지는 경쟁여건에도 불구하고 중국에서 계속기업(going concern)을 지향하는 한국기업들의 CSR 활동을 위한 대안들(alternatives)을 요약하면 다음과 같다.

첫째는 중국 정부가 2006년부터 [기업법]에 '기업이 사회적 책임을 실행하여야 한다'고 명문화시킨 이후 당국은 물론 국민들의 CSR에 대한 의식이나 요구가 커지고 있어 본국의 지시(구체적으로는 본국의 CEO나 부서)에 의한 하달식의 소극적인 활동보다는 현지(법인)에서의 능동적이고도 즉각적인 수행이 수반되어야 할 것이다.

둘째는 먼저 진출한 선진국 기업들의 사례들을 타산지석(他山之石)으로 삼아 외국(韓國)에서 들어온(進出) '중국에 있는 중국인을 위한(在中國, 爲中國)', 즉 좋은 기업이라는 인식을 심어 줄 수 있어야 할 것이다.

셋째는 중국의 제품들이 점차로 고급화 내지 정교화되어 세계시장으로 진출(輸出)하게 될 것이므로 탄소배출권거래제(ETS) 등에 적극적으로 호응하여 현지에서의 기준은 물론 글로벌 트렌드나 기준에 선행적(先行的)으로 적응하여야 할 것이다.

넷째는 이러한 CSR 활동은 중국에서 뿐만 아니라 비록 시간적으로는 글로벌시대의 중심에 서 있으며 공간적으로는 전 세계의 지역과 시장을 지향하고 있는 기업들의 경우 더욱 정치(精緻)하고 장기적인 차원에서 계획되고 수행되어져야 할 것이다.

마지막으로는 구체적인 계획의 수립이나 절차에 있어서 CSR 활동에 관련한 전문적인 기술이나 관리기법 및 구성원의 참여가 필수적인 요인이 되고 있음을 유념하여야 한다.

다음은 한국의 대기업 가운데 일찍 CSR에 관심을 갖고 지속적으로 노력을 해온 SK의 사례이다.

SK에서는 그룹 내에 소모성 자재 공급업체인 MRO(Maintenance, Repair, Operation)를 설립할 계획을 추진하고 있었으나 MRO 코리아의 지분 49%를 보유한 미국 측과 인사 문제로 갈등을 빚게 되었다.

더구나 당시 한국에서는 대기업의 MRO 사업을 불공정 거래로 인식하면서 이를 비판하는 여론들도 비등했다.

즉 아래의 표에서와 같이 대기업들이 필요한 소모성 문방용품을 용이하게 조달하려는 것을 명분으로 중소기업들의 사업영역을 침해하고 있다는 것이었다.(〈표2-3〉 참조)

<표 2-3> 대기업이 운영하는 MRO 기업의 최근 매출 현황 (단위: 억 원)

회사	MRO기업	매출(2008)	매출(2009)	매출(2010)
삼성	아이마켓코리아(IMK)	10,653	11,821	15,492
LG	서브원	20,375	27,441	38,478
SK	코리아MRO	700	912	1,028
포스코	엔투비	7,569	5,678	6,036
코오롱	코리아 e 플랫폼	3,499	3,549	4,639
웅진	웅진홀딩스	1,003	3,094	5,370

그리하여 SK에서는 아예 MRO로 사회적 기업을 제대로 해보자는 최태원회장의 제안으로 MRO 코리아라는 이름으로 '행복나래'를 설립하여 이익 중 3분의 1을 사회적 목적에 사용하고 이사진 구성은 다변화시키려 했으나 이익 배당이 어려워지자 수익을 목적으로 투자한 외국 합작파트너는 이를 수용하려 하지 않았다.

결국 최회장의 결단으로 파트너사의 지분을 매입하면서 SK이노베이션과 SK텔레콤이 42.5%씩 갖는 지분 구조가 만들어졌다.

행복나래는 소규모 사회적 기업들이 생산하는 제품을 구매해 줌으로써 사회적기업의 이상을 실현하는 기업으로 명실공히 사회적 기업을 위한 사회적 기업이 되었으며 매출은 2012년에는 1,600억 원, 2013년에는 2,000억 원으로 늘어났다. 한국에는 2,000개의 사회적 기업이 있고 이들 중 소모성 자재를 취급하는 곳은 100개 정도이며 행복나래와 거래하는 기업은 55곳이다.

행복나래에서는 협력사를 신규 선정할 때 사회적 기업에 10% 가산점을 주고 있으며 선정 시 3가지 원칙을 지키고 있다. 즉 제품 품질이 좋아야 하며, 떨어지는 가격경쟁력은 SK가 보장해 주고 경영자는 사회적 기업가 마인드로 똘똘 뭉친 사람일 것 등이다.

회사에서는 모든 협력업체 사장들을 일일이 만나 진정성을 테스트하며 '짝퉁'기업을 찾아내는데 집중하여 정부 지원금만을 바라고 흉내만 낸 기업들을 솎아내었다.

특히 행복나래는 이에 더해 사회적기업과 거래할 때 발생하는 영업이익 50%를 협력업체에 사후 환원하고 있으며 대금 결제일을 18일 앞당겨 협력사 자금 회전에 숨통을 터주고 있다.

소모성 자재는 안정적 판로 확보가 용이한 경우이지만 그렇지 않은 회사의 경우(기독교를 기반으로 하며 노숙인을 고용하여 농산물을 도시 소비자에게 직접 연결해주는 기업)등에는 이 기업이 취급하는 농산물로 추석선물 카탈로그를 만들어 SK그룹 계열사들이 구매하게 하여 1억 원어치의 매출(2012년 설에는 2억 원)을 올리게도 하였다.

행복나래의 모토는 TGIM(Thank God It`s Monday)으로 '동료가 보고 싶어 월요일 출근이 기다려지는 회사'를 지향하고 있다.(매일경제, 2013년 8월 5일)

제3장

경영조직과 경영전략

I 경영조직의 의의

근대적 관리이론을 주장한 Chester Irving Barnard는 조직(organization)이란 "두 사람 이상의 사람들이 의식적으로 조정된 활동이나 힘의 체계"라고 정의하고 있다. 이러한 그의 정의는 막연하기는 하지만 현대 조직론 연구에는 강한 영향을 미치고 있다.

이러한 그의 정의에 근거하여 다음과 같은 사례를 생각해 보자. 거리에서 선거연설을 듣기 위해 후보자 주변에 자연스럽게 모여든 100명의 대중은 조직이라고 부를 수 있을까? 대답은 'No'이다. 그렇다면 전 세계의 기아(飢餓)를 구하기 위한 자선사업 모금에 참가하기 위해 모금이벤트회장에 모인 30명의 집단을 조직이라 부를 수 있을까? 이 대답 역시 'No'이다.

같은 목적을 가지고 모인 두 사람 이상의 사람들 임에도 불구하고 이것을 조직이라고 할 수 없는 이유는 그 사람들이 '의식적으로 조정되지 않았기' 때문이다. 즉 거리의 후보 연설자에게 보내는 박수와 응원 등의 역할이 미리 각 사람들에게 정해져 있고 그것을 실행하기 위해 모인 100인의 사람들은 조직이라 말할 수 있다.

마찬가지로 1인 당 모집금액의 한도를 정한 후 그것을 각 자에게 부과하고, 그것에 의해 모인 모금액을 모아 모금하러 온 30인의 봉사자들은 조직이다. 두 사람 이상이 '의식적의로 조정'된 활동이나 힘이기 때문이다.

이처럼 Barnard의 정의에서는 인간의 개별적 차원 및 생물적 측면의 한계에 대해, 이 한계를 극복하기 위해 조직이 요구된다는 것을 전제로 하고 있다. 이러한 조직은 협력하면서 일하는 것을 의미하는 협동시스템(cooperative system)이 기능하고 있다는 것이 매우 중요하다.

그는 조직의 성립조건으로 다음과 같이 말하고 있다.

조직 멤버에 의한 ① 공통의 목적, ② 협동의 의욕, ③ 커뮤니케이션 시스템(communication system)의 세 가지 요소가 동시에 성립되어야 한다고 지적하고 있다.

한편, 기업과 같은 조직에는 많은 사람들이 모인다. 그들이 조직 내에서 일하기 위해서 누가 어떤 일을 할 것인가, 누가 어느 정도의 권한을 가질 것인가 등을 결정하는 것이 조직구조이다.

이제부터는 기본적인 조직구조로서 '관료제 조직', '직능별 조직', '사업부제 조직'에 대해 구체적으로 살펴보자. (1からの戦略論, 嶋口充輝·内田和成·黒岩健一郎, 碩学舎, 2009, pp.217-222.)

① **관료제 조직**(官僚制組織)

'관료제 조직' 이란 독일의 사회학자 Max Weber에 의해 주창된 조직구조로서 조직의 유효성을 추구하는 것이 주요한 목적이다. 인간의 내적요인에 대해서는 고려하지 않으며, 각 직무는 정해진 규칙에 의해 기계적으로 각각의 권한 내에서 수행되고 명령이나 정보가 상위에서 하위로 전달되기 때문에 조직구조가 계층화되는 점이 특징이다.

이러한 경우에는 전문화가 진전되어 정확함, 신속성, 통일성 등의 장점(순기능)을 갖는 반면, 규칙의 준수자체가 목적이 되어 예외적인 상황에 대한 대응이 불가능하게 되는 등의 단점(역기능)을 함께 가지고 있다.

② **직능별 조직**(職能別組織)

일반적으로 조직은 규모가 커짐과 동시에 제품별, 직능별, 지역별 항목을 중심으로 부문화(部門化)가 진행된다. 이러한 부문화가 직능을 중심으로 진행되는 것이 직능별 조직이다.

직능이란 유사한 내용의 전문적 지식이나 skill을 필요로 하는 일들을 의미하는데, 예를 들어 판매부, 기획부, 경리부, 마케팅 등 직능별 역할분담에 따라 조직이 형성되는 것이다.

직능별 조직의 장점은 전문화의 촉진이 전제되므로 전문가를 양성할 수 있으며 전문 숙련자들을 효과적으로 배치하여 활용할 수 있다.

한편, 단점으로는 각 직능부문 간 평가기준이 다르기 때문에 평가가 곤란한 점, 지시를 받는 자가 복수의 지령과 통제를 받는 수가 많기 때문에 혼란할 수 있다는 점, 실수 등에 대한 책임소재가 불명확하다는 점, 부문 간의 대립을 조정하기 위한 경영부담이 발생할 수 있다는 점 등이다.

③ **사업부제 조직**(事業部制組織)

기업조직 내의 부문화와 관련하여 가장 기본적인 조직구조 선택이 직능별 조직과 사업부제 조직 중의 선택이다.(〈그림 3-1〉 참조)

그림 3-1 조직과 사업부제 조직에 의한 조직구조의 예

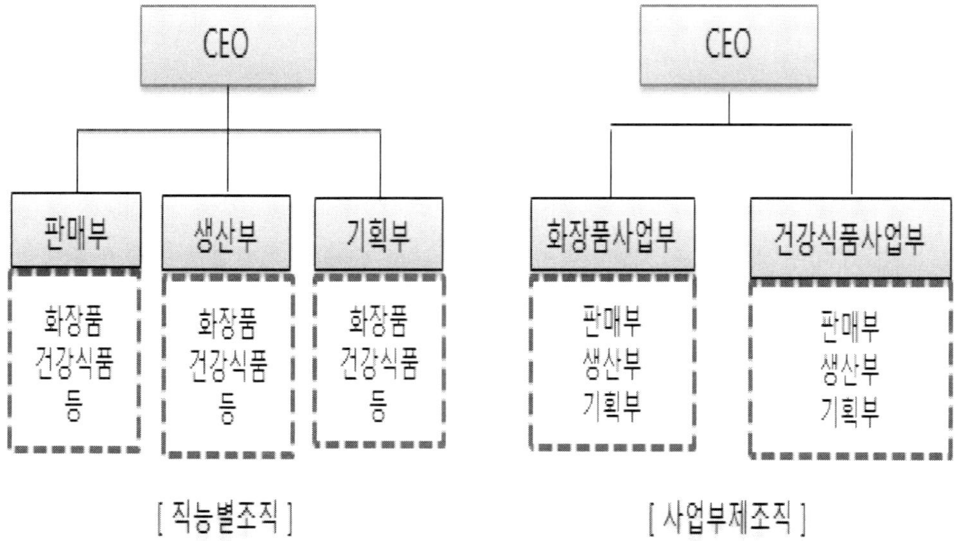

부문화가 제품별, 지역별, 고객별 등 사업부단위에 의해 수행되는 것이 사업부제 조직이다. 사업부제 조직은 우선 본부와 각 사업부가 구별되고 각 사업부의 내부에 판매부, 생산부 등의 직능별 하위 조직이 편성되며, 각 사업부에는 각각 사업부장이 배치되는 경우가 많다.

사업부제 조직의 장점은 업적평가가 명확하다는 점, CEO가 전사(全社) 차원의 경영에 전념할 수 있다는 점, 정보가 사업부장의 단계에서 집약되어 환경에 대한 적응력이 향상된다는 점 등을 들 수 있다.

그리고 단점으로는 사업부별 중복투자가 발생한다는 점, 나누어진 직능이 약해질 수 있다는 점, 사업부 간의 경쟁으로 인해 단기이익을 지향하는 경향이 생길 수 있다는 점, R&D 성과의 독점, 정보의 비공개, 고객 쟁탈전 등이 우려되는 점이다.

한편 사업부제 조직을 발전시킨 조직구조가 컴퍼니제 조직이다. 컴퍼니제 조직이란 사내의 개별적인 사업 분야를 마치 하나의 독립된 회사처럼 운영하는 것을 가리킨다. 즉, 기능을 기준으로 한 것이 아니라 제품이나 서비스 등을 기준으로 나눈 것이다.

각 컴퍼니는 법적인 회사형태를 갖는 것은 아니지만 의사결정 권한이 일정 범위 내에서 위양(委讓)되기 때문에 신속한 의사결정이 가능하다.

이처럼 상층부로부터 많은 권한위양이 행해져 부하의 자유재량이 확대되고 신속한 의사결정에 의한 문제해결이 가능하게 되는 것이 '분권화(分權化)'이다.

권한위양이라는 관점에서 보면, 사업부제 조직은 상층부로부터 각 사업부에 큰 폭의 권한이 위양되기 때문에 '분권화'된 조직이다.

반대로 직능별 조직은 상층부에 권한이 집중되고 부하의 자유재량 범위가 작아서 '집권화'된 조직이 된다.

한편, 기업은 하나의 조직체로서 그저 존재하는 것만이 아니라 경영활동(business activities)의 수행으로 이익(profit)을 창출하는 가운데 계속기업(going concern)으로서의 본연의 의미를 갖는 유기체(organization)이다.

그러한 조직은 성장하면서 아래의 그림에서 보는 것과 같이 창의성(creativity), 관리(management), 권한의 위임(delegation of power), 협의(negotiation), 상호협력(cooperation)에 의한 성장(growing)과 같은 5단계를 거치게 된다.(〈그림 3-2〉 참조)

그림 3-2 조직발전의 5단계

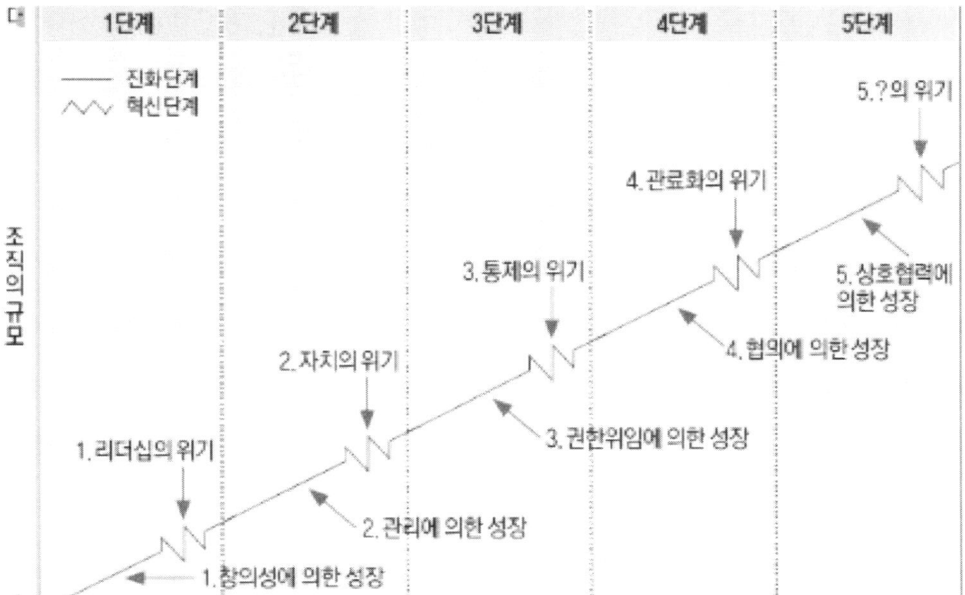

〈그림3-2〉 에서 보는 것처럼 처음 창업을 할 경우에는 기업의 모든 관계 당사자들이 열정을 가지고 책임을 다하게 되지만 어느 정도 안정을 이루게 되면 애사심(愛社心) 내지 업무에 대한 열정이 식으면서 리더십의 위기를 맞게 된다.

이러한 경우 창의성으로 이를 극복하여야만 기업 활동은 지속적으로 이어 질 수 있게 된다.

다음 단계에서는 직무기술서(job description)의 배부 및 숙지(熟知)로 자율적인 업무활동이 자리를 잡게 되어 관리에 의한 성장(growing by management)이 뒤따라야 한다.

이어 각 부서(직원들)의 업무활동이 본격적으로 이뤄지고 인원 및 부서의 증원이나 확장이 있을 경우 업무에 관련한 건의나 기안 등이 수동적인 통제가 아니라 권한과 함께 책임이 뒤따르는 권한위양의 단계가 필요하게 된다.

이제 기업이 더욱 성장하여 개인 보다는 직책이나 위로(上司)부터의 지시가 힘이 실리고 영향력을 발휘하여 관료화의 형태를 보이는 단계에서는 다수 내지 부서의 의견을 서로 교환 내지 공유(share)하는 협의(協議)의 단계가 요구된다.

끝으로 종업원의 수나 매출액, 곧 양적(量的)인 성장이 있을 경우에도 창업 초기의 기업 설립 이념(commitment)이나 사명(mission)은 잊혀 지고 간과(看過)된다.

이러한 경우에는 그저 '초심(初心)으로 돌아가자!(Back to basic!)'만을 외칠 것이 아니라 모든 부서원들의 협조(cooperation)와 협력(collaboration)이 있어야만 지속가능한 경영활동이 가능해지고 계속기업으로서 성장할 수 있게 되는 것이다.

Ⅱ 경영조직과 위기관리

기업의 속성 중의 하나는 생산을 하든 서비스의 제공이든 간에 경영활동(business activities)을 통하여 이익을 창출하여야 한다는 것이다. 이윤창출은 자연스럽고 정당한 것이기에 모든 기업은 이를 추구하고 있으나 그럼에도 불구하고 기업 활동에서의 경영환경은 언제나 또는 결코 우호적이지 못하다.

이를 달리 표현한다면 기업의 시작(創業)은 쉬울지 몰라도 기업의 경영이나 지속적인 성장을 주도적으로 이끌어야 하는 기업인(entrepreneur) 또는 경영인(manager)의 성공은 결코 쉽지 않다는 것이다.

오히려 복잡하고 다양한 위기에 항시 노출되어 있는 경우가 더 많다. 이러한 허점(disadvantage) 내지 취약점(weakness)은 특정의 조직이 속하여 있는 산업, 규모, 위치, 인력, 리스크의 요소에 따라 제각기 다르다.

그리하여 기업인의 특성을 언급하면서 조직의 계획자(planner), 고용인(employer), 경영관리자(manager), 금전관계에서의 대금의 지급인(payer), 집행자(executor), 감독자(director), 통제자(controller), 지도자(leader), 의사결정권자(decision-maker), 입안자(designer), 조직자(organizer)라고 부르기도 하지만 위기 관리자(risk-manager)라고 부르는 것은 매우 의미가 있는 것이다.

조직의 본질은 우선 경영목적달성에 필요한 각 구성원의 직무를 확정하는 것이며, 다음에는 일정한 권한과 책임을 배분하여 각 직무의 상호관계를 합리적으로 편성하는데 있다.

일반적으로 어느 기업이든 경영활동을 수행함에 있어 조직의 규모가 소규모이거나 초기의 형성단계일 경우 소유주가 경영책임을 지는 단순한 조직구조를 가지고도 경영활동을 용이하게 수행할 수 있으나 기업환경이 급변하고 조직규모가 커지게 되면 권한위양을 통한 효율적인 경영활동의 전개가 필요하게 된다.

경영학에서는 일반적으로 조직구조의 형태를 ① 기능별 조직, ② 지역별 조직, ③ 제품별 조직 등으로 구분하고 있다.

먼저 기능별 조직구조는 가장 논리적일 뿐만 아니라 역사적으로 입증된 전통적인 형태이다. 이는 제조기능, 판매기능 등으로 부문화(部門化)하여 구성되어 효율적인 인력관리에서는 장점을 보이고 있으나 다수의 제품을 생산하는 식으로 규모가 커지게 되면 오히려 부서간의 갈등이 유발될 수 있는 단점이 있다.

지역별 조직은 업무가 지리적으로 분산되어 있을 경우에 채택되는 것으로 수송비의 절감과 함께 지역별 니즈(needs)를 수용할 수 있다는 장점을 갖고 있으나 지역별 책임자의 선발이 어렵고 스태프의 중복 등으로 관리비용이 커지는 단점이 있다.

제품별 조직은 생산제품의 종류가 많거나 여러 제품계열을 갖는 대기업에서 채택되는 것으로 관리기능도 복잡하고 범위도 커서 CEO는 해당부서의 관리자에게 생산, 판매, 서비스, 엔지니어링 등에 관련한 권한의 위양은 물론 경영성과인 이익에 대해서 책임을 지게 된다.

또한 군대에서는 계선조직(line organization)의 형태를 취하며 부(部),국(局),계(係),반(班)의 상하서열과 지휘통솔 및 감독체계를 직선적으로 조직하여 명령복종관계가 상의하달식(上意下達式)으로 이뤄지는 특징을 보이고 있다.

이러한 경우 상관은 부하에게 명령하고 지휘할 수 있으며 부하는 이에 따라 업무를 수행하면 되기에 강력한 통제력과 감독권을 발휘하는 장점은 있으나 중간책임자가 자신의 직무를 제대로 수행하지 못할 경우 연속적인 업무에서의 마비가 오는 단점이 있다.

한편 참모조직(staff organization)은 막료조직이라고도 부르며 전문적인 지식과 기술을 가지고 최고 의사결정권자 내지 지휘관의 의사결정과정에 참여하면서 권고나 자문에 응하는 조직형태이다.

그러나 의사결정권자의 임무와 영역이 확대되면 처음의 단순한 보좌에서 벗어나 조직전체를 보조·지원·촉진하면서 권고·협의·기획·통제·인사·법무·홍보·조달·연구 및 정보의 수집과 판단 등으로 이들의 역할과 기능은 점차로 커지게 된다.

기업의 본래의 사명(mission) 또는 목적을 달성하기 위하여 조직구조의 결정단계가 되는 조직설계(organization design)를 면밀하게 수립하여야 한다.

그리하여 먼저 조직설계는 조직의 장기적 성공에 있어서 핵심요인(key success factor)이라는 점, 둘째는 조직설계는 연속적 과정이라는 점, 마지막으로는 모든 시대의 모든 조직에 보편적으로 적용되는 조직설계는 없다는 점을 유념하여야 한다.

마지막으로 조직을 설계하는데 있어 적용하여야 할 원칙들은 다음과 같다.

① 명령통일의 원칙(principle of unity command), ② 전문화의 원칙(principle of specialization), ③ 감독한계의 원칙(principle of span of control), ④ 계층단축화의 원칙(principle of scalarship of hierarchy), ⑤ 권한위양의 원칙(principle of delegation of authority), ⑥ 기능화의 원칙(principle of functionalization), ⑦ 조종의 원칙(principle of coordination), ⑧ 사기앙양의 원칙(principle of morale and leadership), ⑨ 탄력성의 원칙(principle of dynamics), ⑩ 예외의 원칙(principle of exception)

그러나 특정의 기업이 원하지 않음에도 불구하고 기업의 존속을 흔드는 위기가 닥쳐오게 된다. 이러한 경우를 대비하는 경영방침에 대해서 세계적인 PR사인 Edelman은 다음과 같은 6가지 대안들을 제시하고 있다.

첫째는 미리 준비하는 것(Be prepared. Have a plan of action.)이며, 둘째는 위기관리팀을 구성하는 것(Build a Crisis Management Team)이며, 셋째는 신속히 대응해야 할 것(Respond quickly, but not hastily)이며, 넷째는 미디어와 협력이 필요하다는 점(Work cooperatively with the Media)이며, 다섯째는 당황하지 말아야 하는 것(Don 't Panic.)이며, 여섯째는 평소부터 구축한 이미지를 활용해야 한다는 것(Take out image insurance.)이다.(현대정유, 2000년 7월호, 현대오일뱅크)

일반적으로 기업경영에 관련하여 발생할 수 있는 위기는 이로 인한 손실과 손실 발생가능성에 따라 결정되는 중요성(importance), 위기와 관련하여 시간적으로 압력을 주는 긴급성(immediacy), 위기의 문제와 연관된 애매성의 정도인 불확실성(uncertainty)의 특성을 갖고 있다.

이의 종류에는 지진이나 홍수 또는 화재 등과 같이 가시적(visible)인 경우들도 있지만 특정의 기업에 신용상태에 관련한 악의(惡意)의 소문이나 재무적인 여건 등에 관련한 비가시적(invisible)인 위험들도 많다.

즉 기후에서 오는 천재지변(天災地變)의 자연적 재해(natural disasters), 악의(malevolence), 기술적 문제(technical breakdowns), 인적 문제(human beakdowns), 도전(challenges), 대규모 피해(megadamage), 조직의 범죄(organizational misdeeds), 작업장 폭력(workplace violence), 루머(rumors) 등이다.

마지막으로 일단 원하지 않거나 사전에 대비하였음에도 위기가 발생했을 경우 특히 커뮤니케이션과 관련하여 대응할 수 있는 전략적 대안들은 다음과 같다.

우선은 위기 발생 시 조직을 비난하는 대상들에게 법적 소송도 불사하겠는 공격 전략(attack the accuser), 위기는 존재하지 않는다는 부인 전략(denial), 위기에 대한 책임을 최소화시키는 변명 전략(excuse), 위기로 입은 피해가 크게 대수롭지 않다는 합리화 전략(justification), 위기를 조장하는 당사자들을 오히려 칭찬하는 환심사기 전략(ingratiation), 위기로부터의 피해를 회복방안을 모색하는 시정조치 전략(corrective action), 마지막으로는 발생한 위기에 대하여 전적으로 책임을 지겠다는 사과 전략(full apology) 등이다.(Timothy Cooms · 이현우, 위기관리 커뮤니케이션, 커뮤니케이션북스, 2001)

Ⅲ 경영조직과 문화

사람들마다 개성이나 버릇이 있듯이 조직에도 조직의 독특한 성격이나 특징이 있다. 그러한 특징은 조직원에게 공통적인 사고방식이나 행동패턴으로 나타나게 된다.

조직구성원들의 공통적인 사고방식 및 가치관, 행동패턴을 '조직문화(organizational culture)'라고 한다.

조직문화는 1980년대부터 경영학의 분야에서 주목받기 시작한 개념으로 대표적인 것에는 Deal & Kennedy(1982)의 연구가 있다.

이들의 연구에 의하면 조직문화의 요소로 기업환경, 이념, 영웅, 예의와 의식, 문화의 네트워크 등을 들고 있다.

기업환경은 경쟁, 고객, 기술, 정부의 영향력 등을 말하며, 이념은 조직의 기본적인 가치나 신념이다.

또한 영웅은 사람으로써의 영웅뿐만 아니라 조직을 대표할만한 특징적 대표성(Emblem)을 갖는 하나의 Symbol을 의미하는데 조직원의 모델이 될 수 있는 사람들을 말한다.

그리고 예의(禮儀)와 의식(儀式)은 축전이나 표창식과 같은 사내 행사 및 관례 등을 말하며, 문화의 네트워크는 이념 및 영웅의 신화를 전달하는 비공식 정보전달 수단을 말한다.

Deal & Kennedy는 조직문화가 기업을 둘러싼 환경에 영향을 받고 있다는 점에 주목하여 조직문화를 네 가지 유형으로 분류한다.

네 가지 유형을 분류하는 두 가지 차원으로 첫째, 기업 활동에 따른 리스크의 정도, 둘째, 활동의 결과가 나타나는 시간을 기준으로 한다.(〈그림 3-3〉 참조)

그림 3-3 Deal & Kennedy에 의한 조직문화의 관계

리스크의 크기	단(短)	장(長)
대(大)	**거친 남성문화** **(the tough guy, macho culture)** 출판·영화·오락산업 개인주의 속도 중시	**사운을 거는 문화** **(bet your company culture)** 석유회사·투자은행 신중한 기풍 집단 및 회의가 중요
소(小)	**일 잘하고 잘 노는 문화** **(work hard/ play hard culture)** 판매조직, 소매업자 쾌활함과 활동이 지배 집단적인 일체감	**과정(절차)문화** **(the process culture)** 은행, 보험, 전력회사 관료주의 정확함을 중시

결과가 나타나는 시간

자료: 嶋口充輝·內田和成·黑岩健一郎, 2009, p.235을 필자가 일부 수정·번역

이러한 분류는 환경의 특성에 따라 어떠한 조직문화가 형성되기 쉬운가에 대한 경향을 나타내는 것으로 현실적인 기업의 조직문화와 완전히 일치하는 것을 의미하는 것은 아니다.

Deal & Kennedy의 연구에서 특히 주목을 받고 있는 것은 '강한 문화(strong culture)'라는 개념이다. 그들이 조사한 미국기업 중에서 특히 우량기업들은 독자적인 문화가 존재하고 있으며 그들이 성공한 것은 조직으로 구축하고 육성한 '강한 문화'에 의한 것이라고 주장한다.

'강한 문화'란 조직문화로서의 가치관 및 사고방식이 조직원에게 강하게 유지되고, 그 가치관에 대한 개인의 관여가 강하면 강할수록 그 조직문화는 강해진다는 개념이다.

즉 얼마나 강하고 깊게 문화가 조직원에게 침투해 있는가의 문제인 것이다. 당연히 강한 문화일수록 조직원 개인의 행동 및 사고방식에 대한 영향력은 커지는 것이다.

강한 문화를 가짐으로써 조직원은 어떠한 행동에 가치가 있으며 어떻게 대처해야 하는지 이해하고 공통의 목표를 향해 노력해 나가는 환경이 갖추어 진다. 그 결과 조직이 환경에 적응하여 높은 생산성을 달성하고 그 성과로서 높은 업적을 안겨주게 되는 것이다. (嶋口充輝·内田和成·黒岩健一郎, 2009, p.236.)

한편 강한 문화를 가지고 있더라도 그것이 기업을 둘러싼 환경 및 전략과 적합하지 않으면 안 된다. 즉, 〈그림 3-4〉와 같이 조직문화, 전략, 환경이라는 세 가지 요소의 접합관계가 중요하다.

여기서는 첫째로 조직이 놓인 환경이 조직의 활동에 어느 정도 유연성 또는 안정성을 요구하고 있는가, 둘째로 전략상 집중해야할 조직의 강점이 조직의 외부를 지향하는지 내부를 지향하는지의 두 가지 요인을 기준으로 분류하고 있다.

그림 3-4 환경 및 전략과 조직문화와의 관계

환경 needs

전략적 집중	유연성	안정성
외부 지향	**적응능력/ 기업가적 문화** 고객 needs의 변화 중시 새로운 반응과 변화 평가	**Mission 중시문화** 특정 고객에 대한 대응 목표 달성 중시
내부 지향	**중간적 문화** 종업원의 적극적 참가 종업원의 needs를 중시	**관료주의적 문화** 질서정연한 현장 전통 및 관행 중시

자료: 嶋口充輝·内田和成·黒岩健一郎, 2009, p.240.

환경과 전략에 적합한 대표적인 조직문화로 적응능력/기업가적, Mission 중시, 중간적, 관료주의적 문화를 제시하고 있다.

적응능력/기업가적 문화는 환경의 변화에 신속하고 유연하게 반응해야 할 뿐만 아니라 적극적으로 변화를 만들어 내는 이노베이션이 필요하다. 따라서 네트워크 관련 기업 및 마케팅을 강점으로 하는 기업에 요구되는 문화이다.

Mission 중시의 문화는 고객이 고정적이고 장기적으로 안정적인 관계유지가 요구되는 기업, 그리고 조직의 급속한 변화가 요구되지 않는 기업에 적합하다. 철강 등의 장치산업이나 브랜드 이미지의 유지가 중요한 소비재기업에서는 리더가 그리는 명확한 비전과 그 목표 달성에 중점을 두게 된다.

중간적 문화는 환경에 대한 유연한 대응이 요구되고 조직 전체의 대처가 필요한 소프트웨어 개발이나 소매기업, 종업원의 창조력이 발휘되어야 하는 패션업계에 적합한 문화이다.

안정적인 환경에서 조직의 일관성과 높은 통치력이 강점인 기업, 보험회사와 같은 조직의 신뢰가 중요한 기업은 관료주의적 문화에 적합하다.

이처럼 어느 기업이든 특정의 조직은 기업의 설립 목적이나 이의 수행에 있어 독특한 문화를 갖게 된다. 기업은 물론 작게는 가정에서부터 넓게는 각종 친목단체나 공익단체 그리고 국가에 이르기까지 다양한 공동체(community)들로 형성되는 문화적인 특성을 보이고 있다.

기업에서는 정보와 기술이 기업의 존폐(存廢)와 성폐(成廢)에 중요한 요소(critical factor)라는 것이 특히 무한경쟁의 시대인 지금에는 강조되고 있지만 이에 못지않게 중요한 것은 역시 사람이다. 그 이유는 최신의 정보와 첨단의 기술을 만들어 내고 작동시키는 가운데 결과물(output)을 만들어 내는 것이 결국은 사람이기 때문이다.

그러므로 이들을 관리하고 동기를 부여하는 등의 업무에 있어 매우 중요한 개념을 갖고 역할을 감당하는 것이 조직몰입(organizational commitment)이다.

이는 근로자들의 조직에 대한 충성심(忠誠心)을 나타내는 것으로 근로자의 직무만족도, 이직의도 등 조직성과와 밀접한 관련을 맺고 있다.

한국과 미국 근로자들의 감정적 조직몰입(組織沒入)에 관한 연구에 따르면 미국 근로자는 직무에 대한 기술다양성, 자율독립성, 의사결정참여가 감정적 몰입의 증가를 가져왔다.

그러나 한국 근로자의 경우에는 상사, 동료 및 부하의 모든 준거집단 별 집단주의가 증가할수록 감정적 조직몰입이 증가하는 것으로 나타났다.(신만수 · 김보인, 한국과 미국 근로자의 감정적 조직몰입에 영향을 미치는 선행변수 분석: 직무특성, 의사결정참여 그리고 준거집단별 집단주의를 중심으로, 국제경영리뷰, 한국국제경영관리학회, 2013. 6)

결국 기업의 지속적인 성장을 위해서는 조직 또는 조직의 문화가 특정의 기업이 가지고 있는 자원들(resources)이 커다란 영향을 미치고 있음을 유의하여야 한다.

특히 국가 간의 영토적 개념이 모호해지고 기업 내의 근로자는 물론 지역 및 공동사회의 구성원들이 다양해지고 다문화의 영향권 아래 있는 가운데 인터넷 및 디지털 등으로 동시적으로 영향을 주고받는 SNS의 IT 시대에서는 신중하게 고려해야 할 것이다.

한국의 문화를 일컫는 한류(韓流)는 지난 1999년에 중국 청년기관지인 중국청년보(中國青年報)에서 '중국 문화 전반에 몰아치는 한국 문화를 시베리아에서 부는 찬바람(寒流)처럼 매섭다'는 뜻에서 한류라고 일컬었던 것에서 비롯되었다.

1992년에 양국 간에 '한 · 중 외교관계 수립에 관한 공동성명'을 계기로 본격적인 문화교류가 시작되었으나 한때 한국 문화를 경계했던 시기도 있었다.

즉 중국에서는 한류가 유명해졌음에도 불구하고 한국에서의 중국 대중문화의 수입은 저조하여 급기야 한류 경계론이 부상하였고 오후 7시에서 10시의 외국 방송 금지, 외국 드라마 방송시간 제한 등 규제로 한류를 경계하기도 하였다.

이처럼 경색됐던 한 · 중 문화 교류는 2009년 새로운 방식을 모색함으로써 분위기는 반전되어 2011년의 경우 콘텐츠 산업 수출액은 중국이 11억 1890만 달러로 전년 대비 49.3%가 증가했고 중국에서의 콘텐츠 수입도 지난해 1억 7817만달러로 전년 대비 31% 늘게 되었다.

최근에는 한류문화의 장기적이고도 지속적인 자리매김을 지향하여 한국 드라마를 그대로 연출하는 것에서 탈출하여 포맷이나 줄거리를 수출하는 방식(리메이크)의 현지화를 위하여 현지인들을 연습생으로 발탁하였으며, SM 엔터테인먼트의 경우 중국에서 별도 회사를 운영하고 있으며 YG 엔터테인먼트 역시 중국에 별도 회사를 세울 예정으로 있다(매일경제, 2013년 6월 27일)

그러므로 기업을 경영하는 CEO의 리더십은 다음의 〈그림 3-5〉에서 보는 것과 같은 3가지의 기본적인 영역들이 어느 한 쪽에 치우치지 않도록 집중하여 역할을 감당해야 할 것이다.(John Adair · 이영권, 성공하는 리더는 혼자 뛰지 않는다, 이정, 1999)

그림 3-5 리더십의 영역

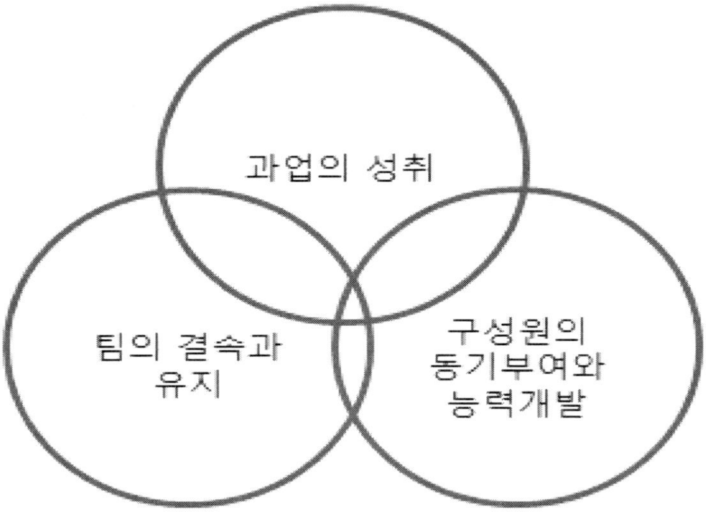

다음은 영업사원으로 출발하여 남영비비안의 CEO가 되었을 뿐만 아니라 12년째 장수하고 있는 김진형사장의 일본 유통업계의 경험과 여기에서의 경험과 사례를 적용하여 성공한 사례이다.

그는 1981년 3월에 직원 6명과 함께 도쿄(東京)에 1주일 연수를 갈 기회가 있었다. 당시 한국보다 다양한 브랜드를 갖추고 있던 일본의 여성 속옷 매장들을 둘러보며 제품의 경향을 파악해 상품기획에 반영하고 선진화된 판매 및 마케팅전략을 배우는 것이 목적이었다.

그는 도쿄 긴자(銀座) 거리에 있는 '앙코르숍'이라는 이름의 속옷 매장에서 연수를 받았다. '선진 영업 현장을 바로 옆에서 볼 수 있겠구나' 기대를 하며 매장을 둘러보는데, 영업을 하는 40대인 여성 매장 지배인이 매장에서 근무하는 여직원에게 갑자기 인사를 시켰다.

일본인 특유의 선이 가늘고 고운 목소리로 'いらっしゃいませ(이랏샤이마세)'라며 적당한 각도로 허리와 고개를 숙이고 다소곳이 손을 모으고 시선을 아래로 하며 인사하는 모습이 참으로 친절해 보였다. 지배인은 그에게도 인사를 한번 해보라고 했다.

그는 손을 가지런히 모으는 것은 조금 쑥스러워서 뻣뻣한 차려 자세로 고개를 숙여 'いらっしゃいませ' 하고 인사했다. 아까 매장 직원이 했던 것처럼 해보라는 것이었다.

손을 모아서 인사를 하라는 말인지 아니면 좀 더 공손하게 인사를 하라는 말인지, 일본어를 알아들을 수 없었던 그는 그냥 지레짐작으로 대충 손을 모으고 눈치를 보며 다시 인사를 했다. 그런 그의 모습을 본 지배인은 매장 직원에게 뭐라고 이야기를 했고, 여직원은 그의 손 위치, 허리 구부리는 각도 등을 직접 고쳐 주면서 가장 올바른 자세를 가르쳐줬다. 그렇게 매장을 방문했던 연수단 일행은 지배인의 깐깐한 지도 아래 제대로 인사하는 방법을 배우며 수차례 인사를 반복했다.

다음 날 다시 매장을 찾았다. 당시에는 해외 연수가 흔하지 않았기 때문에, '오늘은 뭘 배울까' 기대가 컸다. 그런데 지배인은 아침부터 매장에서 또 그에게 인사를 하라고 했다. 그러더니 자세가 틀렸다며 매장 여직원에게 자세를 교정시키는 일을 또 반복시켰다. '우리가 매장에서 인사하는 방법을 배우려고 일본까지 온 것이 아닌데' 라는 생각이 들었다. 하지만 그 다음 날도 똑같은 상황이 계속됐다.

그는 인사 말고도 더 중요하고 배울 것이 많다는 생각에, 영어로 간단하게 '인사하는 법은 이미 배웠다'고 말했다. 그랬더니 지배인은 '이것이 기본이다'라고 말했다. '영업에서 기본은 사람을 대하는 것이고, 그렇기 때문에 고객에게 진심 어린 마음을 담아 인사하는 법을 배우는 것이 영업 전략을 배우는 것보다 우선이다. 그러니 다시 마음을 담아 인사를 해보라'는 말에 그는 할 말을 잃고 말았다. 그렇게 아까운 1주일 일본 연수 기간 내내 인사만 배웠다.

그 전까지 그는 영업의 기본은 열심히 하는 것에서 출발한다고 생각해 왔다. 그래서 주위에서 '일벌레'라고 할 만큼 많은 곳을 뛰어다녔고, 남들보다 더 많은 사람을 만나고 다녔다. 그가 일한 만큼 결과가 눈에 보이게 좋게 나타나는 것이 재미있었기 때문이다.

그랬던 그에게 일본에서 인사만 한 1주일은 일종의 충격으로 다가왔다. '일 때문에 수많은 사람을 만났지만, 과연 일본인 직원이 인사할 때 손님에게 온 정성을 쏟는 것처럼 마음을 담아 만난 게 얼마나 됐던가'하는 생각이 든 것이다.

마침 연수를 다녀온 뒤에는 백화점 영업부로 새로 발령을 받았다. 이때부터 그는 일본에서 배운 대로 90도로 허리를 숙이고 두 손을 모으고 치아를 보이면서 인사를 했다. 직원들에게도 그가 배운 대로 시범을 보이며 그렇게 인사를 시켰다.

또 그는 업무상 만나는 모든 사람을 진심으로 대하고 마음을 쏟아서 친구로 만들겠다고 마음먹었다. 당시 백화점과 맺은 관계에서 비비안은 요즘 논란이 되는 '갑을(甲乙) 관계'의 을은 아니었다. 속옷 회사가 그리 많지 않았기 때문에 공급이 약간 부족했던 시절이었다. 그렇지만 그는 백화점 직원들을 만날 때마다 일본 매장에서 배운 대로 인사했고, 말 한마디에도 진정성을 담으려고 노력했다. 말하자면 '갑'을 모시는 '을'의 자세로 정성을 쏟았다.

효과는 작지 않았다. 마음을 가지고 다가서는 그에게 백화점 직원들은 정보를 알려줬다. 지금도 그렇지만 당시 백화점은 유통업계의 흐름, 패션의 흐름을 가장 빠르고 다양하게 알 수 있는 곳이었다. 정성을 담아 인사하고 진심으로 대하며 사귄 백화점 직원들이 다른 회사에 대한 정보, 인접한 유통업체들의 움직임 등 당시 유통업계가 돌아가는 큰 흐름을 볼 수 있도록 도와주었다.

심지어 Vivian의 영업이나 운영 방침에 대한 조언도 들을 수 있었다. 제삼자가 그의 편이 돼서 해주는 얘기들을 들으니 구석구석 안 보이던 결점이 보이기 시작했다. 그렇게 나타난 결점은 최대한 고치고 보완했다. 실적은 자연스럽게 따라왔다.

그는 말단 영업 업무부터 시작해 지금은 회사를 경영하는 CEO에까지 올랐다. 32년 전 일본의 한 속옷 매장에서 1주일 동안의 인사 연습을 통해 사람을 대할 때 진정성을 가져야 한다는 깨달음을 얻지 못했다면 지금의 그가 과연 있었을까 하는 생각을 한다고 했다(조선일보, 제28760호)

제4장

인사관리와 경영전략

I 인사관리의 의의

기업은 하나의 조직체로서 존재하지만 일반적인 세상의 조직들과는 달리 이익을 창출하여야 하는 유기체(organization)이다.

독일의 사회학자 Tőnnis는 사회조직을 Gemeinshaft와 Gesellschaft로 구분한 바 있다. 전자는 가족, 친족, 민족, 마을과 같이 혈연이나 지연 등 애정을 기반으로 하여 이뤄진 공동사회(共同社會)를 말하며 이의 특징은 비타산적이다.

Gemeinshaft의 전형인 시골의 농촌사회에서는 대인관계가 전통사회의 풍습에 따라 정해지고 규제를 받게 된다. 사람들은 서로 단순하고 솔직하게 직접 상대하는 관계를 맺으며, 이러한 관계는 자생적 의지(wesenwille), 즉 자연스럽고 자발적으로 일어나는 감정들과 정서의 표현들에 의해서 결정된다.

한편 도시나 국가 또는 조합, 정당과 같이 계약이나 조약 또는 협정에 의하여 타산적으로 이루어진 집단을 이익사회(利益社會) 즉, Gesellschaft라고 한다.

이것은 합리적 의지의 산물이며, 행정 관료들과 대규모 산업 조직들이 있는 20세기의 세계 어디에서나 볼 수 있는 사회들이 그 전형이다.

Gesellschaft에서는 합리적인 이기주의와 타산적인 행동이 Gemeinshaft의 구조에 편재하는 가족 · 친척 · 종교의 전통적 유대를 약화시키는 작용을 한다. Gesellschaft에서는 인간관계가 능률이나 그 밖의 경제적 · 정치적 이익을 고려하여 합리적으로 구축되기 때문에 비인격적이고 간접적으로 되게 마련이다.

기업은 후자인 Gesellschaft의 전형적인 사례이다. 그러므로 이윤을 창출하기 위하여 설립되었으며 이를 위하여 활동하는 가운데 계속기업(going concern)으로서 존재하게 된다.

기업은 인사를 통해 다양한 기능을 수행하게 된다. 예를 들어 채용, 평가, 급여의 결정, 승진 및 승격의 결정, 배치의 결정, 교육 및 연수, 복리 후생, 노동조합과의 관계 등이다.

이러한 인사관리의 중요성은 크게 세 가지 관점에서 발생한다. 첫째는 적재적소(適材適所)의 문제, 둘째, 인재형성에 대한 영향 문제, 셋째, Informal group의 형성에 관계된 문제이다.

첫째, 적재적소의 문제는 사람과 수행해야 하는 일이 얼마나 잘 맞는가의 문제로, 일의 효율 및 의사결정의 유효성과 관계가 깊기 때문이다. 즉 그 일에 적합한 사람 또는 일에 적합한 능력이나 적성을 가진 사람을 기용한 경우와 그렇지 못한 경우의 일의 효율을 생각해 보면 적재(適材)를 적소(適所)에 배치하는 일이 매우 중요하다.

물론 기업이 활용할 수 있는 인적자원에는 한계가 있다. 따라서 조직원의 능력과 성격 또는 의욕 및 일과의 적합성 등을 중심으로 적재적소를 판단해야 한다. 기업이 아무리 우수한 조직구조를 가지고 있고 훌륭한 관리시스템을 설계했다고 해도 적합한 인재를 얻지 못한다면 조직이 올바로 기능하지 않을 수 있기 때문이다.

둘째, 인재의 배치가 인재형성에 영향을 준다는 점이다. 사람의 능력은 직장 외의 교육이나 훈련뿐만 아니라 직장 내에서의 경험 및 학습을 통해서도 형성된다. 앞서 본 적재적소의 문제는 단기적인 효율성을 결정하는 것이라면 인재형성에 미치는 영향은 장기적인 효과를 나타내게 된다. 따라서 사람의 배치는 결과적으로 기업의 미래 인적자원의 형성을 결정하는 것이다.

셋째, Informal group, 즉 기업내부의 비공식적 그룹의 형성에도 영향을 미친다는 점이다. 직장은 공식적(formal) 일의 집단이다. 그러나 사람들이 일을 통해 접촉하면서 비공식적인 집단이 형성된다. 다시 말해 어떤 직장에서 사람들(상사, 동료, 부하 등)과 함께 일을 하면 단순히 일과 관계된 지식 및 능력만 향상되는 것은 아니다. 함께 일하는 사람들에 관한 지식 및 사람들과의 감정적 관계도 형성되는 것이다. 이처럼 감정에 의해 형성된 집단을 Informal group, 즉 비공식적 집단이라고 한다.

이제 비공식적 집단 문제가 왜 중요한지에 대해 보다 상세히 살펴보자. 비공식적 집단은 기업 및 조직원에게 무시할 수 없는 존재이다. 그것은 사람들의 결정 및 학습에 다음과 같은 영향을 미치게 된다.

첫째, 직장의 행동규범을 결정한다. 어느 정도 성실히 일해야 하는 것인가, 어느 정도 규율을 지킬 것인가 등의 행동규범은 비공식적 집단 안에서 자연발생적으로 결정되는 경우가 많다. 사람들은 친한 사람과의 관계에서 자신의 위치를 측정하면서 행동을 결정하기 때문이다.

둘째, 조직 안에서의 힘의 관계를 결정한다. 하나의 비공식적 집단은 그 집단의 응집력(凝集力)이 높기 때문에 그것이 하나의 단위가 되어 같은 행동을 하는 경향이 있다. 따라서 조직 내의 비공식적 집단의 분포도에 따라 조직 내에서의 힘의 관계가 형성된다. 예를 들어 ㅇㅇ인맥, ㅇㅇ라인, ㅇㅇ파 등과 같은 것은 거의 모두 비공식적 집단의 형태이다.

셋째, 비공식적 집단은 직장 내의 분위기(자리에서 느끼는 기분)를 결정한다. 사람들이 직장 내에서 형성하는 인간관계의 대부분은 비공식적인 것이기 때문이다. 자신이 비공식적 집단 내에 속해있지 못하면 그 사람은 직장에서 기분 좋게 일하기 힘들 것이다.

넷째, 비공식적 집단은 인재육성 환경을 결정한다. 사람들은 서로에게 자극받고 모방하며 성장한다. 그러한 모방 및 자극의 원천은 비공식적 집단 내의 존경받는 인물인 경우가 많다. 친밀함을 느끼고 가까운 사람들이 서로 영향을 주고받는 것이다.

한편 인재를 육성하는 방법으로는 크게 '체험학습'과 '연수'로 나눌 수 있다. 전자인 체험학습은 일을 통해서 학습하고 성장하는 것으로 OJT(On the Job Training)라 불린다. 후자의 연수는 직장에서 떨어져서 학습하는 교육으로 Off JT(Off the Job Training)라 불리기도 한다.

기업에서 이루어지는 인재육성의 기본은 체험학습이다. 즉 체험을 통해서 일을 하며 육성되는 것으로 연수는 보조적인 수단에 지나지 않는다.

현장에서의 체험학습은 학습의 성과에 대한 피드백이 빠르고 실수에 대한 압박도 강하다. 다시 말해 일을 잘 하는지 못하는지에 대한 성과가 바로 나타나기 때문에 성과가 좋지 못한 경우의 압박은 매우 높다는 것이다.

또한 체험학습은 업무지식 또는 판단능력 등 형성되어야 할 능력 및 지식 이외에도 조직의 관행이나 조직문화 등 눈에 보이지 않는 사람들과의 감정을 파악할 수 있는 프로세스이기도 하다. 따라서 기업은 체험학습을 중심으로, 연수를 보조 수단으로 활용하며 인재육성을 해 나가는 것이다.

OJT가 효과적으로 진행되기 위해서는 첫째, 체험이 가능한 현장을 만들어야 하며, 둘째, 엄격한 인사평가 등을 통해 일에 대한 관심 및 이해도를 높임으로써 체험효과를 증대시키고, 셋째, 목표를 명확히 제시함으로써 핵심적인 학습에 집중할 수 있도록 유도하는 것이 중요하다.

한편 인재육성의 보조수단이라고는 하나 연수(硏修) 역시 중요한 수단 중의 하나이다.

기업연수의 형태는 매우 다양하다. 신입교육과 같은 기본적인 지식을 전해주는 연수에서부터 새로운 직급으로 이동한 경우 관리직을 대상으로 한 연수도 있다. 예를 들어 관리자의 자세, 관리자에게 거는 기대, 인사과의 자세와 같은 내용의 교육도 있다.

또는 기술자를 대상으로 한 연수도 있다. 새로운 기술 등을 접하고 익히기 위한 연수 등이 그것이다. 이러한 연수가 가지는 의의는 다음과 같다.

첫째, 업무지식의 전달

둘째, 연수를 위해 모인 사람들의 인적 네트워크 형성

셋째, 연수자체가 하나의 인센티브의 의미가 있다는 것이다.

한편 기업은 다양한 이유로 인사이동을 행하게 된다. 인사이동의 대표적인 이유를 열거해 보면 다음과 같다.

첫째, 과도한 전문화를 억제하기 위한 것이다. 전문화는 장점과 동시에 단점도 가지고 있다. 과도한 전문화가 진행되면 부문 간의 커뮤니케이션이 어려워지거나 직무의 전환이 어려워지고 기술 및 환경의 변화에 빠르게 대응하지 못하는 경우도 발생한다. 또한 개인의 승진경로도 제약받을 수 있다.

둘째, 적성을 발견하기 위한 것이다. 본인 및 인사책임자도 사람의 능력을 모두 알 수는 없다. 따라서 인사이동을 통해서 새로운 능력 및 적성이 발견될 수 있다.

셋째, 인센티브효과를 얻을 수 있다. 이동이 승진을 동반하는 경우에는 바로 인센티브효과를 얻는 것이지만 그렇지 못한 경우도 있다. 예를 들어 승진이 없더라도 누가 보더라도 주목받고 있는 포지션이라면 간접적인 인센티브효과를 얻을 수도 있다.

넷째, 인적배치의 고정화를 방지할 목적이다. 고정화되면 전문화도 진행될 것이며 그 자리에 적응되어 더 이상의 진전 및 개혁이 없는 매너리즘에 빠질 가능성도 존재한다.

다섯째, 이종혼합(異種混合)에 의한 조직의 활성화이다. 처음에는 이질적이었던 집단들도 시간이 경과하면 비공식적 집단이 형성되면서 동질화가 시작된다.

이러한 경우 집단으로서의 활력을 잃어버릴 가능성이 있다. 따라서 인사이동은 집단의 전체적인 활성화에 도움이 될 수 있다.(伊丹敬之·加護野忠男, ゼミナール経営学入門, 日本経済新聞社, 1997, pp.361-380.)

Ⅱ 인사관리와 리더십

지난 2013년 경영전문지인 DBR에서는 기업 리더들의 바람직한 리더십에 관련하여 설문조사를 실시하여 그 결과를 밝힌 바 있다.

한국의 기업들에서 근무하고 있는 직장인들은 자신의 리더에 대해 상당히 낮은 만족도를 보였으며 리더의 역량에도 매우 박한 평가를 내렸다. 리더 역량에 대한 만족도가 낮기 때문에 리더들이 실제 역량에 비해 과도한 권한을 보유하고 있다고 생각하는 분위기도 뚜렷하게 나타났다.

먼저 리더의 최우선 조건은 업무능력 및 전문성에 대하여 45.7%의 낮은 만족도를 보였다. 직속 상사의 역량에 관한 전반적인 만족도를 묻는 질문에 불과 34.7%만이 '만족한다'고 답을 하였다.

또한 리더의 역량과 능력에 비해 리더가 가진 권한이 많다고 생각하느냐는 질문에도 응답자의 절반에 가까운 47.2%가 '그렇다'고 답을 하였다.

참고로 이번 조사에서는 리더의 역량을 △업무 능력 및 전문성 △책임감 △코칭 및 직원 육성 △커뮤니케이션 능력 △도덕성 △공정하고 적절한 보상 및 평가 △비전 제시 △갈등 조정 역량 △창의성 △감성 역량 등 10가지 항목으로 분류하면서 항목별로 최고 10점, 최저 1점으로 평가해 달라고 주문하였다. 응답자들은 10개 항목 중 8개 문항의 평균점수(100점 만점 환산)를 50점대, 2개 문항의 점수를 60점대 초반으로 평가하여 결국 전 항목에서 F학점을 준 셈이다.

또한 바람직한 리더가 갖춰야 할 최우선 조건으로는 절반에 가까운 45.7%가 업무 능력 및 전문성을 꼽았다. 책임감(23.6%)이 2위, 비전 제시(9.4%)가 3위를 차지했다. 커뮤니케이션(6.7%), 도덕성(4.7%), 코칭 및 직원 육성(4.6%)이 뒤를 이었다.

이번 조사에서 특이한 점은 리더의 도덕성에 관한 응답이었다. 젊은 세대가 리더의 도덕성을 더욱 중시할 것이라는 예상과 달리 20대 직장인과 30대 직장인이 리더의 최우선 조건으로 도덕성을 꼽은 비율이 4.0%, 3.3%로 낮았다. 반면에 40대와 50대는 각각 5.7%, 8.6%로 오히려 젊은 세대보다 리더의 도덕성을 훨씬 중시하는 것으로 나타났다.

그리고 주목할 만한 점은 거의 전 문항에서 남성과 여성의 응답이 눈에 띄는 차이를 보였다는 점이다.

즉 리더 역량에 대한 만족도, 리더 역량과 자신의 업무 성과를 연계하는 정도, 리더의 역량과 비교한 권한 수준 등을 묻는 질문에서 여성은 남성보다 부정적인 반응을 보였기 때문이다.

리더 역량에 대한 평가 항목에서 남성은 '만족한다'는 응답이 35.9%였고, 여성의 만족도는 32%였다. '리더의 역량이 향상되면 본인의 업무 성과도 높아진다고 생각하는가'라는 질문에 남성은 82.2%가 긍정적 답변을 한 반면 여성은 74.7%가 긍정적 답변을 내놨다.

'리더의 역량과 능력에 비해 리더가 가진 권한이 많다고 생각하느냐'는 질문에서도 남성은 46.1%가 리더의 역량에 비해 권한이 많다고 한 반면 여성은 49.6%가 그렇다고 답했다. 여성은 상대적으로 △리더에 대한 만족도가 낮고 △리더의 역량 향상이 자신의 업무성과에 도움을 줄 것이라는 기대도 적으며 △리더가 역량에 비해 많은 권한을 지니고 있다는 부정적 사고를 하고 있는 것으로 풀이된다.

리더의 역량에 대한 낮은 만족도는 직장인들이 리더에게 과도한 기대를 갖고 있으며, 추종자(follower)의 의존성도 높다는 뜻과 일맥상통하는 것이다.

기대치가 높으니 리더에 대한 만족도가 낮을 수밖에 없다. 리더의 역량이 업무 능률 향상에 도움을 주느냐는 질문에 51.8%가 넘는 직장인이 '그렇다'고 반응했다. '아니다'라는 반응은 17.9%에 불과했다. 즉 리더 역량이 높을수록 자신의 업무 능률도 높아진다고 보는 직장인이 그렇지 않은 직장인보다 약 3배 많다는 뜻이다.

리더의 역량이 본인의 업무에 도움을 주고 있다는 대답이 약 52%에 달했는데도 리더 역량에 대한 만족도를 긍정적으로 평가한 비율은 35%에 그쳤다. 리더가 자신의 업무에 도움을 주긴 하지만 지금보다 더 잘해야 리더에게 만족할 수 있다는 속내를 드러낸 것이다.

나아가 리더에 대한 높은 기대는 리더의 역량과 자신의 업무 성과를 연계하는 질문에서도 뚜렷하게 나타났다. 리더의 역량이 향상되면 자신의 업무 성과 또한 높아질 것이라는 응답이 무려 80%에 달했다(DBR 26호, 동아일보사 2013년 2월).

그러므로 특정의 기업들이 경영활동을 성공적으로 수행하기 위해서는 경영목표의 수립(object)과 사명(mission)의 설정 그리고 구체적인 경영활동을 위해서는 자본의 조달과 운용, 생산 원자재의 확보 및 유통 나아가 기업 전반에 걸친 생산에 못지않게 이러한 업무들을 수행할 인원의 채용과 배치 등 기업을 관리(manage)하는 관리자의 리더십은 매우 중요한 기능이며 역할인 것이다.

이러한 기업의 관리자(manager)에게 요구되는 기본적인 업무 내지 기능(the functions of manager)을 요약하면 다음과 같다.

첫째는 계획화(planning)이다. 이는 사명(mission)과 목적(objectives)을 결정하는 것이며 다음에는 전략(strategy)·정책(policy)·절차(procedure)·규칙(rule)·프로그램(program) 등이 결정되고 이어서 숫자화 된 프로그램인 예산이 결정되어 진다.

둘째는 조직화(organizing)이다. 이는 조직구성원들이 담당해야 할 역할의 구조(structure of roles)를 결정하는 것으로 팀워크를 이루기 위한 집단화(grouping)작업 및 권한과 책임의 한계를 설정해야 한다.

셋째는 인사충원(staffing)과 배치(placement)로 이를 통해 직무수행요건(job performance requirements)을 결정하게 된다.

넷째는 지휘(directing)로서 조직구성원들을 지도(guide)하고 감독(supervise)하면서 그들에게 영향력을 행사하는 것이다.

다섯째는 통제(controlling)로서 기업이 당초에 계획한 목적과 부응하는 실제 결과와 성과(actual event and result)를 일치시키기 위한 절차로서 평가를 하는 동시에 편차(deviation)가 있을 경우 이에 대한 수정(revise)도 책임을 져야 한다.

다시 말해 기업을 경영하기 위해서는 다양하고 수많은 조건들이 있을 수 있으나 이익을 추구하는 조직체이며 집단인 기업은 필수적인 요건으로 리더십을 요구하고 있다.

리더십에 관련한 이론들은 오랜 역사와 더불어 각기 다른 접근법에 따라서 다양한 연구와 이론들이 있어왔다. 그러나 어떤 공동체(community)나 조직(organization)을 막론하고 지속적으로 리더십(leadership)에 대한 연구와 프로그램들이 개발, 적용되는 것은 그만큼 리더(leader)의 역할이 중요함을 말해 주는 동시에 리더에게 그 무엇보다 우선하여 갖춰야 할 것이 리더십임을 강조하는 것이기도 하다.

리더십에 관련한 연구로 널리 알려진 G. Terry는 리더십을 '집단목표를 위하여 스스로 노력하는 사람에게 영향력을 행사하는 활동'이라고 하였다.

R. Tannenbaum&Wesler는 '커뮤니케이션 과정을 통해 특정의 목표달성을 지향하는 상황에서 전개되는 대인간(對人間)의 영향력'이라고 보았다.

한편 H. Koontz&C. O'Donnel은 '공통된 목표달성을 지향(指向)할 수 있도록 사람들에게 영향력을 미치는 것'이라고 설명하였다.

결국 리더십이란 '주어진 상황 속에서 목표를 달성하기 위하여 개인 또는 집단에 영향을 주는 과정'이라고 요약하여 볼 수 있다. 그동안의 리더십에 대한 개념들을 연구자 및 연도별로 정리하여 보면 다음의 〈표 4-1〉에서 보는 바와 같다.

<표 4-1> 주요 리더십 개념들의 정의

Tead(1935)	목표를 달성하기 위하여 구성원들이 상호 협조하도록 영향을 주는 활동
Hemphill&Coons(1957)	집단의 활동을 공유된 하나의 목표로 집중시키는 행동
Janda(1960)	일종의 독특한 형태의 권력관계로 집단의 구성원이 자신의 행동패턴을 또 다른 구성원이 규정할 권리를 갖는다고 인식할 때 발생하는 것
Fiedler(1968)	공동과업을 수행할 목적으로 타인에게 영향력을 행사하는 과정
Fieishman(1973)	어떤 목표나 목표들의 달성을 향하여 의사소통과정을 통해서 개인 간에 영향력을 행사하는 의도
Schriesheim, Toliver&Behling(1978)	사회적인 영향력의 행사 과정으로 리더가 조직목표달성을 위해서 하급자들의 자발적인 참여를 추구할 때 발생하는 것
Bass(1985)	조직의 목표달성을 위하여 부하를 변화시키고 자기개발을 위하여 노력하도록 만드는 행위이며 초월적인 목표와 자기실현의 상위단계 욕구를 실현하도록 리더와 구성원의 기본적 동인을 의도하는 변화의 달성 쪽으로 상호 연결하여 구성원들에게 동기부여를 심어주는 것
Hersey&Blanchard(1987)	주어진 상황 속에서 목표달성을 위하여 개인 또는 집단의 모든 행동에 영향력을 행사하는 능력
Kotter(1990)	바람직한 목표를 달성하기 위하여 다른 사람들을 동기부여시키고 지휘하여 영향력을 행사하는 능력
대우인력개발원(1990)	조직의 목표달성을 위하여 리더가 집단구성원들을 자발적으로 움직이게 하는 사회적 영향력의 행사과정이다
SK 그룹(2010)	특정 상황에서 집단이나 조직이 실현시킬 비전을 설정하고 그 비전을 실천하도록 구성원들의 행동에 영향을 미쳐 구성원들이 스스로 실행하도록 개인과 조직을 변화시켜가는 과정이다

자료 : 주종덕(2003), 이종호(2004), 최용현(2006), P. Hersey & K. Blanchard(1977) 등

리더십은 지난 1930년대부터 1950년대까지는 성공적인 리더의 특성에 관점을 두고 연구되었고 이후부터 1960년대까지에는 리더의 행동특성에 관심을 가졌으며 또한 이후부터 1980년대에는 리더의 행동특성과 상황변인을 관련시킨 연구가 활발하게 전개되었다.

이러한 연구들은 크게 1960년대의 거래적 리더십(transactional leadership)과 1970년대 이후의 변혁적 리더십(transformational leadership)으로 나눠진다.

전자는 리더와 부하 간에 직무수행에 따르는 안정감, 임금인상, 승진, 보상, 처벌과 같은 거래적 조건으로 이뤄지는 가시적이고 양(量)적인 리더십이다.

한편 후자는 하급자들의 흥미를 진작 또는 확대시키고 집단의 목표나 사명감을 받아들이도록 지각케 하여 집단이익을 추구하게 하는 불가시(不可視)의 질(質)적인 리더십이다.

따라서 전자는 달성할 목표를 명확히 하여 달성한 것에 대하여 임금인상, 보너스와 같은 금전적 보상이나 칭찬, 인정, 승인과 같은 비금전적인 보상을 하지만 목표를 달성하지 못할 경우 임금삭감, 벌금, 해고, 처벌 등의 부정적 강화(negative reinforcement)의 예외적 관리를 수행하게 된다.

후자는 리더의 높은 이상과 비전을 통하여 사명감과 자신감을 갖게 하는 카리스마와 문제점 해결에 적극 참여하게 하는 지적 자극(intellectual stimulation), 구성원들의 요구에 대한 개인적 배려(individualized consideration), 목표에 대한 적극적인 동조로 능력을 발휘케 하는 영감적 동기(inspirational motivation)부여 등이 필요하게 된다.

리더는 성취 · 결속 · 이해 · 방어에 대한 욕구를 갖고 있는 조직구성원들에게 보상시스템 · 기업문화 · 업무설계 · 성과관리 및 자원배분프로세스 등으로 동기부여(motivation)를 할 수 있도록 노력하여야 한다.(김성호, 교회안의 리더십 세상과 다른가, 로고스경영연구, 로고스경영학회, 21, 2011, p.113)

다음의 〈표 4-2〉는 거래적(去來的) 리더십과 변혁적(變革的) 리더십의 차이점을 요약하여 정리한 것이다.

<표 4-2> 거래적 리더십과 변혁적 리더십의 차이점

	거래적 리더십	변혁적 리더십
카 리 스 마	약함	강함
영감적동기부여	약함	강함
개별과 배려	부하들의 업무수행을 조건으로 그들의 요구를 수용하기 위하여 리더의 지식을 제공	개인에게 인간적인 관심을 기울이고 후견인으로서의 역할을 수행
지 적 자 극	조직성과 향상을 목적으로 하는 인간적 배려	부하들의 높은 수준의 지적 욕구를 자극
조건적 보상	업무수행을 잘할 경우 보상을 제공하고 반대의 경우 처벌	업무수행이 잘못된 경우라도 공개적 비난을 피하여 위험을 감수하고 도전하도록 유도
예외적 관리	현상유지를 목적으로 일정 기준을 벗어나면 리더가 개입	조직의 정한 기준에 얽매이지 않고 지속적인 변화와 발전을 모색
현 상	현상유지를 위한 노력	현상변화를 위하여 노력
목표 지향성	현상과 너무 괴리되지 않은 목표를 지향	높은 이상적 목표지향
동기부여관리	부하에게 즉각적, 가시적으로 보상으로 동기	자아실현과 같은 높은 수준의 개인적 목표를 동경하도록 동기부여
행 위 표 준	부하들은 규칙과 관례를 따르기 좋아함	변화적이고 새로운 시도에 도전하도록 격려함
문 제 해 결	부하에게 문제를 해결하거나 해답을 찾을 방안을 제시함	질문을 통해 스스로 해결책을 찾도록 격려하고 함께 일함

자료 : 김성국(1997), 김보연(2003), 최용현(2006) 등

리더십의 행태를 금융기관의 종사자들과 군인들을 대상으로 하여 실증적으로 분석한 연구에 의하면 거래적 리더십은 조직몰입(organizational commitment)에 있어 유의한 영향을 미치는 가운데 특히 상사로부터의 조건적 보상은 직무만족(job satisfaction)에 유의한 것으로 나타났다.

변혁적(變革的) 리더십은 조직몰입과 직무만족에 역시 유의한 영향을 미치고 있지만 특히 카리스마와 지적자극(知的刺戟) 요인은 직무만족에 영향을 미치고 지적자극과 영감적(靈感的) 동기부여는 조직몰입에 영향을 끼치는 것으로 나타났다.

그리하여 거래적 리더십은 현상을 유지하기 위해서 노력하면서 현상과 너무 괴리되지 않는 목표를 지향하게 하고 조직의 구성원들에게 성과를 올린만큼 보상을 받는다는 확신을 심어주는 것이다.

그리고 변혁적 리더십은 조직구성원들에게 매력적이고 도전적인 비전을 제시하는 가운데 조직구성원들이 창의적으로 새롭게 도전하도록 고무시키게 하고 문제점을 스스로 찾도록 자극을 주게 된다.

결국 거래적 리더십은 성과형과 조직관리형의 리더십에서, 변형적 리더십은 동기부여형이나 비전제시형에서 나타나고 있으며 대부분의 리더들은 조직의 문화나 주어진 상황에 따라 둘 또는 둘 이상의 리더십을 행사하고 있음을 보여 주고 있다.

최근의 경영모델에 관련한 연구에서는 4P 경영의 중요성을 강조한 바 있다. 이는 사람(People), 프로세스(Process), 파트너(Partner), 성과(Performance)를 말하는 것으로 이와 함께 CEO의 중요한 역할 가운데 하나는 인재 채용이라고 한다.

한국리더십연구회에서는 바람직한 '한국형 리더십의 역할 모형'에 관련한 컨퍼런스에서 그동안 한국에서 특히 기업이나 군대 및 학교 등의 조직에서 활용하고 있는 서구식 리더십이 아니라 유교적 역사와 전통 속에서 형성되어진 한국인의 리더십을 연구하고 바람직한 방향성을 제시한 바 있다.

다음의 〈표 4-3〉은 이의 내용을 정리한 것으로 결국 한국형 리더십의 요체(要諦)는 조화(調和)와 비전(vision) 그리고 온정(溫情)임을 말해 주고 있다.

<표 4-3> 한국형 리더십의 8가지 특징

주요특징	세 부 내 용
수평조화	동료들과의 신의와 존중을 바탕으로 적극 협력, 소통하며 모나지 않는 행동으로 조화를 이루려는 태도
미래비전	미래지향적 태도로 미래의 예측, 비전 제시, 체계적 계획으로 실천할 줄 아는 역량
환경변화	다양한 외부의 네트워크를 바탕으로 환경변화를 민감하게 파악하여 적절히 대응하는 역량
성취열정	높은 자부심과 책임의식을 바탕으로 일을 수행하면서 난관을 극복하여 끝까지 성취해 내려는 강한 정신
자기긍정	자기확신과 결단력에 기초해 어떤 어려움도 이겨내려는 도전 정신
하향온정	하급자들과의 끈끈한 정에 기초해 관용을 베풀며 희생하고 보호하며 키워주려는 애틋한 마음
솔선수범	사심없이 인내하며 집단을 위해 궂은 일도 마다하지 않는 윤리적 태도
상향적응	윗사람이 편안함을 느끼도록 잘 모시어 불필요한 갈등을 피하고 최고의 성과를 내는 밑거름이 되려는 후원행동

자료:한국학중앙연구원, 한국형 리더십연구회, DBR, No.72, 2011년 1월, 동아일보사, 62-65

요즘처럼 '기업하기가 어렵다. 예전 같지 않다. 이렇게 힘든 적이 없었다'라는 기업인(CEO)들의 언급이 낯설지 않은 경영환경 속에서 성공적인 리더십을 수행한 사례를 통하여 바람직한 인사관리(HRM)의 전략적 대안을 알아보기로 하자.

얼마 전 대형 건설 회사 CEO가 교체되면서 과거 국내 또는 해외 건설 수주의 선봉에서 진두지휘했던 이른바 '영업통'이 물러나고 '관리통'의 임원이 발탁됐다.

이들은 임명되자마자 조직을 개편하고 인력 감축에 들어가면서 비용을 절감하여 불황이 끝날 때까지 버티려고 하겠지만 불황이 끝나게 되면 '그동안 관리 위주 경영으로 미래의 성장 동력에 투자를 못 했다'는 비판이 있게 되면서 또 다시 영업통(營業通)이 득세할지도 모른다.

이런 현상은 CEO가 영업과 관리를 동시에 아우르는 말 그대로 최고경영자라는 사실에 배치된다. 흔히 "장군은 병과가 없다"고 하는 바, 이는 최고경영자인 장군은 특정 병과에 치중하지 않고 군 전체를 총괄한다는 의미일 것이다.

그럼에도 기업의 CEO가 자신의 성향에 따라 경영의 특정 분야에 치중하는 것은 바람직하다고 볼 수 없다.

Bertland & Shower 교수는 미국의 600개 이상 대기업에서 CEO로 재직한 CEO 500명 이상의 경영 성과를 연구했다. 그러나 만일 어느 CEO가 한 기업에만 재직했다면, 그 기업이 잘되거나 잘못되어도 기업 탓인지 CEO 탓인지 알 수 없기에 두 기업에서 3년 이상 CEO로 재직한 경우만 골라서 분석 대상으로 했다.

두 교수는 분석 대상 기업의 각종 재무성과를 기업의 통상적인 관행에 따라 결정되는 기업 효과와 CEO가 누구이냐에 따라 달라지는 CEO 효과로 나눠 보았다.(〈그림 4-1〉 참조)

그림 4-1 각 경영 지표에 미치는 CEO 효과와 기업 효과 (단위: %)

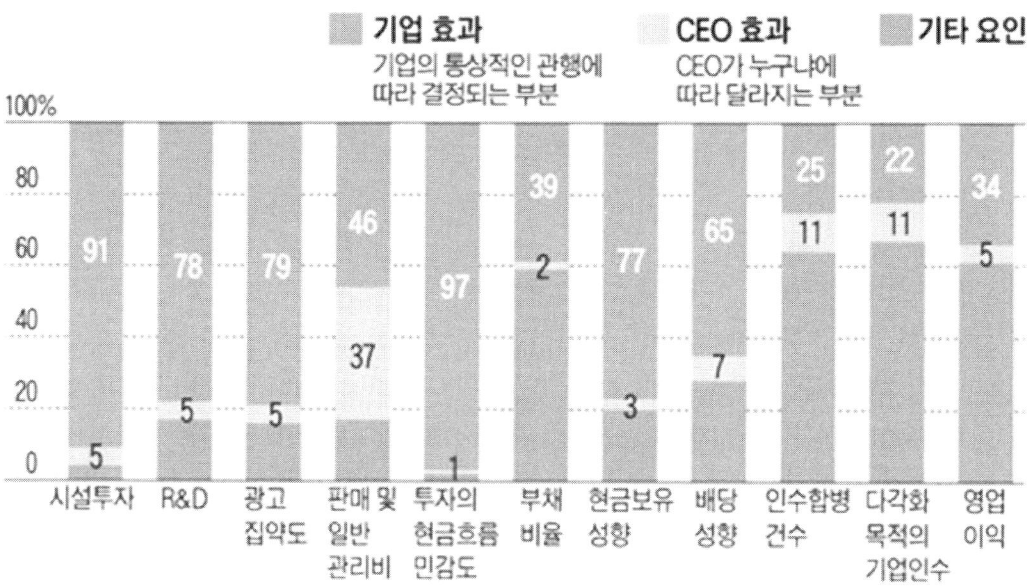

그 결과 대부분의 경우 CEO 효과는 그다지 크지 않다. 즉, 누가 CEO가 되더라도 기업의 기존 관행에서 크게 벗어나지 않은 것이다.

예를 들어 기업의 시설 투자 91% 정도는 그 기업의 기존 관행대로 이루어지고, CEO가 누구냐에 따라서는 5% 정도만 달라진다. 연구개발 투자와 광고 투자도 기업 효과가 크다.

시설 투자의 현금 흐름에 대한 민감도, 부채 비율, 현금 보유 성향, 배당 성향에 미치는 CEO 효과도 대부분 미미하게 나타났다.

하지만 판매 및 일반관리비는 다른 지표와 크게 차이가 나타났다. 즉 기업 효과는 46%이지만 CEO 효과는 무려 37%가 될 정도로 다른 지표에 비해 크게 나타나 CEO가 누구냐에 따라 판매 및 일반관리비를 결정하는 데 있어 큰 차이를 보여 주고 있었다.

한 기업에서 비용 절감을 강조하던 관리형 CEO는 다른 기업으로 이동하더라도 마찬가지로 비용을 절감하고, 반면 비용에 관대한 정책을 가진 CEO 역시 다른 기업에서도 마찬가지라는 의미이다.

또한 다각화와 인수합병에 대한 정책에서도 CEO 효과가 11% 정도로 기업 효과가 22-25%인 것에 비하면 매우 높게 나타나 한 기업에서 인수합병 또는 다각화를 많이 했던 CEO는 다른 기업의 CEO로 가더라도 역시 비슷한 경영 행태를 보여 주고 있었다.

그러므로 '관리통과 영업통의 CEO 중 누가 더 나을까?'에 대한 결론을 내릴 수 없다. 그 이유는 같은 이들에게도 성과가 좋은 사람이 있고 나쁜 사람이 있을 수 있기 때문이다.

상위 25%의 CEO는 어느 기업으로 가더라도 영업 이익률을 전 기업 평균보다 3%포인트만큼 올리는 유능한 CEO인 반면, 하위 25%의 CEO는 이전하는 회사마다 영업이익을 전 기업 평균보다 2%포인트 낮추는 무능한 CEO로 밝혀졌다

결과적으로 이러한 결과는 CEO를 임명할 때 단순히 관리통이냐 영업통이냐보다 과거 실적이 중요하다는 것을 보여주는 것이므로 그저 불황(不況)이라는 이유만으로 관리통 CEO를 임명하는 것은 합리적이지 않다.

비록 관리통일지라도 미래의 성장동력(成長動力)에 투자를 하는 CEO와 그저 비용 절감만을 추구하는 CEO는 향후 경영 성과에서 큰 차이를 보이게 될 것이기 때문이다.(장세진, 동아일보, 2013년 8월 17일)

한편 시장점유율이나 성장률과 수익률, 생존 능력과 기술력 등에서 뛰어난 성과를 올리고 있는 기업들을 살펴보면 거의가 CEO들의 뛰어난 리더십 때문인 것을 알 수 있다.

이들의 특성을 요약하면 다음과 같다.(유필화, 매일경제신문, 2013년 8월 17일)

첫째, 회사와 자신과의 구분이 없을 정도로 회사 일에 몰두하는 점이다. 젤리곰 사탕으로 세계시장을 석권한 Haribo의 Hans Riegel 사장은 '회사와 늘 하나였다'는 말을 듣고 있다.

그는 Heinz-Horst Deichmann의 아버지가 운영하던 구둣방을 유럽 최고 제화업체로 성장시켰다.

그의 자서전에서 그는 '나는 어머니의 젖을 빨면서도 가죽 냄새를 즐겼다'고 하면서 '나는 인간을 사랑하고 구두를 사랑한다'고 말하고 있다. 이러한 CEO의 태도는 종업원들에게 희망과 자신감을 주고 고객들에게는 존경심과 신뢰감을 가져 오게 한다.

둘째, 집중적으로 목표를 향하여 매진하면서 오직 '하나의 목표에만 전념하는(single-mindedness) 태도'로 인하여 편집광(monomaniac)으로 보일 수도 있으나 이들은 '의식을 가진 편집광들'이기에 Peter Drucker는 이들을 '특별한 사명감을 품고 집중적으로 매진하는 사람'이라고 하였다.

셋째, 두려움이 없다는 것으로 특히 히든챔피언의 CEO들은 대체로 교육의 수준이나 외국어 구사 능력 등은 약하지만 걸림돌(obstacles)에 대한 두려움이 없어 위험과 맞서는 힘이 강하여 자신의 잠재력을 효과적으로 발휘한다는 것이다.

넷째, 활력과 끈기가 있다. 이들 CEO는 '분명한 목표나 위대한 목적만큼 개인이나 회사에 에너지를 줄 수 있는 것은 아무것도 없다'고 하면서 넘치는 활력과 끈기로 직원들에게 강한 동기와 에너지를 분출시키고 있는 것이다.

다섯째, 남에게 영감(insight)을 주는 것으로 이를 통하여 CEO는 그가 가진 목표지향성, 넘치는 활력 등으로 다른 사람들(직원이 나 고객)을 열광시키고 움직이게 한다는 것이다.

결국 진정한 리더십은 거래적인 것이거나 변형적인 것이거나 아니면 이 두 가지를 병행하는 것이든지 간에 가장 중요하고 유의미한 것은 인간관계나 업무에 있어 진정성(眞情性)을 가지고 성실하게 대하고 처리하는 진정성의 리더십(authentic leadership)이다.

특히 정치나 경제 또는 기업 활동의 경영환경이 그 어느 때보다 안정적이지 못한 '불확실성의 시대(The Age of Uncertainty)'인 지금의 시대에서 더욱 요구되고 있는 리더십이다.

이어서 과감한 리더십으로 기업의 위기를 넘어선 JAL(일본항공)의 오니시 마사루(大西賢·58)회장의 사례를 보도록 하자.(조선일보, 2013년 9월 28일)

아시아 최대 항공사 JAL은 누적 적자를 견디지 못해 2010년 1월 파산 보호(한국의 법정 관리)를 신청했다. 그다음 달엔 일본에서 가장 존경받는 경영자 중 한 사람인 이나모리 가즈오(稲守和夫·81) 교세라 창업자 겸 명예회장이 구원투수로 영입돼 월급 받지 않고 일하는 회장이 됐다. 당시 사장으로 발탁된 사람이 JAL에서 주로 정비 분야에서 일해 온 지금의 오니시 마사루 회장이다.

두 사람은 2010년 8월 도쿄법원에 회생 계획을 제출했고, 전 직원 4만8000명 가운데 1만6000명을 내보내는 일본 기업사에 전무후무한 매머드 구조조정을 단 1년 만에 끝내 버린다. 그 뒤 2011년부터 2013년까지 매년 2조 원대 영업 흑자를 내면서 증시에 재상장(再上場)하였다.

종신 고용이 살아있는 일본, 그것도 직군별로 강성 노조 총 8개가 버티고 있는 노조 왕국 JAL에서 어떻게 전 직원의 3분의 1에 해당하는 인원들에 대하여 구조 조정을 할 수 있었던 이유를 살펴보자.

JAL이 실패한 이유는 이미 잘 알려져 있다. 무늬만 민영 기업이었던 비효율의 온상, 정부 낙하산의 천국, 포퓰리즘 정치에 휘둘려 적자인 줄 알면서도 전국 각지에 노선을 늘려야 했던 속사정, 정년퇴직한 스튜어디스에게까지 연금을 월 500만-600만원 지급하도록 만들어 놓은 강성노조, 문제가 자기 재임 기간에 터지는 게 두려워 메스를 대려 하지 않았던 경영진이 그것이다.

당시에 오니시 회장은 이렇게 설명했다. “망하기 전 JAL의 경영진은 ‘조금 손을 대면 아마 조금이라도 좋아지지 않을까’ 이런 식으로 생각해 왔어요. 피를 많이 흘리지 않도록 하면서도 개선될 방법을 생각해 왔죠. 하지만 사실은 그런 상황이 아니었어요. ‘피를 많이 흘리더라도 당장 수술을 해!’ 라고 말해야 했어요.”

“당시 이나모리 회장은 제게 이런 말을 자주 하곤 했습니다. ‘소선(小善)은 대악(大悪)과 닮아 있고, 대선(大善)은 비정(非情)과 닮아 있다’고요. 몇몇 사람에게 작은 선을 베푼다고 한 것이 전체적으로 보면 좋지 않은 것일 수 있다는 것입니다. 또 사람들에게 아주 쓰라린 것을 얘기하는 것이 전체적으로는 아주 좋은 것일지도 모른다는 것입니다.

예전의 경영자들은 ‘이렇게 하면 피를 조금만 흘리고도 반드시 좋아질 것’이라 믿으며 소선(小善)을 반복해 왔다고 생각해요. 하지만 그것이 옳지 않았다는 겁니다. 많은 피를 흘리지 않으면 회사는 재생할 수가 없었던 것입니다.”

어떻게 전 직원의 3분의 1을 구조조정 할 수 있었느냐고 묻자, 오니시 회장은 "당연히 계속 일하고 싶다는 사람이 대부분이었지요. 저는 일본항공이 살아남기 위해선 구조조정 하지 않으면 안 된다"고 설득했습니다.

물론 비교적 나이 많은 사람으로 한정했으며 그들에게 '우리 회사를 다시 태어나게 하고 싶습니다. 일본항공을 사랑한다면 후배들에게 자리를 내주십시오'하고 계속 얘기했어요. 그런데 대부분이 'JAL을 사랑한다. 내가 그만두는 것으로 JAL이 살 수 있다면 그만두겠다'고 얘기해 주었습니다."

오니시 회장은 "그 뒤 남은 3만 2000명은 모두가 그만둔 선배에게 미안한 마음을 갖고 '절대 이 회사를 망하게 해서는 안 된다. 반드시 부활을 성공시키지 않으면 안 된다'는 각오를 다지게 됐습니다. 가장 중요한 것은 그것이었다고 생각합니다."

당시 상황이 떠오르는 듯 그의 눈가에 눈물이 맺히기 시작했다.

"이런 일은 다시는 되풀이하면 안 된다고 생각했습니다. 사람을 자르는 일을 다시 해서는 결코 안 되겠다는 것입니다. 그러기 위해서는 특히 경영진이 확실히 하지 않으면 안 된다고 계속 얘기해 왔고, 지금도 계속 얘기하고 있습니다."

지금까지 살펴 본 바와 같이 리더십은 조직몰입과 직무만족에 역시 유의한 영향을 미치고 있어 리더는 현상을 유지하기 위해서 노력하는 한편 현상과 너무 괴리되지 않는 목표를 지향하게 하고 조직의 구성원들에게 성과를 올린만큼 보상을 받는다는 확신을 심어준다는 장점을 갖고 있다.

또한 변혁적 리더십은 조직구성원들에게 비전을 제시하면서 조직구성원들이 창의적으로 새롭게 도전하도록 고무시키게 하고 문제점을 스스로 찾게 하는 자극을 통하여 성취감을 갖게 하는 장점을 갖고 있다.

그리하여 성공적인 기업의 성공하는 리더들의 대부분은 특정 조직의 문화나 주어진 상황에 따라 둘 또는 둘 이상의 리더십을 행사하고 있다는 것을 알 수 있었다.

그러나 기업에서 가장 중요하고 오래갈 수 있는, 즉 지속가능한 리더십(sustainable leadership)이 있다면 이는 진정성의 리더십(authentic leadership)이다.

이는 기업의 종적(縱的)인 조직체계에서 일관성(一貫性)이 있게 기업의 비전과 사명을 이루는 외부적인 신뢰와 명성에 관련한 것이며, 횡적(橫的)인 면에서는 특정 기업의 모든 구성원들에게 직장에 대한 신뢰와 함께 자신감으로 충성심을 발휘하게 하는 동력

(dynamic power)이 될 수 있게 하는 근본적이고도 핵심적인 요인(critical factor)이 될 것이다.

한편, 정동일 교수(연세대 경영학과)는 "불황이라고 맹목적으로 사람 자르면 미래 성장이 멈춰버린다"는 제명으로 경제 불황과 위기에 강한 기업들이 가지는 노하우를 다음과 같은 5가지로 정리한다(조선일보, 2014년 1월 18일).

첫째, 맹목적인 구조조정보다 근본적인 문제점과 비효율성에 초점을 맞추라는 것이다. 즉 직원을 해고해 운영비용을 줄이는 것이 궁극적으로는 더 비용이 많이 들기 때문에 근본적인 체질 개선에 초점을 맞추라는 것이다. 예를 들어 중복 업무를 파악하여 이를 없애고, 매출 예측 시스템이나 재고관리의 효율성을 높이고 구매를 일원화함으로써 원가를 낮추는 등의 방법이다. 이는 직원들의 충성심과 업무 몰입도를 높여 실적을 향상시키게도 한다.

둘째, 불황이라는 이유만으로 지갑을 닫지 말라는 것이다. 즉 위기로 인해 시장가치가 떨어진 기업 중에 조직의 핵심 역량을 보완하거나 확장시켜줄 기업을 찾아 투자함으로써 신사업에 진출할 기회가 되기도 한다는 것이다.

셋째, 어렵다는 이유로 고객에게 제공하는 서비스의 질을 줄이지 말라는 것이다. 위기에 강한 기업일수록 어렵지만 더 큰 가치를 제공하기 위해 최선을 다함으로써 고객에게 좋은 이미지를 심어줄 수 있는 기회가 된다.

넷째, 끊임없는 실험을 통해 새로운 비즈니스 모델과 제품을 경제적인 비용으로 테스트하라는 것이며, 다섯째는 빠른 의사 결정을 위해 조직 구조와 의사 결정 방식을 최대한 단순하게 유지하라는 것이다. 즉 위기에 강한 기업은 의사 결정 권한을 최대한 현장으로 내려 보내고, 고객과 접점에 있는 직원들 의견에 귀를 기울임으로써 고객과 시장의 변화를 경쟁 기업보다 먼저 파악하고 대응한다는 것이다.

Ⅲ 인사관리의 경영전략

일반적으로 널리 활용되고 있는 인사정책은 본국중심주의(ethnocentrism), 현지국중심주의(polycentrism), 세계중심주의적(geocentrism)인 것으로 나눠진다.

일찍이 글로벌화를 추구하고 있는 두산인프라코어는 '두산인프라코어=중국기업'이라는 현지국중심의 이미지 구축에 주력을 하였다. 즉 중국인들도 열심히 일하면 직장인들의 꿈인 총경리(總經理, 한국에서의 사장)자리에 오를 수 있다는 희망을 강조하고 있어 중국내 100여개 전체 대리상을 중국인들로 운영하게 하면서 한국인들이 이익을 모두 가져간다는 인식을 불식시키고 있다.

기업의 운영에 있어 인적자원 가치는 기업의 흥망성쇠에 중요한 요소를 차지하는 것이다. 지난 2003년 SAS(중증 급성 호흡기증후군)가 중국을 강타했을 당시 예방약인 '반란근' 1주 일 분을 전 직원에게 나눠주는 감동경영을 펼쳤고 평소 직원들의 경조사도 빠짐없이 챙겨 주는 등의 미담(美談)들은 두산인프라코어의 이직률을 2% 이내로 줄게 하였다.

1. 현지인 고용과 인사관리

효과적인 유통망을 구축하기 위하여 총 754명의 현지인을 사원으로 고용하여 회사를 운영해 나갔다. 초기에는 의사소통 능력 부족으로 실언을 자주 해 현지 직원들의 반발을 사는 사례를 보며 진출 초기부터 주재원의 중국어 구사능력 향상에 힘써왔다.

우선적으로 현지 사원들의 사고와 습관을 파악하여 중국인 직원들로 구성된 부부장회의 개최를 통하여 다양한 의견을 수렴하였다. 그리고 이를 바탕으로 판매실적에 따른 각종 인센티브 제도를 도입하였고, 중국 현지인을 부부장급까지 발탁함으로써 현지인들의 근로의욕과 직무만족을 높이고, 이직을 감소시키는 효과를 거두었다. 그동안 기술직 사원 160여 명 가운데 70% 이상을 한국으로 연수를 보내 선진 기술을 습득케 하였다.

2. 두산인프라코어의 중국 내 조직구성도

각 부문의 사업부와 TEAM들은 상부-하부 구조로 이루어진 것이 아니라 팀들이 서로 중심이 되어 두산인프라코어 중국법인 내의 사업부를 구성하게 하였다.

3. 중국 인건비의 상승

산업연구원은 2006년의 'e-KIET 산업경제정보'를 통해 "중국의 산업구조가 급속히 고도화되면서 첨단산업의 고급 기술 인력의 인건비는 한국과 차이가 없는 실정"이라고 발표했다. 연구원은 '중국정부는 2001-2005년 외자기업의 인건비가 연평균 8.4% 인상됐다고 발표했지만 현지 실사에 의하면 실제 인건비 상승률은 12.6%로 나타났다'고 발표했다.

'최근 중국정부가 강력히 시행하고 있는 최저임금제나 외자기업에 대한 4대 보험 부담 요구 등도 인건비 상승의 원인'라고 분석했다.

이처럼 중국의 상승하는 인건비로 두산인프라코어도 원가 상승의 압박을 받게 될 것이며 또한 보험 부담에 따른 중국의 인건비 상승 추세도 피할 수 없을 것이기에 임금자체를 낮추기 보다는 철저한 품질관리를 통한 원가절감을 꾀하는 것이 바람직할 것이다.

기술력을 갖춘 종업원에 대한 급여를 차등 지급하거나, 종업원에 대한 교육비 지출을 높이고, 한국 본사 연수 실시 등으로 종업원의 기술능력을 제고시킴으로써 두산인프라코어는 안정된 우수 인력을 확보할 수 있을 뿐만 아니라 우수 인력의 채용은 곧 품질을 향상시키는데 큰 도움을 줄 것이다.

나아가 한국과 중국의 문화차이에서 올 수 있는 어려움을 대화로 해결하는 등 중국인 근로자들과 두산인프라코어 간 타협과 조화는 장기적인 차원에서 중국에서의 성공여부를 가늠할 수 있는 매우 중요한 과제가 될 것이다.

한편 중앙일보의 기사(중앙일보, 2013년 3월 29일)에 의하면 미국의 제조업들은 속속 자국으로 귀환하려는 움직임을 보이고 있다.

미 기업들은 값싼 노동력을 찾아 중국·인도 등 개발도상국에 공장을 짓는 (offshoring)에 주력했었다. 그러나 최근 개도국의 임금 상승으로 미국에 공장을 세워도 경쟁력 있는 제품을 만들 수 있게 되자 생산시설을 본국으로 되돌리는 (reshoring)이 활발하게 벌어지고 있는 것이다.

이는 고용을 늘리기 위해 제조업을 돌아오게 하려는 Barack Obama 대통령의 정책도 이런 흐름을 가속화 했다.

세계 최대 검색업체 Google은 '구글 글래스'제조 공장을 미 실리콘밸리에 짓기로 했다고 파이내셜타임스(FT)가 보도했다. 신문에 따르면 Google은 캘리포니아 샌타클래라에 대만의 홍하이정밀이 운영하는 공장을 세우고, 이 공장에서 구글 글래스를 만들 예정이다.

또한 Apple의 최고경영자(CEO) 팀 쿡은 지난해 말 1억 달러(약 1,100억 원)를 투자해 미국에서 맥 컴퓨터 생산 공장을 짓겠다고 밝혔다.

Ford도 최근 해외에서 만들던 소형 트럭 등을 미국에서 생산하기로 결정했다. GE와 월풀 · 오티스 · 캐터필러 · 콜맨 등도 해외 생산시설을 미국으로 되돌렸거나 국내 투자를 확대할 계획이다. 미 기업들이 리쇼어링에 나서는 이유는 크게 네 가지라고 미 경제주간지 비즈니스 위크는 분석했다.

첫째, 개도국의 임금이 가파르게 오르며 미국 내 생산 비용이 상대적으로 하락하고 있다. 보스턴컨설팅그룹(BCG)에 따르면 2010년 미국 남부 지역 제조업체의 시간당 임금은 21.3달러로, 중국 양쯔강 삼각주 지역의 8.6달러에 비해 2.5배 높았다. 그러나 2015년에는 격차가 1.5배로 축소될 전망이다.

<표 4-4> 각국의 월 최저임금(달러)

영국	미국	일본	한국	중국	태국	인도네시아	인도	베트남	방글라데시
1507	1257	944	797	173	295	148	121	85	58

* 2009년, 구매력 평가 기준 자료: 세계노동기구(ILO)

둘째, 미국에 공장을 지으면 경영 효율과 지적재산권 보호가 강화된다. 비즈니스위크에 따르면 현재 미국의 생산비용은 중국보다 108% 높지만, 지적재산권 보호 비용과 물류관리비 등을 고려하면 그 차가 12%로 준다.

셋째, 소비시장에 공장이 있으면 소비자의 구미에 맞는 제품을 제때 생산하기 쉽다.

넷째, 미국 내 공장에서 고용을 창출하고 지역사회에 참여해 기업의 이미지를 좋게 할 수 있다.

미 정부도 해외 진출 기업의 미국 유치에 적극 나서고 있다. Obama 대통령은 지난해 말 “미래의 제조업 혁명은 ‘메이드 인 아메리카’ 제품이 이끌 것”이라며 “메이드 인 아메리카 기업에는 (공장) 이전 비용의 20%를 지원할 것”이라고 말했다.

이제 중국진출 한국기업의 인사관리와 일본기업의 인사관리 사례를 살펴보자.

먼저 두산인프라코어의 중국 법인은 사업을 총괄하는 중국 내 지주회사인 두산(중국)투자유한공사와 연대시(烟台市)의 생산법인 두산공정기계 유한공사로 이뤄져 있으며 최근에는 자본금 6400만 달러(약600억 원)로 소주(蘇州)에 생산법인 두산공정기계 유한공사를 설립하였다.

두산은 M&A로 법인을 10개 이상으로 늘려 중국 관련 전략 수립, 신사업 발굴 등 관련 사업을 주도적으로 이끌면서 이를 ‘제2의 두산인프라코어’로 삼아 ‘중국인프라지원사업(ISB)의 리더’라는 비전으로 중국을 글로벌 경영의 전략 거점으로 조성하려는 계획을 갖고 있다.

글로벌 기업에게 현지화는 필수적인 것으로 세계화 전략으로 비용절감과 효율성을 제고시키며 현지화 전략을 통해 판매 증대와 위험 감소를 이룰 수 있다.

경영권 위임정도는 한국인 주재원을 중국전문가로 육성하여 조직 부문의 현지화 1단계를 이루고 다음에는 현지 직원의 육성 및 토착화였다. 이를 위해 주재원도 현지인으로 교체하고 생산뿐 아니라 유통, 영업 등 모든 분야에서 현지인이 역할을 수행하도록 하였다.

생산의 현지화는 인건비의 획기적인 감소로 저원가(低原價) 달성을 가능하게 하였으며, 영업에서의 현지화로 문화적 차이에서 오는 갈등요소를 극복하여 딜러 및 구매자와의 관계 구축이 전보다 더 유연해졌다. 특히 중국 내 동포인 조선족을 많이 영입하여 한국과 중국의 정치, 경제, 사회, 문화적인 차이를 극복하는데 있어 커다란 도움을 받고 있다.

현지 종업원들의 보수, 복지 등에서의 좋은 대우와 현지 근로자를 가족처럼 대하는 것 등은 노사 분규 여지를 원천적으로 차단시키고 있으며 특히 현지인에게 주요 역할을 이행하게 하여 현지인으로 하여금 ‘자기회사(自己 會社)’라고 인식하게 하는 등으로 충성도를 높이고 있다.

다음으로 일본기업의 인사관리 전략으로 한때는 세계의 자동차시장을 선점하였으며 최근에 이르러 다시 안정세를 보이고 있는 TOYOTA의 사례를 통하여 살펴보기로 하자.

TOYOTA 자동차는 리먼 쇼크로 말미암아 2007년을 정점으로 수익이 크게 감소하기는 했지만, 세계 시장의 침체 속에서도 2008-2010년까지 3년에 걸쳐 GM을 누르고 판매대수 세계 1위에 올라섰다.

비록 2011년에는 일본 대지진의 여파로 GM, Wolkswagen그룹에 이어 업계 3위로 밀려났지만 2012년 870만대(전년대비 18.3%)의 판매 계획과 함께 매출 22조 엔, 영업이익 1조 엔을 목표로 재기에 나섰다.

세계 자동차 시장에서 판매대수 1위의 자리에 오르기까지 TOYOTA는 11년 연속 수익이 증가했다.

이러한 성장 배경에는 두 번의 전략적인 변화가 있었다. 첫 번째는 2000년 전후로 1997년 일본의 경기악화로 비록 수익은 감소했지만 'PURIUS'의 출시와 함께 '신차개발 프로젝트'를 시작하여 차종 체계를 혁신한 것으로 이러한 혁신은 이후의 성장을 가능하게 한 든든한 기반이 되었다.

1999년 'BEATS'를 발표하는 등 국내외 시장에 새로운 차종을 적극적으로 선보이면서 해외 생산거점을 확대하며 세계 점유율 10%를 달성하였고 2002년에는 세계 시장 점유율 15%를 달성하였다.

두 번째는 2005년으로, 일본 내 판매를 확대하기 위해 'Lexus' 브랜드를 출시하고 판매력을 강화한 것으로 해외 시장에서는 BRICs를 중심으로 생산·판매체제를 강화하여 수익구조의 균형을 맞추는 방식으로 글로벌 마켓에서의 성장 기반을 마련하였다.

일본 기업의 강점은 '생산 전략'에 있다. 특히 TOYOTA는 단순히 하드웨어 측면의 생산이 아니라 만드는 사람의 혼을 불어넣는 '일본적인 생산 전략'을 지니고 있다.

TOYOTA의 강점은 낭비를 철저히 배제하는 'TOYOTA식 생산방식'에 있고, 이를 가능하게 한 원천은 바로 '물건 만들기=사람 만들기'라는 기업정신에 기인한다. 직원교육에 대한 투자를 아끼지 않는 등 '사람 만들기를 통한 물건 만들기' 원칙을 고수하고 있다.

1936년 자동차를 양산하기 시작한 이래 줄곧 제창해 온 'JIT(適期供給)'는 물론 '자동화', '간판방식'등 다양한 키워드로 대변되는 생산현장의 혁신운동을 계속 이어왔다.

TOYOTA가 말하는 '자동화'란 생산현장에서 문제가 발생했을 대 현장 직원이 직접 라인을 정지시켜 불량품 발생을 방지하는 등 기계에 인간의 지혜를 더하는 접근방식이다.

사람을 단순히 기계를 지켜보는 파수꾼 역할에 머무르게 하지 않는다는 의미로, 일반적으로 사용하는 '자동화(自動化)'가 아닌 '사람인변이 붙은 자동화(自働化)'다.

또한 부품회사도 TOYOTA 생산방식을 도입하여 공급자 차원에서부터 생산효율을 추구하고 있으며, 판매 부분에서도 'TOYOTA 판매방식'이라는 '고객 만들기' 전략을 전개하고 있다.

세계 제조업이 TOYOTA 생산방식을 연구하고 있지만 '사람 만들기'라는 TOYOTA의 핵심 경쟁력을 간단히 모방하기는 쉽지 않다.

이를 위해서는 작업자가 라인을 멈추기 위해서는 문제 상황을 스스로 판단하고 관계자들과 해결책을 협의하여 실행하는 '현장에 대한 권한이양과 사원 한 명 한 명의 주체적인 자세'가 전제가 되기 때문이다.

TOYOTA는 창업 때부터 사람 만들기에 대한 투자를 적극적으로 진행하여 왔을 뿐만 아니라 이를 바탕으로 한 개선을 거듭하는 기업 정신이 이미 조직 내 확고한 풍토로 녹아 있다.(물건 만들기는 사람 만들기, TOYOTA, 두남, 2005)

한편 '가장 혁신적인 회사'라는 찬사가 나오면 요즘은 대개 Apple을 떠올리지만 1980-90년대 이 수식어의 주인공은 일본 Sony였다.

당시 Sony Walkman은 선망의 대상이었고 VCR은 부의 상징이었다. 하지만 지금의 Sony는 쇠락했다. 시가 총액은 과거 5년 전 고점(高点) 대비 5분의 1로 쪼그라들었다.

창업세대인 모리타 아키오와 오가 노리오를 이어 1995년 최고경영자(CEO)가 된 이데이 노부유키를 통해 승계 문제가 드러난다. 이데이는 CEO 1순위 후보였던 모리오 미노루가 물러나면서 갑작스럽게 CEO로 선임됐다.

그는 당시 임원 서열 14위였을 뿐 아니라 회사 내 주도 세력이던 엔지니어가 아닌 영업 전문가였다. 따라서 자신보다 서열이 높고 엔지니어 배경을 가진 사업부장들을 통솔할 수 없었다. 이 탓에 이데이는 전사적인 관점에서 사업 포트폴리오를 구조조정하지 못하고, 각 사업부의 책임경영을 강화했다. 각 사업부 단위로 역량이 분산되는 결과를 가져왔다.

승계 구도는 2005년 스트링거 CEO 시기에 더욱 문제가 됐다. 당시 Sony는 분위기 쇄신을 위해 일본 기업으로서는 파격적 조치인 외국인 CEO를 임명했다. 그러나 스트링거는 조직 장악에 한계를 보였다.

일본어를 못하는 그는 영어를 할 수 있는 몇 명의 임직원들과만 가깝게 지낸 것으로 알려졌다. 회사 전반의 상황을 제대로 파악하지 못했다. "스트링거는 한 달 중 15일은 뉴욕에서, 10일은 런던에서 지냈고 정작 일본에는 잠시만 왔다 갔다"고 당시 Sony의 고위 임원은 증언했다.

2000년대 후반 열린 Sony의 이사회에서는 긴장감을 찾아볼 수 없었다. 하워드 스트링거 회장의 입맛에 맞지 않는 내용은 사전 조율을 통해 안건에서 빠졌다. 심의를 주도한 사외이사는 니콜 셀리그만 변호사. 성추문 사건과 관련해 빌 클린턴 전 미국 대통령의 변호를 맡은 그는 스트링거가 직접 영입한 인물이었다. 정보기술(IT) 전문가가 아니지만 이사회를 좌지우지했다.

2000년대 초 Sony 이사회 멤버의 70-80%는 사내이사였다. 그러나 스트링거는 이 비율을 점차 낮춰 2010년 15명의 이사 중 사내이사는 본인을 포함해 단 2명뿐이었다. 대신 개인적 친분이 있는 사외이사들로 이사회를 채웠다. '견제 기능을 상실한 Sony의 이사회는 일본 다도(茶道) 모임과 같다'는 비아냥을 들었다.

Sony의 글로벌 전략에서의 인사정책도 신흥시장 공략을 더디게 만들었다. Sony에서 일본이나 미국이 아닌 제3국 근무는 경력 관리에 마이너스이고, 신흥시장 발령은 곧 승진 경쟁에서 밀려나는 것이라는 인식이 강했다.

또한 일본 젊은 층의 개발도상국 근무회피 경향도 있었다. 2000년대에 들어서면서 일본 젊은 층의 도전정신이 급격히 떨어진 결과다. 전자 사업의 최대 격전지인 신흥시장에서 인재 기근에 시달린 Sony가 성과를 못 낸 것은 어찌 보면 당연하다.(한국경제, 2013년 3월 17일)

제5장

재무관리와 경영전략

I 재무관리의 의의

기업의 재무활동은 기업에게 자본 및 자금적 수급의 적합관계를 유지하기 위한 모든 활동을 말한다.

과거에는 기업에게 필요한 자본을 어떻게 조달할 것인가, 즉 어떤 원천으로부터 어떠한 형태 및 방법으로 얼마나 조달할 수 있을 것인가라는 문제가 주요 관심사였다.

그러나 자본주의경제의 발전과 기업의 대규모화에 따라 자본의 움직임은 보다 복잡해졌다. 즉 단순히 자본조달에 관한 활동뿐만 아니라 전반적인 자본운용과정에 관한 문제들에도 관심을 가질 필요가 생겼다.

그 결과 재무활동은 기업 활동에 있어서 구매 · 생산 · 판매와 같은 기본적 기능수행의 모든 부문에 공통적으로 관계성을 가지는 활동영역으로 이해하게 되었다.

기업은 생산(production)-마케팅(marketing)-인사관리(human resource management)-재무(financing)에서의 지속적인 활동의 수행을 통하여 성장(growing)하기에 계속기업(going concern)이라 부르는 것이다.

그러나 생산의 경우에는 원자재 및 기계 등 생산기구의 구입 등을 위한 재원(財源)이 필요하게 되며, 마케팅의 경우에도 유통 및 물류 등에 관련한 비용이 청구될 수 있다.

또한 인사관리의 경우에도 기업에서 필요한 인원의 채용 및 이들에 대한 임금 등과 같은 금전적인 필요성 내지 안정적인 확보가 기업 활동을 원활하게 하는 요인이 되는 등 재무 분야 또는 관리는 자본의 마련(調達)에서부터 이의 운용(運用)에 이르기까지 일련의 모든 경영활동에 영향을 미칠 뿐더러 이러한 모든 활동 내지 업무가 종료되면 결과물(output)인 매출 또는 이익의 산출이나 분배 등 반복적으로 이어지는 경영활동의 기본이 된다.

흔히 돈이라고 불리 우는 화폐는 개인이나 기업이 상품이나 서비스를 구입하거나 판매하는 것에 대한 반대급부로서의 수단이다.

이의 기본적인 기능은 첫째로는 '교환매개'로서 물물교환의 기능을 대신하게 되면서 상거래의 유통을 원활하게 하였다.

두 번째는 '가치척도'의 기능으로 모든 상품(서비스)의 가치를 표시 또는 기준이 되게 하였다.

세 번째는 '가치저장'의 기능으로 상품을 살 수 있는 능력(구매력)이 되는 기능이다.

이러한 기능을 가진 화폐는 개인의 경제생활을 원활하게 하는 기능을 갖고 있는 경제적인 수단이지만 기업으로서는 생산에 필요한 원자재의 구입과 생산 그리고 유통 등과 같은 기업 본연의 활동을 영위하기 위한 투입 수단인 동시에 이러한 활동의 결과로서 얻어지는 성과물이기도 하다.

그리하여 기업에서는 기업을 설립하고 이를 운영하기 위한 자산이 필요하게 되고 국가에서는 이들의 사회적 책임을 다하게 하기 위하여 법률적으로 기준을 마련하여 이를 충족시키게 하고 있다.

그리하여 기업에서 필요한 법률적인 자산의 요건은 회사 · 주주 · 회사채권자의 입장에서 각각 다른 의미를 갖게 된다.

먼저 회사의 경우에는 자본충실을 위하여 반드시 유지해야 하는 순재산이 되어 주식회사에서는 회사의 재산만이 회사채무의 담보가 되고 자본은 그 담보의 기준이 되는 것이므로 인적회사처럼 사원의 구성만으로는 성립할 수 없고 목적사업을 위한 기본재산을 갖추어야 성립이 가능하다. 이후 경영활동을 수행하는 중에도 이익의 처분이나 재산의 관리에서도 규범적 기준이 된다.

다음으로 주주에 대해서는 출자액을 뜻하는 것으로 책임의 한계가 되어 주주는 보유주식을 통하여 회사재산을 경제적으로 소유하고 지배하며 법적으로 각종 권리를 행사할 수 있게 된다.

회사에 투자를 한 채권자 등에 대해서는 회사신용도의 공시적 기능을 갖게 되어 주주는 주식의 인수가액을 한도로 책임을 지면서 담보가 된다.

이러한 자본은 기업액으로 머물 것이 아니라 회사는 자본액에 상당하는 재산을 현실로 보유할 필요가 있다.

이는 자본충실(또는 유지)의 원칙이라고 하는 것으로 회사의 재산이 회사채권자에 대한 유일한 담보로서 인정되고 있다.

재무관리는 협의로는 자본조달 및 이의 집행 등과 기업금융 · 경영재무 등을 말하며, 광의로는 이익관리 · 예산관리 · 원가관리 · 경영분석 및 투자론과 같은 관리회계를 말한다.

즉, 재무관리(Financial management)는 기업의 목표를 달성하는데 있어 필요한 기업의 자금을 관리하는 것이다.

따라서 재무 관리자는 기업이 지급의무를 충족시킬 수 있는 충분한 현금을 보유하기 위하여 현금수금과 현금 지출과 같은 일상적인 운영 자료를 챙겨야 하고 장기적으로는 기업이 새로운 제조설비의 설치(구매) 등에 관한 검토와 특정의 프로젝트를 위한 자금모집 방법 및 이의 실행에 관련한 방안 등에 대해서도 계획할 수 있어야 한다.

재무 관리자는 결국 재무계획을 수립(樹立)하고 투자(資金의 執行)를 실시하고, 자금조달(資金의 獲得) 등의 업무를 수행하는 역할을 수행하는 것이다.

즉 재무 관리자는 우선 자금을 어느 자산에 얼마만큼 투자할 것인가에 관한 투자 결정(investment decision)을 해야 한다.

또한 투자에 필요한 자금을 조달할 방법에 관한 자본조달결정(financing decision)을 하여야 한다.

이의 조달 방법(fund-raising)은 크게 두 가지로 나눌 수 있는데 타인자본과 자기자본이다. 타인자본은 말 그대로 남의 돈에 의한 자금조달 방법이고 자기자본은 내 돈에 의한 자금조달 방법이다.

예를 들어 타인자본은 은행이나 다른 기관과의 계약에 의해 차입이나 회사채 발행 등을 통해 행해지며, 자기자본은 순이익에서의 내부보유, 감가상각비 또는 주식을 발행하거나 동업자를 통한 자금 조달 등이 일반적이다.

자본을 조달할 때에는 자기 기업에 적합한 자본구성이 형성될 수 있도록 조달방법을 선택적으로 조합하여 수행해야 한다. 즉, 설비자금 및 항상적(恒常的) 운용자금은 주식, 사채, 장기대출 등의 장기자금을 통해 조달하는 것이 바람직하며, 계절적 변동을 동반하는 운용자금은 단기자금을 통해 조달하는 것이 바람직하다. 즉 기업에게 있어 가장 바람직한 자본구성은 궁극적으로 기업의 목적과 합치되어 계속기업으로서의 기업의 역할을 수행할 수 있는 구성이어야 한다.

자본조달의 체계를 간단히 정리하면 다음의 〈그림 5-1〉과 같다.

그림 5-1 자본조달의 체계

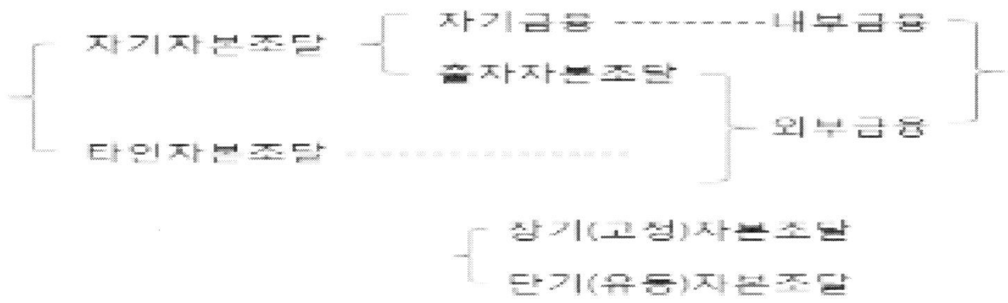

다음의 〈그림 5-2〉는 기업의 현금 흐름(cash flow)을 재무관리의 통상적인 기능 면에서 잘 나타내고 있다.(Gitman & McDqnniel · 정재영 외, 경영학배움터, 생능출판사, 2006)

그림 5-2 기업의 현금흐름도

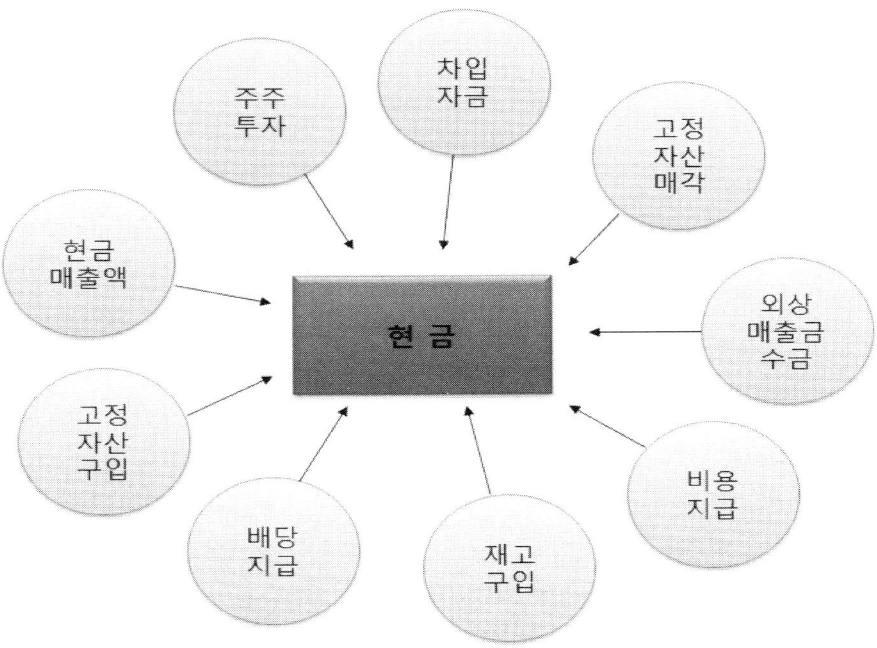

Ⅱ 원가우위 전략

기업들이 수행하는 전략은 결국 기업의 경영목표를 달성하기 위한 방법으로, 달성 하려고 하는 것(what to achieve)을 어떻게 달성할 것(how to achieve)인가에 관련한 것이다.

기업들이 수행하려는 사업전략은 조직 전체의 경쟁력에 중대한 영향을 미치게 된다는 점에서 주어진 자원을 효율적으로 활용하는 지엽적인 전술(tactic)이나 운영(operation)과는 대비된다. 사업전략은 그 목적과 지향하는 바에 따라 다음과 같이 구분된다.

사업전략은 크게 경쟁전략, 상황대응전략, 성장전략으로 구분하여 볼 수 있으며 다음의 〈표 5-1〉은 이를 요약한 것이다.

<표 5-1> 사업전략의 내용

경쟁전략 (Competitive Strategy)	기존시장에서의 경쟁우위를 확보하기 위한 전략 1) 기존 경쟁사와의 경쟁 2) 시장경쟁력의 확보	M. Porter의 경쟁전략 1) 원가우위전략 2) 차별화 전략 3) 집중화 전략
상황대응전략 (Situation Strategy)	1. 기업이 처한 상황에 효과적으로 대응하기 위한 전략 2. 외부환경의 기회와 위협에 대한 내부역량의 강점과 약점의 활용 방안	SWOT 분석 1) S-O 전략 2) W-O 전략 3) S-T 전략 4) W-T 전략
성장전략 (Growth Strategy)	회사의 규모적 성장으로 경쟁력 향상을 추구하는 전략/방향과 속도에 대한 선택이 필요	1) 신규시장 개척 2) 사업의 다각화 3) 기존 경쟁구조 파괴 4) 기존 시장 확장

Michael Porter교수는 경쟁전략에 관련하여 기업을 둘러싸고 있는 다섯 가지 요인(5 forces)으로 설명하고 있다.

즉 기존경쟁자의 위협(rivalry among existing players), 신규 진입자의 위협(entry competitors), 대체재의 위협(threat of substitutes), 구매자의 교섭력(bargaining power of buyers), 공급자의 교섭력(bargaining power of suppliers) 등이다.

그는 이러한 환경에서 경쟁력을 확보하기 위한 기본적인 전략으로 세 가지를 제시하고 있다.

먼저 원가우위전략(cost leadership)은 비용에 있어 압도적 우위를 선점하려는 것이다.

두 번째의 차별화전략(差別化戰略)은 상대기업의 약점을 찔러 결정적인 장점으로 만들려는 것이다.

마지막의 집중화전략(集中化戰略)은 기존 시장의 역학관계를 변하게 하는 제품에 대한 자본의 집중으로 승부를 하려는 선택과 집중의 전략적 패턴이다.(〈그림 5-3〉참조)

그림 5-3 Michael Porter의 본원적 경쟁전략

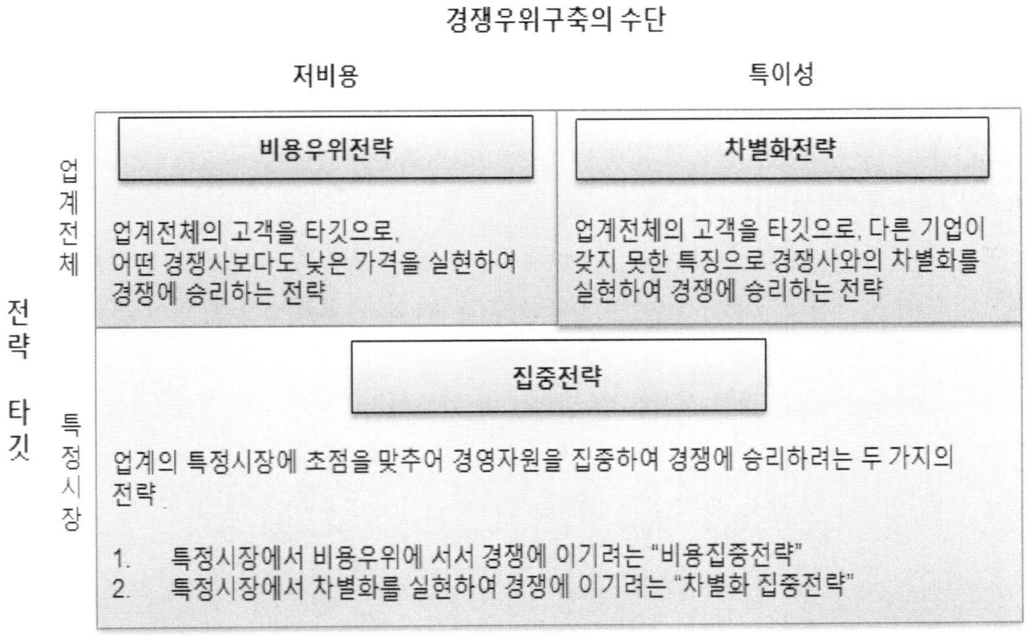

자료: 日本總合硏究所 経營戰略硏究會, 2011, p.60.

원가우위전략(原價優位戰略)은 비용에서의 우위를 목표로 생산시설이 규모나 기술면에서 유리해야 하고 경험축적을 통한 지속적인 원가인하 노력과 함께 관리비의 통제 등과 같은 원가 절감 노력이 요구된다.

즉, 이는 '경쟁사보다도 낮은 비용을 실현시키는 것'에 의해 경쟁우위를 확립시키는 것을 목적으로 하는 전략이다.(1からの戰略論, 嶋口充輝·内田和成·黒岩健一郎, 碩学舎, 2009, pp.65-68)

기업은 광범위한 시장을 대상으로 사업을 영위하는 가운데 경우에 따라 대상을 관련업계까지 확대시킬 수 있다.

원가우위전략의 원천은 다양하다. 산업구조에 따라서 상이한데 전형적인 패턴은 학습효과나 규모의 경제성에 의해 실현된다.

우선 타사보다 먼저 대규모의 투자를 행하고 대량생산체제를 구축하게 되며 다음에는 적자를 각오하고 저가격으로 시장에 진입하여 한 번에 시장점유율을 확보하는 것이다.

그리하여 이를 통해 규모의 경제성과 학습효과를 극대화 하게 된다.

또한 높은 시장점유율을 배경으로 대량생산함으로써 생산비용을 절감하게 되는 것이다. 그리하여 대량판매를 통해 이익을 극대화하고 더욱 비용을 낮추기 위한 투자를 행하는 것이며 기업은 이러한 사이클을 통하여 지속적인 경쟁우위를 획득하는 것이다.

그러나 모든 산업에서 반드시 규모의 경제성이 유효한 것은 아니다. 그러한 경우에는 비용구조를 재편성하는 방법을 생각해야 한다.

예를 들어 독자기술에 통해 낮은 생산비용을 가능하게 한다거나, 간접판매에서 직접판매로 변경하여 새로운 유통채널을 개척하거나, 원재료를 변경하여 경쟁 타사보다 유리한 조건으로 원재료를 확보하는 등의 방법이 있다.

특히 원자재의 통제, 임금은 물론 생산혁신 및 자동화, 간접비 절감 등도 시도될 수 있으며 결과적으로는 이러한 전략의 수행을 통하여 구매자의 압력에도 용이하게 대처할 수 있을 뿐만 아니라 공급자에 대한 교섭력을 강화하는데도 도움이 된다.

그림 5-4 원가우위전략 개요

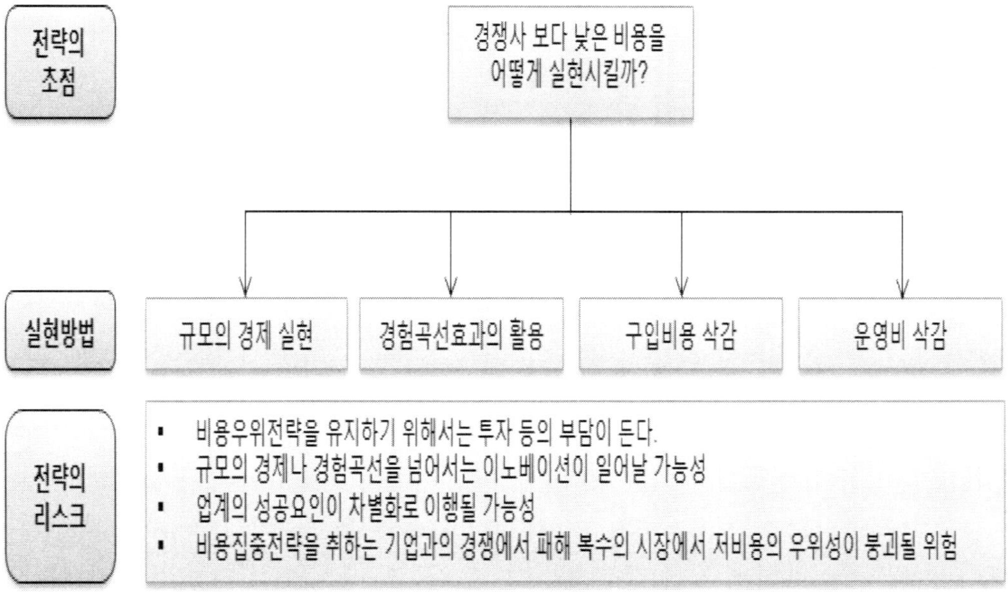

자료: 日本總合硏究所 経營戰略硏究會, 2011, p.61.

TOYOTA 자동차는 간판방식으로 대표되는 독자적 생산방식을 개발하여 항상 낭비가 없는 저비용생산을 추구해 왔다. TOYOTA 방식은 세계적으로 널리 소개되었지만, 과거부터 축적된 노하우와 현재도 계속 진화하고 있기 때문에 경쟁기업들이 간단히 모방할 수 없는 TOYOTA자동차의 원가우위요소로 평가받고 있다.

그러나 원가우위전략은 차별화를 전혀 의식하지 않아도 된다는 것은 아니다. 일반적으로 차별화전략을 지향하면 비용이 증가하여 원가우위전략을 추구하기 어렵기 때문에 양측면을 동시에 달성하는 것은 어렵다고 인식되고 있다.

하지만 예외도 있다. 예를 들어 UNIQLO는 해외 공장에서 인건비를 삭감하거나 점포의 수급동향을 신속하게 feed back 하는 등으로 생산비용을 절감하여 저가격을 실현하면서도, 독자적 소재의 개발 등으로 제품의 차별화를 도모함으로써 타사에서는 모방하기 힘든 환경을 만들어 내고 있다.

한편 삼성전자의 스마트폰 '갤럭시'시리즈가 어떻게 글로벌 시장에서 경쟁하고 있는가에 대해서 고찰해 보자(週刊ダイヤモンド, 2013년 8월 3일, 後藤直義).

2013년 6월 16일, 전 미국이 열광하는 NBA(프로농구 리그)의 플레이오프 시합 사이에 텔레비전 광고가 방영되었다.

처음에는 인기 랩퍼 Jay-Z가 등장하더니 최신 앨범 제작 장면의 영상이 흐르고 마지막에 '삼성'의 로고가 떠올랐다. 사실 이것은 한국 삼성전자의 화려한 캠페인 광고였다.

삼성은 이 최신 앨범 100만 장을 한 번에 구매하여 간판상품인 스마트폰 '갤럭시 S4'의 구매자에게 앨범 발매일 전에 무료로 배포한 것이다.

미국 Wall Street Journal에 의하면 곡의 구입비용은 500만 달러, 프로모션비를 포함해 2,000만 달러는 들었을 것이라고 추정된다.

뿐만 아니라 삼성의 광고 공세는 대단하다. 일상적으로 맨해튼 중심부인 타임스퀘어를 삼성의 푸른색 로고로 물들이고 인기배우나 스포츠선수도 지속적으로 광고판에 채용하고 있다.

삼성의 연차보고서에 의하면 2012년의 광고 선전비는 10조 9,421억 원이다. 이것은 미국 Apple의 약 10배에 해당한다. 총매출의 5.4%가 광고비라는 비율은 가전 IT업계에서도 매우 높은 수준이다.

한편 삼성의 수익구조 추이를 보면 크게 변화되고 있다는 것을 알 수 있다.

2000년대 전반, 주요 수익원은 세계 제일의 규모를 자랑하는 반도체와 액정패널 등 디지털가전의 핵심부품이었다. 슬림형 TV로 세계 점유율 1위 왕좌를 일본의 Sony에게서 빼앗은 2006년에도 사실 반도체 사업이 영업이익의 60%가 넘는 매출을 올리고 있었다.

그러한 부품사업이 적자로 떨어진 2008년 가을, 즉 리먼 쇼크 후의 본격적인 스마트폰의 보급이 수익구조의 전환기를 맞게 되는 배경이었다.

Apple의 iPhone을 추격하기 위해 간판브랜드 '갤럭시'를 앞세워 강력한 마케팅력으로 유럽과 신흥국 시장에서 시장점유율을 확장했다. 스마트폰 세계 점유율 30.3%를 점하며 앞서가던 Apple(19.1%)과도 크게 차이를 벌려 놓았다.

결과적으로 스마트폰이 영업이익의 약 75%를 점하는 주인공이 되었고 부품사업은 이를 지원하는 역할이 되었다. 액정TV 등 가전제품도 세계 톱클래스의 점유율이지만 수익 면에서의 비율은 매우 낮다.

그러나 마찬가지로 스마트폰을 수익원으로 하는 Apple과 비교해 보면 내실에서 크게 다르다. 우선 인건비와 영업, 마케팅 비용에 해당하는 '판매관리비'를 보면, 과거 수년간 Apple은 비용을 14% 대에서 한때 7%대로 크게 감소시켰다.

이는 비록 급성장 중이었지만 철저하게 상품수를 축소하고, 최소인원으로 전 세계적으로 통일시킨 마케팅을 시행한 결과이다.

한편 삼성의 '판매관리비'는 20% 대 전반에서 오히려 증가경향을 보인다. 성장 스피드와 동등 이상의 영업비용을 투자하고 있다는 증거일 것이다.

특히 급증하고 있는 것이 광고비용이다. 갤럭시S가 등장한 2010년에 약 5조 5천억 원이었던 광고비용은 2012년에 약 11조 원으로 두 배 증가하였다.

삼성의 상품군은 폭넓지만 부품사업은 법인용이기 때문에 광고비용이 적게 들어가고 일반 가전제품에서도 광고비가 급증할 만한 요인은 특별히 없다. 즉 극단적으로 말하면 급증한 광고비의 대부분은 스마트폰 시장에서 '갤럭시'의 판매를 확대하기 위해 사용되어졌다고 해도 과언이 아닐 것이다.

이 금액이 얼마나 큰지 세계의 대기업과 비교하면 일목요연하다. 경쟁사인 Apple의 약 10배, 필사적으로 따라오려는 Sony의 약 3배로 다른 업종이지만 광고예산이 많기로 유명한 코카콜라를 훨씬 넘어선다.

이처럼 높은 영업비용이 드는데도 스마트폰이 가장 잘 팔리는 상품으로 존재하는 이유는 삼성전자가 스마트폰 시장에서 '원가우위'에 설 수 있는 요인이 있기 때문이다.

즉 스마트폰 본체의 많은 부분은 Commodity화된 부품을 사용하는데 삼성은 그러한 부품의 주요 공급원이며, 최첨단부품을 사용하더라도 타사보다 제조비용을 낮게 억제할 수 있다.

한편 Apple을 제외하고 같은 안드로이드 OS를 이용하고 있는 스마트폰의 경우 기능면에서는 큰 차별화를 도모하기 어렵다. 따라서 후발주자인 Sony, NOKIA 등은 아직도 적자에서 벗어나지 못하고 있다. 안드로이드 진영에서 유일하게 큰 이익을 올리고 있는 삼성은 거액의 광고비를 바탕으로 높은 시장 점유율을 유지하고 브랜드 이미지로 끌어올린 판매단가를 실현하여 이익을 만들어 내고 있다.

즉 부품사업이라는 토대 위에서 거액의 광고비를 사용하는 마케팅을 커버할 수 있는 '원가우위' 요소를 구축할 수 있었던 것이 현재까지의 승리의 요인인 것이다.

그러나 반대로 말하면 향후의 과제와 위험도 거기에 있을 것이다. 현재 선진국시장의 스마트폰 판매가 둔화하고 승부의 무대는 저가격대가 중심인 신흥국으로 급속하고 옮겨가고 있다. 계속 증가하는 광고비를 지원할 수 있을 만큼의 매출이 없다면 브랜드 강화와 이익확대라는 양론은 틀어지게 될 수도 있을 것이다.

하지만 삼성전자는 2010년도 매출 220억 달러, 영업이익 21억 달러로 전년대비 각각 128%와 150% 증가하며 급속히 성장하고 있다. 삼성전자는 1993년 이건희 회장이 세계 최고 기업을 지향하는 '신경영 선언'을 발표한 후 반도체 사업 집중을 결정하고 대규모 생산설비 투자를 단행했다. 그 결과 1992년 D램 분야 세계 점유율 1위를 기록했고, 2002년에는 낸드플래시 메모리 분야에서 1위에 올라섰으며 지금까지 그 지위를 유지해오고 있다.

또한 삼성은 2004년 '월드 베스트 전략'을 도입하여 세계 점유율 1등 상품을 50개로 늘린다는 야심찬 목표를 내걸었다. 실제로 액정 패널의 경우 1990년대 후반에 진출했지만 2006년에는 Sony를 제치고 세계 점유율 1위를 기록했다. 시장 진입 10년 만에 세계 최고의 자리에 오른 것이다.

이러한 삼성전자가 지닌 강점의 핵심은 경쟁사를 능가하는 '원가우위' 구축에 있다. 이를 가능하게 한 원동력은 다음과 같다.

첫째, 빠른 의사결정과 강력한 톱-다운 경영 방식이다. 의사결정부터 실행까지 신속하게 진행되는 점이 바로 삼성전자 약진의 발판이 되었다.

둘째, 대규모 설비투자를 통해 양산체제를 조기에 확립한 점이다. 반도체 사업에서 높은 시장점유율을 바탕으로 수익을 안정화시키고, 풍부한 자금력으로는 설비투자를 지속하여 생산력에서 경쟁우위를 확보하는 방식이다.

셋째, 글로벌 시장에서의 저가 공급과 대량 광고 집행을 꼽을 수 있다. 대규모 투자로 최첨단 기술을 습득하고 조기에 양산체제를 구축함으로써 제품의 공급단가를 낮추어 경쟁사들의 추격을 따돌리고 뉴욕이나 상하이 등 주요 도시에 대량 광고를 집행하는 방식으로 판매·마케팅 능력도 향상시켰다(마쓰다 히사카즈 · 이기화(역), 성공기업 전략케이스 46, 한스미디어, 2013, pp.131-136)

그림 5-5 삼성전자의 경쟁전략

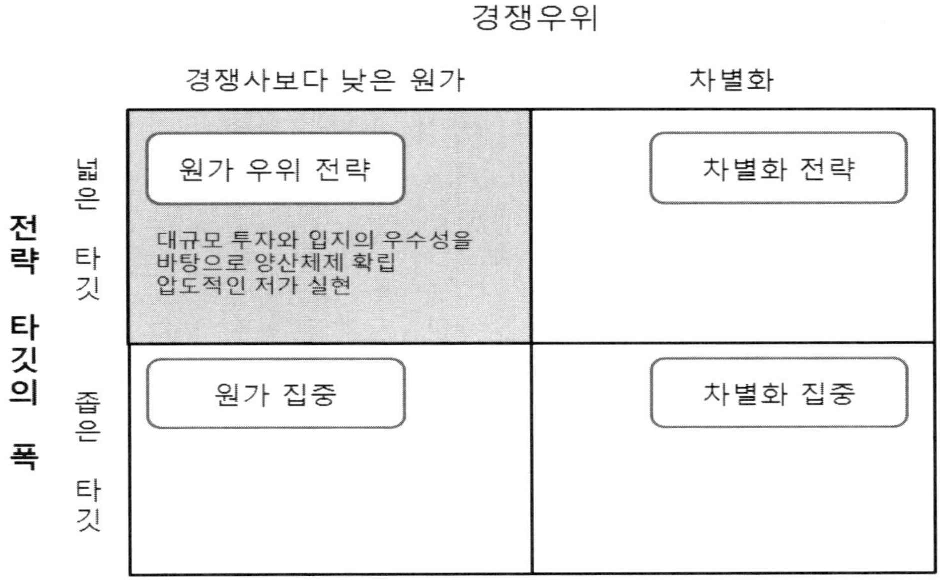

자료: 마쓰다 히사카즈·이기화(역), 2013, p.136.

한편, 글로벌 컨설팅기업 Deloitte의 M. Raynor 리서치 부문 대표와 M. Ahmed 최고전략책임자는 미국의 유통·운송 등 9개 산업 2만 5000개 기업의 1966년부터 2010년까지의 데이터를 분석했다. 그리고 이들 기업을 총자산이익률(ROA·당기순이익을 자산총액으로 나눈 것)을 기준으로 자주 상위 10%에 랭크된 금메달 기업(Miracle Worker), 상위 20-40%에 지속적으로 랭크된 은메달 기업(Long runner), 평범한 실적을 내는 평균 기업(Average Joes)으로 구분하였다.

구분한 기업들의 분석 결과 금메달 기업을 만드는 법칙을 세 가지로 요약하였는데, 결론적으로 "저가(低價) 전략은 적어도 위대한 기업의 성공 원칙이 될 수 없다"고 주장한다.(조선일보, 2014년 1월 18일)

그들이 주장하는 세 가지 법칙을 요약하면 다음과 같다.

첫 번째 법칙은 저가 전략보다 품질이 먼저라는 것이다. 즉 금메달 기업들은 저가 전략보다는 비(非)가격적 가치와 경쟁력을 높이는 전략을 우선시했다는 것이다. 예를 들어 내구성, 품질, 편리함, 기능 같은 비가격 가치가 기업성장에 더욱 중요하며, 반대로 기업이

제공하는 가치를 스스로 저평가하고 가격을 낮추면 낮출수록 경기가 회복됐을 때 차별화된 위치를 잃어버린다.

두 번째 법칙은 원가 절감보다는 매출극대화 전략을 수행했다는 것이다. 즉 금메달 기업들은 차별화된 제품을 경쟁사보다 고가에 팔거나, 비용이 들더라도 브랜드 구축에 집중해 판매량을 늘림으로써 매출 극대화를 달성할 수 있었다는 것이다.

마지막 세 번째 법칙은 첫 번째와 두 번째 이외의 다른 법칙은 없다는 것으로, 두 법칙을 수행하기 위해 무엇이든지 하라는 것이다. 즉 금메달 기업들은 환경이 변해도 흔들리지 않고 두 원칙을 고수하되 환경에 맞게 창의적으로 적용했다는 것이다.

그러나 이 세 가지 법칙은 신흥 시장 또는 개발도상국 시장에는 적용하기 어렵다는 지적도 있다. 예를 들어 많은 개발도상국에서는 선진국 제품의 품질에는 훨씬 못 미치지만 가격을 매우 낮게 책정함으로써 고객에게 판매했을 때 만족을 줄 수 있기 때문이다.

Ⅲ 국제재무전략

국제재무는 범세계적 금융시장에서 기업자금의 조달(調達)과 운용(運用)에 직접 또는 간접적으로 관련된 의사결정(decision making)을 효율적으로 관리하려는 업무 내지 활동을 말한다.

이는 원래 다국적기업의 출현과 더불어 급속히 발전되어 왔으나 최근에는 세계 자본시장의 자유화를 배경으로 전개된 국제금융시장의 범세계적 통합화(global integration)과정에서 세계적인 자산·부채관리전략으로 중요성이 커지고 있다.

국제재무관리는 기본적으로 국내재무관리와 유사한 기대수익률과 위험의 상관관계에 바탕을 두고 있으나 다양한 이종통화(異種通貨)간의 거래 및 환노출관리(換露出管理) 문제와 국제중개기관의 개입 그리고 컨트리 리스크(country risk)의 존재 등과 같은 점에서 커다란 차이가 있다. 이러한 국제재무업무활동의 특징을 요약하면 다음의 〈그림 5-6〉과 같다.

그림 5-6 국제재무업무활동의 특징

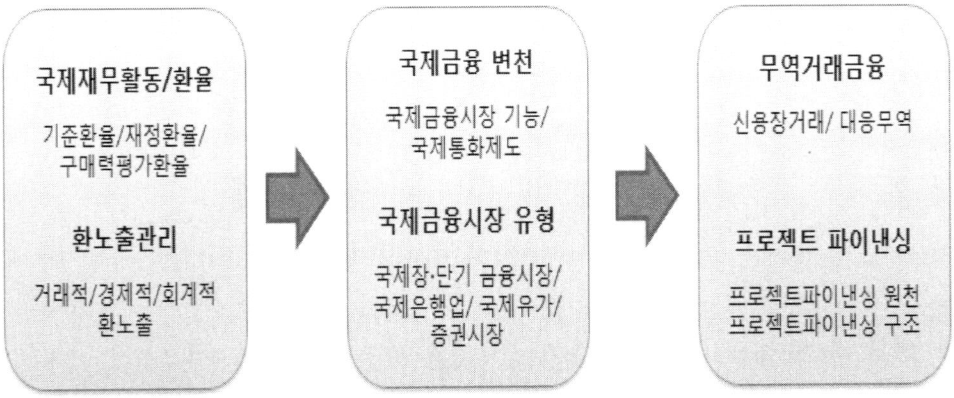

국제재무관리업무의 기본은 환율에서 비롯되는 것으로 국제무역활동에서의 지급수단이 되기도 하지만 투자대상이 되는 것이기에 외환의 수요와 공급에 따라 가격이 등락하는 등 사전적인 무역활동의 내용 못지않게 사후적인 활동으로서 장기의 수익과 직결되는 민감하고도 중요한 요소(critical factor)이다.

환율에는 특정의 국가가 외환시장에서 기준으로 삼는 기준환율과 특정국 이외의 화폐에 대한 환율을 기준환율에 의하여 타국 화폐 비율로 계산하는 재정환율로 나뉜다.

또 하나의 환율은 구매력평가(Purchase Power Parity)에 의한 환율로서 실제 환율은 장기적으로 PPP 환율과 일치하여야 한다는 이론에 의한 것으로 두 국가의 물가수준을 비교하여 산출하는 환율이 있다.

그러나 미래의 예기치 못한 환율의 변동에 따라서 특정 기업의 시장가치가 변동될 수 있는 위험이 있다.

즉 대금결제가 이뤄지는 경우 거래시점과 결제시점이 다르게 될 때 존재하게 되는 거래적 환노출(transaction exposure), 환율변동에 따른 특정 기업의 미래 시장가치에 영향을 미치는 경제적 환노출(economic exposure), 특정 기업의 실제 가치에는 변동이 없지만 회계장부에는 영향을 미치는 회계적 환노출(accounting exposure)이 있다.

위의 거래적(去來的) 환노출의 관리방법에는 선물계약과 자금 Hedging, L&L, Netting 등의 기법이 있다.

국제금융시장은 역내 및 역외 금융시장을 통한 자금조달의 기능과 청산 및 통화교환의 기능을 갖고 있다. 그리고 이들은 1년 미만의 금융상품을 거래하는 국제단기금융시장(International money market)과 1년 이상인 국제장기금융시장(International capital market)으로 구분된다.

국제은행업이란 은행의 대차기능을 말하는 것으로 은행들이 국경을 초월하여 전세계의 외환시장에서 수행하는 다양한 업무로서 현지의 지점이나 법인에 의하여 영업활동을 벌이고 있다.

국제유가증권시장에는 국제채권시장과 국제주식시장이 있으며 국제유가증권시장에는 파생상품시장과 사모발행이 있다.

또한 전통적인 국제간의 무역거래에서 이용되는 신용장 거래와 대응무역이 있다.

마지막으로는 PF라 하여 대형 프로젝트를 위한 투자자금인 국내은행 차입금, 정부 기금, 민간상업차관 등에 의한 자금조달이 있다.

물론 여기에는 사업주(project sponser), 시행기업(project company), 대주단(syndicator), 정부(government), 운영회사(operation company), 건설 및 보험회사, 컨설팅회사

(consultant), 장기구매자(off-taker), 법률회사(law firm) 등의 관계당사자들이 있어 서로 밀접한 관계를 맺은 채 업무가 진행되어진다.

한국에서는 지난 1997년의 외환대란(外換大亂) 이후 기업들은 CEO(chief executive officer)보다는 CFO(chief financial officer)를 더 중시하게 되었다. 이는 생산과 마케팅 등에서의 성공적인 경영성과 못지않게 재무적인 차원에서의 결과(output)가 자산이 아닌 부채가 된다는 것을 실감했기 때문이다.

한국은 제1차 외환위기를 겪으며 국제통화기금에 자금지원 양해각서를 체결한 후 1980년 이후 한국 금융과 경제가 위기를 맞았던 사건으로 IMF에서 요구하는 조건들을 수행하여만 하였다.

이 때 수많은 회사들의 부도 및 경영 위기를 초래하였고 결과적으로는 강제로 수행된 대량 해고 및 국가 전체의 경기 악화로 인해 온 국민이 큰 어려움을 겪었다.

이는 당시 한국의 수입 규모는 144,616백만 달러였으며 외환보유액은 1997년 12월 19,710,347 달러로 결코 적은 보유외환의 수준은 아니었음에도 불구하고 대외지급능력이 없었기에 195억 달러를 지원받은 결과에서 비롯된 것이었다.

이제 당시에 외환위기를 가져온 이유들을 요약해 보기로 하자.

첫째는 원화가치 고평가를 유지하기 위하여 다량의 외화를 시중에 방출하고 있었던 데다 특히 일본이 대출 등 채권을 회수하여 달러로 바꿔 갔으므로 외환보유의 고갈이 심화된 것 때문이었다.

둘째는 중앙은행인 한국은행은 갑작스러운 대외결제의 증가에 대비하기 위하여 즉시 현금화 할 수 있는 자산으로 보유하는 것이 일반적이었으나 한국은행은 보유외환을 자산으로 보유하지 않고 시중은행에 예치하여 즉시 현금화할 수 있는 자산으로 운용하지 않았기에 국제결제에 사용할 수 없었다.

셋째는 당시 비은행금융기관인 단자회사들이 단기자본을 도입하여 장기대출로 자금을 운용한 결과로 이른 바 자금의 조성과 운용의 만기가 불일치하게 되는 자산-부채 미스매치(asset-liability mismatch) 때문이었다.

이제부터는 최근의 국내금융시장의 현황을 살펴보자.

최근 들어 국내의 대형 운용사들은 주가가 오르내릴 때마다 안정적이지 못한 상황에 처하고 있다.

제조업의 경우 삼성전자 · 현대자동차 등 글로벌 기업들이 부상하고 있으나 금융산업은 엄청난 공적자금 투입에도 불구하고 저성장에 머무르고 있다.

물론 몇몇 금융회사들은 국내에서의 수익성 저조로 해외 진출을 시도하고는 있으나 문제는 글로벌 스탠더드와 거리가 먼 자금 운용과 인사 구조, 영업 관행 등으로 한국 내에서의 시장도 지켜내지 못하고 있는 상황이다.

한국에는 증시가 1998년에 외국인에게 완전 개방된 이후 크고 작은 외국인 투자자들이 들어와 국내 주식시장을 공략하고 있다.

그림 5-7 최근의 펀드 수탁 변동

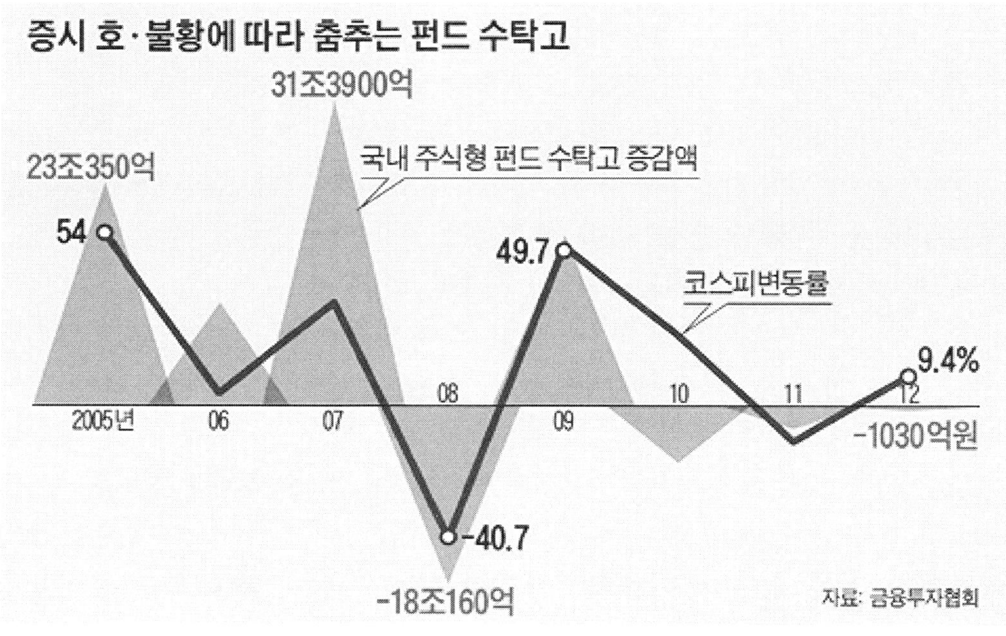

예를 들어 싱가포르의 Temasek(자산규모 $25빌리온 달라)을 비롯한 국부펀드(sovereign wealth fund를 말하며 주식 · 채권 · 귀금속 · 재산 등의 금융자산으로 구성된 국영의 투자펀드)의 글로벌 큰손들이 주식 · 채권 등 한국에서의 투자를 늘리고 있으나 한국의 자산운용사들은 외국에서 들어오는 거액의 투자 자금을 수익은 커녕 수주도 하지 못하고 있다.

한국에 투자하는 것인데도 외국계 자산운용사가 거의 독식하고 있으나 외국인들은 위탁 매매사를 선정할 때 '결제가 제대로 될 수 있느냐'를 의심하는 등 한국 금융회사를 불신하고 있기 때문이다.

금융시장을 개방한지 15년이 흘렀지만 토종 자산운용사가 해외 국부펀드로부터 자금을 위탁받은 사례는 주식형 펀드 수탁고 6위의 TRUSTON 자산운용이었다. 이 회사는 지난 5월에 세계 최대 국부펀드인 노르웨이 글로벌정부연금펀드(GPFG)와 2위인 아부다비투자공사(ADIA)의 자금 10억 달러를 위탁받아 운용한 것이었다.

일본의 경우 해외 국부펀드가 일본 주식에 투자할 때 일부는 노무라 · 다이와 등 일본 토종 자산운용사에 위탁하는 경우가 많다.(〈표 5-2〉 참조)
국내 운용사들은 수익률이 국제적으로 인정되는 GIPS(국제투자성과기준) 기준으로 공개하는 것을 꺼려하면서 '수익률 좋은 펀드만 모아서 공개하면 안 된다'는 것을 준수하지 않으면서 단기성과가 좋은 펀드 위주로 선전하기를 원하기 때문이다.

<표 5-2> 세계 10대 국부 펀드 (단위: 억 달러)

순위	이름	운용 규모
1위	노르웨이 글로벌 정부연금펀드 (GPFG)	7372
2위	아부다비투자공사 (ADIA)	6270
3위	중국 외환관리투자공사 (SAFE)	5679
4위	사우디아라비아 통화청 (SAMA)	5328
5위	중국투자공사 (CIC)	4820
6위	쿠웨이트투자청	3420
7위	홍콩금융관리국	3267
8위	싱가포르투자청 (GIC)	2475
9위	러시아 국부펀드	1755
10위	싱가포르 테마섹	1733

자료: 국부펀드연구소(SWFI)

국부(國富) 펀드의 하나인 미국계 자산운용사인 FRANKLIN TEMPLETON는 국내 주식 운용 가능성을 타진하기 위해 '운용 인력이 얼마나 자주 바뀌는지?, 이탈 가능성은 있는지?, 종목 발굴 방법은 무엇인지?'등을 묻는다.

FRANKLIN TEMPLETON은 65년 이상의 역사를 가진 세계적인 자산운용사인데도 기초적인 질문을 하고 있다. 즉 그들은 국부펀드와 같은 외국 장기 투자자가 자산운용사를 고를 때의 기준은 '잘한다가 아니라 믿을만한 가'로 일관된 운용 철학과 원칙을 지키고 있지 못하면 국부펀드의 자금을 운용하기 어렵기 때문이다.

그러나 국내 대형 자산운용사들은 금융그룹 및 대기업의 계열사이기에 단기성과를 추구하는 구조로서 KB운용의 경우 펀드 중 77%, 미래에셋은 42%, 삼성운용은 41%가 계열사로 매각된다.

이처럼 계열 판매회사의 의사에 맞춰 단기적으로 우량의 펀드만 양산하다 보니 장기성과가 미흡한데다 판매사들은 3개월 수익률이 높은 펀드의 투자를 권유하고 있다.

더구나 이들은 6개월만 수익률이 안 좋으면 펀드에서 돈이 빠져나가고, 자산운용사들은 이름만 바꿔 새 펀드를 내는 행태가 반복되고 있어 이러한 상황에서는 5-10년 장기 수익률이 좋게 나올 수 없다.

국부펀드 같은 외국인 장기 투자자들이 보는 것은 5년 이상 수익률이 안정적이냐는 것이다. 우리나라 대형 자산운용사들은 시장이 좋을 때는 펀드 수익률이 급등했다가 나쁠 때 수익률이 급락하는 게 특징이어서 외국인들이 볼 때는 리스크(危險) 관리를 제대로 못하는 운용사로 인식되고 있다.

특히 국내 대형사들은 금융그룹 계열사 또는 대기업 계열사이다 보니 인사철만 되면 대표가 바뀌는 경우가 많다. 그리하여 '해외 장기 투자자가 한국 시장에서 대형사보다 독립계 회사를 선호하는 이유는 회사를 소유한 대표가 운용을 책임지는 가운데 투자 기간 중간에 운용 철학이 바뀌지 않을 것이라고 보고 있기 때문'인 것이다.

또한 단기성과를 추구하다 보니 실적이 안 좋을 때마다 펀드 매니저를 바꾸고 있는 바, 금융투자협회에 따르면 펀드 매니저의 평균 근무 기간은 미래에셋운용이 4년 7개월, 한투운용이 4년 9개월, KB운용이 5년 4개월, 삼성운용이 6년이다.

그러나 국내에 들어와 있는 FRANKLIN TEMPLETON은 평균 근무 기간이 7년 6개월, FIDELITY가 7년이며, TRUSTON은 핵심 인력의 근무 기간이 길어서 리서치 책임자는 10년, 투자전략팀장은 13년, 운용본부장은 9년을 근무하고 있다.

이러한 문제는 국민연금의 운용사 선정 시에도 지적되는 것으로 국민연금이 해외 주식을 운용할 업체를 선정할 때 국내 자산운용사를 포함하려고 했지만, 번번이 탈락했다.

국민연금에서는 해외 자산운용사에 비해 국내 운용사들의 운용 인력 이동이 잦아 전문성이 떨어지고 성과도 저조할 뿐만 아니라 투자 및 위험관리 프로세스가 취약해 선정할 수 없다고 한다.

한편 KB에서는 '대부분의 외국인은 아시아 투자나 신흥국 투자의 일부로 한국에 투자하기 때문에 역사가 짧은 국내 운용사로서는 아시아 · 신흥국까지 넓게 투자하는 외국계 운용사와 경쟁하기가 쉽지 않다'는 이유를 들고 있다.

최근 주가가 하락되고 있는 삼성전자는 중간배당을 대폭 늘려 지급하는 방안을 추진하고 있다. 예년 중간배당 규모에 비해 최대 10배까지 늘리는 방안을 검토 중인 것으로 알려져 향후 삼성전자의 배당 전략을 바꾸려는 것이 아닌가 하는 관측까지 제기되고 있다.

삼성전자에서는 '올해 중간배당 규모를 지난해보다 크게 늘리는 방안을 검토 중'이라며 '배당 규모는 보통주 한 주당 2,500-5,000원에서 결정될 가능성이 높다'고 한다. 총 예상 배당 금액은 3,300억-6,600억 원 규모로 2011년과 2012년에는 보통주 한 주당 500원을 중간 배당했다.

따라서 현재 회사 측이 구상 중인 배당 계획이 현실화하면 올해 삼성전자의 중간 배당 규모는 지난해에 비해 5-10배 늘어나는 파격적 규모로서 삼성전자는 2010년에도 주당 5,000원을 중간배당하기도 했다.

삼성전자는 주주들 의견을 수렴해 내부 논의를 거친 뒤 이사회에서 중간배당 규모를 최종 확정할 계획이지만 배당금 증액 추진에 관한 공식 확인 요청에 '배당 여부는 이사회 의결 사항이자 공시 사항으로 확인해줄 수 있는 게 없다'고 밝히고 있다.

이렇듯 배당금을 대폭 늘리는 쪽으로 검토하고 있는 것과 관련하여 외국인 투자자 불만 달래기, 자기자본이익률(ROE) 관리 등 다양한 해석이 나오고 있다.

전형적인 성장주로 가급적 배당을 자제하면서 이익금을 대부분 신규 투자에 쏟아 부어온 삼성전자의 배당 정책이 이번 중간배당을 기점으로 크게 바뀌는 것 아니냐는 전망이다.

이는 사상 최대로 늘어난 실적과 무관치 않은 것으로 삼성전자는 지난 2분기에 사상 최대인 9조 5,000억 원의 영업이익을 달성했고, 지난 1분기에도 9조 원에 가까운 영업이익을 달성하면서 이 같은 막대한 이익금을 유보할 경우 향후 ROE가 하락할 수 있기 때문이다.

아울러 투자자들의 거센 배당 요구도 이번 배당금 증액 추진의 배경으로 보이는 것은 그동안 시장에선 삼성전자가 투자자, 특히 외국계 기관들로부터 상당한 배당 압력을 받고 있었기 때문이다.

올해 들어 삼성전자 주가가 횡보하거나 하락을 보이면서 자본차익을 남길 여지가 사라지자 외국인 투자자들은 배당을 통해서라도 일정 수준의 수익률을 보장해달라고 끈질기게 요구하고 있다.

삼성전자의 배당 규모는 다른 글로벌 정보기술(IT) 기업들과 비교했을 때 많은 편이 아니어서 지난해 중간배당과 기말배당을 합쳐 주당 8000원의 배당을 실시했는데, 배당수익률은 0.5%에 불과했다.

반면 미국 IT 업체인 HP와 마이크로소프트의 배당수익률은 3.61%와 2.62%를 기록했다. 삼성전자의 주요 외국인 주주들 중에는 Black Rock, FIDELITY, 노르웨이은행, The Vanguard 등 굴지의 글로벌 운용사가 많아 배당 규모가 계속 낮을 경우 주요 외국계 운용사들로부터 외면당할 수 있는 상황이다.

이러한 외국인들의 위력은 지난 6월 JP모간 보고서를 기점으로 계속된 주가 하락에서 입증됐다. 당시 삼성전자 주가 급락을 배당을 놓고 외국인과 삼성전자 간에 신경전을 벌이는 과정에서 발생한 일로 보는 시각도 있다.

따라서 이번 배당 증액 추진은 삼성전자가 더 이상 대규모 투자 계획이 없다는 점도 삼성전자 배당금 증액 가능성이 높은 것으로 보이며 작년 총 14조 원을 반도체 설비 증설 등에 투자했는데 올해 들어서는 투자가 미미하다.

올해 1분기 반도체 설비 투자 규모는 1조 5,000억 원으로 배당금 증액 추진은 삼성전자의 배당 정책이 전환한 것으로 해석하기엔 이르다는 분석도 많다.

삼성전자는 이미 2004년과 2010년 각각 보통주 한 주당 5,000원의 중간배당을 실시한 선례가 있기 때문이며 이익잉여금을 쏟아 부을 신규 투자처를 발견할 경우 아직 성장 동력이 충분한 삼성전자로서는 배당보다는 투자를 택할 가능성이 높으나 이사회의 최종 결정이 남아 있는 만큼 배당금 증액은 무산될 가능성도 배제할 수는 없다.

결국 국제재무 관련 CEO들의 임기가 외국의 경우 10년이 넘지만 한국의 경우에는 길어야 3-5년에 불과하다는 것은 단기 실적에만 연연하고 있기 때문이다.

국내시장에서도 재정이나 인적 자원 면에서 앞서가는 대기업들 및 소속 금융사들이 시장을 선도하여 운영하고 남은 부분을 다루게 되어 시장 매력도가 떨어 질 수밖에 없다. (조선일보, 2013. 7. 26)

더구나 이러한 시스템을 알면서도 최근 HSBC(The Hongkong and Shanghai Banking Corporation)가 한국에서 소매 금융을 철수한 사례에서와 같이 제한되고 폐쇄적인 절차와 관행 등 법률 및 제도면에서의 개선을 수행하지 않는 정부의 영향력은 더욱 커지게 되고 금융사들은 눈치만 보게 될 것이다.

경쟁력을 키우지 못한 한국은 외국 금융사들에 안방을 내어 주게 되어 국내 기업 간의 M&A 조차도 외국 금융사들이 독식(獨食)하게 되었다.

최근 기업들의 국제화가 빈번하게 이뤄지고 국제재무에 관한 업무가 커지면서 국제재무분석에 대한 관심이 커지고 있다.

이에 관련한 자격증인 국제재무분석사(CFA: Chartered Financial Analyst)는 금융과 투자에 관련된 분야(증권, 투신, 보험, 은행, 부동산, 투자자문 등)에 종사하는 전문가를 말한다. CFA 자격증 소지자는 국내는 물론 세계금융기관으로부터 최고의 능력을 인정받고 있고 이를 소지한 자를 고용하고 있는 금융기관 자체도 국제적 공신력과 신뢰도면에서 높은 평가를 받고 있다.

응시자격은 대학 졸업자 또는 대학 졸업 예정자이나, 대학을 졸업하지 못한 사람이라도 CFA Institute에서 학사학위에 준하는 경력을 갖추었다고 인정되는 자는 시험에 응시할 수 있다.

지난 2005년에 처음으로 시험을 등록한 자와 2007년 7월 1일 이후에 등록한 모든 지원자들은 4년의 경력(이전 등록자는 3년)이 있어야만 Charter를 수여 받게 된다.

이는 어느 정도의 실무경험이 있어야만 한다는 것으로 국제금융과 같이 급변하는 분야에는 자격증이나 이론만가지고는 투자 전문인이 될 수 없다고 보기 때문일 것이다.

CFA의 시험과목은 Ethical & Professional Standards(직업 윤리규정), Quantitative Methods(기초 통계학), Economics(경제학), Accounting and Corporate Finance(재무회계와 기초재무관리), Global Markets & Instruments(금융시장 및 파생금융상품), Valuation and Investment Theory(투자론), Analysis of Fixed-Income Investments(채권분석),

Analysis of Equity Investments(주식분석), Analysis of Alternative Investments(대체투자 자산분석), Portfolio Management(포트폴리오) 등이다.

재무관리의 요체(要諦)는 자본의 조달과 운용이다. 한국에서 국민연금, 군인공제회와 함께 가장 안정적인 재무구조를 갖고 있는 교원공제회는 2013년 7월말 처음으로 해외 항공사의 항공기 도입 관련 투자에 나서 주목을 받고 있다.

즉 저성장 · 저금리의 시대를 맞아 마땅한 장기 투자처를 찾지 못하는 상황에서 교직원공제회가 대체투자 확대 차원에서 항공기에 대한 담보대출 투자에 나선 것이다. 투자금액은 700억 원으로 항공기금융은 새로운 투자처로 각광받는 분야로 선진국에서는 이미 새로운 대체투자의 일환으로 자리 잡고 있다.

Boeing에서 지난해 내놓은 전망에 따르면 향후 20년간 전 세계 항공기 시장 규모는 4조5000억 달러에 달한다. 이번 투자 자금은 최신 화물기 보잉 777-200LRF 2대의 구매에 투입되며 비행기는 중동계 항공사가 향후 12년간 임대하여 사용하게 된다.

한편 교직원공제회는 여기서 나오는 임대료를 매달 수령하는 형식으로 수익을 올리게 되며 내부수익률(IRR)은 연 6% 안팎으로 예상되고 있다.

교직원공제회는 '기존 대체투자 영역에서 벗어나 새로운 아이템을 찾던 중 항공기금융에 주목하게 됐다'고 하며 '항공기의 경우 선박 등에 비해 자산가격 변동성이 크게 낮은데다 장기 임대계약 체결에 따라 안정적인 수익 창출이 가능한 만큼 앞으로 항공기 금융을 더욱 확대하는 방안을 모색할 것'이라고 하였다.

앞으로도 이 항공사는 초대형 항공기인 A380 도입 관련 파이낸싱을 국내 기관투자가들을 상대로 추진하고 있는 것으로 알려졌다.

글로벌 투자은행들이 구조화상품을 만들고 이 과정에서 각국의 ECA(수출신용기관), 상업은행, 항공기 제작사 등이 다양하게 참여하게 된다.

일반적으로 선순위로 투자할 경우 연 4-5% 수익률을 기대할 수 있고, 후순위는 연 6-7% 수익률을 기대할 수 있는 것으로 알려졌다. 항공기 특성상 기체 가격 이상으로 보험을 충분히 들기 때문에 후순위 투자자라도 손해를 볼 가능성은 높지 않은 것으로 알려져 더욱 관심을 모으고 있다.

항공금융은 항공기를 담보로 투자를 받는 금융리스의 일종으로 SPC는 구입한 항공기를 항공사에 임대해주고 받은 임대료로 조달한 자금에 대한 이자를 지급하게 된다. 즉 항공사가 신규 항공기가 필요할 때 직접 구매하지 않고 특수목적법인(SPC)을 설립한 후 SPC를 통해 다른 기관투자가들에게 항공기를 담보로 투자를 받는 금융리스의 일종인 것이다.

이 시장은 유럽 · 미국계 자본의 독무대나 다름없었다. 그러나 항공업의 중심이 아시아 · 중동으로 이전하고 있고 이들 국가의 항공기 발주도 늘어나며 투자자가 다변화되고 있다.

교직원공제회가 국내에서 처음으로 항공기 투자에 나선 배경에는 갈수록 치열해지는 대체투자시장이 자리를 잡고 있다. 전통적 투자자산인 주식과 채권의 변동성이 크게 확대되면서 안정적인 자산운용을 원하는 연기금 입장에서는 상대적으로 안정적인 수익률 확보가 가능한 대체투자를 확대할 수박에 없는 상황이다.

그러나 최근 국내 대다수 기관투자가가 경쟁적으로 대체투자를 늘리면서 부동산 등 기존 대체투자의 수익률은 오히려 하강곡선을 그리고 있다. 자금이 몰리면서 대체투자에 나서는 기관들은 더 낮은 수익률을 감내해야만 한다. 장기 투자처를 찾고 있는 일부 기관투자가, 보험사도 시장에 관심을 보이고 있어 투자자는 더 늘어날 전망이며 매년 1,500대의 항공기 수요가 있다.

연간 시장 규모는 2,250억 달러 규모로 가장 큰 비중을 차지하는 지역은 아시아 · 태평양 지역으로 1조7,000억 달러다. 중동지역(4,700억 달러)을 합치면 2조 달러가 넘는 시장이나 유럽 · 북미 수요는 감소하고 있다.

최근 유럽은행들이 자본건전성 규제로 예전처럼 적극적으로 항공기 구매금융시장에 투자하지 못하고 있어서 이들 시장은 상대적으로 낮은 위험도에 일정 수준 이상의 수익 달성이 가능해 새로운 투자시장으로 주목받고 있다.(매일경제, 2013년 7월 24일)

재무관리의 중요한 기능 중의 하나는 자본의 조달과 안전한 금융시장의 확대이다. 하나은행은 중국의 지린(吉林)은행과 함께 합작법인 · 공동 지점 운영의 형태로 미국 캐나다 등 북미권 진출에 추진을 계획하고 있다.

이러한 시도는 새로운 한 · 중 비즈니스 모델이 될 수 있을 것이다. 지난 2010년에 하나은행이 지린(吉林)은행 지분을 인수할 때부터 해외 공동 진출은 지속적인 논의가 있어왔으며 최근 지린은행이 급성장한 데다 박근혜 대통령의 방중 이후 한 · 중 우호관계가 조성되면서 미국 공동 진출 논의에 속도가 붙었다.

진출 지역은 한국인과 중국인이 많이 거주하고 있는 미국 캘리포니아, 캐나다 밴쿠버 등이 거론되고 있다. 북미권시장의 공동 진출은 두 은행의 이해관계와도 맞아떨어지는 것으로 최근 급성장한 지린은행은 아직 글로벌 네트워크가 없는 만큼 전 세계 9개국에 58개 네트워크를 가지고 있는 하나은행이 매력적인 파트너가 되고 있다.

하나은행 역시 저성장 · 저금리 기조로 국내 시장 수익성이 악화되면서 해외 수익 확대가 절실한 상황에서 중국 상업은행과 손잡고 해외에 진출한다면 중국인을 대상으로 영업을 확대할 수 있다는 장점을 누릴 수 있게 된다.

물론 해외 진출에 따른 위험을 두 은행이 분산할 수 있다는 것도 공동 진출 논의에 속도를 붙게 하였다. 하나은행에서는 미국 등의 북미권은 아직 한국과 중국 은행이 진출하기는 쉽지 않은 시장이어서 두 은행이 공동으로 진출한다면 위험 부담을 줄일 수 있을 것으로 보고 있다.

하나은행은 2010년에 약 3,700억 원을 투자해 지린은행 지분 18%를 인수하여 7월 말 현재 하나은행 보유 지분은 16.98%다. 지분 인수 이후 두 은행은 전략적 파트너로서 공동영업을 활발히 벌이고 있는 가운데 중국 동북 3성에서 지린은행 네트워크를 활용해 현지인 대상 영업을 강화했고, 외화 송금 등 금융 서비스의 제공으로 국내 은행 중 중국에서 성공적인 영업실적을 내면서 하나은행은 중국에서 1억 위안(약 180억 원) 순익을 거뒀다.

한국에서는 하나은행이 지린은행의 영업 발판 역할을 하고 있다. 2010년부터 하나은행은 지린은행과 협력하여 서울 구로 · 신림 · 대림동과 경기도 안산 하나은행 지점에서 중국인 전용 창구를 운영하고 있다.

하나은행에서 지린은행 지분 인수는 단순한 자본 이득이 목적이 아니라 지린은행과 연계 영업을 위한 것이었으며 이를 통해 한국과 중국은 물론 다른 국가 영업에서도 전략적인 협력을 유지할 수 있을 것으로 보고 있다.

지린은행은 2007년 지린성 정부가 지린지역 은행을 통합하면서 설립됐으며 이 당시에 510억 위안이었던 자산 규모는 약 5년 만에 4.2배가량 증가하여 2,157억 위안(2012년 말 기준)에 달하고 있다.

중국 전역에는 350개 지점을 보유하고 있어서 지난 7월에 영국 The Banker가 발표한 세계 1,000개 은행 순위에서는 352위를 차지한 바 있으며 중국 내 순위에서는 34위를 차지하고 있다.(매일경제, 2013년 8월 5일)

제6장

국내시장의 경영전략

I 시장전략의 의의

국내시장에서의 전략은 해외시장보다는 덜 어렵다고 생각하기 쉽다. 동질적(同質的)인 시장에서 내수(內需)를 하다보면 언어와 상관습 등의 익숙함에서 오는 강점 내지 유리한 요소가 많은 것은 사실이다.

즉 이질적인 해외시장(heterogeneous overseas market)과는 달리 국내시장은 동질적 시장(homogeneous market)에서 오는 지리적 용이성과 함께 정치·법률 및 상관습(商慣習) 등과 같은 심리적 안정성 그리고 여기에서 오는 높은 시장 진입장벽(entry barrier) 등은 커다란 유리점(advantage)이며 장점(merits)이다.

기존 기업들과의 경쟁은 물론 국내시장의 개방으로 외국기업 내지 외국상품들이 대형 유통점은 물론 인터넷 등을 통하여 무제한적으로 수입되어 유통되고 있기 때문이다.

오히려 국내시장에서의 포화 내지 한계 때문에 해외에 진출하여 놀라운 성장을 이룬 기업 내지 상품들이 있다.

그러나 분명한 것은 치열한 국내시장에서 지속적인 성장을 이루며 제품에서의 강점이나 마케팅 등에서의 노하우를 가진 기업들은 위에서의 기업들보다도 쉽게 그리고 안정적으로 성장할 수 있다는 점이다.

한편, 새로운 제품이 시장에 등장하여 마치 사람의 일생이 탄생하여 청소년을 지나 성인·장년에서 노년에 이르는 단계를 거치는 것처럼 제품이 탄생하여 시장에서 성장·성숙함을 지나 쇠퇴하는 사이클을 거친다는 관점이 'Product Life Cycle'이론이다.(〈그림 6-1〉 참조)

그림 6-1 Product Life Cycle

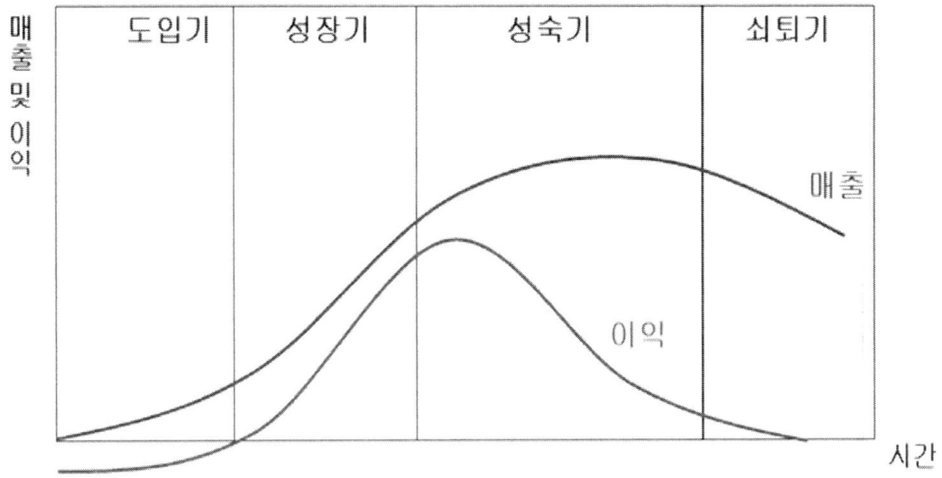

제품수명주기 이론은 자동차산업을 예로 들자면 일반적인 제품의 카테고리(예를 들어, 휘발유 자동차), 제품의 형태(예를 들어 미니밴, SUV 등)에 적용시킬 수 있으며 특정의 브랜드(현대, 기아, 르노, 쌍용 등)에 적용시킬 수 있다.

이처럼 제품수명주기 이론에 맞추어 기업이 어떤 고객 또는 경쟁기업의 단계적 행동에 대응하여 전략을 수행할 것인가를 수립할 수 있다.

이제 제품수명주기의 단계별 전략의 정석에 대해 살펴보자.(1からの戦略論, 嶋口充輝·内田和成·黒岩健一郎, 碩学舎, 2009, pp.83-89)

제품수명주기 단계별 전략은 도입기(導入期), 성장기(成長期), 성숙기(成熟期), 쇠퇴기(衰退期)로 나누어 각 수명 시기(Life stage)에 맞춘 전략을 수립 · 시행하고 시기(stage)의 이동에 의해 전략을 합리적으로 변경하는 것이다.

① **도입기의 전략**

도입기는 신제품이 시장에 도입되는 단계로 전략의 목표는 제품을 구매할 신규고객을 확보하는 것이다. 우선 제품의 편익을 소비자에게 이해시키기 위해 시용(試用)기회를 제공하거나 유통채널을 확보하기 위한 Promotion이 필요하다.

이 시기는 매출이 천천히 상승하는 단계이며 혁신적인 제품일수록 시간이 걸릴 수 있다. 따라서 이 단계에서는 한정된 일부의 고객이 주요 대상이 되며 매출도 이익도 크지 않은 상태이다. 경우에 따라서는 적자가 될 수도 있다. 또한 같은 종류의 제품을 판매하는 경쟁상대도 한정되기 때문에 경쟁은 심하지 않다. 따라서 기업은 제품의 인지도를 높이고 신제품에 흥미를 갖는 고객을 확실히 확보하기 위해 노력해야 한다.

② 성장기의 전략

성장기는 투입된 제품이 시장에 폭 넓게 인식되기 시작해 매출이 급격히 증가하는 단계이다. 제품이 넓은 범위의 고객에게 판매되기 시작했기 때문에 매출과 이익이 증가한다. 그러나 기업에 따라서는 자금의 지출이 도입기와 마찬가지로 높을 수 있다.

그 이유는 제품판매량의 증가에 따라 생산량도 증가시키기 위해 설비를 증강할 필요가 발생할 수도 있기 때문이다. 또한 제품을 취급하는 유통채널이 늘어나면서 유통채널에 대한 Promotion 비용도 증가하기 때문이다.

또한 이 시기에는 확대된 수요를 노린 다양한 기업이 시장에 참가하기 때문에 경쟁이 심화된다. 제품자체도 도입기의 제품과 비교할 때 개량된 제품이나 기능이 진화한 제품 등이 나타난다.

제품가격 측면에서 보면 여전히 높은 수준이지만 도입기와 비교하면 규모의 경제성이나 경험효과가 나타나기 시작하기 때문에 비용절감으로 인한 저가격 제품도 등장한다. 가격의 저하는 시장에 진입한 기업 간의 심한 경쟁에 의해 일어나게 된다.

따라서 이 단계에서는 유통채널 내에 충분한 재고를 보유하고 구매자의 구매기회를 확실히 확보하며, 경쟁제품과의 차별화 강화를 통해 지속적인 시장침투를 추구하여야 한다.

③ 성숙기의 전략

성숙기는 제품의 수요가 폭 넓게 보급되어 매출증가는 둔화되며 이익은 최대에 달하는 단계이다.

따라서 제품이 많은 고객에게 이미 구매가 이뤄졌기 때문에 Promotion 활동 등의 지출은 큰 폭으로 감소하게 되며 이익과 자금의 유입이 많아지며 기업은 가장 풍족한 시기이다.

제품 라인업도 다양화되고 세분화가 진행된 시장에 맞는 제품을 제공하게 된다. 경쟁기업 간에 생산설비의 과잉투자가 나타나고 총수요를 넘어서는 제품 공급력이 구축되어 있는 경우에는 특히 경쟁이 치열해 진다.

결국 경쟁제품과는 차별화된 제품이나 낮은 가격의 제품이 고객에게 선택되게 되므로 이 시기의 전략에서 중요한 것은 시장점유율을 어떻게 방어하는가에 있으며 한편으로 경쟁기업의 시장점유율을 어떻게 쟁취할 것인가에 있다.

④ **쇠퇴기의 전략**

쇠퇴기는 제품의 매출 및 이익이 하락하는 단계이다. 기업은 철수도 고려한 제품에 관한 결단을 내려야 할 시기이다. 이 단계는 매출이 서서히 하락하지만 기업의 지출도 하락하기 때문에 자금측면에서 큰 변화가 없는 단계이다.

제품의 매출과 이익이 감소하는 원인은 다양한데 혁신적인 기술이나 대체품의 등장에 의해 그 제품이 가진 기능이 진부해졌기 때문일 수도 있다. 또한 고객의 needs가 변화하여 그 제품이 가진 편익이 사라졌을 수도 있다.

이 시기의 전략에서 중요한 것은 아직 수익을 낼 수 있는 세분시장에서 어떻게 이익을 얻을 수 있는가에 달려있다. 또한 생산부문에서는 생산비용을 삭감하고 이익을 효율적으로 얻어내야 한다. 다시 말해 선택과 집중에 관한 의사결정이 특히 중요한 시기라는 것이다.

이제 스마트폰 시장의 최강자였던 2000년 대 NOKIA와 2010년 대 삼성전자의 시장전략 사례를 살펴보자.

대표적 프리미엄 폰인 아이폰 5와 갤럭시 S4의 판매 성과가 기대보다 미흡하다. 반면 한 세대 전의 '지나간 스마트폰' 인 아이폰 4S와 갤럭시 S3의 판매는 생각보다 호조다. 이는 무엇을 의미할까.

첫째, 소비자들은 고가격 대비 느끼는 효용이 줄어들고 있다는 것으로 디자인·사양·성능 에서 혁신적인 면이 보이지 않는다면 쉽게 비싼 가격의 스마트폰을 사지 않겠다는 의미다.

둘째, 시장 메커니즘이 공급자 주도에서 소비자 주도로 바뀌고 있다. 지금까지 프리미엄급 스마트폰은 제조업체가 가격을 높게 책정해도 소비자들은 별 이의를 제기하지 않았다. 그러나 이제는 가격에 대한 '반감'이 커지고 있다.

셋째, 하드웨어나 소프트웨어 측면에서도 각 스마트폰 간에 차별화 요인이 적어졌다. 비싼 비용을 지불하고 프리미엄급을 살 필요가 없다는 뜻이다.

실제로 프리미엄급 스마트폰의 성장세는 둔화되고 있다. 세계적인 시장조사 전문기업인 Gartner의 전망에 따르면 프리미엄급 스마트폰의 성장률은 지난해 45%에서 올해는 21%, 내년에는 18%로 전망된다.

또한 스마트폰 시장에서 프리미엄급 제품이 차지하는 비중은 지난해 69%에서 올해 55%, 내년 53%로 하락할 것으로 예상된다. 또 프리미엄급 휴대전화의 평균 판매가도 올해 430달러를 정점으로 2014년 412달러, 2015년 400달러 등으로 하락세로 전환될 전망이다.

한편 세계 스마트폰 점유율 1위로 올라선 삼성전자의 스마트폰 사업도 갈림길에 섰다. 삼성전자가 혁신적 프리미엄 폰을 선보이며 급부상한 Apple처럼 불과 2-3년 만에 시장 지배력이 약화될까 아니면 휴대전화 시장에서 가장 오랫동안 1위를 차지한 NOKIA처럼 장기간 시장 지배력을 유지할까에 대한 키움증권의 결론은 후자다.

NOKIA의 전성기는 2007년이었다. 휴대전화 점유율은 38%, 영업이익은 109억 달러에 달했으며 영업이익률은 21%로 압도적이었다. 그 당시 2위 삼성전자의 시장점유율은 14%, 영업이익은 30억 달러에 불과했다.

NOKIA의 경쟁력은 무엇보다 '싸게' 만드는 데 있으며 지난 2007년 NOKIA의 개당 판매단가는 119달러였다.

Sony Ericsson은 172달러, 삼성전자 150달러, LG전자 140달러에 비해 가장 낮았음에도 수익성은 가장 우월했다.

NOKIA의 독보적 원가 경쟁력의 원천은 네 가지로 구분하여 볼 수 있다.

첫째, 플랫폼 표준화 전략을 기반으로 한 플랫폼 출하량이 극대화되었다.

둘째, 규모의 경제를 이뤄 부품 구매력이 압도적이었다.

셋째, 원천기술을 확보해 로열티 비용을 최소화했으며 자회사를 통해 운영체제를 직접 조달했다.

넷째, 효율적인 글로벌 생산 및 부품 조달 체계를 갖췄다.

현재 삼성전자는 많은 부분에서 2007년 전성기의 NOKIA를 닮았다. 모델별 출하량 규모가 모델당 2000만 대 수준으로 전성기 때의 NOKIA(2200만 대)와 대등한 수준에 도달했다.

규모의 경제(NOKIA 4억 3700만 대, 삼성전자 3억 2500만 대)를 통한 부품 구매력도 대등한 수준에 도달했다.

또 삼성전자는 한국 · 베트남 · 인도 · 브라질 · 중국 등 효율적 글로벌 생산 기지를 가지고 있다. 부품 공급망 관리(SCM)는 삼성전자가 강점을 가진 분야다. 반도체 · 디스플레이 · 카메라모듈 · 배터리 · 인쇄회로기판(PCB) 등 핵심 부품의 거의 전부를 직접 생산하거나 기획 단계에서부터 관여 중이다. 특히 보유력에서도 NOKIA를 추월하는 것은 시간문제이고 지역별 점유율은 삼성전자가 더욱 고른 분포를 보이고 있다.

스마트폰의 경쟁 심화에 따라 삼성전자의 수익성 저하는 불가피하다. 그러나 시장점유율은 유지 또는 더욱 높여갈 수 있다고 보는 것은 삼성전자가 NOKIA가 보여준 한계점을 극복하고 있기 때문이다.

NOKIA는 소비자 시장(유럽식 오픈마켓)에서 절대적 강점을 가진 회사였으나 삼성전자는 사업자 시장 위주의 사업 구조를 가지고 있다.

그러나 최근 휴대전화 시장은 스마트폰과 롱텀에볼루션(LTE)시대를 맞아 사업자 시장의 집중도가 높아지는 경향을 보이고 있다.

제품 분류별로 보면 삼성전자는 NOKIA와 달리 타 회사에 비해 절대적 우위에 있다. 향후 채용이 예상되는 플렉서블 유기발광다이오드(OLED)를 앞세워 타 회사와의 기술 전쟁에서 앞서갈 것으로 예상된다.

무엇보다 시장 변화에 따른 대응 능력은 NOKIA와 삼성전자의 운명을 갈라놓은 사례다. 삼성전자는 '메가트렌드'를 만들지는 못했지만 카메라 폰, LCD 폰, 슬라이드 폰, AMOLED 폰 등 휴대전화 산업의 트렌드를 바꾸는 제품을 항상 만들어 왔다.

비교 대상을 바꿔 NOKIA가 아닌 과거의 삼성전자와 해볼 수도 있다. 지금 삼성전자는 전체 스마트폰 중 점유율 32%를 차지하고 있는 압도적 1위 회사다. 제품별 출하량 규모는 2007년에 비해 5배(400만 대에서 2000만 대)늘어났다. 또 지역별로 보면 동유럽 · 중남미 등에서 점유율이 급상승했다. 동시에 서유럽에서 확고한 지배력을 보유하고 있다.

이와 함께 소프트웨어 역량이 급신장했다. S펜 기능, 각종 신체 인식 기능, 카메라 기능 등에서 앞서고 있다. 이를 통해 향후 태블릿, 스마트 TV, 디지털 카메라 등 스마트 가전 분야와 시너지를 낼 수 있다.

또 삼성전자는 지난 12년간의 휴대전화 제조의 역사에서 영업이익이 전년 대비 감소한 해는 세 차례에 불과하다. 또 매출액이 역성장한 해는 단 한 차례도 없었다.

향후 스마트폰 시장의 경쟁이 심화되는 부정적 환경에서도 삼성전자의 영업이익 감소 폭이 크지 않을 것이라고 보는 이유 중 하나다.

삼성전자를 위협할 강력한 경쟁자도 보이지 않는다. Apple의 지배력이 약화된 것은 삼성전자라는 도전자가 있었기 때문이다.

반면 삼성전자 부품 업체들의 영업 환경은 당분간 악화될 수밖에 없다. 삼성전자가 원가 경쟁력을 유지한다는 것은 부품 업체들의 협력과 희생이 뒷받침돼야 한다. 하반기부터 부품 업체들의 판가 하락 압박이 커질 것이다.

이 때문에 부품 업체 투자는 선택과 집중이 필요한 시기다. 삼성전자의 영향을 최소화하기 위해서는 첫째, Apple이나 중국 스마트폰 업체들에 납품하며 고객 다변화를 이룬 회사여야 한다. 또 가동률 상승에 따른 레버리지 효과가 커서 판가 하락 영향을 상쇄할 수 있는 회사여야 한다. 마지막으로 플렉서블 OLED, 고기능(광학 손 떨림 보정 기능 등) 카메라 등을 만들 수 있는 새 트렌드에 맞는 기술을 가지고 있는 회사여야 한다(한경 BUSINESS, 2013년 7월 24일 No.920, pp.38-39)

Ⅱ 경쟁우위 전략

기업은 시장 환경의 변화(變化)를 분석(分析)하여 기회(機會)를 포착(捕捉)해야 한다. 고객의 욕구(欲求)가 변하고 다양화될수록 시장의 기회는 많아지기도 하지만 변화는 기업에게 위협(威脅)으로 다가오기도 한다. 그러므로 기업은 기회 및 위기에 관련한 시장 환경의 분석을 자사의 약점(弱點)과 강점(强點)에 결합한 경쟁적 우위를 갖추고 있어야 한다.

4P로 알려진 마케팅믹스 전략은 제품(product), 가격(price), 유통(place), 촉진(promotion) 요소들을 시너지효과를 얻도록 효율적으로 결합하여 최대의 효과를 얻으려는 것이다.

제품(product)전략은 제품의 기능, 제품 차별화, 디자인, 품질 수준, 포장형태, 상표, 서비스, 보증 등과 관련된 전략적 사고이다.

가격(price)전략은 품목별 가격, 할인율, 할인, 대출 등 가격정책에 관한 전략적 의사결정이다.

유통(place)전략은 지역 선택, 판매대리점 선택, 물류, 판매 채널, 서비스 장소, 인터넷 상점 등에 관한 의사결정이다.

촉진(promotion)전략은 광고, 홍보, 판매, 선전, 인터넷 판촉 등의 활동이다.

시장세분화로 표적시장이 결정되고 제품의 컨셉이 설정되면 이에 맞는 4P전략과 함께 다음 〈표 6-1〉과 같은 하위요소까지도 고려한 구체적인 전략을 세워야 한다.

<표 6-1> 전략수립과 하위요소

	고가격	대등가격	저가격
고품질	• 시장선도 기업이 채택 • 기업 이미지, 제품 및 서비스의 차별화 전략 • 제품에 대한 경쟁 우위 확보	• 시장도전 기업이 채택 • 제품에 대한 차별화 전략 • 제품과 가격에 대한 경쟁 우위 확보	• 시장도전 기업이 채택 • 제품 원가 절감으로 수익구조 악화 방지 • 제품과 가격에 대한 경쟁 우위확보
대등품질	• 시장선도 기업이 채택 • 기업 이미지, 제품 및 서비스의 차별화 전략 • 유통, 촉진전략 강화로 경쟁 우위 확보	• 시장선도 기업, 시장 추종 기업이 채택 • 유통 및 촉진전략 강화	• 시장추종 기업, 시장도전 기업이 채택 • 가격에 대한 경쟁 우위 확보
저품질	• 시장독점 기업이 채택 • 경쟁 제품 출연에 대비한 제품전략 강화	• 시장선도 기업이 채택 • 기업 및 제품 이미지 차별화	• 시장추종 기업이 채택 • 가격 우위 전략 • 제품 모방 전략

최근의 마케팅 믹스는 고전적인 4P에서 확장된 7P가 널리 활용되고 있다. 이 이론은 Bernard Booms와 Mary Bitner에 의해 주창되었는데 기존 4P에 더해 전략적으로 중요한 다음의 세 가지 P를 추가한 것으로 사람(people), 프로세스(process), 물리적 환경(physical evidence)을 말한다. 즉 인재의 적극적인 교육 및 양성 그리고 진행 과정 또는 조직 흐름의 단순화, 고객의 만족도를 높일 수 있는 물리적 환경 조성 등의 전략적 중요성이 높아졌다는 것이다.

한편, 경쟁우위전략(competitive advantage)은 〈그림 6-2〉와 같이 경쟁기업에 비하여 더 많은 경제적 가치를 창출하는 능력으로 전략경영과정의 모든 요소들은 결국 경쟁우위의 창출과 유지를 목표로 하고 있다.

그림 6-2 경쟁우위의 유형

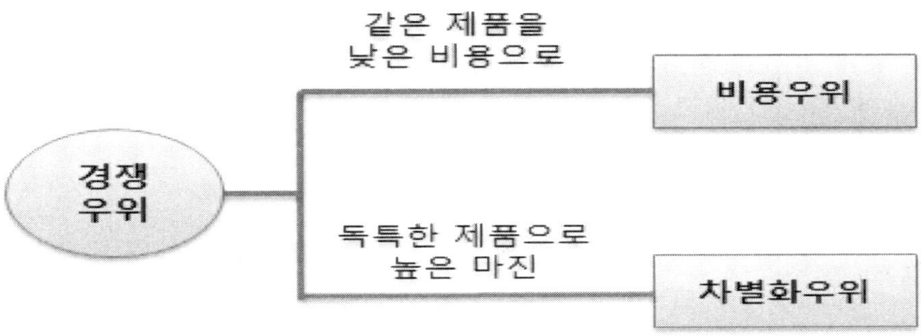

이는 사명(mission) → 비전(vision) → 목표(object) → 외부분석 및 내부분석(analyzing) → 전략적 선택(alternatives) → 전략실행(implementation) → 경쟁우위의 단계를 거친다.

그리고 이들은 기업의 제품이나 서비스에 대한 구매자의 선호도에 따라 얻게 되는 차별화 우위와 생산이나 유통에 있어 경쟁자보다 낮은 원가의 제공으로 얻게 되는 원가우위전략으로 구분된다.

한편 경쟁우위는 지속가능한 경우도 있으나 실제로는 일시적일 경우가 많고, 경쟁기업들은 우위요인을 모방하거나 더 나은 대체품을 제공하여 이를 무력화시키고 있다.

한편, Northwestern University의 Philip Kotler교수는 시장지위별 경쟁우위전략이라는 이론을 주장한다. 즉, 기업은 시장에서의 지위에 따라 선택할 수 있는 전략의 정석이 달라진다는 것이다.

기업의 지위는 시장점유율로 나타날 수도 있지만 궁극적으로는 기업이 가지는 경영자원의 양과 질에 의해 분류될 수 있다.(〈그림 6-3〉 참조)

그림 6-3 상대적 경영자원에 따른 기업의 분류

경영자원의 질 \ 경영자원의 양	大	小
高	Leader	Nicher
低	Challenger	Follower

Kotler에 의하면 기업은 시장에서의 지위에 따라 Leader, Challenger, Nicher, Follower의 네 가지 유형으로 분류할 수 있으며 그 지위에 따라 선택할 수 있는 전략이 달라진다. (〈그림 6-4〉 참조)

그림 6-4 경쟁지위별 전략유형

	특 징	전략의 방침	전략의 정석
Leader	업계Top이며, 질적,양적으로 경쟁사보다 우위의 자원을 보유	전방위	▪ 주변수요확대 ▪ 동질화 ▪ 비가격대응
Challenger	업계상위이나, 리더기업과 비교해 상대적으로 경영자원이 열위	차별화	▪ 리더기업의 제약을 돌파할 수 있는 차별화 전략
Nicher	업계상위는 아니지만 특정영역에서 독자적 지위를 구축할 수 있는 기술이 있음	집중화	▪ 특정Segment에 특화하여, 그 안에서 작은 리더가 된다.
Follower	양적, 질적으로 경쟁우위를 발휘할 수 있는 경영자원이 없음	효율화 (모방)	▪ 상위기업을 모방하여 효율적인 이윤확보 ▪ 미래를 위한 경영자원축적

출처: 日本總合硏究所 経營戰略硏究會, 2011, p.65.

이처럼 특정한 경쟁전략이 모든 기업에게 동일하게 유효한 것은 아니며 시장에서의 경쟁지위에 따라 선택할 수 있는 전략유형을 구체적으로 살펴보면 다음과 같다.

첫째, Leader 기업은 최대 시장점유율을 가지고 있으며 양적 · 질적 경영자원도 뛰어난 기업이다. 따라서 최대의 이윤과 명성을 유지하는 것이 목표이므로 경쟁의 기본 방침은 시장 내의 모든 경쟁기업에 대응하는 전방위형 전략을 추구하게 된다.

Leader 기업의 전략의 정석으로는 ① 주변수요 확대, ② 동질화, ③ 비가격대응 등이 있다.

① 주변수요 확대

Leader 기업은 시장 전체의 규모가 확대되면 가장 큰 수혜를 얻게 되므로 적극적으로 시장전체를 육성한다. 즉, 당해제품의 수요를 확대시키는 경우 그 신규 확대분이 현재의 점유율 구성에 비례하여 가장 큰 점유율을 확보하고 있는 기업에게 돌아간다. 따라서 신규 고객을 탐색하거나 제품의 새로운 용도를 개발하여 사용량을 증가시키는 것이 유효하다.

② 동질화

동질화는 동질화경쟁에 있어서 경영자원이 풍부한 리더가 우위에 있다는 전제이다. 예를 들어 시장점유율이 상대적으로 낮은 기업이 새로운 제품을 개발한 경우, Leader 기업이 신속하게 같은 상품을 도입하면 유통경로나 과거의 이미지 등 다른 요소의 우위성을 활용하여 효율적으로 수익을 올릴 수 있다.

③ 비가격대응

비가격대응은 Leader 기업이 특히 주의해야 할 정석이다. 가격경쟁은 최대 점유율을 확보하고 있는 Leader 기업에게 이윤축소의 상처가 가장 크기 때문이다. 따라서 Leader 기업에게는 비가격대응이 가장 올바른 전략의 정석이 된다.

둘째, Challenger 기업의 목표는 Leader 기업의 점유율을 추격하는 것이다.

Challenger 기업의 전략 정석은 Leader 기업과 철저히 차별화하는 것이다. 앞서 살펴본 바와 같이 Leader 기업과 같은 전략 방침을 취하면 동질화경쟁에 빠질 가능성이 있기 때문에 어떻게 차별화 전략을 전개할 것인가 하는 것이 중요하다.

셋째, Nicher 기업은 경영자원의 양적 · 질적 측면에서 최고기업의 자리를 노릴만한 경영자원을 갖추고 있지 못하지만 상대적으로 높은 수준의 질적 경영자원을 활용하여 확실한 이윤을 달성하는 것이 목표가 된다. 목표 달성을 위하여 특정 segmentation에서 독자적인 지위를 구축하는 것이 중요하므로 전략의 방침은 집중화가 기본이 된다.

중요한 것은 특정시장에서 mini-leader가 되는 것이다. 이러한 예로 고급자동차, 고급의류, 고급오디오 등의 고품질, 고가격시장에서의 틈새전략이 대표적이다.

넷째, Follower 기업의 전략 정석은 모방에 있다. 즉 Follower 기업은 양적 · 질적으로 경쟁우위를 발휘할 수 있는 경영자원을 가지고 있지 않기 때문에 성공한 기업의 모방을 통해 효율적으로 이윤을 확보하면서 경영자원을 축적하는 것이다.

구체적으로는 상위 기업이 성공한 방법을 모방해 상대적으로 매력도가 떨어지는 시장에서 전개하는 것이다.

대표적인 전략이 Benchmarking 전략이다. 'benchmarks'는 경쟁사와 비교할 때 사용하는 기준값이라는 의미로 업계 최고의 기업을 선정하고 철저하고 정확하게 관찰해서 자사의 비즈니스에 필요한 가능한 모든 것을 이끌어 내는 것이다. 그리하여 Follower 기업은 이를 통해 연구개발비용을 삭감하고 위험이 적은 방법으로 효율적인 경영자원 축적이 가능해 지는 것이다.

Benchmarking 전략은 현재 전 세계 다수의 기업이 시행하는 보편적인 전략으로 자리잡았으며 효율성 증대뿐만 아니라 전략 수립 분야에서도 중요한 지위를 차지하고 있다. Benchmarking 전략은 기업 내에서의 자체 Benchmarking, 경쟁기업과의 Benchmarking, 타 업계와의 Benchmarking, 그룹 Benchmarking, 기술 Benchmarking, 프로세스 Benchmarking 등 다양한 범위 및 분야에서 활용되고 있다.

Ⅲ 차별화 전략

차별화전략(differentiated strategy)에는 먼저 경쟁자에 비해서 독특하면서도 고객이 중요하게 생각하는 가치를 제공하는 것으로 편익 차별화가 있으며, 사용 상황의 차별화, 브랜드 차별화, 확장제품 차별화, 대량맞춤 차별화, 제품의 신뢰성 차별화, 특허권에 의한 보호, 제품 혁신, 부수적인 서비스, 유통경로 차별화 등이 있다.

차별화전략은 기업이 갖고 있는 요소나 강점을 적당한 수준으로 타 경쟁기업들과 구분시키거나 차별화 시키는 수준의 전략이 아니다.

즉 자신의 기업이 지니고 있는 강점과 약점을 파악해 경쟁업체 분석 및 대상고객 선정, 소득수준, 고객수요 동향파악 등을 통하여 신속하게 반응(또는 응대) 등을 바탕으로 구체적으로 실현시키면서 기업의 강점을 최대한 부각시키는 가운데 지속적이고 안정적인 경영활동의 토대를 마련하는 전략이다.(〈그림 6-5〉 참조)

그림 6-5 차별화전략

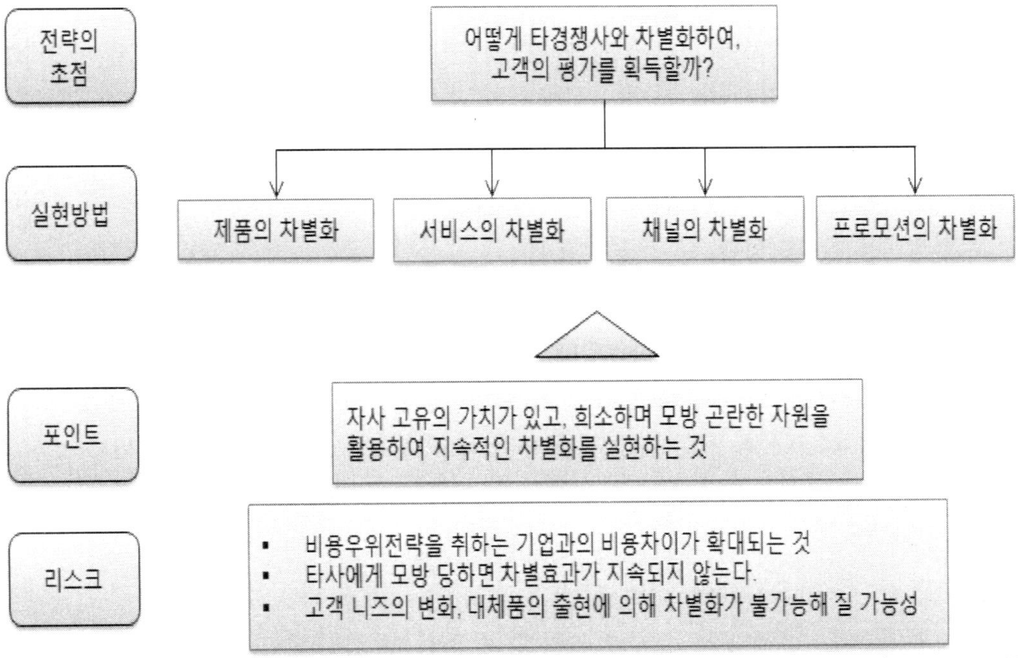

자료: 日本總合硏究所 經營戰略硏究會, 2011, p.63.

M. Porter교수는 차별화전략을 혁신적 차별화(innovative differentiation)와 마케팅 차별화(marketing differentiation)로 구분하고 있다. 전자는 품질, 효율성, 디자인 등에서 선도적 위치에 있는 기업이 자사의 인기제품을 시장진출을 위하여 사용하는 전략이며, 후자는 마케팅을 통해 제품의 독특한 이미지를 창출시키기 위해 사용하는 전략이다.

차별화전략의 기본은 고객이 중요하다고 인정하는 특성을 하나 또는 그 이상을 선택하여 자사만이 Needs를 만족시키기 위해 노력하는 것이다.(1からの戦略論, 嶋口充輝・内田和成・黒岩健一郎, 碩学舎, 2009, pp.68-69)

차별화에 성공하면 상대적으로 높은 가격을 실현할 수 있기 때문에 기업은 이익을 최대화할 수 있다. 그렇게 발생한 이익을 또 다른 차별화를 위해 재투자함으로써 지속적인 경쟁우위를 구축할 수 있다.

그러나 차별화전략에도 몇 가지 리스크가 존재한다. 경쟁기업이 모방하여 차별화를 불가능하게 하거나, 고객의 요구수준이 높아져서 과거의 차별화로는 만족하지 않거나, 기술혁신에 의해 차별화의 근간이었던 요소가 매력을 잃어 지속성을 잃어버리는 경우이다.

또한 차별화를 실현하기 위해서는 연구개발, 제품설계, 고품질 소재의 이용, 높은 수준의 서비스 등이 필요하며, 일반적으로 비용이 많이 들게 된다.

비용 측면에서 너무 많은 차이가 나게 되면 가격차가 넓어져서 차별화에 의한 부가가치의 대가를 고객이 매력적으로 느끼지 못할 수도 있다. 차별화를 무리하게 추구한 결과 일부의 고객에게만 받아들여지는 시장축소도 위험요인 중 하나이다.

그럼에도 불구하고 많은 기업들은 먼저 철저한 시장분석으로 차별화된 전략을 수립하여 시장에 진출하고 있다.

이제 Apple의 차별화 우위전략 사례를 살펴보도록 하자.(〈그림 6-6〉 참조)

Apple을 이야기할 때 제품 디자인이나 사용성이 주로 강조되지만 2001년 출시된 '아이팟'의 성공요인은 '아이튠즈 스토어'라는 기기와 융합된 콘텐츠 서비스에서 찾을 수 있다.

1996년 경영 위기에 빠져 있던 Apple에 창업자인 스티브 잡스가 최고 경영자로 복귀했다. 그리고 강력한 리더십을 무기로 부진한 사업부를 정리하고 제품 라인업을 정비해 나갔다. 1997년에는 잡스의 지시에 따라 "Think different"이라는 슬로건 하에 Apple 재건을 목표로 일대 캠페인을 전개해 나갔다.

2001년 이후 차기 성장 동력을 찾아 음악 시장에 진출한다. 2001년 출시된 아이팟은 대용량 하드디스크를 탑재하고 간단한 사용성과 함께 '아이튠즈'라는 막강한 소프트웨어 프로그램까지 갖추었다. 이는 2002년 Windows 지원 버전이 발매되면서 더 큰 성공을 거두었다.

2003년에는 온라인 음원 판매 서비스 '아이튠즈 뮤직 스토어'(현재 '아이튠즈 스토어')를 오픈했다. 4대 음반 업체의 협력을 얻어내 시작한 해당 서비스는 합리적인 다운로드 가격과 방대한 음원을 바탕으로 여타 음악 다운로드 서비스와는 시작부터 달랐다.

2000년 전후 휴대용 음악 플레이어 시장은 Sony의 '워크맨'이 50%의 점유율을 확보하고 있었다. Sony는 저작권 보호를 위해 사용자들의 음악 복제나 디지털 변환을 엄격히 제한했다. 그런데 CD를 디지털파일(MP3)로 변환하여 듣는 사용자들이 증가하면서 이러한 제조업체와 소비자 니즈 사이에 간극이 발생하기 시작했다.

'아이팟'은 바로 이점에 주목해서 나온 제품으로서 성공 포인트는 다음의 세 가지로 볼 수 있다.

첫 번째는 스티브 잡스의 강력한 리더십과 Apple 브랜드를 대표하는 디자인에 대한 집념을 들 수 있다.

두 번째는 기기와 음원 다운로드 서비스의 연동을 통해 경쟁사들이 모방할 수 없는 비즈니스 모델을 구축했다는 점이다.

세 번째는 유통 지배력을 강화했다는 점이다. 직영 Apple 스토어를 운영하는 한편, 판매 대리점에 대해서도 상품 진열이나 매장 면적 등 Apple의 이미지를 훼손하지 않도록 취급 조건을 상세하게 규정하고 있다. "Think different" 캠페인으로 얻은 혁신적 상품 개발과 콘텐츠 서비스의 융합은 이후 '아이폰'과 '아이패드'의 성공으로 이어졌다.(마쓰다 히사카즈 지음, 이기화 옮김, 2013, pp.163-167)

그림 6-6 Apple 아이팟의 경쟁전략

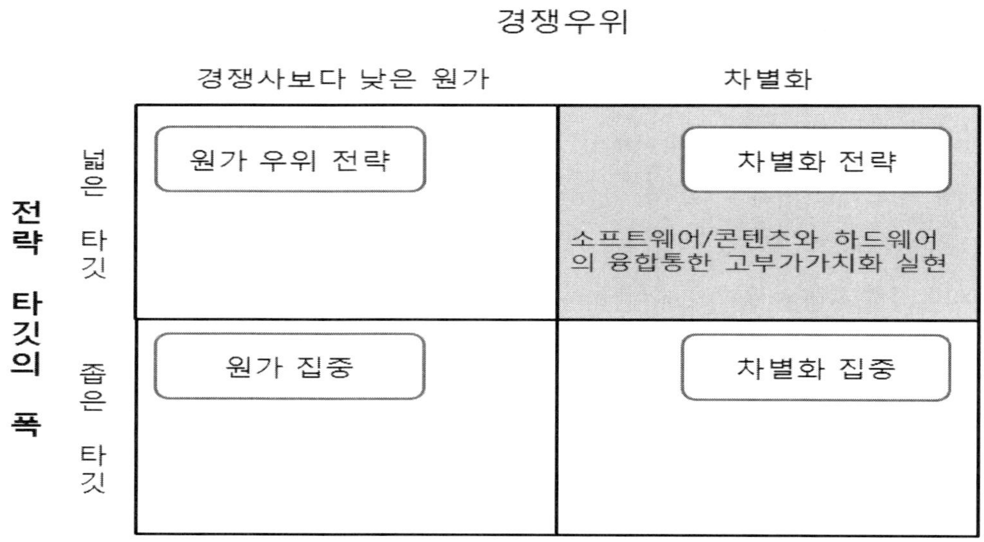

자료: 마쓰다 히사카즈 지음, 이기화 옮김, 2013, p.162.

다음의 사례는 E-mart가 새로운 해외시장을 개척하기 위하여 한창 한류 붐이 불고 있는 홍콩 시장에 진출한 차별화전략이다. 즉 고객의 동향을 신속하게 파악하여 브랜드 및 제품에 대한 차별화를 이룬 전략이다.

지난 2013년 7월 홍콩 다이각주이(大角咀) 지역의 대형 슈퍼마켓의 한국식품 전용 진열대 아래쪽에는 E-mart 자체 상표(PL)가 부착된 제품이 있었다. 그날은 홍콩의 대형 유통업체 Watson그룹의 매장에서의 첫 판매 일이었다.

E-mart는 최근 Watson그룹과 과자, 율무차, 라면, 고추장 등 35종의 가공식품을 납품하기로 계약을 맺었다. 17개 국내 중소기업들이 만든 이 제품들은 PARKnSHOP, TASTE 등 홍콩의 Watson그룹 소유 소매점 60여 곳에서 판매된다. 국내 대형마트가 해외 유통업체에 PL 제품을 직접 수출하는 것은 이번이 처음이다.

Watson그룹이 E-mart의 PL제품에 관심을 보인 것은 부쩍 높아진 한국 식품의 인기 때문이다. 실제로 현지 소매점의 매장 가운데에는 한국식품 진열대가 따로 갖춰져 있었다.

한 주부는 '한국 드라마를 즐겨 보다보니 자연스레 한국 식품을 찾게 됐다'며 '맛도 좋고 포장도 깔끔해 한국 과자를 많이 산다'고 말했다. 최근 '일본 원전 사고 이후로 홍콩 사람들은 일본 식품을 꺼리게 됐다'며 한국 식품은 믿을 수 있다는 인식이 많다고 했다.

이번 PL(Private Label)제품 수출은 국내 중소기업이 손쉽게 해외에 진출하게 해 준다는 점에서도 의의가 있다. 수출에 필요한 모든 비용(물류비, 선결제 대금, 상품파손 보험료 등)을 E-mart가 부담하며 복잡한 수출 서류를 작성할 필요도 없다. 협력사는 국내에서와 마찬가지로 다만 제품을 이마트에 납품하기만 하면 된다.

E-mart의 수출전담팀장은 "해외 유통업체들은 다양한 제품을 조금씩 받길 원하지만 그럴 경우 물류비가 많이 들어 중소기업이 감당하기 힘들다"며 "유통업체간 수출은 이런 문제를 해결할 수 있다"고 설명했다.

E-mart는 Watson그룹과의 계약을 시작으로 자사 PL제품을 세계적 수출 브랜드로 만들겠다는 전략을 세우고 새로운 수익원을 발굴하는 동시에 중소기업과 상생할 수 있기 때문에 PL제품 수출 확대에 더 집중할 예정이다.(동아일보, 2013년 8월 2일)

다음으로 BBQ의 사례를 살펴보자. 지난 1995년에 설립된 BBQ의 경우 10년 만에 2,000개가 넘는 가맹점으로 연 매출 5,000억 원이 넘는 중견기업으로 성장하였다.

설립자인 윤홍근회장은 회사를 설립하기 전에 한국의 외식(外食)시장을 조사한 결과 1995년 당시 미국의 1인당 닭고기 소비량은 45kg, 유럽과 동남아시아는 35kg, 일본은 25kg, 심지어 율법 때문에 돼지고기를 먹지 않는 이스라엘도 60kg이었으나 한국은 6kg에 지나지 않았으나 쇠고기는 7-8kg이었고 삼겹살은 더 높았다.

닭고기 외식시장에서의 성장 가능성을 확신한 윤회장은 맛이 아니라 영양에 초점을 둔 '3저(低) 1고(高) 마케팅'을 전개하였다. 이는 건강에 대한 일반인들의 관심이 커지면서 육류에 비하여 지방 · 콜레스트롤 · 칼로리는 낮고 필수 단백질은 높은 점을 강조한 것이었다.

또한 윤회장은 한국인의 빨리빨리 문화를 사업기회로 삼아 고객들이 말하기 전에 리필서비스를 해주고 오토바이를 이용한 배달을 정착시켰다. 그는 아직도 한국의 1인당 연간 닭고기 소비량은 12kg에 지나지 않는다고 하면서 여전히 성장 잠재력이 크다고 말하고 있다.

한국의 음료시장은 총 3조 7,000억 원 규모로 전형적인 레드오션(Red ocean)이라고 알려져 왔다. 그러나 일반인들에게는 쌍화탕 제조 기업으로 널리 알려진 광동제약은 옥수수 수염차를 출시하여 대박을 터트렸다.

2006년 당시에는 남양유업의 17차(茶)와 웅진식품의 하늘보리, 담원식품의 옥수수 끓인 물이 시판되고 있었으나 광동제약에서는 커피에 이어 혼합차가 지금은 팔리고 있지만 머지않아 곡물차가 대세를 이룰 것이라는 전략으로 시장조사를 시행하였다.

면밀한 시장조사와 분석을 통하여 시중에서는 이미 이뇨(利尿) 작용에 좋다는 것이 인지되어 있음을 확신하여 전국 각지의 미용실에 옥수수 수염차 포스터를 붙이고 무료로 샘플을 나눠주는 등 주부들을 겨냥한 입소문 마케팅전략을 통하여 국내의 음료시장을 석권하였다.

이미 특정의 기업이 생산을 하거나 특정 상품이 최고의 베스트셀러로 자리 잡고 있기에 시장매력(attractiveness)이 떨어지는 레드오션(Red ocean)이라고 포기할 것이 아니라 이는 그만큼 '고객들에게 널리 인지되어 있다'는 사실을 말해주는 것이므로 철저한 시장조사와 면밀한 분석 그리고 차별화된 마케팅에 따른 경영전략의 수립과 수행은 기업의 지속적인 성공으로 이끌게 된다(동아비즈니스리뷰, Vol. 17, 2008년).

Ⅳ SWOT 분석 사례

경영전략의 수립을 위해 철저한 시장조사(market research)가 선행되어야 하며 이후 분석이 끝나게 되면 특정의 시장(target market)이 선정되어지게 될 것이다.

다음에는 특정의 시장 또는 산업에 대하여 시장성장률(market growth rate)과 시장점유율(market share)을 기회와 강점, 위협과 약점으로 분석하여야 한다.

SWOT분석은 경쟁사와의 비교를 통해 기업 내부의 자원을 강점(Strengths)과 약점(Weakness)으로 분류하고, 사업의 외부환경을 기회(Opportunities)와 위협(Threats) 요인으로 구분하는 것이다. 그리고 SWOT 분석을 통해 목표를 달성하기 위한 네 가지 전략의 방향성을 도출하게 된다. 즉,

① 강점을 발휘해 기회를 활용하는 'SO 전략'

② 약점을 극복함으로써 기회를 활용하는 'WO 전략'

③ 위협을 피하면서 강점을 이용하는 'ST 전략'

④ 약점을 최소화시켜 위협을 극복하는 'WT 전략'

이러한 SWOT 또는 TOWS 분석 내용을 정리해 보면 〈표 6-2〉와 같다.

<표 6-2> SWOT의 내용

	강점/Strength	약점/Weakness
기회/Opportunity	S-O 전략 공격전략 강점살림 기회활용 * 기회 활용을 위해 강점 사용	W-O 전략 약점보강 기회활용 * 약점 극복하여 기회 활용
위협/Threat	S-T 전략 강점활용 위협요인 극복 * 위험 회피 위해 강점 사용	W-T 전략 방어전략 약점보완 * 위협 회피 위해 약점 최소화

기본적으로 SO전략과 WO전략은 고위험 고수익의 리스크를 선호하는 전략적 선택이고 ST전략과 WT전략은 리스크를 회피하려는 전략적 선택이다.

다음의 〈표 6-3〉은 DP&E Shop의 사례를 SWOT으로 분석한 것이다.

<표 6-3> SWOT의 사례

강점/Strength	약점/Weakness
· 경영자의 지속적 혁신에 대한 긍정마인드 · 넓은 촬영 공간과 주차장(편의시설 등) · 인근의 유명 산부인과/산후 조리원 · 인근 백화점(접근성) · 결혼/한복/베이비 관련사업자와 유사 컨셉 · 다양한 채널(잡지/TV/인터넷 등)로 홍보	· 가시성 열악(외부도로에서 안보임) · 넓은 상권에 비해 입지 열악 · 높은 직원 이직율 · 회원 관리 능력 부족 · 회계 및 재무능력 부족 · 광고 효과성 측정 못함
기회/Opportunity	**위협/Threat**
· 자녀에 대한 투자 증가 · 사진 시장 규모 확대 · 온라인 시장확대에 따른 오프라인 시장확대 · 정부 출산장려책	· 낮은 출산율 · 전문가용 카메라 일반화 · 온라인으로 사진 감상 확대 · 가계경제 위축으로 수요위축 · 저가의 경쟁자 증가(방문사진 촬영) · 벤치마킹이 용이하여 차별화가 어려움 · 고객의 가격 탄력성 높음

다음은 한국의 수입차 시장에서 적극적인 마케팅전략의 수행으로 시장을 선점하고 있는 BMW를 대상으로 하여 SWOT으로 분석한 것이다.

그림 6-7 BMW의 SWOT

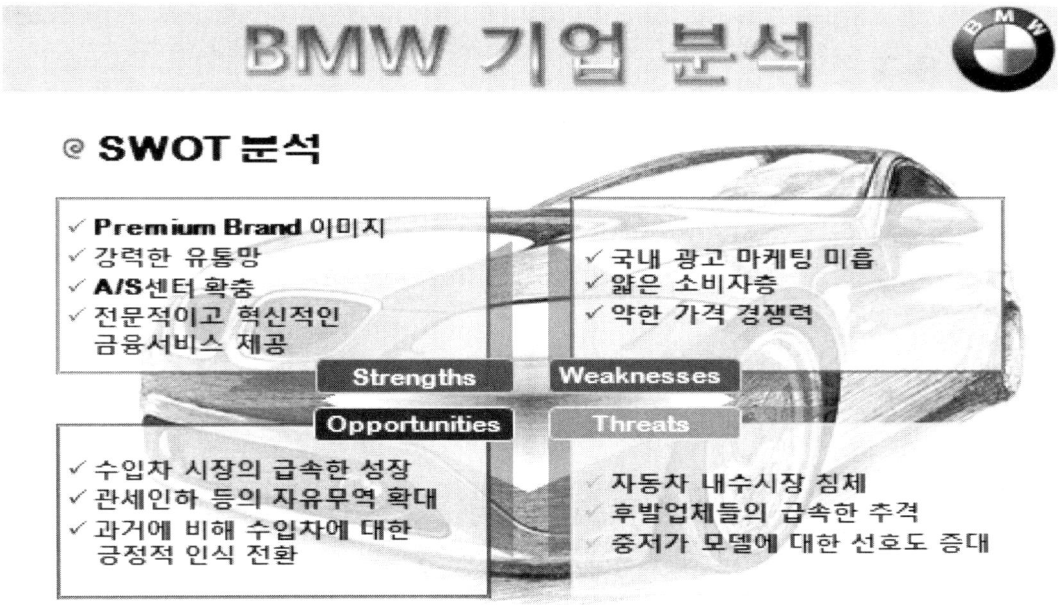

BMW 기업 분석
S-T 전략
Strengths
Premium Brand 이미지
강력한 유통망
A/S센터 확충
전문적이고 혁신적인 금융서비스 제공
Threats
자동차 내수시장 침체
후발업체들의 급속한 추격
중저가 모델에 대한 선호도 증대
강력한 유통망과 A/S센터 확충을 통한
후발업체에 대한 경쟁우위 유지와 이에 대한 홍보

BMW 기업 분석
W-O 전략
Weaknesses
국내 광고 마케팅 미흡
얇은 소비자층
약한 가격 경쟁력
Opportunities
수입차 시장의 급속한 성장
관세인하 등의 자유무역 확대
과거에 비해 수입차에 대한 긍정적 인식 전환
강력한 유통망과 Premium Brand이미지를 통한
자유무역 확대 등에 따라 급속히 성장하는
수입차 시장에서의 지배력 유지 · 강화

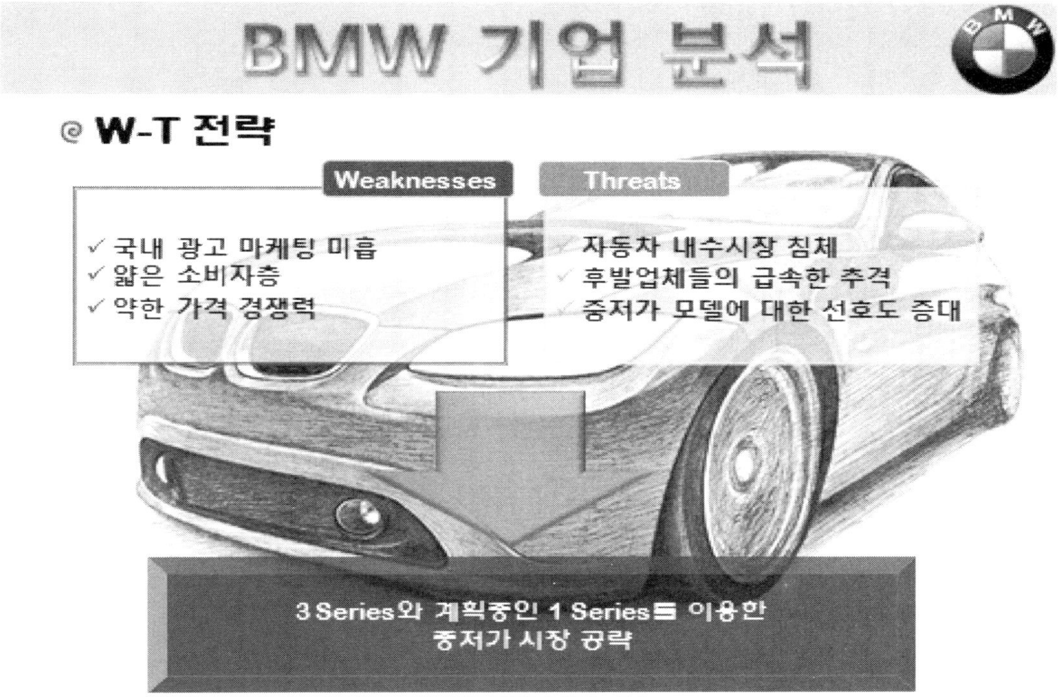

다음은 중국에 진출하여 먼저 진출한 일본의 KOMATSU보다 더욱 적극적인 경영전략의 수행으로 현지화에 성공한 두산인프라코어의 SWOT을 분석한 것이다.(〈표 6-4〉 참조)

<표 6-4> 두산인프라코어의 SWOT 분석

Strength	Weakness
* 기술력(유명 브랜드와 지지 않는) * 저렴한 가격 * 다양한 제품 - 총 11종의 굴삭기 제품 - 4종의 소형 굴삭기, 7종의 중대형굴삭기 - 궤도형 굴삭기 10종, 타이어형굴삭기 1종 * 조작의 편의성 * 디자인-서북지대 지형 고려의 고원형 굴삭기	* 고가로 실수요자에게 부담 * 제품의 우수성 검증없어 기존 브랜드에 대한 충성도를 바꾸기 어려움 * 궤도형 굴삭기로서 운반이 쉽지 않음
Opportunity	**Threat**
* 서부 대개발 사업으로 건설 장비 수요 급증 * 2008년 북경 올림픽, 2010년 상하이 엑스포 유치 등 경기장 건설, 도로정비 등 단기적 수요 급증 * 매년 반복되는 홍수 피해지역 재건 장비 수요 * 철도, 항만 등 SOC의 지속적 확충 * 옌타이 지방정부의 적극적인 투자 유치 및 지원 * 중국내 소형 굴삭기 시장의 수요 증가	* 중국 기업의 급속 기술 발전 * 다목적 굴삭기, 페이로다 등 대체재 개발 * 타사의 할부판매제 도입,A/S 등으로 차별화 전략이 무력해짐. * 해외 유수 기업들의 진출에 따른 m/s 하락

이제부터는 스페인의 SPA기업으로 한국은 물론 세계의 시장에서 리딩 의류기업으로 명성을 날리고 있는 ZARA의 성공요인(KSF)을 살펴보기로 하자(〈그림 6-8〉 참조).

그림 6-8 ZARA의 성공요인(KSF)

Z	A	R	A
Zamora- Santiago Zeal Zealous 1. 길은 존재하지 않는다. 우리가 걸어가면서 생겨날 뿐 2. 회사가 곧 나의 인생	Angry/ Agony 아주머니, 정말 미안하지만 더 이상 외상을 줄 수 없어요!	Revolution- Evolution 1. 맨하탄 진출, 입점 2. Fast Fashion	Amenity Ambition

또한 다음의 〈표 6-5〉는 ZARA의 SWOT을 분석한 것이다.

<표 6-5> ZARA의 SWOT 분석

Strength	Weakness
* 공급유동성/안정적 자재공급 * 시장요구 즉각 흡수/반응 속도 * 하청대신 JV/Franchise/Partnership	* One-man ownership
Opportunity	**Threat**
* 글로벌리제이션	* 치열한 경쟁 * United Colors of Benetton * H&M/Uniqlo

제7장

해외시장의 경영전략

I 해외시장의 의의

기업들이 국내시장을 벗어나 해외로 진출하는 것은 대개의 경우 새로운 시장을 창출하려는 이유에서 비롯되지만 내수시장의 포화(saturation)로 시장점유율(market share)의 유지는커녕 점차로 하락되는 경우에도 이뤄지게 된다.

이를 좀 더 자세히 살펴보기로 하자. 먼저 자원추구형(resource seeker)으로 부존자원의 결핍으로 생산에 필요한 원자재가 풍부한 시장에 진출하려는 것이다.

다음의 원가 절감형(cost seeker)으로 인건비의 상승으로 생산단가가 저렴한 시장으로 진출하는 것이다.

또한 지식추구형(knowledge seeker)은 선진국의 첨단기술을 습득하기 위하여 진출하는 경우이다.

마지막은 시장추구형(market seeker)으로 FTA 등과 같은 지역 간 통합에 따른 세계적인 보호무역에 적극적으로 대응하기 위하여 해외로 진출하는 것이다.

그러나 실제적으로는 기업들의 해외시장 진출은 단순하게 하나만의 목표를 가지고 이루지기 보다는 복합적인 전략에 따라 수행되는 경우가 많다.

이는 진출하는 시기나 업종 내지 분야에 따라 다양한 지역과 분야에 진출하는 것에서 쉽게 찾아 볼 수 있다.

그동안 한국의 기업들은 미국이나 유럽 등을 지향하여 제품을 수출하거나 이를 생산할 기업들을 선진국 현지에 설립하여 왔으나 최근에는 동남아시아는 물론 아프리카나 남아메리카 등의 지역에도 적극적인 기업의 진출과 함께 고부가가치의 상품들을 적극적으로 수출하고 있다.

이처럼 다국적 환경에서 경영활동을 수행하는 글로벌기업은 다양한 환경에 직면하게 된다. 그것은 다양한 이질적 문화·관습·제도 등에 직면한다는 것을 의미한다.

또한 복수의 사업부문을 가진 기업은 각 사업특유의 서로 다른 환경에 직면한다는 것이다. 따라서 해외시장에서의 경영활동이 주를 이루는 다국적 기업은 현존하는 조직 중에서 가장 복잡한 환경에 처하는 존재라는 것을 의미하는 것이다.

이처럼 기업경영을 수행하는데 있어 기업을 둘러싼 외부 환경과 전략은 밀접한 관계에 있다. 이러한 환경에 대처하는 기업의 자세는 다양하다.

예를 들어 외부 환경의 변화에 맞춰가는 전략 또는 조직이 있는가 하면 또 다른 한편으로 능동적으로 외부 환경에 도전해 환경을 전략적으로 변화시키려는 전략 또는 조직도 있다. 경우에 따라서는 전략과 부적합한 외부 환경이 새로운 혁신의 가능성을 높이는 경우도 있다.

Miles & Snow는 기업의 환경 적응 패턴으로 다음의 네 가지를 제시하고 있다.

첫째, 분석형(analyzer)으로 시장의 변화에 민감하면서도 행동은 신중한 경우이다.

둘째, 방어형(defender)으로 현재 상황의 강한 포지션에 안주하여 외부의 변화에는 그다지 민감하게 반응하지 않고 현재의 상태로 경쟁하려는 패턴이다.

셋째, 공격형(prospector)으로 환경의 변화를 민감하게 탐지하고 다른 경쟁자 보다 먼저 새로운 행동에 과감히 도전하는 패턴이다.

넷째, 수동형(reactor)으로 어떠한 경우에도 확정된 전략을 가지고 있지 않은 경우이다.

위와 같은 분석에 근거하면 글로벌기업은 항상 외부환경의 변화를 가장 빨리 탐지하고 다른 경쟁자보다 먼저 행동하는 공격형일 수도 있으며, 환경변화를 탐지하고 있으면서도 구체적인 행동에는 신중한 분석형, 현재의 상황에 대한 확신에서 환경의 변화에 반응하지 않는 방어형의 기업도 있을 수 있다.

이러한 형태는 다양한 이유에 의하여 나타나게 된다.

예를 들어 본국에서의 시장점유율 및 매출액, 수익 등이 매우 높은 경우에는 비교적 글로벌 경영환경의 변화에 둔감한 경우가 많다. 한편 국내에서 follower의 입장에 있는 기업의 경우에는 환경의 변화에 항상 민감하게 반응하여 기회를 잡으려는 의사결정이 강하게 반영될 것이다.

그러나 다국적 기업이 해외 시장에서 경영활동을 수행하는데 어려운 점은 본국의 상황만을 보고 전략적 선택을 할 수 없다는 점이다.

글로벌기업은 단순히 각 국의 환경에 대해 수동적으로 적응하면 되는 것이 아니다. 외부 환경에 따라 때로는 현지에 적응하고 때로는 현지시장을 움직이려 할 필요도 있다.

일반적으로 선진국의 시장에서는 현지적응을 하고 보다 후발 시장에 대해서는 시장을 창출하여 잠재적 고객을 육성할 필요가 있다. 또한 선진국이라고 하더라도 시장이 성숙기에 있는 경우에는 다른 국가에서 개발한 새로운 이노베이션을 적용시키는 것도 하나의 방법이다.

또한 그 해외 시장이 얼마나 전략적으로 중요한가에 따라서 현지적응도도 달라질 수 있다. 해당국 시장이 자사에게 매우 중요하다면 기업으로서는 한 부분을 희생해서라도 현지적응을 이루어 내려 할 것이다.

그러나 전략적으로 중요하지 않은 해외 시장이라고 판단된다면 과도하게 적응하려 하지 않고 현지국에서 철수하는 것도 하나의 전략적 선택이 될 수 있다.(浅川和宏, グローバル経営入門, 日本経済新聞社, 2006, pp.19-22)

경쟁우위 확장이라는 관점에서 해외 시장에 대한 글로벌 전략을 추구하는 요인은 다음과 같이 정리할 수 있다.

첫째, 효율성을 제고하여 경쟁우위를 획득할 수 있다. 즉, 규모의 경제 또는 시너지 효과를 활용하고 제품수명주기를 연장하는 등의 효율성 제고를 실현할 수 있다는 것이다.

둘째, 전략적 시장진입을 통한 경쟁우위 획득이다. 해외시장에 초기에 진입하여 시장을 선점하거나 이전가격(Transfer Pricing)을 통해 수익을 강화할 수도 있다.

셋째, 위험분산을 통한 우위확보이다. 재정 위험 또는 국가 위험과 업무적 위험 등을 해외시장 진출을 통해 해결할 수 있다.

넷째, 학습효과를 통한 우위확보이다. 이는 소비자 욕구와 마케팅 차원에서의 학습뿐만 아니라 연구개발의 파트너십을 통한 학습 등 다양한 학습효과를 통해 경쟁우위를 확보할 수 있다.

다섯째, 규모의 경제를 통한 우위이다. 국내시장에 비해 더 커진 시장규모를 활용할 수 있으며 더 큰 생산량을 실현할 수 있다.

여섯째, 세계적인 기업으로서의 이미지를 획득하고 브랜드 가치를 향상시킴으로서 우위를 확보할 수 있다.

한편 한국기업의 해외진출 보다는 외국기업들의 한국진출이 활발하여 이미 국내에서는 시장의 포화 등으로 제품의 수명이 다했다든지 또는 고객으로부터 외면당할 것으로 인식되고 있는 분야에서 오히려 활성화되는 경향이 나타나고 있다.

SPA(Speciality store retailor of Private label Apparel) 분야의 경우 한국의 의류업계에서는 사양산업(fading industry)이라는 인식이 확산되고 있으나 일본의 'UNIQLO'를 비롯하여 스웨덴의 'H&M'이나 스페인의 'ZARA'는 공격적인 경영전략으로 한국시장에서 지속적인 성장세를 보이고 있다.

또한 CVS(Convenience Store)의 경우 전형적인 3D 업종으로 인식되어 지는 데다 영세업자들 간의 치열한 경쟁으로 성장세가 둔화세를 보이고 있으나 일본에서 진출한 DAISO의 경우 놀라운 영업력으로 급성장하고 있다.

이와 같은 사례들은 해외시장이라는 이질성(heterogeneity)이 존재하고 있음에도 불구하고 신시장(new market)을 확장시키려는 경영전략에 따라 이뤄진 결과이다.

즉 언어나 화폐 단위가 다른 것은 물론 정치·경제적인 시스템에서 차이점이 있음에도 불구하고 새로운 상품으로 새로운 시장의 개척으로 시장을 확장하려는 적극적인 경영전략에 의한 것이기도 하지만 현지국(host country)에 대한 경쟁국 또는 경쟁기업의 진출에 대응하여 시장점유율을 유지하기 위해서도 이뤄진다.

그러나 이는 현지국의 기존 기업이나 상품들과의 경쟁과 더불어 이미 진출한 외국기업들과도 경쟁을 해야 하는 등 치열한 경쟁이 반드시 있게 될 것이다.

따라서 기존의 문헌이나 보고서와 같은 2차 자료(secondary data)에 의한 시장정보나 이에 따른 전략의 수립은 극히 제한적일 수밖에 없는 것이므로 현지에서의 철저한 자료수집(data collection) 및 철저한 분석에 의한 통계적이고 과학적인 방법에 의한 경영전략의 수립이 반드시 필요하다.

세계적 다국적기업인 IKEA의 한국 상륙에 빨간불이 켜졌다. 1943년 스웨덴에서 설립된 IKEA는 2012년의 회계연도 기준 매출액이 276억 유로(40조 5,000억 원)를 기록했고 종업원 수는 13만 1,000여명에 달한다. 현재 36개국에 300여 매장을 운영하고 있으며 연간 방문객 수는 6억 5,500만 명에 달하는 가구업계의 거룡(巨龍)이다.

최근 경기도의회는 회의를 열고 IKEA 광명 입점(入店) 저지대책위원회가 제출한 IKEA 관련 청원서를 만장일치로 통과시켰다. 청원서의 요지는 내년 말 한국 1호점을 내려는 IKEA의 계획을 막겠다는 것이었다.

이들이 제출한 청원서에는 '경기도는 건축 심의 전 상권영향조사를 실시해야 하며 조사결과 IKEA의 한국 진출이 중소상인에게 미칠 영향이 크면 입점 취소를 포함한 행정조치를 취해 달라'는 내용을 담고 있다.

본회의 통과에 맞춰 경기도의회는 경기도에 상권영향조사 실시를 촉구했다. 물론 청원서가 도의회를 통과했더라도 경기도가 반드시 사전에 상권영향조사에 나설 필요는 없다.

이와 관련해 경기도 관계자는 "도의회의 청원서 처리가 의무 사안이 아니고 경기도는 IKEA의 건축 허가가 건축법에 문제가 없는지 만을 심의할 뿐"이라고 말했다. 하지만 사회적 분위기는 만만치 않다. 새 정부가 '중소기업을 살리겠다'는 정책을 강하게 밀어붙이면서 '경제 민주화' 바람이 불고 있는 것도 영향을 주고 있다. 청원서를 제출한 대책위는 광명시가구협회, 광명시장상점가 진흥사업협동조합, 광명시 새마을시장조합 등 중소 · 영세 가구 제조사와 유통업체로 꾸려져 있다.

광명시가구협회장은 "IKEA의 한국 1호점이 광명시에 들어서면 광명시뿐 아니라 경기도 전 지역의 가구업체와 생활용품점이 도산하거나 업종을 바꿔야 할 상황이 올 것이며 경기도가 새 정부 정책 기조인 경제민주화 실현을 위해서라도 건축 심의 전 상권영향조사를 실시해야 한다"고 강조하였다.

중소상인들은 IKEA의 한국 진출을 원천 차단하겠다는 것이 아니라 단지 경기도와 광명시가 사전 조사를 통해 중소상인들의 피해를 최소화할 수 있는 방안을 마련한 후 IKEA의 한국 진출을 승인해달라고 주장했다.

경기도가 사전 상권영향조사를 실시하면 당초 IKEA 계획보다 길게는 2년 이상 건축 허가가 늦춰질 가능성도 배제할 수 없다. 조사와 중소상인 피해예방 방안 수립에 그 정도 기간이 걸린다.

IKEA는 광명시에 광명 KTX역 인근(광명시 일직동) 7만8198㎡ 용지에 지하 2층-지상 4층의 창고형 대형매장 2개동 신축에 대한 건축 허가를 신청했으며 경기도는 건축 심의 등 사전 승인을 해야 한다.(헤럴드경제, 2013년 8월 1일) 광명시장상점가 진흥사업협동조합에서는 '광명시의회도 대책위의 청원서를 가결시켰다'고 하면서 '첫 심의위원회에서 경기도가 중소상인의 입장을 충분히 수렴할 것으로 기대한다'고 말했다.

그들은 '스웨덴에 본사를 둔 IKEA는 아시아권에서 중국 11개, 일본 6개의 대형 매장을 가지고 있고 광명시 입점 예정인 한국 1호점이 최대 규모로 파악된다'고 하면서 'IKEA는 중국 시장에서 2002년부터 매년 20% 이상 성장하고 있고 일본에서도 동종 업계 전체 매출 3위를 기록하는 등 진출 국가에서 막강한 힘을 보이고 있다'고 강조했다. 이제부터 미국과 유럽 및 중국에 진출하여 성공적인 글로벌 경영활동을 수행하고 있는 Doosan Infracore의 해외시장 진출 전략을 요약하여 보기로 하자.

먼저 미국시장의 경우 세계 경제의 중심이자 최대 시장인 북미 시장 공략을 본격화하기 위한 현지 사업거점을 확보하고자 1993년 미국의 Atlanta에 판매 법인을 설립하였고, 이후 미국과 캐나다, 멕시코를 비롯한 북미 전역으로 시장을 확대, 글로벌 기업으로서의 입지를 강화하였다.

특히 Atlanta에 위치한 DIA는 제품 및 부품 판매, 대고객 기술지원, A/S 등 북미 지역의 사업을 총괄하는 구심점 역할을 수행하며 북미 시장에서의 사업역량을 강화하고 글로벌 경쟁기반을 확충하는 데 심혈을 기울이고 있는 가운데 특히 DIA를 중심으로 영업조직과 딜러 네트워크를 확대 개편하고 마케팅 역량을 강화하여 두산 브랜드에 대한 인지도와 만족도를 높여 나갈 계획이다.(〈표 7-1〉 참조)

<표 7-1> 두산인프라코어 미국진출 연혁

일 시	내 용
1979	일반 기계 판매 시작
1987	건설용 굴삭기 판매 시작
1993	건설용 휠로더 판매 개시
1993. 1	대우기공 설립
1994	대우설비 설립
1994	지게차 판매 시작
1996	미니 적하기 판매 시작
1997	미니 굴삭기 판매 시작
1998. 1	DHI 미국지사 설립
1998. 4	Atlanta 공장 구입후 Geogia로 이전
2005. 4	두산인프라코어 미국법인 설립

한편 유럽시장의 경우에는 영국 · 독일 · 프랑스 · 이태리 · 벨기에 등 EU 각국에 판매법인, 지사, 기술지원센터 및 대규모 딜러 네트워크를 구축하는 등 유럽 전역을 포괄하는 비즈니스 네트워크를 완비하고, 현지부품 공급 기지를 설립하여 24시간 내 부품 공급체제를 갖추는 등 글로벌 선도기업들과의 본격적인 경쟁에 대비하여 유럽 지역에서 경쟁력을 확보하려 하고 있다.

특히 벨기에에 위치한 DIEU는 건설기계와 산업차량의 생산, 판매, A/S를 총괄하는 지역 본부로서 굴삭기 · 휠로더 · Skid Steer Loader · 지게차 등 다양한 기종의 고품질 제품을 공급하고 있으며, 엄격한 품질관리체계와 효율적인 Product Support System을 구축하여 고객들의 요구에 적극 대응하는 가운데 유럽 건설기계 선도 기업으로 도약을 촉진하고자 현지에 기계장비 공장 증설, Lineup확충, 유럽 특화형 전략 신기종 도입 확대 및 차별화된 마케팅 전개 등 성장전략 추진에 박차를 가하고 있다.

두산인프라코어는 1994년의 진출 이후 차별화된 마케팅 전략과 철저한 현지화 전략을 지속 추진하여 중국 경제성장에 일조하며 비약적인 발전을 거듭하였다.

중국은 두산인프라코어가 가장 중요시하는 시장이자 투자처이다. 두산인프라코어의 폭발적 성장세는 건설기계 · 산업차량 · 공작기계 · 엔진 등 전 사업부문이 고성장을 지속한 결과, 대규모 생산시설(굴삭기 1만 5,300대, 지게차 7,000대), 대단위 판매조직, 그리고 전국을 커버하는 대규모 딜러 네트워크를 통해 차별화된 성장전략과 현지화 전략을 추진함으로써 중국을 대표하는 건설기계 기업으로 성장하고 있다.

중국 시장은 두산 인프라코어의 핵심 시장이며 현재 가장 역량을 기울이고 있는 곳이라 볼 수 있다.

두산 인프라코어의 중국생산법인 두산공정기계에서는 '1994년 공장 설립 당시 맨땅이었으나 13년이 지난 지금 중국 시장의 20%를 차지하여 한국에서 1년 팔 물량을 올 1-3월에 중국에서 다 팔았다'고 밝혔다.

두산인프라코어는 한·중 수교 2년 뒤인 1994년 16명의 한국인이 굴삭기 공장을 짓기 위해 옌타이에서 1996년 6월에는 굴삭기 생산 공장을 준공해 양산하기 시작하여 2007년 3월에는 월 2,000대 판매를 돌파하였으며 2008년에는 중국 굴삭기 시장의 1인자로 자리매김을 하는 등 지속적인 성장을 보이고 있다.

1. 해외시장의 경영전략 (1)

해외시장을 지향하는 국내의 기업들은 '세계의 공장'이었던 중국에서의 급성장 추세가 장기적인 둔화 조짐을 보이는 데다 일본의 '아베노믹스'로 불리는 엔저 현상과 미국의 양적완화 축소 움직임으로 그동안의 안정적이고 지속적인 성장이 지속될 것이라는 낙관적인 전망으로부터 우회하려는 경향을 보이고 있다.

글로벌 경제위기는 지난 2011년부터 다시 악화되고 있어서 Fortune가 선정한 세계 2000대 기업에 속하는 기업들의 경우 2010년의 매출과 자산은 전년 대비 6-7% 늘어나는데 그쳤고, 순이익 규모는 7% 축소되었다..

이에 따라 세계 각국들은 이와 같은 글로벌 경영환경의 불확실성이 커짐에 따라 자국의 기업을 보호하려는 정책들을 강화하기 시작하고 있다.

예를 들어 미국에서는 사이버 보안 등을 이유로 중국산 정보기술(IT) 장비 구매를 제한하는 법안을 통과시키면서 중국의 华为(Huáwéi)와 ZTE 등을 견제하고 있으며 중국은 CCTV · 인민일보 등 관영 미디어를 중심으로 Apple · 마이크로소프트 등 글로벌 IT 기업에 대한 공세를 지속하고 있다.

삼성경제연구소에서는 최근의 이와 같은 환경 속에서 세계의 글로벌 기업들이 구사하고 있는 경영전략의 7가지 트렌드를 발표한 바 있다.

첫째는 '쇄신(刷新)'으로 비주력 사업을 매각하여 이미 확보한 자원을 핵심 사업에 집중하거나 기존 브랜드를 리뉴얼하는 행태이다. MicroSoft는 IPTV 플랫폼인 '미디어룸'을 에릭슨(Ericsson)에 매각한 후 성장 가능성이 큰 X박스에 역량을 집중하기로 하였으며 Ford는 '링컨' 브랜드 부활을 위해 10억 달러를 투자할 계획으로 있다.

둘째는 '모색(摸索)'으로 기존 사업과 전혀 다른 이종(異種) 산업에서 새로운 기회나 성장 동력을 찾는 형태이다. GE는 유전 장비 업체 Lufkin을 33억 달러에 인수하기로 결정했으며 글로벌 가구업체 IKEA는 앞으로 10년간 유럽 전역에 150여개 중저가 호텔을 짓는 사업에 뛰어들었다.

셋째는 '재배치(再配置)'로 연구개발(R&D)이나 생산 또는 생산기지의 재배치다. 매출이 늘어나고 글로벌 사업 비중이 커진 신흥국 기업은 그들의 R&D 거점(據點)을 선진국에 전진 배치하고 있다. Haeir(海兒)은 일본에서, Huawei는 핀란드에서 R&D를 강화하기로 했으며 Baidu는 Apple 본사가 있는 미국 Cupertino에 연구소를 설립할 계획이다.

넷째는 '신흥시장공략(新興市場攻略)'으로 이들 지역의 시장을 미래 승부처로 삼아 집중 공략하려는 움직임이다.

BMW는 2018년 세계 판매대수 1위를 목표로 설정하여 신흥국 공략전략을 수립하였으며, GE는 인도네시아의 GARUDA항공, 국영석유회사 PERMATINA, 국영전력회사 PLN 등과 인프라 개발 협력에 관한 MOU를 체결하면서 앞으로 5년간 3억 달러를 투자하기로 했다.

또한 GM은 2년 내에 아프리카 중산층 자동차 수요가 200만 대 수준으로 늘어날 것으로 보고 나이지리아 등 신규 시장 개척에 나섰으며, Huawei도 MS와의 제휴를 통하여 150달러짜리 저가 스마트폰을 아프리카 7개국에서 판매하고 있다.

다섯째는 '연합(聯合)'으로 이종(異種)·동종(同種)의 구분이 없이 전략적으로 '연합'을 하는 것이다. Apple이 Nike가 손을 잡자 Google과 Adidas가 연합하여 '토킹 슈즈' 시제품을 내놓으면서, 제약유통 3사인 미국의 Walgreen과 영국의 Alliance Boots 및 미국 AmeriSource Bergen이 구매 협상력의 확대 및 글로벌 진출 등에서의 시너지를 위하여 제휴(提携) 협약을 맺은바 있다.

여섯째는 기술과 제품을 '융합(融合)'하는 것으로 경영기능을 통합하여 성장 동력을 확보하기도 한다. Starbucks는 CIO(최고정보기술책임자)와는 별도로 CDO(최고디지털책임자)까지 임명하여 디지털 기술을 경영 전반에 적용하고 있다.

일곱째는 '저가(低價)' 전략으로 가치 소비를 추구하는 글로벌 소비자에 맞추기 위해 저가의 제품 출시를 늘리거나 원가를 낮추는 것이다. HP와 Intel 등은 20만원 대의 태블릿 PC와 Lap-top 출시 계획을 발표하였다.

한국에서 글로벌화를 지향하는 기업들도 저성장과 경기침체, 세계경제의 지속적인 불균형, 글로벌 보호주의의 확산에 대응하기 위한 전략을 수립하고 있다.

삼성전자의 경우 TV와 휴대전화, 생활가전의 분야에서 시장 선도력(先導力)을 강화하고 있다. 7년 연속 글로벌 TV 시장에서 1위를 달성했으며, 올해 8년 연속 세계판매 1위에 도전하고 있다.

특히 2013년형 스마트TV는 사용자의 시청 패턴 분석을 통해 실시간 방송 프로그램 및 VOD를 개인별로 추천하는 '스마트 추천 기능'을 지원하면서 한층 진화된 음성·동작 인식 기능도 갖췄다.

휴대전화 부문에서 올 4월 출시된 갤럭시 S4는 삼성 휴대폰 사상 최단기간 1,000만 대 판매를 기록했다. 생활 가전 분야에서는 Zipel T9000 프리미엄 냉장고와 스마트에어컨 Q9000이 시장을 선도하고 있다.

또한 소프트웨어 조직 강화를 위해 미국 실리콘밸리 지역에 미디어솔루션센터 아메리카(MSCA)도 설립하였을 뿐만 아니라 미국 뉴욕에 스타트업 인큐베이팅 센터도 만들어 글로벌 협업 네트워크를 강화하고 있다.

현대자동차의 경우에는 미래 먹거리인 친환경차인 수소연료 전기차 분야에서 글로벌 경쟁업체들을 따돌리고 있다. 올 2월 세계 최초로 양산 체제를 실현하여 국내외에서 총 1,000대 규모를 생산, 판매할 계획으로 있으며 Benz · GM · Toyoda 보다 2년 앞선 것이다.

LG는 1분기 매출 14조 1,006억 원, 영업이익 3,495억 원으로 '어닝 서프라이즈'를 기록한 LG전자를 앞세워 시장 선도의 상품개발에 총력을 기울이고 있으며 R&D 인력에 대한 보상도 강화하였다.

특히 1993년 후이저우(惠州)에 법인설립을 설립하는 것으로 진출한 LG는 점차로 확장되고 있는 중국시장에서의 성공요인(KSF)을 현지화(localiization)로 인식하고 있었다. 그리하여 인재 · 생산 · 마케팅 · R&D의 현지화 4대 전략을 수립한 바 있다.

즉 "인재의 현지화, 생산의 현지화, 마케팅의 현지화, R&D의 현지화"를 통하여 '중국경제에 필요한 존재가 된다'는 목표 아래 장차는 중국에 뿌리를 내리는 기업으로 포지셔닝하고 있는 것이다.(중앙일보, 2012년 8월 24일)

POSCO는 인도네시아와 인도 · 브라질 · 베트남 · 멕시코 등 신흥 시장 공략에 힘을 기울이고 있다. 최근 인도네시아 Chile Con에 POSCO가 해외에 처음 건설하는 일관제철소가 시험 가동에 들어갔으며 또한 사업 다변화를 위해 고유의 철강업 외에 몽골 합성석유사업, 미얀마 가스전 등 종합 에너지 사업에도 노력을 쏟고 있다.

GS는 에너지사업 지주회사인 GS 에너지를 통하여 신재생·대체에너지 등 신규 성장 사업을 육성하는 가운데 UAE의 유전개발사업과 미국 Nemaha 유전개발 사업 등에 대한 투자등 에너지 분야에 투자를 하고 있다.(중앙일보, 2013년 6월 27일)

한편 혁신으로 성공한 기업일수록 새로운 패러다임을 잘 받아들이지 못한다. 문제 해결을 위해 새로운 패러다임을 받아들이기보다 이전 성공 공식에 더 집착하다가 영영 기회를 놓치는 경우가 많다. 바로 '혁신의 함정'이다.

Sony는 TV사업 패러다임 전환에 실패하였다. 지난 1990 년대 말까지만 해도 Sony는 브라운관TV 사업의 글로벌 맹주였다.

평판TV가 시장에 새롭게 선보였을 때 Sony는 새로운 위협을 과소평가했다. 고객의 요구를 조정할 수 있다는 자만심에 사로잡혔다.

Sony는 오히려 브라운관 TV 투자를 확대하면서 규모의 경쟁에 따른 비용 절감으로 경쟁력을 높이려고 했다. 2002년 브라운관TV 수요가 하향세를 그리기 시작한 시점에 코닝 등과 함께 브라운관 통유리 공장을 신설했으나 이는 시대착오(時代錯誤)적인 결단이었다.

수직적 통합모델을 고수한 것도 실수였다. Sony는 1980-90년대 반도체 부품과 완제품을 수직 계열화해 혁신을 주도하였으며 콤팩트디스크나 DVD 등의 성공은 수직통합 덕분이었다.

Sony는 1980년대 하드웨어에서 소프트웨어(콘텐츠)로 가치 이동이 이뤄지고 있다는 것을 감지했다. 콘텐츠도 수직통합하기로 하고 콜롬비아 영화사와 CBS 레코드 등을 인수하였다. 하드웨어와 전혀 다른 소프트웨어 산업을 제대로 이해하지 못한 채 둔 악수였다. 일본 하드웨어 사업과 미국 콘텐츠 사업이 물과 기름처럼 따로 움직이면서 사업 역량은 분산됐다.

또한 브라운관TV보다 가벼운 평판TV는 물류비용이 상대적으로 적어 세계 각지에서 부품과 반제품을 생산했다. 반면 Sony는 전 세계 6곳에서만 생산하는 체제를 유지했으며 결국 경쟁력에서 밀릴 수밖에 없었다.

Sony는 신흥시장 공략의 기회도 놓치는 결과를 낳았다. Sony는 가격 경쟁력을 가진 한국 업체와의 차별화를 위해 유럽과 미국 중심의 프리미엄 시장을 공략하는 전략을 택했다. 자연스럽게 신흥시장에 대한 집중도는 떨어졌다. 신흥시장에서는 유럽과 미국에서 판매하는 제품을 그대로 팔 수 있는 부유층만을 공략 대상으로 삼았다.

Sony는 1994년에 주요 외국 메이커 가운데 가장 먼저 인도 시장에 진출했다. 그러나 후발 주자인 LG전자가 지방 변두리까지 진출해 유통망을 2만 여개로 확대하는 동안 Sony는 대도시를 중심으로 8000여개를 개점하는 데 그쳤다.

이러한 차이 때문에 Sony의 인도 시장 내 점유율은 LG전자의 5분의 1 수준인 6%에 머무르게 되었으며 결국에는 LG전자뿐만 아니라 비디오콘, 삼성전자 등에도 뒤처지게 되었다.(한국경제, 2013년 3월 17일)

2. 해외시장의 경영전략 (2)

두산 인프라코어(Doosan Infracore International Inc.)는 1937년에 한국 최초의 대단위 기계 공장인 조선기계 제작소를 시초로 현재 대한민국의 대표적 기계회사로써 건설 중장비, 산업차량, 공작기계 · 자동화시스템, 디젤엔진, 방위산업 분야 등에서 입지를 굳혀왔으며 국내·외를 넘나들며 대단위 생산기지와 판매조직, 대규모 영업 네트워크를 갖추고 있다.

두산인프라코어의 전신인 대우중공업이 1990년 대 말에는 국내를 강타한 경제위기 시절 워크아웃 대상기업으로 선정되어 기업개선과 구조조정을 거치는 위기를 맞았지만 이를 극복하고 2005년 기준 2조 8천억 원의 매출과, 1,700억 원의 영업이익(영업이익률 : 6.2%)을 기록하였다.

한편 인프라지원 산업분야의 글로벌 선도 기업으로 나아가기 위해 노력하고 있는 가운데 한국 기계 산업의 발전을 선도해 온 오랜 경험과 축적된 사업 역량을 바탕으로 1990년대 해외 진출을 시작, 세계 각지에 생산 법인을 설립하고 대규모 딜러 네트워크를 구축하여 글로벌 기업으로의 도약을 준비하고 있다.

<표 7-2> 두산인프라코어 연혁

일 시	내 용
1937. 06. 04	조선기계제작소 설립
1951. 05. 20	국영기업체로 선정
1963. 05. 20	국영기업체 ㈜한국기계공업으로 발족 (자본금 : 7억원)
1966. 08. 29	주식 증권시장 상장
1976. 10. 30	㈜대우기계 합병 - ㈜대우중공업으로 상호변경
1994. 10. 01	㈜대우조선공업 흡수, 합병
1999. 08. 26	워크아웃(기업개선작업) 착수
2000. 10. 23	㈜대우중공업 분할, ㈜두산인프라코어로 출범
2001. 02. 02	주식 증권시장 재상장
2001. 11. 30	워크아웃 졸업
2005. 04. 29	㈜두산인프라코어로 사명변경

먼저 시장규모의 경우 International Construction(2008년 4월)에 따르면 2007년 세계 50대 건설기계업체들의 총 매출은 전년대비 16.1% 증가한 1,415억 달러로 지난해에 이어 천억 대를 돌파하며 사상 최대치 기록을 달성했다.

2007년에는 미국을 제외한 세계적인 경기 호황에 따라 세계 건설기계 산업이 호황으로 이어져 세계 건설기계 시장 성장률이 16.1%의 고성장을 이루었다. 한국은 현대중공업과 두산의 두 개 기업이 4,199 백만 달러의 매출액과 3%의 시장점유율로 8위를 기록했다.

세계 50대 건설기계 업체 1위는 미국의 Caterpillar로 28,359백만 달러로 세계시장 점유율은 20%이며, 한국 기업은 현대중공업과 두산인프라코어가 각각 15위, 16위를 차지했다.

두산 인프라코어는 건설기계, 산업차량, 공작기계, 엔진소재, 방위산업의 5개의 BG(Business Group)로 구분된다. 사업 부문별 매출 비중은 2007년 기준으로 각각 37%, 25%, 13%, 10%, 15%이다.

특히 건설 기계 BG의 경우 1977년 굴삭기 사업 시작 이후 휠로다, 크레인, 콘크리트펌프트럭 등으로 사업영역을 확대하면서 국내 최대의 건설중장비 업체로 성장하였다.

이후 1985년 고유모델 '솔라' 굴삭기를 독자 개발에 성공하고 현재 22개 기종의 굴삭기를 비롯하여 6개 기종의 휠로다, 32M~43M급의 콘크리트 펌프트럭, 타워크레인 등을 생산하여 세계시장에 공급하고 있다.

해외 현지 생산 · 판매법인으로 1990년 벨지움에 '두산 인프라코어 유로'와 1994년 중국 산동성에 '두산공정기계중국유한공사'를 설립하는 등 세계 각국에 판매법인 설립과 대규모 딜러망 구축을 통해 해외시장에서 경쟁력을 강화해온 결과 현재 세계 4위권의 건설중장비 업체로 자리매김을 하고 있다.

공기자동화 BG의 경우에는 1976년 공작기계 사업을 시작한 이후 터닝센터를 비롯하여 머시닝센터, CE, UL,CNC 보링머신, 방전가공기, 레이저가공기, 비구면 가공기와 이들 제품을 응용한 자동화시스템 등으로 사업영역을 확대하면서 발전을 거듭해 공작기계 제조기술을 수출하는 세계적인 공작기계 전문업체로 성장하여 세계 3대 공작기계 메이커로 성장했다.

엔진소재 BG의 경우에는 국내업계 최초로 디젤엔진을 생산하기 시작한 두산인프라코어는 1985년 독자모델인 'STORM엔진' 개발에 성공하였다. 현재 총 34개 대표 기종의 차량용, 산업용, 선박용 디젤엔진을 ISO 9001과 ISO 14000으로 인증 받은 품질 관리체계 안에서 첨단 자동화라인을 통해 생산하고 있다.

산업차량 BG의 경우 1967년 지게차 사업을 시작한 이후 스키드로다, 붐대 지게차 등으로 사업영역을 확대해왔으며 1993년부터 고유모델 지게차를 독자 개발하여 공급함으로써 연산 3만대의 생산설비를 보유한 세계적인 물류장비 업체로 성장하였다.

현재 지게차 총 29개 Family, 107개 기종을 생산하고 있다. 소재부문에서는 실린더블록, 실린더헤드 등 엔진의 핵심 소재부품은 물론 굴삭기의 핵심부품인 유압소재 등을 생산 공급하고 있다.

방위산업 BG의 경우에는 고도정밀 첨단 무기체계의 개발 · 생산을 통해 자주국방의 큰 몫을 담당하고 있는 두산인프라코어는 전투장갑차 및 계열차량, 지대공 유도무기체계, 대공포체계, 로켓 발사대체계 등과 각종 함포, 어뢰 발사대 등을 생산하고 있다.

우주항공분야에서도 다목적 위성의 고도 및 궤도 관제시스템을 개발하는 등 국내 방산업계를 선도해 나가고 있다.

한국형 전투장갑차(K200)와 계열차량 이외에 대공무기체계 분야에서 30mm 쌍열 자주 대공포와 단거리 지대공 유도무기체계를 독자 개발하여 우리 군에 공급하고 있으며 말레이시아 등지에도 수출을 하고 있다.

이제 두산 인프라코어의 성장과정을 살펴보기로 하자.

첫째는 글로벌화로 처음 조선기계제작소로 시작해서 1976년 대우와 합병하여 대우 중공업이라는 이름으로 전략적 제휴를 통하여 미국 Caterpillar와 OEM계약을 체결하면서 지게차 사업을 시작했다.

두산 그룹은 이 때 주류와 음료를 제조하는 기업이었고 내수에 치중해서는 글로벌 기업으로 성장할 수 없다고 단정하고 2005년 글로벌 기업 도약을 위해 대우중공업을 인수하여 두산인프라코어(DI)를 설립하였다.

DI는 인프라 지원 산업분야 글로벌 TOP5와 각 BG별 비전을 갖고 핵심 성장 전략으로 전략적 제휴와 M&A를 선택하였다.

M&A를 통하여 기술과 자본의 핵심역량을 쌓은 두산 인프라코어는 본격적으로 글로벌 회사로서의 면모를 갖추고 주요 대륙을 기점으로 세계로 뻗어나갈 초석을 마련하게 된다. 그리고 유럽, 미국, 중국에 현지 생산법인을 설립, 영업활동에 들어가게 된다. 이 중에서 두산은 중국을 글로벌 생산체제를 대표하는 핵심기지로 선정하고 현재 시장 점유율 1위 브랜드 인지도 1위의 큰 성과를 거두고 있다.

둘째는 목표 설정을 Global Top 5로 하면서 ISB는 두산의 성장 동력이자 글로벌 사업 확장을 위한 핵심 사업이 되어 사회 인프라 구축 및 운영과 관련된 모든 사업을 포함하며 각종 장비와 설비 제조, 부품 제조, 건설, 토목, 교통 및 기타 관련 부가서비스 산업에 걸쳐 공공 및 민간부문에 필요한 인프라를 개발하는 사업을 수행하게 되었다.

다시 말해 인프라 구축 기반을 마련해 줌으로써 건설기계에 대한 수요를 파생시키고 그 파생된 수요에 따라 기업의 이익을 극대화시키고 대상은 인프라 구축을 통하여 경제를 성장시키는 win-win 전략이 되었다.

또한 각 BG별 비전은 건설기계 BG는 글로벌 TOP 3, 공작기계 BG는 국제 표준으로 세계최고, 산업차량 BG는 글로벌 TOP 5, 엔진 BG는 글로벌 엔진메이커, 방산 BG는 21세기 세계최고의 무기 제조업체라는 미션을 수행하고 있다.

셋째는 M&A이다. 두산인프라코어는 2007년 3월 친환경 HCNG(Hydrogen Blended Compressed Natural Gas) 엔진기술 및 특허를 보유하고 있는 미국의 CTI를 인수하였다.

CTI사는 압축천연가스(CNG)에 수소를 혼합해 사용 하는 HCNG엔진의 원천기술과 특허를 보유한 친환경 엔진개발 업체였다.

세계 최고의 배기규제 지역인 미국 캘리포니아의 기준을 충족한 엔진을 생산하고 있었으나 두산인프라코어가 인수를 통해 세계 최고 수준의 친환경 원천기술을 보유하게 되었으며, 매년 12% 이상의 성장이 예상되는 북미지역 고부가가치 엔진시장 진입으로 안정적인 매출과 수익성 확보기반을 마련하였다.

지난 2007년 7월에는 산둥성 옌타이시(山東省 烟台市)에 위치한 옌타이유화기계(烟台油化機械)를 인수하여 중국 건설기계 시장의 40%를 차지하고 있는 중국 휠로더 시장에 진출할 수 있는 허가권과 생산기지를 확보한 바 있다.

Ⅱ UNIQLO의 경영전략

일본의 야나이 다다시(柳井 正)사장은 대학 졸업 후 직장에 다니다 야마구치(山口)현의 우배(宇部)에 소재한 펜슬빌딩에서 부친의 가게를 인수, 경영하면서 '섬유산업 내지 의류업은 결코 사양산업(斜陽産業)이 아니다'라는 확신 속에서 사업을 지속적으로 성장시켜 왔다.

지난 2000년에는 일본에서 2,600만 벌, 2008년에는 2,800만 벌의 매출로 '국민 유니폼'으로 포지셔닝되었고 첫 번째 해외시장인 한국을 포함한 세계시장에서 SPA(speciality store retailer of private label apparel) 라는 영역을 정착시키며 지속적으로 성장하고 있다.

UNIQLO는 상품의 출시 이전의 기획부터 생산과 유통에 이르기까지의 전 단계를 일관적으로 시스템화하고 모든 연령층의 타켓화로 누구나 쉽게 구매-착용할 수 있도록 베이직한 스타일을 추구하는 컨셉으로 세계시장에서의 독특한(unique) 입지를 다지게 되었다.

한국에서는 막강한 유통력을 갖고 있는 롯데와의 합작으로 진출 초기부터 선풍적인 관심과 인기 속에 놀라운 성장을 보여 주었다.

UNIQLO는 제품(product)에 있어서는 고품질 · 고기능성으로, 가격(price)에서는 원가절감에 따른 저가격으로, 유통(place)에서는 원단의 구매와 제조 · 판매에서의 일관된 시스템화로, 홍보(promotion)에서는 다양한 캠페인과 심플한 광고 등으로 의류시장의 선도자로 자리매김하게 되었다.

그리하여 UNIQLO는 일본이라는 내수시장에서 안정적인 성장을 통하여 경쟁력을 확보하게 되면서 자신들이 가지고 있는 일관된 원단구매-생산-유통에서의 강점을 적극 활용하는 가운데 해외로 진출하면서 'SPA'라는 의류시장에서의 새로운 영역을 구축하게 되었다.

UNIQLO가 자국을 뛰어넘어 전 세계적으로 성공할 수 있었던 중요한 전략은 국제화와 세계화를 뜻하는 globalization과 현지화를 뜻하는 localization이라는 요소를 어느 한 쪽으로 기울어지지 않고 균형 있게 유지해 glocalization 즉, 세현화를 이룬 것이 가장 큰 핵심 성공요인이라 할 수 있을 것이다.

결국 UNIQLO는 비록 일본의 변방(邊方)에서 출발하였으나 사양산업(fading industry)이며 저형적인 3D 산업 내지는 틈새시장(niche market)으로만 인식되고 있는 의류시장

(fashion market)에서 SPA라는 신시장을 개척하여 성공을 하였으며 이어서 세계시장에 뛰어 들어 한국을 포함한 중국과 동남아는 물론 미국 등과 같은 패션 강국에서도 현지화(localization)를 이루는 가운데 명실상부한 'Glocalization 전략'을 이뤄낼 수 있었다.

Ⅲ Starbucks의 경영전략

여유로움과 윤택한 생활을 상징하는 기호품인 커피는 한때 미국이나 유럽 등지에서는 '사탄의 음료'로 불려 지기도 했다. 물론 '악마같이 검고 맛이 쓰다'는 탓도 있었겠으나 본래 이슬람교 수도승들이 기도할 때 정신을 맑게 하기 위해 커피 열매를 음용하였던 것에서 비롯되었다.

이후 12-13세기에 이교도의 징벌을 위하여 아라비아로 온 유럽의 십자군이 맛보게 되면서 존재가 서방에 알려지고 나면서부터 유럽으로 보급되기 시작하였고 이슬람에서 건너왔다는 사실 때문에 교회를 중심으로 중세 유럽 사회에 퍼졌던 좋지 않은 인식에 퍼져 나가게 되었다.

지난 2000년대 이르러 한국 모 유명 커피 브랜드가 '악마의 유혹'이란 브랜드로 홍보를 하게 된 것도 이런 배경 때문일지도 모른다. 그러나 술이 금지된 이슬람 세계에서 대체 음료로 애용되기도 했던 커피는 잠을 깨워 정신을 활발히 만드는 각성 효능 외에도 긴장과 이완을 풀어주는 효과가 있어 유럽의 지식인들과 예술가 사이에서 열풍을 이룬 바 있다.

당시에는 유행처럼 번진 '커피하우스'에서 귀족들과 신사들의 사교를 이어주는 매개체 역할을 톡톡히 해내기도 하면서 금지된 사치품으로 명성을 날리기도 했다.

한국에서 커피를 처음 먹어본 인물로 알려진 고종은 애호가로도 유명했으며, 그의 후원으로 1902년에 일반인을 대상으로 커피를 판매한 호텔이 개업되었다.

그러나 높은 경제적 수준을 가진 이른 바 상류층만이 즐길 수 있었기에 일찍 보편화하지 못한 채 일반 대중들에게는 단순한 음료가 아니라 외국으로부터 들어 온 선진국 문화의 일부로서 가까이 접할 수 없는 사치품이자 '근대화의 상징'에 불과하였다.

그러던 커피가 어떻게 우리 삶에 동화되었고 100여 년이 지난 지금은 또 어떤 양상을 띠고 있을까?

한국에서는 1976년에 동서식품에서 개발한 인스턴트커피의 등장으로 서민들에게 부담이었던 높은 값을 저 스스로 낮추었고 사치품에서 기호품(嗜好品)으로 전환되는 쾌거를 이루게 되었다.

그리하여 커피가 더 이상은 상류층의 전유물이 아니라는 인식으로 이어지면서 일반 가정집에나 쉽게 커피를 즐기게 되었고 음식점에서 식후에 입가심하라며 공짜로 커피를 내어주는 풍경도 낯설지 않게 되었다.

이렇듯 인스턴트커피의 등장이 우리나라 커피 역사에 있어서 제1의 혁명이었다면 1990년 이후 커피 전문점의 출현으로 커피는 제2의 혁명을 맞게 된다.

"다양한 종류의 커피! 테이크 아웃문화의 출현! 고급스러운 실내공간에서 함께 즐기는 여유!"

이러한 이유로 밥값보다 높은 커피 값의 시대가 드디어 도래하게 되었다. 이제 한국에서 '싸면 쌀수록 잘 팔린다'는 표현은 옛말이 되었으며 2013년 현재 고부가가치 음료로서 포지셔닝을 확고하게 구축하고 있는 가운데 '여유로움과 윤택한 삶의 상징'의 아이콘이며, 커피의 제2의 혁명을 초래한 외국계 커피전문점 스타벅스에 대하여 그들의 진출전략 및 성공을 이끈 경영전략을 요약하여 보기로 하자.(이지영, 협성대학교 문예창작학과)

널리 알려진 심리학자인 A. Maslow는 인간의 욕구를 5단계로 나누어 설명한 바 있다. 그는 인간의 욕구는 계단처럼 점진적으로 하위 단계에서 점차 상위 단계로 상승하게 되며, 이의 원동력은 욕구의 충족에서 비롯된다고 하였다.

즉 의·식·주의 기본적인 생리적 욕구가 충족되면 신체적 위협으로부터 보장받고자 하는 안전의 욕구로 그 후 집단을 형성하고 받아들여지기 원하는 사회적 욕구를 추구하게 되고, 집단 내 지위 확보를 통한 존경의 욕구를 충족하게 되면 맨 꼭대기 층의 자기실현 욕구를 얻고자 한다고 하였다.

이는 한국에서의 커피시장 형성과정을 설명하는데 있어서도 그대로 적용하여 볼 수 있다.

지난 1970년대 수출드라이브 정책으로 고도의 경제성장을 이룩한 우리나라는 작년과 재작년 수출규모 1억 불을 돌파하며 세계 무역대국 8위를 달성하는 쾌거를 이뤘다.

GDP 또한 1970년대에 95억 달러에 불과했던 실적은 2012년에는 1조 1,635억을 돌파하여 GDP 2만 달러 이상에 국민 수 5천 만 명 이상의 국가들만 가입 자격이 부여된다는 '2050 클럽'의 회원이 되기도 하였다.

이는 그만큼 생활 수준이 높아지고 물질에 기반을 둔 하위욕구가 어느 정도 채워지자 경제적으로 풍족해진 소비자들은 개인의 문화적 욕구를 만족시키려는 분위기가 팽배해지고 일반화되는 경향이 생겨났다는 증거가 되는 것이다.

그리하여 이들이 기호식품(嗜好食品)을 찾게 되면서 2008년 1조 9130억 원이었던 대한민국의 커피시장 규모가 2012년 4조 1300억 원으로 불과 4년 사이에 2배 이상 커졌다는 기사가 놀랍지도 않게 된 '커피 공화국'이 되었다.

Starbucks는 미국 시애틀의 작은 커피숍에서 출발하였으나 이제는 세계 50여국 17,000여 매장에서 매일 수백만의 고객의 고객이 즐겨 찾고 있는 세계적인 커피 브랜드다.

Starbucks는 한국에 진출한 첫 외국 커피전문점이기도 하다. 1999년 이대 앞 1호점을 낸 후 4년 만에 110개로 매장을 확대했다. 2013년 3월 기준으로 무려 503개다. 하기야 매장수로는 국내외 브랜드를 합쳐 이디야, 카페베네, 앤젤리너스에 이은 4위지만 Starbucks가 갖고 있는 상징성은 그 이상이다.

Starbucks가 한국시장에 진출 내지 공략한 이유는 경영전략의 연구 과제로서 좋은 사례가 되고 있다. 이제 이를 정리하여 보기로 하자.

첫째는 Howard Schults 사장의 세계화 전략이다. 이미 차(茶)의 종주국인 중국에 '새로운 커피문화를 창조'를 이룩한 Starbucks는 2014년 커피의 종주국인 콜롬비아에 진출할 것을 선언한 바 있다. 이는 커피 종주(宗主)로서의 브랜드 전략이며 1999년 한국에 진출한 것은 세계화 전략의 일환이다.

둘째는 중국과의 오래된 역사를 공유하면서 비슷한 정서를 가진 유교 문화권이란 요인을 감안하여 14억 인구를 공략하기에 앞서 Starbucks 기질과 역량을 시험해 볼 기회로 보았기 때문이다. 즉 한국과 중국이 공통적으로 국민들의 과시욕이 큰 나라이기에 가격이 고가일수록 더 소비하고 싶어 하는 국민적 특성을 활용한 것이다.

물론 100원짜리 종이컵 커피를 만연하게 즐기고 있었던 한국에서 3000에서 6000원 정도의 밥값만큼 지불해야 마실 수 있는 커피에서의 고급화 전략은 Starbucks가 대한민국에 상륙하기 전에는 누구도 감히 실행하지 못했으며 또한 이들은 선구자로서의 초기위험부담은 엄청났을 것이다.

그러나 Starbucks는 진입하고 정착하였으며 드디어는 양질의 기준과 맛으로 선호도 1위와 함께 국내의 커전문점 브랜드를 제고 당당히 1등을 거머쥐었다.

이제 Starbucks "커피는 집이나 직장에서나 마시는 것"이였던 한국 사회에서 어떻게 소비자를 밖으로 불러내어 비싼 고급 커피에 매료시키는데 성공하였다.

인기작가인 정수현은 2011년 언론에 기고한 글에서 Starbucks를 처음 접했을 때의 충격을 이렇게 묘사했다.

"Starbucks가 처음 한국에 들어왔을 때, 그곳은 정말 멋진 장소였다. 예술가에 가까운 인테리어 디자이너들이 직접 심혈을 기울여 디자인한 내부 인테리어, 발음하기도 어려운 메뉴들, 무슨 뜻인지 알 수 없는 음료 사이즈들, Starbucks에서 멋지게 아메리카노 '벤티' 사이즈를 주문하고 그로테스크한 테이블에 앉아 노트북을 열면 머리 위로 수많은 영감이 쏟아졌다."

커피는 기호 식품이기에 어떤 사람은 전혀 마시지 않을 수도, 또 어떤 사람은 하루에도 3-4잔씩 마시기도 한다. 젊은이들은 특히 나이가 지긋한 중년들보다 상대적으로 많은 카페인을 섭취할 수 있되 인스턴트커피보다 입맛에 맞는 커피를 골라서 마신다. 특별한 취향의 잣대 없이 각종 시험 준비로 밤을 새우며 마셔댔던 것이 기존의 인스턴트커피라면, 커피전문점이 생김으로써 판매되기 시작한 고급 커피는 차별화된 맛으로 젊은 세대를 사로잡은 것이다.

특히 20대들은 개성에 민감하다. 어떤 열풍이 불면 너도나도 소화하기 바쁘지만 철 지난 옷은 절대 쳐다보지 않는다.

Starbucks 커피의 강점 중의 하나인 다양성은 소비자들의 개성을 충족시켜주고 있다. 커피 맛과 커피 사이즈, 사이드 메뉴에 있어 고객의 기호에 맞는 선택을 할 수 있기 때문에 즐거움과 만족은 배가 된다. 이는 개인의 커피 취향에 눈높이를 맞춘 개인 맞춤형 서비스를 시행하는 Starbucks의 차별화된 서비스 전략이다.

Take-out은 '가지고 나가다'란 뜻으로 테이크아웃 커피란 들고 다니면서 마실 수 있는 커피를 말한다. 기존 커피 전문점과 차별화되는 Starbucks의 특징 중 하나가 테이크아웃이다. 언제 어디서나 들고 다니며 마실 수 있는 테이크아웃은 활동적이고 편리한 것을 추구하는 젊은이들의 취향과 맞아 떨어졌다.

또한 바쁜 현대인의 편의에 맞춰 이동 중에도 작업실에서도 Starbucks를 마시는 것을 가능하게 하면서 Starbucks는 한국의 젊은 세대들에게 자유와 개방, 홀가분하고 쾌적한 삶을 추구하는 현대 소비자들의 특징을 누리게 하였다.

Starbucks하면 커피 말고도 한 여인이 정면을 바라보는 녹색 원의 로고가 떠오르게 하고 있다.

브랜드의 심볼이나 등록 상표되는 로고는 ① 광고주 또는 제품이 지니는 이미지를 쉽게 전하고, ② 인상 깊고 기억에 남으며, ③ 모든 매체에 이용할 수 있고, ④ 대중에게 호감을 주는 것으로 기본 1기업 1로고 이상으로 널리 쓰인다.

따라서 한 기업에 대한 이미지는 정형화된 로고와 함께 형성되기 마련이다. 이렇듯 테이크아웃 시스템을 통해 Starbucks의 로고가 새겨진 컵을 들고 다니는 사람들이 모두 '걸어 다니는 광고'가 되었다는 점은 국제적 일류기업으로서의 포지셔닝시키면서 세계적인 '브랜드'로서 자리 잡게 하였다.

진중권 동양대교수는 "Starbucks는 커피의 입맛(taste)을 하나의 미학적 취향(taste)으로 바꾸어놓았다. 그들이 파는 것은 커피가 아니라 브랜드다. 사이렌이 그려진 로고가 달린 머그잔 · 티셔츠 · 일기장은 문화적 아이콘이 되고 있다. 커피잔과 아이템 위에 새겨진 사이렌의 로고는 그것을 소유한 이가 어떤 '취향(趣向) 공동체'의 일원이라고 말해준다"고까지 언급하고 있다.

얼마 전 헤럴드경제신문(2013년 9월 5일)에서는 중국 Starbucks의 카페라테 한잔 가격은 미국보다 1달러 비싼 4.80달러(약 5237원)라고 보도하였다. 중국의 1인당 평균 소득이 7,500달러, 미국 4만2,693달러인 것을 감안하면 엄청난 고가인 것이다.

그러나 이는 중국인들을 겨냥한 고가정책으로 Starbucks는 미국에서 대중적인 브랜드지만 중국에서는 고급 이미지로 어필되고 있음을 겨냥한 것이다.

한국의 경우에도 비슷한 과시욕(誇示慾) 문화가 있음을 간파한 Starbucks의 고가 경영전략은 '이런 돈 쓸 준비가 된 소비자들의 눈길'을 사로잡으면서 두둑해진 주머니로 여유있게 한잔의 사치(奢侈)를 즐김으로써 옛날 귀족문화를 향유(享有)하는 듯한 삶의 여유를 누리게 했고 특히 지갑여는 것을 궁색해 마지않는 젊은 층 사이에 '스타벅스 마시기'는 곧 '서민도 즐기는 고급문화'로 자리 잡게 하였다.

그리하여 Starbucks는 한국에서 Starbucks 아메리카노 커피만 무려 2500만 잔 팔아 2007년부터 6년 연속 판매 1위를 기록하게 되었으며, 판매액은 975억여원에 달하게 되었다(2012년).

한편 Starbucks는 때로 '사탄의 음료'로 비난받기도 하는데 이는 밥값보다 비싼 가격 때문이다. 소비자들의 기호와 생활수준의 상승, 과시욕과 경쟁의식이라는 키워드를 적재적소에 배치하는 마케팅전략으로 국내 커피전문점 브랜드가치 1위라는 영광을 거머쥐었고 드디어는 공격적인 세계화 전략으로 커피의 종주국 콜롬비아까지 시장을 확장하려고 계획하고 있다.

그러나 이렇듯 견고한 위상을 가지고 있는 Starbucks라고 하더라도 변화무상한 소비자들의 트렌드와 니즈에 반응한 새롭고도 다양한 신 메뉴의 개발과 새로운 마케팅전략을 수행하지 않는다면 현재와 같은 승승장구(乘勝長驅)의 미래를 보장받지 못할 것이다.

이제부터는 Starbucks의 구체적인 경영전략을 살펴보기로 하자(이승재, 협성대학교 국제통상학과).

먼저 Starbucks가 한국에 진출하게 된 배경을 알아보면 다음과 같다.

1971년 미국 시애틀에서 커피원두 판매전문점으로 시작해 그 후 하워드 슐츠에 의해 탄생한 스타벅스는 전 세계 50여 개 국에 매장을 가지고 있으며 17,000여개의 매장을 가지고 있으며 한국에는 1997년 스타벅스커피 인터내셔널과 신세계가 라이센스를 체결하여 에스코코리아㈜로 진출하였고 이후 에스코코리아㈜는 2000년에 사명을 ㈜스타벅스 코리아로 변경하였으며 1999년 서울 서대문구에 이대점을 1호로 냈다.

Starbucks는 대개의 사람들은 경제적으로 풍족해지면 개인의 문화적 욕구를 채우려고 하면서 여가생활에 관심을 가지게 된다는 점을 간파하였으며 또한 경제적인 성장을 통해 새로움을 접하고 싶은 욕구와 외국에서 새로운 것을 체험한 사람들의 욕구가 높아지고 있다는 점을 기회로 활용하였다.

Starbucks는 제품(Product)에서의 고급화와 함께 브랜드를 통한 마케팅으로 한국에 적용하여 커피를 한국인 입맛에 따라 세분화 하였다. 더불어 음료만이 아니라 베이커리, 샐러드&과일, 샌드위치, 초콜릿, 케익 등등 커피와 궁합이 잘맞는 식품들도 팔고 있으며 원두와 머그잔, 텀블러 등 그들의 자체 상품을 판매하여 새로운 수익원을 창출하고 있다.

또한 Starbucks는 소비자에게 민감하게 반응하는 가격에 대하여 결코 '싸구려가 아닌 상당히 고급제품'이라는 것을 인식하게 해준다. 이른바 프리미엄 가격전략으로 '자신들의 제품은 곧 명품'이라는 등식을 강조하고 있다. 그리하여 소비자들은 높은 가격에도 불구하고 이를 감수하면서 매장 직원들의 친절과 편안함 그리고 진한 커피 향기를 즐기면서 Starbucks의 커피를 마시는 것에 만족하게 되는 것이다.

Starbucks는 그들의 공간(Place)에 관련하여 외부에서 매장 안이 다 비춰지게 하고 외부에서도 스타벅스 특유의 이국적인 디자인을 드러나게 디자인하고 있으면서 넓은 공간에다 편안한 분위기를 느끼게 하였으며 밝은 조명과 잔잔한 음악을 흐르게 한다.

Starbucks는 홍보활동(Promotion)에 있어 모든 매장을 직영으로 두고 있으면서 TV 등의 광고를 하지 않는다. 그러나 영화나 드라마에서는 간접홍보를 하거나 다양한 사회봉사 활동을 보여주고 있다. 특히 일회용품 사용을 자제하고 재활용품으로 대체하는 동시에 일회용품의 사용 자제 캠페인을 벌이고 있다. 또한 한국인들이 좌식문화에 익숙하다는 것을 알고, 현대인에게 필요한 테이크-아웃이라는 시스템과 함께 넓은 매장으로 많은 좌석을 갖추고 있다.

Starbucks는 현지화의 일환으로 전형적인 '전통 문화의 거리'인 인사동에 Starbucks가 들어설 때 주민들이 매우 심하게 반대를 하자 본사와 3개월에 걸친 협상을 통하여 한국어 간판을 달게 되었고 실내 장식을 전통기와 창살로 인테리어를 설계하였다. 그 후 인사동 매장은 세계 Starbucks스타벅스 매장 중 가장 아름다운 인테리어로 뽑혔고 이를 디자인한 디자이너에게는 상이 주어지기도 했다.

마지막으로 Starbucks는 4P에 또 하나의 P를 집어넣은 5P를 도입한 경영전략을 수행하였다.

즉 감성 사원을 선발하고, 내부 직원이 고객이 되게 하면서 동업자로 여겼으며, IT로 감성 정보를 수집해 감성 콘셉트로 고객들을 이끌도록(誘惑)하였다. 한마디로 감성 마케팅의 승리다.

영화 '칵테일'에서 주인공 톰 크루즈는 이런 표현을 한 적이 있다. 즉 "상점을 제대로 운영하려면 먼저 젊은 여성들을 손님으로 끌어들여야 한다. 그러면 그 여성들을 따라 남성들이 제 발로 찾아오게 된다."는 말과 같이 '젊은 여성은 감성 소비의 여왕'이라는 점에 착안하여 예쁘고, 재미있고, 자기 개성에 어울리게 하였다.

드디어 Starbucks 마케팅은 젊은 여성들을 사로잡으면서 ▷감성 세대에겐 불황이 없다 ▷맞춤 서비스를 하라 ▷로맨스를 맛보게 하라 등의 마케팅전략을 현실화시키게 된 것이다.

Ⅳ Mr. Pizza의 경영전략

이태리의 전통음식인 피자! 그러나 21세기 지금, 피자는 전 세계 사람들의 입맛을 사로잡은 음식이 되었다.

이러한 피자 시장을 Pizza Hut 이라는 거대한 브랜드를 통하여 글로벌시장을 주도하고 있는 미국에 도전장을 던진 기업이 있다. 한국의 Mr. Pizza이다. 그러나 본래 Mr. Pizza라는 브랜드는 일본의 기업이 사용하고 있었다.

동대문에서 15년간 양말사업을 하다 Pizza가 성장가능성이 있는 사업이라 생각하고 있었던 정우현회장은 일본의 Mr. Pizza를 찾았다. 그는 점포 하나당 연 50만원의 로열티를 지급하는 전략적 제휴(strategic alliance)로 계약을 하고 1990년 이화여대 앞에 안테나 숍으로 Mr. Pizza 1호점을 오픈하였다.

그 후 6년 만에 점포가 27개로 늘어나면서 정우현회장은 일본의 Mr. Pizza로부터 상표권을 1억 5천만 원에 매입하였다. 그리하여 일본을 제외한 한국과 해외에서는 (주) 한국 미스터 피자의 상표를 사용하고 있게 되었다. 당시에는 어쩌면 무모할 수도 있는 모험이었으나 그는 Mr. Pizza의 경쟁력을 믿었기 때문이다.

이후 Homemade quality(엄마가 가족의 건강을 생각하듯 정성을 담아 만든다), Service in a family way(내 집에 방문한 귀한 손님을 대하듯 따듯하게 서비스한다), Perfect cleanliness(빈틈없는 식재와 매장 관리를 통하여 완벽한 청결을 유지한다)는 핵심가치(Core value)와 Freshness(오래된 사고와 습관을 버리고 항상 새롭게 생각한다), Smile(항상 미소짓는 얼굴로 즐겁게 일한다), Passion(작은 일에도 항상 열정을 다해 일한다)를 공유가치(Shared value)로 하여 지속적인 성장을 이어 나갔다.

그리하여 17년이 지난 2000년에는 중국의 골든이글그룹과 MPS(Mr. Pizza Sanghai)를 공동 경영하고 MPS에서의 매출 3%를 로열티로 받기로 하고 투자 조인식을 열게 되었으며 상하이에 중국 1호점을 오픈하였다. 한 마디로 엄청난 성공과 함께 로열티를 지불하는 회사가 드디어 23년 만에 해외에서 로열티를 받아오는 회사로 변모하였으며 앞으로 10년 안에 중국내에 1,000개의 매장을 오픈할 계획으로 있다.

Mr. Pizza는 미국의 Pizza Hut이나 Domino 등 온갖 피자 상품들이 혼재하며 치열하게 경쟁하는 시장에서 '기름을 뺀 수타(手打) 피자'로 확고한 포지셔닝을 구축하면서 현재 한국에는 409개, 중국에는 3개, 미국에는 2007년에 처음 진출(Wilshire)하여 3개(Little Tokyo, 전문 delivery shop인 Java market)의 매장을 오픈하는 등 해외에 28개 점을 운영하면서 지속적으로 성장하여 오고 있다. 현재 베트남 진출을 위하여 계약을 체결하였으며 이어서는 태국과 인도네시아 등의 동남 아시아시장을 겨냥하고 있다.

그리하여 수타 도우(이를 강조하기 위하여 Mr. Pizza의 주문번호는 0077으로 77회 이상 수타로 만든다는 것을 강조하고 있다)와 석쇠로 굽는 기술로 타 브랜드와의 차별성을 내세우는 등 꾸준한 신제품 개발로 확고하게 우먼피자로서의 자리매김을 하고 있는 강점(strength), 그동안 외국 업체와 비교하여 뒤떨어지는 매장 인테리어 및 분위기 등에서의 뒤처짐에서 오는 약점(weakness), 온라인에 의한 주문 및 모바일 쿠폰 시장의 확대와 블로그 마케팅(만화인 '나는 꾼이다'를 제작, 운영하고 있다)과 SNS의 활용 그리고 타 브랜드에 비해 앞선 친건강 (well-being) 내지 친환경적(eco-friendly)이라는 이미지에 의한 기회(opportunity), 세계적인 브랜드 파워를 갖고 있는 Pizza나 국내의 대형유통기업들의 물량공세와 저가피자의 등장, 원재료의 원가 상승, 경기불황으로 인한 소비 급감 등의 위협(threat) 가운데서도 계속기업으로서의 자리매김을 하여 오고 있다.

이제 기업 이념(mission)을 초심(Back to the Basic), 문화창조(Cultural Creation), 고객사랑(Guest Always Right)하여 최고의 맛으로 고객 행복을 추구하고 있는 Mr. Pizza의 성공전략을 살펴보기로 하자(남지현 외, 협성대학교 국제통상학과).

첫 번째의 성공요인(KSF)은 위치 선정에 대한 전략이다. Mr. Pizza는 역 주변, 학원가, 대학교 주변 등 유동인구가 많은 번화가에 위치하고 있어서 고객들은 이용하지 않는 날에도 늘 가까이서 만날 수 있고 매우 친근하게 느낄 수 있게 된다.

두 번째는 여성을 위한 마케팅전략이다. Mr. Pizza는 Made for Woman이라는 슬로건을 내세우며 2004년부터는 주 고객층을 20-30대의 여성으로 목표시장(target market)을 겨냥하였다. 특히 여성 피자라는 점을 강조하여 Mr. Pizza와 음식 등에 관심이 많은 여대생 마케터 그룹인 러브 바이러스를 통하여 여성 고객들과의 커뮤니케이션을 활성화시켰다.

즉 여성들이 남성들보다 맛있는 음식을 더 즐겨먹으며 행복해 한다는 특성을 파악, 활용한 것이다. 그리하여 매달 7일을 Women's Day로 지정하여 여성고객들이 주문을 하면 프리미엄 피자를 20%할인하여 주고 있으며, 항상 다이어트에 대한 민감하게 반응하고 있는 여성 고객들을 위하여 모든 피자 도우를 수타 방법으로 만들어 기름기를 없이 하게 하였다.

세 번째는 차별화전략이다. 타 피자 전문점들과 달리 과일 위주로 풍성한 재료로 만들고 맛도 느끼함을 덜기 위해 얇은 씬 도우의 피자들을 선보였다.

Mr. Pizza는 그동안 타 경쟁업체와의 차별화를 위하여 '100% 수타, 100% 수제, 100% 석쇠구이라는 300% 원칙'을 고수하여 왔으며, 또한 소비자 참여 피자요리 경연대회의 개최를 통하여 소비자들의 의견을 신제품개발에 적극 반영하여 왔다.

또한 먹고 싶은 두 가지 맛의 피자를 한 판에 먹을 수 있는 Half & Half 형식을 도입하였으며 주 고객층이 여성인 만큼 매장 분위기 또한 고급스럽고 예술적인 분위기로 꾸미는 동시에 매달 7일을 여성의 날로 지정하여 할인 이벤트를 하는 등 소비자들에게 여성의 피자라는 인식을 강화하였다.

네 번째는 국내시장에서 안정적인 기반을 다진 후에 비로소 해외시장을 겨냥한 국제화(globalization)와 현지국에서의 고객 및 문화에 대한 정착과 조화에 심혈을 기울이는 현지화(localization)를 동시에 실현한 세현화(glocalization)이다.

다섯 번째는 슈퍼바이저를 통한 철저한 매장관리에 있다. 전국에 수백개가 넘는 매장들을이들 슈퍼바이저들로 하여금 광고 및 홍보에 대해 적극적인 지원을 아끼지 않는 동시에 세부 매뉴얼에 관련하여 각 매장에서의 매뉴얼 준수 여부를 체크하고 지속적으로 보완, 개선해 나가게 하고 있다. Mr. Pizza의 매뉴얼은 Q·Q·S·C가 핵심을 이루는 바, 이들은 Quick, Quality, Service, Cleaness를 뜻하는 것으로 철저한 품질관리를 지향하려는 것이다.

여섯 번째는 '사랑 한 판 캠페인'을 통해 기업 이익을 사회에 환원하는 활동을 하고 있다. 고객이 지불하는 피자 한 판의 금액 중 30원을 결식아동을 위한 사랑의 피자 배달, 장학금, 생활비 지원에 환원하며 매장 초청 행사를 하는 등 사회 구성원으로서 사회 발전에 기여하고 있다.

결국 Mr. Pizza의 사훈인 "신발을 정리하자"라는 것은 그저 단순히 청결히 하자는 것을 넘어선 고객과 그들이 속한 공동체, 곧 사회에 대하여 겸손하자는 의미를 갖고 이를 실천하자는 의지를 보여주고 있는 것이다.

제8장

유통 · 물류 경영전략

I 유통 · 물류의 의의

유통은 단순히 물건이 이동하는 물류(物流)만을 의미하는 것은 아니다. 실제로 '상적유통(商流)'과 '정보유통'도 포함되는 의미이다.

상류(商流)는 유통업자 간의 매매로 제품의 소유권이 이동하는 흐름을 말하는데 일반적인 거래의 흐름을 말하는 것이다.

예를 들어 주류업자가 도매업자로부터 맥주 100병을 살 경우 주문 후 재고가 있으면 바로 소유권은 주류업자에게 이전된다. 그러나 맥주 자체는 아직 도매업자의 창고에 있기 때문에 운송회사를 통해 운송해야만 한다. 이 때 상류는 있었지만 물류는 일어나지 않은 상태가 된다. 이처럼 물건의 흐름(物流)과 거래의 흐름(商流)은 반드시 동시에 일어나는 것은 아니다.

최근에는 '정보물류'의 중요성이 커지고 있다. 예를 들어 주류업자에게 아직 맥주가 도착하지 않았더라도 맥주의 예약을 받는 경우가 있다. 이 때 주류업자는 언제, 어디에, 무엇을, 얼마에 입수할 것인가에 대한 정보를 거래하게 되는데 이것을 '정보물류'라고 한다.

한편, 유통전략의 기반이 되는 것은 유통채널의 구축이다. 유통채널이란 상품이 소비자의 손에 넘어갈 때까지의 모든 프로세스라고 정의할 수 있다. 즉 소비자와 생산자 간의 모든 프로세스라고 말할 수 있다.

예를 들어서 슈퍼, 생선가게, 편의점, 운송회사 등도 모두 채널의 하나이다. 즉, 소매업자나 도매업자만을 채널로 구분하는 것이 아니라 생산자의 직접판매, 통신판매, 온라인판매 등도 채널로 정의할 수 있는 것이다.

유통채널의 구축은 많은 부분 외부조직에 의존해야 하기 때문에 많은 시간과 비용이 투입된다. 또한 한 번 구축된 유통채널은 쉽게 변경하기 어렵기 때문에 장기적 관점에서 전략적 의사결정을 내려야 한다. 그러나 한번 우수한 채널을 구축하면 생산자에게는 큰 전략적 우위요소가 될 수 있다.

Phillip Kotler에 의하면 유통채널의 주요 기능과 판매 지원 기능은 다음과 같다.(〈그림 8-1〉 참조)

① 주요 기능

첫째, 조사 기능이다. 무엇이 팔리는지 항상 생각하고 잘 팔리는 상품을 취급하기 위한 정보수집으로 그 결과가 생산자에게 전달된다.

둘째, 프로모션(promotion) 기능이다. 광고, 판촉 goods 전시, 인적판매 등이다.

셋째, 접촉(contact) 기능으로 잠재적 소비자를 찾아낸다.

넷째, 주선(matching) 기능이다. 고객의 요구에 제품이 합치될 수 있도록 노력하는 것으로 포장, 설치공사, 관리·유지활동 등이다.

다섯째, 교섭 기능이다. 판매에 관한 모든 조건에 최종적으로 합의하는 것이다.

② 판매 지원기능

첫째, 물류관리(logistics) 기능, 즉 수송, 재고관리 등

둘째, 재정(finance) 기능, 즉 매출회수, 유통에 필요한 자금조달과 융자 등

셋째, 위험분담 기능, 즉 유통 업무에 따른 위험을 제거하는 것이다.

위와 같은 다양한 기능의 중요성은 취급하는 상품에 따라 상이하다. 따라서 자사에게 유리한 부분을 정확히 파악하여 유통채널을 관리할 필요가 있다.

(ダイヤモンド編著, わかる！図解マーケティング, ダイヤモンド社, 2000. 9, pp.136-142)

그림 8-1 유통채널의 두 가지 기능

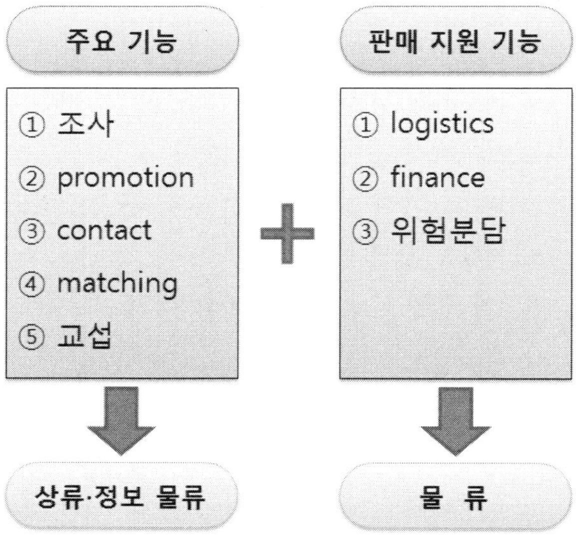

자료: ダイヤモンド編著, 2000. 9, p.141.

또한 유통 · 물류와 관련하여 전략적으로 접근해 볼 경우 유통채널의 구축은 크게 세 가지 패턴으로 나누어 살펴볼 수 있다.(〈표 8-1〉참고)

첫째는 개방형 유통경로의 구축이다. 판매 장소가 소비자와 가까울수록 많이 팔리는 제품은 유통채널을 한정하지 않고 편의점, 슈퍼, 백화점, 잡화점 등 어디서나 살 수 있도록 유통채널을 구축하여 시장을 넓게 확보하는 전략이다.

둘째는 선택적 유통경로의 구축이다. 이는 소비빈도가 높지 않고 어느 정도의 이미지 유지가 필요한 제품으로 유통비용을 높이고 싶지 않을 때 선택할 수 있는 유통전략이다. 예를 들어 거래처를 일정 기준을 두고 선택하여 효율이 높은 거래처로 한정하는 방법이다. 즉 매출이 높은 유통경로에 적극적으로 지원하는 방법으로 화장품회사나 음료회사 등이 주로 활용하는 전략이다.

셋째는 전속적 유통경로의 구축이다. 구매 후의 소비자에 대한 서비스가 중요한 상품 또는 높은 브랜드 이미지를 유지할 필요가 있는 제품 등은 한정된 지역에 자사의 판매권을 전속적으로 부여하여 타사 제품을 배제해 나가는 방법이다. 전속적 유통경로 구축에 특화한 전략이 '계열화 전략'이다.

<표 8-1> 유통채널 구축의 세 가지 패턴

	목적	수단
개방형 유통경로	소비자가 어디에서나 살 수 있도록 하는 것	슈퍼, 백화점, 편의점 등 업자를 고르지 않는다. 적당한 경쟁이 일어나기 쉽다.
선택적 유통경로	기업 또는 제품 이미지를 유지하면서 유통비용을 억제하는 것	매출효율이 좋은 업자를 선택해 집중적으로 지원한다.
전속적 유통경로	높은 브랜드 이미지를 유지하고 가격경쟁을 피하는 것	하나의 업자에게 어떤 지역의 판매권을 전속적으로 부여한다.

자료: ダイヤモンド編著, 2000. 9, p.157.

세계 경제의 글로벌리제이션(globalization)은 세계시장을 하나의 시장으로 만들었다. 이를 언뜻 생각하면 그저 커지고 더욱 넓어진 것이라는 긍정적인 측면만 생각하게 하지만 다른 한편으로는 그만큼 더욱 치열한 경쟁의 환경에 처하게 되었음을 의미하고 있다.

즉 생산지(工場)가 있고 소비지(市場)가 따로 있는 것이 아니라 공존(共存)하고 있으며, 인터넷 등의 첨단, 신속한 커뮤니케이션의 발달로 인해 시장 공유(共有)의 차원을 넘어 하나의 시장에서 동시적으로 연결될 수 있게 되었다.

이는 통신수단의 발달 덕분이기도 하지만 전통의 시장 메커니즘을 뛰어넘는 운송방법(mode) 및 수단(method), 곧 유통(distribution)과 물류(logistics)의 발전 때문이기도 하다.

유통은 생산자로부터 소비자에게 재화 및 서비스가 사회적 물리적으로 이전되는 경제활동이며, 물류는 상거래의 결과로 발생하는 물품의 이동, 보관 및 입 · 출고, 물류가공, 수 · 배송, 물류관리, 물류정보시스템 등의 일련 활동을 말하는 것이다.

유통과 물류 또는 물류운송의 성공요인(Key Success Factor)은 이른 바 7Rs를 만족시킬 수 있어야 한다.

즉 Right commodity, Right quality, Right quantity, Right price, Right impression, Right time, Right place를 모두 실현해낼 수 있을 때 고객은 만족하는 것이며 기업은 성공할 수 있게 되는 것이다.

공급체인관리라고 불리는 'SCM(Supply Chain Management)'은 고객 위주의 시장 형성, 기업의 세계화 추진, 경쟁의 심화와 정보기술의 발달과 같은 경영환경의 변화와 이러한 변화에 따라 이의 필요성이 커지게 되었다.

특히 고객의 다양한 니즈에 신속하게 대응하지 못하는 것에 대한 대안인 조직구조의 개편과 같은 새로운 경영 패러다임의 필요성 증대, 그동안 활용되어 왔던 JIT, TQM, BPR 등의 경영기법을 뛰어넘는 EDI 및 인터넷 등에 기반을 둔 IT 시스템의 활용 등으로 유통 및 물류 분야에서의 새로운 경영전략으로 등장하면서 21세기 기업들의 지속적인 성공요인(KSF)이 되고 있다.

이제 기업들이 SCM을 통하여 얻게 되는 효과들을 요약하여 보면 다음과 같다.(임은정, SCM의 구축성과 결정요인에 관한 실증연구, 중앙대학교, 대학원 석사논문, 2008)

① 생산 · 유통 · 판매 등에서 이용할 수 있는 유효한 정보를 적절한 시기에 받을 수 있으며, ② 공급체인 내의 각각의 흐름들이 개별적으로 업무를 수립 · 수행함으로서 업무프로세스가 간결해지게 되었으며, ③ 생산품종의 변경횟수가 최소화 및 최적화된 일정으로 생산성이 증가 될 수 있으며, ④ 다른 기업들과의 상호 신뢰가 유지되고 장기적인 파트너십이 가능해져 안정적인 거래로 이어 질 수 있으며, ⑤ 보유하는 재고수준이 낮아지고 유지비용이 감소되어 재정적 안정을 이룰 수 있으며, ⑥ 상품이나 서비스에서의 가격 혜택이 기대될 수 있으며, ⑦ 효율의 극대화로 경쟁력을 제고시킬 수 있다.

지난 2013년 4월부터 중앙일보와 삼성경제연구소에서는 유통업분야에서의 강소상인들의 성공사례의 분석을 통하여 성공의 키워드를 발굴하였다(중앙일보, 2013년 12월 30일)

그것은 ① 분명한 목표의식(Aim), ② 기본에의 충실(Basic), ③ 틈새기회의 발굴(Chance), ④ 아이템의 차별화(Differentiate), ⑤ 업(業)에 대한 열정(Energy)이었다.

이른바 강소상인의 성공 ABCDE 법칙인 것이다.(〈그림 8-2〉 참조)

그림 8-2 강소상인 ABCDE 법칙

먼저 뚜렷한 목표 설정(aim)은 이들의 공통적인 특징이다. 상대적으로 규모가 작은 사업일수록 목표 설정이 중요하다. 과당 경쟁에 시달리는 자영업 분야에서 여러 가지를 동시에 노리기에는 장애물이 너무 많기 때문이다.

국수전문점 사발(SABAL)의 김기현 · 윤철호 공동대표는 개업 직전 염두에 두고 있던 지역에서 도시락 배달점을 하면서 지역 특성을 파악하고 사업 목표를 분명히 하였기에 성공을 이룰 수 있었다.

다음은 '디테일이 힘이다'라는 말처럼 이는 평범하지만 변치 않는 경쟁력의 원천이 되는 것으로 가장 기본(basic)이 되는 일에 충실히 수행하여야 한다.

예를 들어 김해 동상시장 유성식육점 오경란대표의 성공 스토리는 리모델링으로 지저분한 정육점을 일신해야겠다는 마음에서 시작되었으며, 서울 동교동의 김진환제과점은 빵의 기본이라 할 수 있는 우유식빵과 소보로빵 두 가지에만 집중하였기 때문이다.

세 번째는 틈새 기회(chance)를 포착하고 이에 집중하여야 한다. 마케팅의 성공은 염두에 두는 고객군(群)을 설정하고, 그에 맞는 전략을 창출해 내야 한다.

광천토굴새우젓 하창수 대표는 손으로 적은 고객 장부에서 짠맛을 꺼리는 고객들의 변화를 알아챘다. 젓갈의 염도와 맛을 다양화하고 기존의 포장용기를 소포장이 가능한 작고 세련된 디자인으로 바꿔 젊은 층을 고객으로 확보하는 데 성공하였으며, 더원리페어의 김수동사장은 아웃도어 시장이 커지면서 수선 요구가 폭발적으로 늘어날 것이라는 점을 찾아 냈으며, 키드카 장수웅사장은 고가 해외 유모차 수입이 늘면서 수리 요구가 봇물을 이룰 것이란 점을 포착하였고, 슈자이너 박진선사장은 큰 사이즈 신발이라는 틈새시장을 찾았다.

차별화(differentiate) 역시 성공의 키워드로서 이의 핵심은 상품과 서비스의 '차이'에서 비롯된다.

고려대 앞에서 가장 유명한 빙수가게인 정만빙수 박정만대표는 최근 유행하는 눈꽃빙수 대신 각얼음을 직접 갈아 시원하게 씹히는 맛을 강조한 차별화된 식감으로 승부한 것이 주효했다. 청담동에 위치한 한길사는 저부가업종인 수선집을 고급화하는 역발상으로 명품 수선가게의 대표주자로 자리 잡는 데 성공한 바 있다.

마지막으로 사업에 대한 열정(energy)은 강소 상인들을 이끄는 가장 기본적인 힘이 되는 것으로 이들 강소상인들은 영업점의 위치 선정, 직원 선발과 교육, 원재료 조달, 타깃고객 공략 등의 모든 일에 책임을 져야만 한다.

지난 2006년부터 공표되기 시작한 AMR Research(2010년에 Gartner가 인수)의 금년 발표에 따르면 Apple 독주의 지속과 신흥 SCM 강자의 등장, 그리고 기존 상위권 기업의 활약으로 요약될 수 있다.

블랙베리로 유명한 캐나다의 RIM(Research In Motion)과 온라인 도서 판매업체인 Amazon은 2010년 새롭게 등장한 이래 올해에는 4위와 5위에 각각 랭크되어 새로운 SCM 분야의 강자로 떠올랐다.

ZARA라는 브랜드로 널리 알려진 스페인의 Inditex도 유럽시장에서의 성공을 바탕으로 전 세계 시장에서 선전하며 작년 처음 등장한 이후 올해 19위를 차지했다.

과거 상위권에 랭크되었던 기업들의 경우도 선전했는데, Dell은 전문가 평가점수와 높은 재고회전율로 인하여 전년 대비 3계단 상승한 2위를 차지했으며, SISCO는 지역에 특화된 공급망 구조와 리스크 관리 역량을 높이 평가받아 작년에 이어 올해에도 상위권인 6위에 이름을 올렸다.

국내 기업인 삼성전자는 비록 순위가 올해에는 작년 대비 3계단 하락했지만, 정교한 수요예측 및 분석 능력을 바탕으로 올해에도 무난히 10위에 안착했다.

매년 발표되는 순위를 보면 평균적으로 약 4개의 업체가 새롭게 등장하고, 비슷한 수의 기업이 순위에서 사라지고 있다.

2010년에는 RIM, Amazon, McDonald's, Inditex, Microsoft등 총 5개의 기업이 새롭게 등장했으나 TOYOTA, Disney, Texas Instrument, Publix Super Markets, Sony, Ericsson 등의 기업은 순위에서 사라졌다.

2013년에는 새롭게 Nestle, Starbucks, 3M, Kraft Foods가 이름을 올렸으나 NOKIA, Best Buy, RockhidMartin, Schlumberger 등은 25위권 밖으로 밀려나게 되었다.

지난 수년간 Top 25 순위 기업들에 있어 공통적으로 발견되는 동향을 보면 첫째는 단편적인 Supply Chain 개념에서 Value Chain 개념으로 확대되고 있다는 것이고, 둘째는 이러한 개념적 확대와 동시에 공급사슬관리 조직 내 관리의 범위와 영역이 확장되고 있다는 것이다.

과거 공급사슬관리조직의 이미지는 공급자와의 연결고리인 Inbound 분야에 초점을 두면서 구매기능, 계획기능, 제조기능, 고객서비스 기능 등이 유기적 연결 없이 단편적으로 연결되는 모습이었다.

그러나 이러한 모습은 점차 최고경영진 수준에서의 계획, 구매, 소싱, 제조 등의 기능을 포괄하는 방향으로 전이되어 왔으며, 여기에 고객서비스와 신제품 도입 등의 기능이 고객의 수요에 기반을 두면서 부서 간 기능적 연계 프로세스로 연결되고 있는 추세이다.

Gartner 그룹의 Supply Chain Top 25가 지향하는 방향점인 고객 지향적 SCM 관리 기업들은 고객 수요정보에 대한 지속적인 습득과 분석을 통해 새로운 혁신적 제품을 지속적으로 출시하기 위하여 이러한 변화를 주도해오고 있다.

한편 이에 무관심하였던 NOKIA나 TOYOTA, Motorola 등 전통적인 제조 중심 기업들은 Top 25 순위에 이름을 올리지도 못하고 사라졌다.

국내 기업으로는 유일하게 삼성전자가 10위에 랭크되었다. 순위의 범위를 50위권으로 확대하면 LG전자가 2009년에는 44위를 차지했다가 작년에는 27위를 차지하여 올해에는 Top 25위에 이름을 올릴 것으로 기대되었으나 작년 스마트폰 시장 진출의 실기(失機)에 따른 매출 하락으로 올해에는 아쉽게 이름을 올리지 못했다.

국내 기업으로는 삼성전자와 LG전자를 포함하여 현대자동차, 현대중공업, POSCO가 50위 순위의 후보 기업으로 선정됐다.

앞으로 한국 기업들의 SCM을 바라보는 전략적 시각이 SCM을 물리적 흐름을 단편적으로 관리하는 관점이 아닌, 고객의 수요에 근간한 전략적 프로세스로 인지하고 이를 실행에 옮긴다면 SCM을 통해 수익과 브랜드 이미지를 창출해내는 진정한 Top Supply Chain 기업으로 등장하게 될 것이다.

21세기 들어 대형 악재들이 급증하며 공급망 위기가 심화되고 있다. 공급망 위기는 생산에 차질을 빚어 기업경영에 큰 타격을 미칠 뿐 아니라 최종 제품 및 전 세계 연관 산업에도 피해를 초래하게 된다.

글로벌 생산시스템이 보편화되면서 공급망 구조의 복잡성이 커져 취약점을 발견하기 어려워지고 과도한 생산효율화를 추구한 결과 위기 시의 대응력이 낮아지며 제품 수명주기 단축 및 제품 다양화로 외부 충격에 반응할 시간적 여유가 부족해지고 있다.

이와 관련하여 널리 알려진 실패 사례들을 살펴보기로 하자.

먼저 일본의 한 자동차업체는 저비용 생산의 이점 때문에 태국에 생산거점을 집중한 결과 2011년 태국에서 홍수 때 완성차 전량을 폐기시킬 정도로 큰 피해를 입었다. 이 업체는 고객의 다양한 수요에 대응하고자 부품을 표준화하지 않았는데, 이로 인해 대체부품 조달에도 어려움을 겪게 되었다.

또한 미국의 한 항공기 제조업체는 신형항공기의 제작 시 아웃소싱 비중을 기존보다 2배 나 증가시켜 품질관리의 문제와 함께 중간재 조립까지를 아웃소싱하는 다층구조로 인해 시장 출시(出市)가 3년 이상 지연된 적이 있다.

유럽의 한 휴대전화 제조업체는 핵심 칩을 공급하는 업체에서 화재가 발생하여 대규모 생산차질을 빚으면서 휴대폰 시장에서 철수를 선언할 정도로 타격을 입었다. 이 기업은 부품공급 상황을 모니터링하고 사고에 대응하는 시스템을 제대로 갖추지 못했을 뿐 아니라, 공급업체와의 우호적 관계 구축에도 소홀히 한 결과 피해가 더욱 커졌다.

이제 국제화 · 정보화 · 개방화라는 시대적 양상에 적응하면서 새로운 유통 · 물류전략으로 성공적인 경영활동을 수행하는 기업의 사례를 살펴보기로 하자.

지난 1997년 '아스코이븐프라자'라는 상호로 창업한 이후 16년 만에 900호점을 개점한 DAISO(원래는 일본의 유통업체로 2,500개 체인망에 시장의 70%를 장악한 4위 유통업체)는 아성산업의 전신인 한일맨파워를 통해 일본 DAISO에 연간 5억 개 상품(1억 5,000만-1억 8,000만 달러)을 수출하고 3만 여종이 넘는 다양한 생활잡화를 1,000원-5,000원대의 합리적인 가격으로 판매하면서 균일가(均一價)시장 1조 시대를 연 최대 규모의 균일가 생활용품 숍이다.

매장은 직영점 437개(49%), 가맹점 238개(26%), 유통점 225개(25%)이며 지역적으로는 수도권 427개(47%), 충청 · 호남권 212개(24%), 영남(경북, 경남)권 200개(22%), 강원권 51개(6%), 제주지역 10개(1%)로 전국 단위로 분포되어 있다.

DAISO의 연간 제품 총 판매량은 2012년 매출 7,575억 기준 약 5억 5백 만개로 국민 1인당 평균 구매 개수는 연간 약 10개로 거리로 환산하면 서울과 부산을 약 190번(제품 길이 30cm 기준) 왕복하고, 지구를 4바퀴나 도는 수치다.

한국 시장을 선점한 DAISO는 2011년 말 중국에도 매장을 오픈하여 유통샵 95개, 직영점 2개 등 총 97개의 매장을 상하이(上海), 베이징(北京), 텐진(天津) 지역을 중심으로 개점하였다. 중국 내 DAISO에서는 '하오스터(好思特)'라 불리며 한국 DAISO 매장과 동일하게 균일가 정책을 고수하고 있으며 특히 중국에서 판매 중인 3,000여개 제품의 약 40%에 해당하는 1,100여개 제품은 한국에서 생산된 'Made in Korea' 제품이어서 인기가 매우 높다.

DAISO는 중국의 균일가 시장을 넓히기 위해 라이프스타일을 면밀히 파악하고, 맞춤 신상품군도 소개할 예정으로 입점 지역을 확장하는 등 시장 진출에 꾸준히 나설 계획이다.

DAISO의 박정부회장은 '균일가(均一價)숍'이 인기를 얻을 수 있었던 것은 경기불황에 따른 저렴한 가격이라는 원인 이외에도 품질, 품목 등에서 경쟁력이 있는 등 균일가 산업이 유통 카테고리로 자리를 잡고 있었기 때문이라고 설명하면서 한국 시장은 일본의 사례를 볼 때 현재 1조 5천 억대 시장에서 더 성장할 것으로 전망하고 있다.

초창기의 슬로건인 '천원의 행복'에서 '대한민국 대표 생활센스스토어', '스마트 라이프 스마트 DAISO'로 이어져왔고, 현재의 슬로건으로는 '생활의 지혜, 생활의 발견'을 내세우며 앞서가는 '감각의 생활 동반자'임을 홍보하고 있다.

이는 경제적이고 정직한 가격의 제품을 지속적으로 선보여 합리적 소비문화를 창조하고, 상품의 품질과 매장 분위기를 개선시켜, 단지 저렴한 상품을 판매하는 유통숍이 아닌 '생활문화숍'을 지향하려 할 뿐더러 나아가 사회적 책임을 다하는 상생기업으로 거듭나기 위하여 고용 활성화와 전통시장 살리기 등에도 집중하는 전략을 수립하였다.(스포츠조선, 2013년 7월 23일/DBR, Vol.131, 2013)

DAISO의 경영전략은 SMART로 요약된다. 즉 S는 Sourcing(협력업체와의 글로벌소싱)과 Sensible(감각있는 제품)을 M은 Merchandise(고품질제품의 적시공급)와 Most(똑똑한 소비)를, A는 Average market(균일가시장)과 Available(누구나 쉽게 이용)을, R은 Renovation(가치 혁신)과 Reasonable(합리적인 소비)을, T는 Triumph(지속적인 성공)와 Transformable(취향에 따른 리폼과 DIY 가능)을 의미하고 있다.

지속 가능의 계속기업을 지향하는 DAISO는 특히 가격경쟁력을 확보하기 위하여 ① 납품가격을 DAISO가 먼저 제시하고, ② 한번에 대량의 상품을 현금으로 구매하며, ③ 포장은 최소화하고 디자인을 최대한 단순화하는 Redesign으로, ④ 물류프로세스의 효율성을 극대화하기 위하여 7000평의 자동화 물류창고를 설립하여 운영하는 등 적극적인 경영전략을 수행하고 있다.

Ⅱ 국제유통 · 물류 전략

한국의 내수시장이든 세계를 겨냥한 해외시장이든가를 막론하고 고객의 니즈(needs)를 만족시켜야 하는 것은 아무리 강조하여도 지나치지 않는 근본적인 기능이며 역할이다.

그러나 FTA의 출현 및 활성화 등과 같은 세계시장의 글로벌화, 첨단 및 고급화된 기술혁신의 가속화, 지구적으로 즉시 및 동시성을 추구하는 고객요구의 다양화는 글로벌 SCM을 등장시키고 활성화시키는 요인이 되었다.

이러한 시대적 변화와 급변하는 시장 및 고객의 니즈를 충족시키기 위하여 유통 및 물류에서의 기본적인 속성(屬性)을 파악하여 성공한 기업들의 사례를 살펴보기로 하자.

마닐라 파사이시티에는 아시아 최대 규모의 쇼핑몰 'SM 몰 오브 아시아'가 웅장한 모습을 드러내고 있다. 이 건물의 주인은 필리핀의 '소매 여왕(Queen of Retail)'으로 불리는 Teresita Sy-Coson SM그룹 부회장이다. 쇼핑몰 내부는 치안이 불안정한 국가답게 매장 입구마다 총기를 소지한 보안요원이 검색을 하고 있다.

그녀는 필리핀 최고 부호 자리를 지키고 있는 Henry Sy SM그룹 회장의 장녀로 현재 그룹의 리테일 사업을 총괄 및 금융계열사인 BDO뱅크 회장직까지 맡고 있는 실질적인 그룹의 1인자다.

Coson 부회장의 집안인 'Sy' 가문은 보유 지분 가치만 132억 달러(약 14조 7,500억 원)에 달해 현재 포브스 집계 기준 필리핀 부자순위 1위, 전 세계 부자순위 68위에 랭크되어 있으며 Sy 가문의 재산은 이건희 삼성그룹 회장(포브스 순위 69위)의 총자산 126억 달러보다도 6억 달러(약 6,700억 원) 이상 많다.

SM그룹의 성공 비결에 대하여 "M&A 등으로 무리하게 외형을 늘리기보다 우리가 잘할 수 있는 사업에 집중한 전략이 주효했다"고 하였다. 건설 · 금융 · 부동산 등 많은 분야의 계열사를 거느리고 있는 대기업 SM그룹의 수장으로는 의외의 대답이었다.

Coson 부회장은 '우리가 BDO 뱅크를 인수한 것은 SM 그룹 초기에 손님들에게 거슬러 줄 동전이 부족했기 때문이었다'면서 '기존 은행들이 지폐를 동전으로 바꿔주는 일을 귀찮아 해 어쩔 수 없이 소규모 은행을 인수했던 것'이라고 하면서 '건설 등 다른 계열사 역시 쇼핑몰을 짓는 데 필요했기 때문에 사들였다. 앞으로도 강점을 가지고 있는 소비자 대상 사업에만 집중하려 한다'고 덧붙였다.

그녀는 필리핀에 진출하는 한국 기업들의 적극적인 파트너십 제안을 요청했다. SM은 BDO 뱅크에 전담 부서를 만들 만큼 한국시장에 관심이 많으며 미국계 한국인 장진숙씨의 미국 SPA브랜드 'Forever 21'이 SM그룹과의 전략적 제휴로 현지 시장에 성공적으로 안착한 것은 좋은 사례이다.

Coson 부회장은 '삼성 등 한국 기업들의 실력이 뛰어난 것은 알지만 현지 파트너가 없이 독자적으로 필리핀에 진출하는 것은 쉽지 않다'고 하면서 '현지 사정에 밝은 업체와 파트너십을 맺고 필리핀의 문화 · 경제 등을 이해하는 과정을 거치면 서로 win-win 하는 결과가 나올 것'이라고 밝혔다.

SM은 신발 가게(Shoe Mart)의 약자로 그녀는 중학교 무렵부터 방과 후 신발 매장에서 손님들을 맞으면서 사업을 배우기 시작했다. 화교 출신인 헨리 회장은 가훈 겸 사훈인 근면(hard working) · 혁신(innovative) · 집중(focus)을 꼭 지킬 것을 강조했다.

Coson 부회장은 '회사가 글로벌 기업으로 성장하기 위해선 가족들이 일선에서 물러나고 향후 전문 경영진에 회사를 맡겨야 한다'고 하면서 '가족 기업은 회사의 장기 계획을 수립하는 데 있어 전문성 결여 및 보수적인 접근으로 인해 분명히 한계가 있다'며 '지금까지 회사가 꾸준히 성장할 수 있었던 건 운이 좋았기 때문'이라고 겸손한 모습을 보였다. (매일경제, 2013년 5월 22일)

다음은 세계의 국제공항 가운데 ASQ(세계공항서비스) 대상을 8년 연속으로 수상한 인천국제공항이 콘소시엄을 통하여 외국의 신공항 건설 및 운영권을 획득하여 국제운송 및 물류분야에서의 새로운 사업영역을 개척한 사례이다.

인천국제공항공사, 금호산업, 한라건설, 롯데건설, 포스코 ICT 등으로 구성된 한국 컨소시엄이 11억 달러 규모(약 1조 2,200억 원) 미얀마 신공항사업을 따내게 되었다.

이들은 미얀마 민간항공청이 발주한 미얀마 신공항사업(한타와디공항) 우선협상대상자로 선정되었는바, 미얀마는 그동안 양곤국제공항 연간 여객 처리 능력(2,700만 명)이 포화상태에 이르자 북동쪽 60㎞ 바고시에 한타와디국제공항(제2양곤 신공항) 개발을 추진해왔다.

미얀마정부는 공항이 완공되면 양곤공항의 국제선 기능을 모두 이전해 국가 관문공항으로 육성할 계획으로 있어서 작년 7월 국제입찰을 시행하였으며 이에 따라 한국, 싱가포르, 일본, 프랑스 등 4개 컨소시엄이 최종 본선에 올라 치열한 사업 수주 경쟁을 벌였었다.

한국에서는 인천공항이 금호산업, 한라건설, 롯데건설, 포스코 ICT와 컨소시엄을 구성한 뒤 산업은행과 수출입은행 금융 지원을 바탕으로 최종 우선협상대상자로 선정된 것이다.

연말 인천공항컨소시엄과 미얀마정부가 최종 계약서에 사인하면 인천공항컨소시엄 건설사들은 2018년까지 연간 여객 처리 1,200만 명 규모의 1단계 신공항을 건설하게 되는 것이다.

인천공항은 1, 2단계 공항 건설 노하우를 살려 공항 콘셉트 등을 잡아주다가 2018년 준공하면 2067년까지 50년(30년 보장+최대 50년까지 10년씩 연장) 동안 신공항을 직접 운영하게 되며 이럴 경우 인천공항컨소시엄은 50년 간 사업비를 제외하고도 수천억 원의 수익을 기대할 수 있을 것이다.

이제부터는 세계적인 유통기업인 Costco의 강점을 살펴 보기로 하자.

미국 Walmart는 마이애미와 보스턴 그리고 샌프란시스코의 점포에서 종업원들이 2013년 5월 29일부터 1주일간의 파업에 돌입했다. 미국 아마존 닷컴 역시 독일의 물류거점에서 임금인상과 처우개선을 요구하는 파업이 발생했다.

그러나 미국의 Costco 홀세일은 창업 이래 30년 간 큰 노사분쟁이 일어난 적이 없다. 미국에서 Walmart에 이어 소매업계 2위를 점하는 Costco는 현재와 같은 혼란과 인원 삭감이 횡행하는 시대에 매우 특수한 존재이다.

Costco는 회원제로 운영되며 제품구매를 하기 위해서는 연간 55달러의 회비가 필요하다. 거대한 창고와 같은 점내에는 어류부터 휴지까지 매우 다양한 물건이 천장까지 쌓여 있다.

온라인판매에 고객을 빼앗기고 투자가들에게도 비관적 평가를 받는 대형유통업체에서 현재도 Costco는 최근 5년간 호경기가 지속되고 있다. 2009년과 비교하면 매상은 39% 증가하고 주가는 두 배가 되었다.

2012년 1월에 공동 창업자로 최고경영책임자(CEO)를 맡고 있던 Jim Sinegal이 은퇴하고 Craig Jelinek이 새로운 CEO에 취임했으며 주가는 30% 상승했다.

이처럼 경기침체와 함께 소매업계가 직면한 과제에도 불구하고 Costco에 종사하는 종업원의 평균시급은 20.89 달러이다. 참고로 미연방 최저임금은 7.25달러이다.

Walmart의 평균 시급은 12.67달러이다. 회사가 비용을 부담하는 건강보험도 Costco에서는 종업원의 88%가 가입되어 있는 반면 Walmart는 절반 이하이다.

Costco는 행복한 노동환경이 수익향상으로 이어진다는 믿음으로 종업원을 중요하게 생각하고 있다. Jelineck은 "종업원은 생활비를 벌고 의료급여를 받을 필요가 있다. 그럼으로써 보다 많은 돈이 경제에 환원되고, 보다 건전한 국가가 형성된다. 단지 그것뿐이다."고 말한다.

Costco의 또 하나의 특징은 임원회의실과 직원실의 구분을 명확히 하지 않는다는 점이다. 워싱턴주 Ithaca에 있는 Costco 본사는 매우 검소하다. 임원 플로어에 깔려있는 푸른 양탄자는 색이 바래져있고 임원회의실은 공립학교의 직원실처럼 테이블이 6개 놓여 있을 뿐이다.

2012년 Jelineck의 보수는 급여 65만 달러에 상여 20만 달러와 약 400달러의 스톡옵션이었다. 이것은 Sinegal이 받았던 연봉 32만 5000달러보다는 많다.

그러나 대조적인 것은 Walmart의 마이클 듀크 CEO이다. 그는 2012년 기본급 130만 달러에 현금상여 440만 달러와 1360만 달러 분의 주식을 부여받았다.

또한 전 세계에 걸쳐 627개의 점포가 있는 Costco의 창고형 점포의 공통점은 꾸밈이 없다는 것이다. 상품은 모두 철제 선반에 쌓여져 있거나 하역대(pallet)에 넘치게 쌓여있다.

취급 품목수는 약 4000가지에 달한다. 이는 모두 이익률 14% 이하로 판매한다. 종이기저귀, 와인과 같은 Costco의 자사브랜드(Private Brand) 상품의 이익률은 최대 15%이다.

부동산 관련의 비용이나 임금 등의 경비를 빼면 매상에서 이익은 거의 나오지 않는다. 총이익의 80%가 회원비 수입이다. 회원 갱신률은 90%에 가깝고 2011년에 회비를 10% 올렸지만 불만은 거의 없었다.

Costco는 대량구입에 의해 구입비용을 낮추고 업계 최저가로 판매한다. 아마존도 그러한 저가격에는 이길 수 없다. 온라인에서 싸게 사기 전에 오프라인 점포에서 현물을 보는 'showrooming'에 대해서 Jelineck은 신경 쓰지 않는다.

오히려 브랜드제품의 저가 판매에 너무 신경 쓴 나머지 문제를 일으킨 적도 있다. 미국 보석품 대기업인 Tiffany는 2013년 2월, Costco가 상품을 'Tiffany의 약혼반지'로 판매한 것은 상표권 침략에 해당한다고 소송을 걸었다.

당시 Costco의 CFO인 Richard Galanti는 "깜박 실수를 했다. Tiffany스타일이라고 했어야 했다"고 설명했다.

Costco 종업원의 약 4%에 해당하는 파견 파트사원의 임금도 업계평균을 넘어선다. 또한 Walmart나 Amazone 등은 종업원이 노동조합을 결성하는 것을 적극적으로 회피하고 있으나 Costco는 미국의 종업원의 약 15%가 전미 트럭운전수조합(IBT)에 가입하고 있어도 불쾌하게 생각하지 않는다.

이것은 '종업원에 친절한 기업이 성장한다'는 개념을 Costco는 실현시키고 있다는 방증일 것이다.

미국 MIT 대학 Sloan 경영대학원의 Zeynep Ton 교수에 의하면 거의 모든 소매업자가 "종업원을 최소화해야 할 비용의 하나로 취급하며, 그들에게 투자하지 않고 있다." 그 결과 서비스가 저하되고 온라인에서 사는 것이 좋다는 결과를 낳게 된다.

Walmart의 회원제 슈퍼인 Sam' s Club의 광고담당자는 Costco의 연회비가 비싸다는 것을 지적하고, Costco의 임금이 높은 것은 Costco가 '물가가 비싼' 서해안의 도시부에서 시작했기 때문이라고 주장한다. 그리고 "Sam's 클럽의 임금은 업계평균을 상회하고 있다."고 주장한다.

그러나 일반적으로 Costco와 같은 양심적인 기업의 대부분이 좋은 실적을 내고 있다. 최근 수년 간 미국 고급백화점인 Nordstrom이나 미국 수납품 전문점인 Container Store, 프랑스 화장품 Sephora 등 종업원을 중요하게 생각하는 것으로 알려진 기업은 경쟁기업을 누르고 성장하고 있다는 것이 그 증거이다.

Costco의 발전 연혁을 보면 Costco는 대규모 소매업 체인의 변종일지도 모른다. 하지만 1962년에 미국에서 계속해서 탄생한 Walmart, K마트, Darnell Coles, Target 등도 중간소득층의 만족할 줄 모르는 소비의욕을 채우기 위해 탄생했다는 점에서 같은 유전자를 가지고 있다.

이러한 기업들이 모델로 삼은 것은 50년대 고(故) 솔 프라이스가 샌디에이고에서 창업한 디스카운트 슈퍼 Fed-Mart이다. 이 기업은 미국에서 처음으로 다양한 제품구비와 저가격을 동시에 실현시켰다.

Price는 뉴욕출신의 유대인 자유주의파 변호사로 노동조합의 존재도 인정했다. 인수 실패로 Fed-Mart가 파산하자 프라이스는 1976년 Price Club을 창업했다. 이 가게에서는 취급품목을 수 천 가지에 걸쳐 대량 구입하고 일정의 이익을 얹어서 판매했다.

Price는 종업원에게 IBT에 가입하도록 권유하는 등 공정한 노동관행의 실행에도 힘썼다. Sinegal도 Price의 부하직원 이었으나 독립하여 1983년 변호사 Brotman과 함께 Price Club의 사업모델을 참고로 하여 Costco를 창업했다.

Price Club과 Costco는 1992년 합병했으나 성공하지 못하고 Price Club은 이탈했다.

그러나 Sinegal은 프라이스의 종업원 중시 자세를 견고히 유지했다. 1985년에 상장한 이후 월가로부터 몇 번이나 임금 및 의료비 인하를 요구받았으나 Sinegal은 역으로 3년에 한 번씩 임금과 의료급부를 인상했다.

경기침체가 심각했던 2009년 가을, Costco의 매상도 하락하기 시작했다. 경쟁기업들이 레이오프(lay-off), 임금삭감 등을 통해 위기를 넘기려고 하는 중에도 Sinegal은 종업원의 시급을 3년에 걸쳐 1.50달러 인상하도록 인정했다.

3년 간 시급을 매년 50센트씩 인상한 비용은 총액으로 2000만 달러에 달했다. 그러나 창업주가 보여준 완고함은 자존심의 문제였다. "평균임금이 2-3달러 낮으면 이익은 더욱 증가하겠지만 그럴 계획은 없다."고 Richard Galanti는 말했다.

현 CEO인 Jelineck도 고등학교 시절, Fed-Mart에서 일한 경험이 있다. 그의 모교인 미국 샌디에이고 주립대학에서 학위를 받고 식품 슈퍼인 럭키에서 2년간 근무한 후 1983년에 Costco에 입사했다.

전임 CEO와 마찬가지로 Jelineck씨도 꾸미지 않는 것의 중요성을 설명한다. "비즈니스 스쿨에서 배우는 것이 아니다. 고품질의 상품을 가능한 한 저가격으로 제공한다. 소비자에게도 종업원에게도 경의(敬意)를 갖고 접하게 되면 좋은 결과로 연결될 것이다."고 Jelineck은 말한다. 창업자 정신을 철저하게 중시하고 있다는 것이다.

한편 CEO로서 Jelineck이 최근 가장 힘을 쏟고 있는 것이 해외진출이다. 향후 2년 간 프랑스와 스페인에도 진출한다. Galanti에 의하면 향후 5년 간의 출점계획 중 3분의 2는 해외로 두고 있으며, 일본, 대만, 한국이 중심이다.

현재 Jelineck은 납입업자에게 국제적 거래를 요구하고 있다. 만약 그것 때문에 납입업자와 그 나라의 소매업자의 관계가 악화되더라도 말이다. "우리와 비즈니스를 하는 이상, 그 국가에 대해서는 납품할 수 없다는 말을 할 수 없다. 그런 업자는 우리 비즈니스를 존중하지 않는다는 것이다."고 말하고 있다.

Costco는 납입업자가 자신들을 경시하는 듯한 행위에 민감하다. 2010년에는 미국 Apple이 iPod 이외의 제품을 자사에 팔지 않고 제품의 온라인 판매를 허가하지 않았기 때문에 Apple과의 거래를 중지했다. Sony나 Panasonoc의 제품에 대해서도 같은 이유로 판매를 축소한 적이 있다.

경기침체에도 불구하고 성공하고 있는 Costco이지만 타사와 마찬가지로 업계의 급속한 변화에 직면하고 있다. 미국 상무부의 통계에 의하면 2012년도 온라인 판매는 15.8% 증가하였고 소매업 전체는 5% 증가하였다.

Costco의 온라인판매도 순조롭다. 미국 조사회사 인터넷 Internet Retailer에 의하면 2012년의 매상은 약 20억 8000만 달러로 추정된다. 그러나 점포를 통한 성공과 비교하면 온라인 판매 매상이 전미에서 17위라는 것은 불충분하다.

Costco의 성장은 식료품부문의 성장이 크기 때문에 Amazon이 식료품 택배사업에 참가한다면 영향이 매우 크다. (실제로 Amazon은 2007년부터 시애틀에서 식료품 택배서비스를 시험적으로 전개하고 있으며 향후 수개월 후 미국 전체로 확대할 것이라고 밝히고 있다.)

Jelineck은 Costco도 식료품의 온라인판매를 검토했으나 거기에서 이익을 낼 수 있는 자가 있다고는 생각지 않는다고 말하고 있다.

Costco의 경영진 대다수가 50대 후반으로 경영자의 고령화라는 문제도 있다. Jelineck은 후계자문제는 항상 생각하고 있으며 최근 차세대 리더 육성 프로그램을 확충했다고 말한다.

후계자는 사내에서 찾아야만 한다. Costco는 비즈니스 스쿨 졸업생을 고용하지 않기 때문이다. 이것도 Costco가 독특한 기업문화를 유지하고 있는 중요 요인 중 하나다. Costco에서는 가게에서 일하는 종업원을 육성해 대학원 졸업까지 금전적인 지원도 하고 있다.

한편 Costco는 관리직의 70%가 카트운반이나 계산대 담당으로 입사한다. 근속 1년 이상 사원의 이직률은 5%, 간부계급에서는 1% 이하로 종업원들은 거의 그만두지 않는다. 이것은 매우 훌륭한 일이지만 외부의 시선이 들어가기 어렵다는 것을 의미한다.

Costco에서는 "행복한 종업원은 생산성이 높고 효율이 높은 노동자가 된다."라는 프라이스가 말한 선순환의 효과가 나타나고 있다.

하지만 Obama care(Obama정권이 추진하는 포괄적 의료보험제도 개혁)에 대한 저항도 강해 Costco의 간부는 미국 기업에 의한 종업원 취급에 변화가 일어날 가능성은 낮다고 보고 있다.

지금도 Costco의 회장을 맡고 있는 공동창업자 Jeff Brotman은 많은 미국 기업이 파트 종업원의 노동시간을 주30시간 이하로 줄이고 있는 것은 창피한 일이라고 말한다. 새로운 법률 하에서는 30시간을 넘지 않으면 그들의 건강보험을 커버하지 않아도 되기 때문이다.

Jelineck은 저가격에 의한 양판과 종업원의 행복을 지킬 것을 맹세하고 Costco의 미래에 집중하는 것에 만족하고 있다. "고객을 지속적으로 보살피고, 종업원도 중요시 하며, 비용을 적정하게 유지할 수 있다면 좋은 결과로 이어질 것이다."고 말한다.(NIKKEI BUSINESS, 2013년 7월 1일)

이제부터는 항공화물운송에서의 강자인 UPS나 DHL보다 공격적인 경영전략을 수행하고 있는 FedEx Korea의 사례를 살펴보기로 하자.

채은미지사장은 물류의 최근 흐름에 대해 "과거에는 항공특송이 속도만으로도 인정받을 수 있었다면 지금은 헬스케어, 바이오제품 등 주의를 요하는 특송품이 많다. 이 때문에 2013년 8월에는 온도를 2-8도로 96시간 유지하는 새로운 저온배송 포장 서비스를 선보였고, 상자의 버튼만 누르면 5분 내로 4도까지 온도를 떨어뜨리는 특수 냉각 포장도 개발했다"고 말한다.

그녀는 또한 "고객들이 지역별로 잘 정비된 특송사를 알고 있어 관련 지식으로 무장하지 않으면 안 된다"고 강조하고 있다.

2012년 8-9월 한 · 미 FTA가 체결되자 관세청의 전문가를 초빙해 자동차 · 섬유 · 정보기술(IT) · 전자 분야의 중소기업 관계자 350명에게 증명방법 등에 대한 강연을 개최한 것도 높아지는 고객의 요구에 대한 선제적 대응 측면이 컸다는 것이다.

FedEx Korea는 2011년 한국 취항 특송사들 중 가장 먼저 최신 기종인 B777을 투입했고, 멤피스 본사에서 인천공항으로 직항을 띄웠다. 또한 2012년 12월부터는 해외 발송 제품의 접수 마감 시간을 최대 2시간까지 늦췄다. 급히 바이어에게 샘플을 보내는 중소기업들을 배려한 서비스다.(중앙일보, 2013년 12월 27일)

이처럼 물류 · 유통전략은 과거의 단순한 빨리빨리 경쟁에서 벗어나 보다 다양해지는 고객의 needs와 다양한 상품에 맞춘 서비스를 전략적으로 제공해야 한다.

그러므로 성공적인 기업의 경영전략은 특히 유통·물류분야의 경우 성공을 이끄는 핵심적인 요인(KSF)에 의해서 이뤄지게 된다.

한편 중국으로 시선을 돌려보면 경제발전에 따른 다양한 패러다임의 변화는 유통구조에도 영향을 미치고 있다. 대표적인 현상 중 하나는 중국 소비시장의 주류가 바뀌고 있다는 것이다. 2014년 1월 14일자 중앙일보의 기사를 인용해 소개하면 다음과 같다.

소비를 무서워하고 소비에 소극적이었던 40-50대 중장년층이 물러나고 그 자리를 '소(小)황제'로 자란 신세대들이 채우고 있다. '소비의 세대교체'인 셈이다. 이들의 등장은 유통구조를 송두리째 비꿔놓고 있다. 인터넷·모바일이 새로운 유통의 통로로 등장하는가 하면, 백화점보다는 로드숍(가두직영점)이 더 인기를 끈다. 이들의 성향을 알아야 중국시장 공략에 성공할 수 있다는 얘기다.

중국 온라인 쇼핑몰 업체 '당당왕(當當網)'은 도서 인터넷 판매로 시작해 규모를 키운 회사다. 이 회사의 궈허 부사장은 중국 소비시장의 변화에 대해 과거 10년이 가격 위주였다면 앞으로 10년은 창조적인 제품과 남다른 서비스가 성패를 가르는 중심 요소다.

"중국의 소비자들은 이제 서비스에 '집착'하고 있다. 중국 하면 '만만디'를 떠올리는데 절대 잘못된 인식이다. 지금 중국 사람들은 상당히 까다롭다. 빠른 배송을 원하고 소비자 만족에 대한 요구수준이 아주 높다. 당일 주문에 당일 배송은 기본이다. 주문 후 몇 시간 내 배송 전략을 써야 할 정도다."고 말한다.

또한 궈 부사장은 "가구당 월소득 6000위안(약 105만원) 이상의 중장년층이 장악했던 시장 헤게모니가 젊은층으로 넘어가고 있다"며 "바링허우(80後 · 80년대 출생), 주링허우

(90後·90년대 출생)를 주목하고 있다"고 강조했다. 부모로부터 부(富)를 대물림한 '푸얼다이(富二代)' 역시 궈 부사장의 타깃 소비자 군(群)이다.

이들의 등장은 유통을 바꾸고 있다. 스마트폰 업체인 샤오미(小米)는 매달 한두 차례 진행되는 인터넷 판매에서 발매 5분여 만에 20만 여 대의 휴대전화를 팔아치우기도 한다. 이 회사를 '시장 파괴자'라고 부르는 이유다.

이들 신세대 소비층의 가장 두드러진 특징은 '소비에 주저함이 없다'는 것이다. 고급을 지향하고, 과소비 경향을 보이기까지 한다. 1990년대의 고도성장기에 청소년기를 경험하고, 글로벌 · 인터넷 · 쇼핑문화 등에 익숙하기 때문이다.

특히 주링허우 소비층은 자기 주장이 강하고, 인스턴트 문화에 거부감을 느끼지 않는다. 개성과 독특함이 있는 제품으로 이들을 공략해야 한다는 얘기다. 주링허우들은 실험소비를 즐기는 '얼리 어답터(early adopter)' 성향을 보이기도 한다.

그렇다고 중저가 시장을 외면하거나 등한시하라는 얘기는 아니다. 중산층이 두터워지면서 중저가 소비층은 더 두터워지고 있다. 미래 중산층 시장을 구성할 소비층이 바로 신세대 농민공(農民工 · 농촌 출신의 도시 지역 노동자)이다.

유진석 삼성경제연구소 수석연구원은 "1세대 농민공들은 도시에서 돈을 벌어 대부분 고향에 송금했으나 신세대 농민공은 도시에서 소비에 사용한다"며 "중국 정부가 지속적으로 노동자들의 임금을 올리고 있어 이들의 구매력도 크게 향상되고 있다"고 말했다.

이봉걸 무역협회 수석연구원은 신세대 소비층 공략의 핵심 키워드로 '3고(高)'를 제시한다. 그는 "기존 중장년 소비층이 체면소비, 관시(關係)소비, 실속소비 성향을 보였던 데 비해 신세대는 개성과 '특별함'을 중시한다"며 "이제는 중국에서도 싸구려보다는 고가 제품이, 범용 제품보다는 고혁신성 제품이, 판매 후에도 관리를 해주는 고품질 서비스가 잘 팔리는 시대"라고 지적했다.(중앙일보, 2014년 1월 14일)

제9장

R&D와 경영전략

I R&D의 의의

R&D에서 Research는 기초연구와 이의 응용화 연구, Development는 이러한 연구의 성과를 기초로 하여 제품까지를 진행하는 개발업무를 가리킨다.

R&D는 점차로 치열해지고 가속화되는 글로벌시장 환경 속에서 기업 경쟁력의 원천이 되고 있다. 물론 이를 뒷받침하기 위해서는 한국의 경우 대부분의 기업들이 업종에 상관없이 현금흐름이나 부채 등에 관련한 재무적 안정성, 종업원 수, 매출액 등이 R&D 투자에 대한 수준이나 내용에 크게 영향을 미치고 있으나 특히 중소기업들의 경우에는 종업원의 수가 R&D투자에 크게 영향을 주고 있다

경영환경의 변화는 항상 있는 것이므로 이를 예측하여 대안(alternatives)을 마련하고 있어야 하지만 R&D의 개발에 대한 보상, 즉 성공률은 저조하여 리스크는 상당히 클 수밖에 없다. 한 조사보고에 따르면 R&D의 성공확률은 2분의 1이며 더구나 상품화로 이어지는 것은 2분의 1이고, 다시 상품으로서 이익을 창출시키는 것은 2분의 1에 불과하여 소극적일 수밖에 없다.(조대우 · 황경연, 코스닥 상장 제조기업의 연구개발투자가 수출성과에 미치는 영향, 국제경영리뷰, 한국국제경영관리학회, 2013년 6월)

그럼에도 불구하고 한국의 기술력은 세계적인 기준으로 볼 때 평균적으로는 떨어지지만 몇몇 분야에서는 앞서고 있다.

즉 전자 · IT분야에서는 높으나 항공 · 우주분야는 중국보다 낮아 세계 최고의 기술국가인 미국을 100점 만점으로 했을 때 77.8점 수준인 것으로 조사됐다.

미래창조과학부와 한국과학기술기획평가원은 제3차 과학기술기본계획에 따라 120개 국가전략기술에 대해 한국과 미국 · EU · 중국 · 일본 등 5개 국가(지역)를 대상으로 실시한 2012년도 기술 수준 평가에서 미국을 100점 만점으로 할 경우 EU는 94.5점, 일본 93.4점, 중국은 67점으로 조사됐다고 밝혔다.

중국은 전체 기술 수준은 한국보다 낮았지만 항공 · 우주 분야에서는 11.5점 앞선 78.3점으로 평가됐다. 이번 조사는 과학기술기본법이 2년마다 국가의 핵심 기술 수준을 조사하도록 규정한 시행령에 따라 이뤄졌으며, 120개 기술은 전자 · 정보통신, 의료, 바이오, 항공 · 우주, 나노 · 소재, 기계 · 제조 · 공정 등 10개 분야에 걸쳐 조사됐다.

조사 대상 국가와의 기술 수준 차이를 시간으로 환산하면, 한국은 미국에 4.7년, EU에 3.3년, 일본에 3.1년 뒤졌고, 중국에는 1.9년 앞선 것으로 나타났으며 이를 다시 분야별로 보면, 미국은 10대 분야에서 모두 1위를 차지했다.

한국은 100점 만점인 미국 기준으로 전자 · 정보통신과 기계 · 제조 · 공정 분야에서 각각 82.2점을 얻어 가장 점수가 높았다. 반면 중국보다도 뒤진 항공 · 우주 분야는 66.8점에 불과했다.

120개 국가전략기술에서 최고에 오른 한국 기술은 없었으나, 942개 세부 기술 중에서 '비(非)약물요법에 대한 인체 내 탐색기술', '청정동력 선박기술'은 최고 기술로 평가됐다.

따라서 앞으로는 한국 정부의 지원 예산을 항공 · 우주 등 경쟁력이 떨어지는 분야에 집중해야 할 것이다.(조선일보, 2013년 8월 13일)

이제 R&D와 관련하여 국제적인 규제 및 관련 협정에 따른 기술적 제도 및 법령 등이 미치는 결과에 대한 사례를 살펴보기로 하자.(매일경제, 2013년 8월 16일)

한국의 화학 관련의 기업들에게 중대한 영향을 미치는 법이 통과되었다. 이는 화학물질 등록 및 평가법(일명 화평법)이 산업경쟁력을 위협하게 될 것이 명약관화(明若觀火)하기 때문이다.

지난 2년간 업계 의견 수렴을 거쳐 마련된 정부 원안이 국회 환경노동위원회 법안소위 심사에서 산업계에 치명적 영향을 미치는 내용으로 둔갑하였으나 업계는 항변은커녕 무슨 일이 벌어지는지도 몰랐다.

환경부가 화평법 준비에 들어간 것은 지난 2011년부터였다. 이미 유럽연합(EU)에서는 국민건강 보호 및 자국 산업 경쟁력 도모를 위해 화학물질등록을 강화한 REACH 법 시행에 들어가고 일본 등 주요 교역국에서는 화학물질 관리를 강화하는 등 국제적인 추세가 있었다.

이에 따라 환경부는 산업부와 공동으로 이해관계자 포럼을 구성해 의견수렴에 들어갔다. 주 구성원은 산업계 인사들. 2년 가까운 기간 숱한 공청회와 비공식 간담회를 거쳐 정부안이 다듬어졌다.

드디어 2012년 9월 국회에 제출되었으며, 정부안은 연간 1t 이상 신규 화학물질 또는 등록대상 기존 화학물질을 제조 · 수입할 때 사전 등록절차를 거치도록 하며, 전반적 관리

감독을 강화하는 대신 신규 화학물질에 대해선 산업 경쟁력을 감안해 등록면제 범위를 100kg에서 1t 으로 완화해 준다는 것이 핵심이었다.

화평법(化評法)의 롤 모델은 EU에서 2007년 채택한 REACH(Registration, Evaluation, Authorization and Restriction of Chemicals)법이다. 그러나 결과적으로는 REACH를 훨씬 뛰어넘는 세계에서 가장 엄격한 화학물질평가법이 탄생했다는 것이 업계 시각이다. 주요국의 관련법 중에서 소량 신규화학물질에 대해 등록예외를 인정하지 않는 것은 화평법 뿐이다. REACH조차 1t 미만 화학물질에 대해선 등록을 면제해 주고 있다.

미국은 이보다 10배 많은 10t 까지 등록예외를 인정하며 호주와 캐나다는 100kg이 기준이다. 우리도 현행 유해물질관리법에선 100kg 미만에 대하여 등록을 면제해왔다. 조사 연구개발용에 대한 면제조항 역시 화평법을 제외한 주요국 관련법에 모두 포함되어 있다. 미국은 R&D용 화학물질에 대해선 수량에 상관없이 등록을 면제하고 있으며 유럽, 캐나다, 필리핀 등은 1t 미만에 대해 면제해 주고 있으며 호주는 100kg을 기준선으로 삼고 있다.

그럼에도 불구하고 화평법이 유례를 찾기 힘들 정도로 엄격한 기준을 설정한 것은 화학사고 예방이라는 명분에 치중한 나머지 산업경쟁력에 대한 배려를 소홀히 했다는 점이다.

아직 소재산업에서 일본 등에 밀리는 현실을 감안할 때 최소한 선진국과 비슷한 수준의 유연성은 확보해 둘 필요가 있음에도 불구하고 이러한 결과를 가져오게 하였다.

그러나 이미 법이 통과돼 버린 상황이어서 업계가 취할 수 있는 선택지는 제한적이다. 내년 상반기로 예정된 화평법 시행령 · 시행 규칙 입법 과정에서 업계 의견을 최대한 반영해 무리한 법 적용을 막는 것이 일차 목표일뿐이다.

화평법에서 가장 문제가 되는 것은 100kg 미만 소량물질 등록 면제를 없앤 것이다. 이에 따라 면제 혜택을 받던 2만8000여 개 물질을 새로 등록해야 하는 바, 중복 제품을 제외하더라도 최소 1만개 이상이며 나아가 10개월의 등록시간과 최소 7000만원에 이르는 등록비용을 감안할 때 상당수 제품이 단종(斷種)될 것으로 업계는 보고 있다.

이미 2007년 강화된 화학물질 등록 규정의 EU-REACH를 도입한 유럽의 경우 올해 5월까지 등록이 예정됐던 연간사용량 100~1000 t 물질 4001개 중 984개가 단종된 것으로 나타났다.

비용 부담도 엄청나 유럽계 화학업체인 BASF는 EU-REACH 기준에 맞추기 위해 약 7,000억 원의 비용을 쏟아 부어야 했다. 그나마 EU-REACH는 1t 미만 물질에는 면제 혜택을 주고 있지만 화평법은 예외가 없어 상황이 더욱 심각하다.

이에 따라 2015년 시행 예정인 화학물질 등록 및 평가법, 화학물질관리법이 국내 산업 경쟁력에 심각한 타격을 입힐 것이란 염려가 확산되고 있다.

정부가 당초 입안했던 화평법은 EU-REACH 기준에 맞춰 소량 면제 기준을 100kg에서 1t 으로 늘리는 것이었으나 국회 심사 과정에서 기존 100kg 규정마저 없어져 버렸다. 반도체나 디스플레이용 전자재료 생산에 들어가는 화학물질의 태반은 연간 사용량이 100kg 미만이다. 사용량은 미미해도 해당 물질이 없으면 공정이 돌아가지 않는다.

이에 따라 업계에서는 국제적인 관례를 고려할 때 면제기준을 1t 으로 늘리거나 최소 현행 기준이 유지돼야 한다는 주장이지만 기본법을 바꾸지 않는 한 어려워 보인다. 만일 소량면제가 어렵다면 등록 · 평가 절차라도 간소화해서 7일 안에 모든 절차가 완료돼야 국가 경쟁력 저하를 최소화할 수 있다는 것이 업계 주장이다.

수출 비중이 40%에 달한다는 업체의 경우 외국 업체가 요구하는 납품기한은 2주에서 한 달 사이여서 이의 등록 절차에 일주일 이상 걸리면 납품은 물 건너가게 된다고 말한다.

또한 화평법은 소량 면제규정과 더불어 연구개발 목적 화학물질의 등록면제 조항도 삭제하여 이의 시행이 이뤄질 경우 기업체, 국공립 연구소, 대학 등 연구기관의 신기술 개발 속도가 떨어질 수밖에 없다.

결국 전자소재의 라이프사이클은 갈수록 짧아지는 추세이며, 속도가 곧 경쟁력인 이 시장에서 그때그때 필요한 화학물질이 공급되지 못한다면 한국의 경쟁력 우위는 지속되기 어렵게 될 것이다. 특히 한국에 리서치센터를 두고 있거나 설립 예정인 글로벌 기업들의 경우 물질 조달이 수월한 해외로 다시 빠져 나갈 가능성이 커질 것이다.

그리고 이 법에서는 화학물질 양도자 및 양수자, 하위 사용자 및 판매자, 제조 및 수입자 상호 간에 화학물질의 명칭과 함량 등 정보 제공을 의무화하여 제조 · 수입자가 화학물질 등록을 위해 하위 사용자에게 정보를 요청하면 하위 사용자는 이 물질의 사용량과 판매량 정보를 제공하게 되어 있다.

이는 역으로 제조 · 수입자는 제조량과 수입량에 대한 정보를 하위 사용자에게 공개해야 한다는 것으로 결국에는 영업비밀 침해 문제를 불러올 소지가 다분한 것이다. 어떤 물질을 얼마나 생산하고 판매하는지는 해당 업체의 기술 및 영업 현황을 가늠하는 정보가 되기 때문이다.

글로벌 제조사들은 영업 비밀을 공개하기보다는 공급 중단을 택할 가능성이 있으며 이 경우 중요 원재료의 수입 중단으로 이어질 수 있는 것이다.

이제 뛰어난 기술력을 바탕으로 중소기업으로서의 열악한 상황을 극복하고 국내 자동차 범퍼 시장의 90%를 차지하고 있는 '성우하이텍'의 사례를 살펴보기로 하자.

이 회사는 한국 GM, 현대기아자동차는 등 품질관리가 까다로운 대기업에 자동차 부품을 납품하고 있지만 반송된 제품은 최근 3년 간 단 한 개도 없었다. 이러한 기술력을 바탕으로 지난해 1조 105억 원의 매출을 올리면서 '벤처 1조 클럽'에 당당히 가입하였다.

현재 1조 클럽에는 게임회사 '넥슨코리아', 초박막 액정표시장치(TFT-LCD) 편광필름업체 '한국니토옵티칼', 자동차용 전기 배선장치업체 '유라코퍼레이션' 등이 참여하고 있으며 이들의 공통적인 성공비결은 끊임없는 기술 개발을 통한 시장 개척이었다.

'성우하이텍'은 1994년 국내 차체업계 최초로 기술연구소를 설립했다. 외환위기가 닥쳐 다른 기업들이 투자를 줄일 때에도 부품의 원가와 무게를 줄이기 위해 새 장비를 도입했으며 작년에는 독일 자동차 부품회사 WMU를 인수하여 국내 263건, 해외 20건의 특허를 보유하게 됐다.

한편 국내외 바이어들에게도 실력을 인정받아 현대기아차 협력사 평가에서 최고 등급을 의미하는 '그랜드 품질 5스타' 인증을 받았고, 한국GM의 '올해의 협력사'에도 3년 연속 이름을 올렸다. 부침(浮沈)도 있었으나 창사 이후 한 차례도 감원을 하지 않았다.

2012년 1조 724억 원의 매출을 올린 '한국니토옵티칼'은 TFT-LCD 편광필름 부문 세계 점유율 1위 기업이다.

'유라코퍼레이션(1조 95억 원)'은 8개국에 23개 사업장을 두고 연간 약 340만 대의 자동차 부품을 생산하고 있다. '넥슨코리아'는 국내 게임회사 최초로 '바람의 나라'를 1997년 미국에 수출한 이래 현재 110여 개국에서 게임 60여 종을 선보였다.

2012년에 매출 1,000억 원을 넘은 벤처 1,000억 기업은 모두 416곳으로 2011년보다 35곳이 늘어났으며 처음 벤처 천억 기업을 발표하기 시작한 2005년(78곳) 이후 6배 넘게 늘어났다.

2012년에는 안랩, 대동시스템, 리노스, 뉴프렉스 등 54개 기업이 벤처 천억 기업에 새로 이름을 올렸으며 이들의 지난해 평균 매출액은 2143억 원으로 전년보다 9.1% 증가했다.

벤처 1,000억 기업들은 작년 매출액의 2.4%(대기업은 1%대)를 R&D에 투자했고 일자리 창출에도 앞장서고 있어 근로자수 증가율(8.6%)은 대기업의 최근 3년간 고용증가율 4.7%를 앞질렀다.

한편 중소기업청에서는 '2012년 벤처 천억 기업들의 전체 매출은 89조 2000억 원으로 재계 순위로 따지면 5위에 이를 정도로 한국경제에서 차지하는 비중이 크다'고 발표한 바 있다.(동아일보, 2013년 7월 17일)

기업은 내수시장에 이어 해외시장을 목표로 할 경우 처음에는 종합상사 등의 도움을 받아 이른바 간접수출을 전개하게 되지만 점차 물동량이 늘고 해외시장에서의 실적과 경험이 축적되면 직접수출을 수행하게 된다.

이후 마케팅 측면에서는 해외에 지사를 설치하는 등 시장 확장으로 이어지게 되지만 무역의 구체적인 대상인 상품의 생산 측면에서는 처음에는 수입국가에서 요구하는 상품을 생산하여 수출하는 OEM 방식으로 제조가 이뤄지게 된다.

즉 시장 활동의 전개 및 확장에서는 국제마케팅활동이 중시되지만 생산의 경우에는 기술의 개발, 즉 R&D의 투자 및 활동이 중요하다는 것이다.

다음은 기술적인 차원에서의 경영활동을 수행하여 오고 있는 R&D 전략의 성공적인 사례이다.

세계시장을 선점하는 글로벌 1차 전지 브랜드들이 한국에서는 시장을 장악하지 못하고 있다. 즉, 건전지로 알려진 1차 전지 시장은 글로벌 브랜드인 Duracell과 Energizer가 양분하고 있지만 한국에서는 이러한 양강 구도가 성립되지 못하고 있다.

1위는 점유율 약 40%인 Energizer이지만 2위는 Duracell이 아닌 국내 브랜드 Bexel이다. Bexel은 1978년 필름 제조기업 서울통상의 계열사이며 Sunpower가 원조로서 로케트 전지와 함께 토종 건전지 브랜드로 안정적인 성장을 이어 왔다.

그러나 Sunpower는 1990년대 말 외환위기 여파로 모회사가 경영난에 빠지자 Duracell에 브랜드와 영업권을 매각하게 되었다.

이때 Duracell은 계약 시 경북 구미에 있던 Sunpower 공장에서 만들어진 제품을 국내에서는 판매할 수 없다는 조건을 제시하였는 바, 이는 한국의 토종 브랜드를 없애려는 전략이었다.

국내 판로가 막힌 Sunpower는 수출을 위한 자구책으로 Bexel 브랜드를 내세워 글로벌 브랜드 물량을 OEM 방식으로 공급하면서 매출을 늘리고 이를 통해 쌓은 자금력으로는 해외 마케팅을 전개하였으나 큰 성과는 거두지 못했다.

그러던 중 2000년대 초반 Duracell이 로케트 브랜드마저 인수하면서 서울통상과 맺었던 국내 판매금지 계약은 깨어지고 한국에서의 판매가 가능해지게 되었다. 그러나 당시 Bexel은 경영난으로 법정관리(기업회생절차) 상태였고 시장점유율도 10%미만으로 고전하고 있었다.

이후 Bexel이 도약의 발판을 마련한 계기는 2005년 삼라마이더스(SM)그룹에 피인수되면서 지배구조의 안정성을 확보한 Bexel은 내수시장에서 자체 브랜드 파워를 키우는 방향으로 경영의 축(軸)을 옮겼다.

즉 지금까지 매출의 상당 부분을 차지하던 OEM 계약을 모두 끊고 품질을 강화하면서 대형마트이나 편의점 등 주요 유통채널을 대상으로 한 마케팅도 강화시키는 전략을 수행하였다. 그 결과 2006년 10%대 초반이던 시장 점유율은 매년 꾸준히 늘어 20%를 넘어설 수 있었다.

Bexel이 OEM을 계속했다면 판매량이나 매출로는 세계 1위가 되었을 것이지만 외국 브랜드의 배를 불리기보단 한국의 토종 브랜드로 정면승부(正面勝負)하는 전략으로 시장을 확보하게 되면서 안정을 얻게 되었다.

비록 외국계 경쟁사들이 힘세고 오래간다는 프리미엄급 제품을 내놓고 있지만 그들보다15-20%가량 저렴한 보급형 제품을 출시하고 있고 그들의 경우 출력은 높지만 2차전지로 충당하는데다 수요도 많지 않고 5배나 비싼 가격임에도 수명은 Bexel에 비하여 2배 정도밖에 길지 않다.

특히 Bexel은 급성장하는 2차 전지 시장에도 진입하고 있으며 동시에 대형 제품보다는 농기계, 군용장비, 의료기기 등 대기업이 뛰어들기에 시장 규모가 작은 제품을 위주로 하는 틈새시장을 공격하는 적극적인 전략을 전개하고 있다.(동아일보, 2013년 8월 9일)

Ⅱ R&D와 경영전략

R&D와 관련하여 국내기업으로서 성공적인 경영모델(Business Model)을 제시한 기업인 한국 Kolmar의 사례를 살펴보기로 하자.

한국 Kolmar의 윤동환회장이 창업을 위해 대웅제약 부사장의 자리를 사임하고 나왔을 당시 그의 나이는 43세였다. 인생 정점의 순간임에도 꿈을 위해 지금까지 이룬 모든 것을 과감히 버리는 그를 보고 주위 사람들은 무모한 혈기라며 의아해 했다.

그러나 윤 회장의 창업은 혈기가 아니었다. 오랜 기간 치밀한 준비 끝에 내지른 회심의 한 방이었다. 높은 연봉이 보장되던 첫 직장 농협중앙회를 4년 만에 그만두고 당시 중소기업이던 대웅제약으로 옮기면서부터 윤 회장은 마음속으로 창업을 꿈꿨다.

생산, 영업, 관리 등 회사 주요 파트를 두루 거치며 다방면의 경험을 쌓은 것도 창업을 위한 준비과정이었다. 16년간 대웅제약 생활을 마무리한 윤 회장은 1990년 충남 연기군에 작은 사무실을 차리고 직원 3명과 함께 화장품 사업을 시작했다. 국내 최대(매출액 기준) 화장품 ODM(제조자개발생산) 기업 한국 Kolmar는 이렇게 닻을 올렸다.

처음에 윤 회장은 중소기업 특성상 자체 브랜드를 만들기에는 부담이 컸기 때문에 주문자상표부착생산(OEM) 방식의 사업모델을 선택했다. OEM 전문기업으로 동양권에서 이름이 높던 일본 Kolmar를 찾았다.

하지만 당시 한국은 반일감정의 골이 깊고 한국산 제품에 대한 신뢰도가 높지 않았던 탓에 일본 Kolmar는 쉽게 마음을 열지 않았다. 그는 좌절하지 않고 수차례 일본을 찾아가 본인의 열정을 어필했고 결국 합작을 성사시켰다. 'Kolmar'라는 브랜드를 가져오는 데는 성공했지만 한국 화장품시장은 아직 성숙하지 않았던 탓에 매일 위기의 연속이었다.

사업을 시작하고 2년 가까이 제대로 된 고객은 구경도 못 한 채 비정기적으로 들어오는 소일거리만으로 연명했으며 전기료를 제때 못 내 단전 통보를 받은 적도 있었다. 전기료를 마련하기 위해 전전긍긍하던 중 꽤 큰 주문이 들어왔다. 하지만 고객사는 무자료 거래를 요구했다. 당시에는 세금을 회피하기 위해 흔히 있던 일이었다.

이러한 경우 다른 고객사는 주문을 주는 대가로 뒷돈을 요구하기도 했다. 하지만 윤 회장은 모두 거절했다. 당장의 위기를 넘기기 위해서는 절실한 주문이었지만 원칙을 어길 수는 없었다. 그러자 처음에는 반대하던 직원들도 직접 설득했더니 믿고 따라주었다. 직원들이 고생하는 모습을 더 이상 볼 수 없었던 윤 회장은 한 중견기업 회장을 찾아가 계약금을 요구했다. 갑을관계가 명확하던 당시 화장품업계에서 상상도 할 수 없던 일이었다.

하지만 납품에 실패하면 모든 책임을 지겠다는 보증서까지 써서 가져온 윤 회장을 보고 상대방은 그 자리에서 현금으로 계약금을 지급했다. 이 일을 계기로 한국 Kolmar의 자금난은 숨통이 틔었고 사업은 점차 성장가도를 달렸다.

사업이 안정궤도에 오른 이후 윤 회장은 '고객사 주문을 받아 제조만 해서는 미래가 없다'는 생각으로 ODM사업에 진출했다. 이때부터 그의 관심은 오로지 품질에만 쏠렸다. 자체 R&D의 역량을 강화했고 품질관리 인력도 대폭 보강했다.

ODM(Original Development&Design Manufacturing)은 제조업자 생산개발 또는 제조업자 설계생산을 말하는 것으로 기술력이 있는 기업이 자체 개발하여 유통업체에 공급하고 유통업체는 유통분야에 핵심역량을 집중하려는 것이다.(〈그림 9-1〉 참조) 이러한 점에서 제조기업은 상대기업의 판매력을 이용하여 가득률을 높일 수 있고 공급받는 기업은 설비를 갖추지 않아도 되어 생산비용이 절감되는 주문자 상표부착방식의 OEM(Original Equipment Manufacture)과는 차이가 있다.

그림 9-1 OEM 및 ODM과 Network ODM의 개념

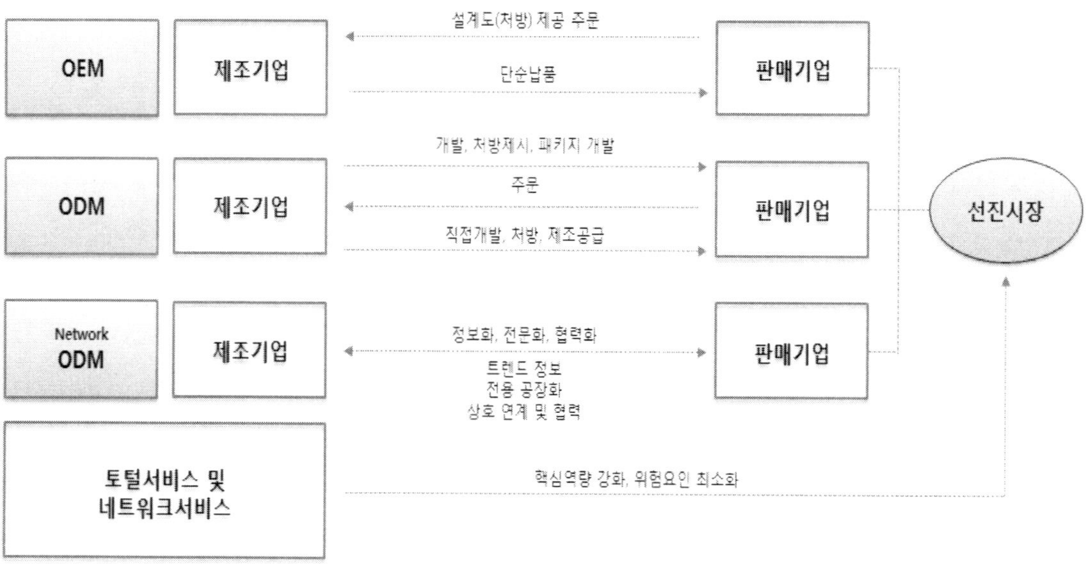

한국 Kolmar는 국내 최초 화장품 ODM업체로서 품질관리 수준을 높이기 위하여 1994년에는 보건복지부의 화장품업계 품질인증인 우수화장품 제조 및 품질관리기준(CGMP)도 취득했다.

또한 품질 최우선주의로 한국 Kolmar 제품은 경쟁사에 비해 단가가 높은 것으로 유명하다. 하지만 윤 회장은 가격이 비싸다는 인식에 대해 그다지 불편해하는 기색이 없다. 그는 값싼 원재료를 사용하면 가격이야 얼마든지 낮출 수 있지만 그렇게 해서는 결국 경쟁력을 잃고 만다고 믿었다.

그리하여 품질경영으로 한국 Kolmar는 1990년대 후반의 외환위기에도 연평균 20%의 매출 성장을 꾸준히 달성하였고 아모레퍼시픽, LG생활건강 등 국내외 약 250개의 고객사와 연 1회 이상의 거래를 하고 있는 가운데 작년 매출은 비상장 계열사까지 합쳐 5,500억원을 기록했다.

전 세계 9개국에 거점을 확보한 글로벌 Kolmar 네트워크의 연구인력 교환과 트렌드 관련 세미나 등 교류활동에도 활발히 참가하기 시작하면서 2007년 중국시장에 도전했다.

많은 한국 기업들이 상하이로 진출하던 것과는 달리 한국 Kolmar는 본격적인 사업을 하기 전에 중국이라는 국가를 먼저 이해해야 한다고 믿고 베이징에 먼저 진출하였다.

그러나 중국에서 개최되는 올림픽으로 정부당국이 이에 집중할 것을 강조하면서 한국 Kolmar 공장 건설공사는 10개월 동안이나 정지되어 관련 행정절차까지 합치면 1년 이상 준공이 늦어지게 되었다.

그러나 중국이라는 시장의 불확실성을 제대로 파악하기 위해 가장 규제가 엄격한 베이징을 선택하였고 공장 준공 이전의 시행착오는 한국 Kolmar가 제대로 자리 잡기 위한 훈련이었다. 우여곡절 끝에 완공된 한국 Kolmar는 지난해 매출 100억 원을 돌파하였으며 2013년에는 200억 원, 내년에는 400억 원 매출을 목표로 잡고 있다.

현재 한국 Kolmar는 중국시장에서 우수한 품질이 소문나면서 신제품 발표회에는 전국 각지의 고객사로부터 관심이 커지고 있는 가운데 현재의 베이징 공장을 5배 규모로 증설할 계획과 함께 광저우 공장을 짓기 위한 절차도 진행 중이다.

윤 회장은 회사와 직원의 관계를 땅과 풀에 비유한다. '대지는 이름 없는 풀을 키우는 법이 없다(地不長無名之草)'는 말처럼 한국 Kolmar에서 일하는 직원 한 사람 한 사람이 자기에게 맞는 옷을 입고 가장 잘할 수 있는 일을 해야 한다는 의미다.

이제부터는 '편안한 잠자리' 로 널리 인정을 받으면서 한국은 물론 세계 100여 개 국에서 지속적인 성장을 보이고 있는 Simmons 가구의 R&D전략을 알아보자.

"잠은 시간 낭비다."고 발명가 토머스 에디슨은 생각했으나 천재의 대명사 아인슈타인은 하루 10시간 이상을 잠에 배려했고 자동차 왕 포드도 저녁 9시면 침실로 향했다고 한다.

이들의 라이프스타일은 제각기 달랐지만 공통점이 하나 있다. 숙면(熟眠)의 중요성을 알고 삶에 맞게 잘 관리했다는 점이다. 그리하여 잠을 못마땅하게 여겼던 에디슨은 나중에 Simmons 침대의 모델이 되기도 했다.

숙면이 주목받고 있는 가운데 Simmons도 떠오르고 있다. Simmons는 1870년 Selmon Simmons가 세상에 내놓았다. 143년 역사의 Simmons는 이제 세계 침대의 대명사다.

반세기 남짓한 한국 침대시장에서 Simmons가 굴지의 침대 전문기업으로 성장한 비결은 '침대는 침대 전문기업이 잘 만든다'는 소비자의 인식전환, 오랜 역사와 전통, Simmons의 장인정신(丈人精神)에서 비롯됐다고 할 수 있다.

Simmons하면 떠오르는 것은 '포켓 스프링'이다. 1925년에 Simmons가 개발해 특허를 취득하며 세계적으로 인정받은 기술이다. 스프링 하나하나를 부직포로 감싸 옆 사람의 뒤척임에도 흔들림은 물론 연결부위의 마찰소음이 완벽하게 차단된다. 또한 일반 스프링 매트리스에 비해 체중을 분산시켜줘 빈틈없이 골고루 받쳐준다.

포켓 스프링의 숙면기술은 오늘날까지 세계 100여 개 국의 가정과 특급 호텔에서 인정받고 있으며 '잠자리만큼은 편안해야 한다'는 Simmons의 기업철학을 대변하고 있다.

즉 '침대, 당신의 인생과 함께 합니다'라는 캠페인 컨셉으로 Simmons와 함께 했던 리더들의 스토리를 통해 Simmons의 정통성과 침대의 본질을 전하고 있다.

미국 역사상 화려했던 시대인 1920년대는 포켓 스프링 특허와 함께 Simmons가 미국 상류사회를 대표하는 침대인 동시에 최고급 침실문화의 아이콘으로 자리를 잡은 시절이다. 상류사회 여성들은 자신의 침실을 공개하며 추천했고, Simmons의 인기는 미국을 넘어 유럽까지 확산됐다.

아메리칸 드림을 이끌었던 세기의 리더들이 Testimonials(추천) 광고캠페인에 동참하면서 사회적 이슈를 불러 일으켰다. Edison과 Henry Ford, Eleanor Roosevelt, Benard shaw, Marconi 등이 대표적인 인물로 이들은 자신들의 열정과 성공 뒤에는 편안한 잠과 휴식이 있었음을 증언한 것이다.

Simmons가 침대를 만드는 과정은 극히 엄격하다. 디자인, 소재 선정, 공정 시스템, 매장 관리, 고객 서비스에 이르기까지 모든 과정이 '기본에 충실한 침대'라는 기업철학의 관리를 받는다.

수면 중 느끼는 편안함은 몹시도 개인적인 것이기 때문에 작은 부분에 소홀하거나 오차가 생겨도 불편함을 느낄 수 있다는 것이 Simmons의 생각이다.

한국 Simmons는 모든 제품의 국내 자체생산을 고집한다. 해외 OEM 등으로 원가를 절감하거나 남의 손에 맡기는 일이 없기 때문이다. 미국 본사의 기술력을 바탕으로 한국인의 체형과 수면습관에 맞춰 개선하려는 노력 덕분에, 싱가포르 등 아시아 여러 나라로 매트리스가 수출되며 기술력을 인정받게 됐다.

예를 들어 스프링 강선(鋼線)은 포스코사의 제품을, 스프링을 감싸는 부직포도 이탈리아 펠트로사의 최고급 제품을 사용하고 있다.

Simmons가 운영하는 자체 R&D센터에서는 스프링 탄성테스트를 거친다. 10만 번의 고강도 테스트 후에도 스프링은 높은 압축률을 유지할 만큼 뛰어난 내구성과 탄력을 자랑한다.

또한 포켓 스프링 형태는 가장 이상적인 편안함을 제공하는 7-10회전 '항아리'형태를 정확하게 유지해야 하며, 부직포와의 간섭현상을 방지하는 스프링 끝마무리, 내구성과 매트리스 표면 느낌을 배려한 옆단 접합 방식 등, 보이지 않는 것에도 완벽한 편안함을 추구하려는 장인정신을 143년간 변함없이 지켜왔다.

과거의 침대 구매 기준은 스프링이었으나 이제는 스프링은 물론 내부 소재, 원단, 공정 과정까지 까다롭게 살피는 고객이 늘고 있다.

Simmons는 매트리스 내장재 또한 저가의 펠트나 인체에 유해한 소재를 사용하지 않을 뿐만 아니라 생산 과정에서부터 유해성분이 발생되지 않도록 최고의 위생적이고 친환경적인 과정으로 제작하고 있다.

그리하여 '업계최초 환경마크 인증', '6년 연속 대한민국 명품 주거부문(2013 더 프라우드 상품) 1위', '소비자 웰빙지수 8년 연속 1위'등 Simmons의 명성을 재확인하게 하였으며 구매 만족도와 재구매 의사, 제품력과 AS 전반에서도 경쟁사와의 비교에서 높은 만족도를 얻고 있다.

결국 "제품은 어떤 마케팅보다 앞선다. 결국 좋은 제품은 소비자가 먼저 알아보고 인정해 주기 마련이다."라는 Simmons의 경영전략이 지속가능한 경영활동의 핵심이라는 것을 확인시켜 주고 있다.

다음의 사례는 첨단의 기술을 바탕으로 하여 회사의 주력부분에서 새로운 분야로 진출할 수 있는 기회(opportunity)로 만든 경우이다.

'빈폴', '갤럭시' 등 의류 · 패션 업체로 유명한 제일모직이 전자재료 사업에 본격적으로 뛰어든 지 약 10년 만에 패션 부문 매출 비중을 추월할 전망이다. 즉 회사 주력이 케미컬 및 전자재료로 완전 이동하는 셈인 것이다.

이를 가능하게 한 결정적인 계기는 2013년 9월로 예정된 독일 올레드(OLED · 유기발광다이오드) 재료 업체 Novaled 인수 때문이다.

Novaled는 고효율 OLED용 공통층 소재 핵심 기술을 개발하고 특허를 다수 보유하고 있는 회사로 그동안의 주요 납품처는 삼성전자였다. 삼성이 그룹 차원에서 OLED 사업세트(완제품 제조)에서 원천 재료까지 핵심 기술을 보유해 경쟁력을 높인다는 판단에서 회사 인수를 결정했고 그 주체가 삼성전자가 아닌 제일모직이 된 것이다. Novaled는 제일모직이 지분 50.1%를 인수하면서 경영권을 갖고 삼성전자는 40%를 인수할 예정이다.

그동안 제일모직도 OLED 소재 일부를 생산하고 있으며 2011년 3월 200억원을 투자해 OLED 소재 양산 공장을 세웠고 갤럭시 S4에 사용하는 전자수송층(ETL) 재료 양산에 돌입하기도 했으며 하반기에는 정공수송층(HTL)을 생산할 계획으로 있다.

이제 Novaled를 인수하여 글로벌 경쟁력을 갖춘 종합 OLED 재료 업체로 자리매김하게 될 것이다. 이에 따라 전자재료 매출 비중이 연말께 패션 부문을 추월할 것으로 예상되고 있다.

지난 2분기 제일모직 매출액(1조6281억원) 중 전자재료 비중은 26.7%였으며 패션 부문은 27.4%이었으나 Novaled를 인수하게 될 경우 재료 부문은 패션 부문 매출 비중을 단숨에 뛰어넘을 것으로 예상되고 있다.(매일경제, 2013년 8월 12일)

흔히 기술(技術)하면 제조업의 경우만 생각하지만 이른바 변방(邊方) 분야 내지 틈새(niche) 분야에 집중하여 성공하는 경우도 있다.

충청남도 당진시 송악읍 복운리에는 농촌 어디서나 볼 수 있는 평범한 비닐하우스 10여 채가 서 있다. 면적이 1000㎡(약 330평) 정도인 비닐하우스 안으로 들어서면 뜻밖에도 용량 300t짜리 대형 수조 9개와 각종 계측 장비가 빼곡히 들어찬 양식장이 자리를 잡고 있다.

미생물과 사료가 섞인 갈색 부유물이 떠있는 대형 수조에 담가뒀던 통발을 꺼내자 어른 손바닥만 한 왕새우(대하) 수십 마리가 펄떡거리고 있다.

4년 전 이 양식장을 만들어 운영하는 NeoEnBiz 사장은 '사시사철 육지에서 대하(大蝦)를 키우는 데 성공한 것은 세계적으로 처음'이라며 '미생물로 유지되는 인공 생태계에서 키우기 때문에 물을 갈아주지 않으면서도 발육 상태가 자연산 못지않다'고 했다. 이 양식장의 대하 한 마리는 바다에서 잡히는 자연산과 비슷한 15-20㎝쯤 된다.

NeoEnBiz에서는 새우 양식은 바다에서만 가능하다는 상식을 깨고 육지에서도 새우를 양식할 수 있다는 역발상(逆發想)을 하게 되었다.

이 회사는 원래 오염물을 정화하는 기술을 가진 환경 업체로 양식업 외에 연간 30억 원 정도 수익을 거두고 있었으나 2009년 양식에 관심을 갖고 4년간 40억 원에 이르는 대규모 투자와 환경 · 정보 기술을 새우 양식에 접목했다.

대표를 포함한 연구진 4-5명은 서울대 해양학과 출신으로 '선진국보다 10-20년 뒤진 기술인데도 전문가 대접 받는 게 마음에 걸렸다'면서 왕새우로 시작했지만, 더 많은 수산물 육상 양식 기술을 개발하려는 계획을 갖고 있다.

특히 NeoEnBiz는 '수산 양식업을 낡은 산업이라고 생각들 하지만, 수산업도 기술 개발로 얼마든지 새로운 시장을 만들어갈 수 있다'는 확신을 갖고 있다.

이들의 육상 양식장은 연중 생산이 가장 큰 장점이고 특징이다. 바다에 가두리 양식장을 만들어서 키우는 대하는 9-10월에만 출하된다. 이 양식장은 수조 9개를 확보하고 있어 연중 출하가 가능하며, 대하는 제철인 9월에는 ㎏당 3만원을 호가하는 데다 일본에서도 인기가 있어 가을 대하를 맛보려면 거금을 지불해야 한다.

'지금은 얼리지 않은 생물(生物) 대하를 아예 구경도 못 하는 계절이라 ㎏당 4만원을 불러도 군말 없이 받아간다'고 하며 현재의 생산 물량은 연간 50t, 금액으로는 15억-20억 원쯤 된다.

새우는 세계적으로 생산량이 줄어들고 있는 수산물로 3년 전에 ㎏당 5000원이던 냉동 새우 가격은 이제 9000원으로 상승되었으며 바다에서 하는 새우 양식은 주로 동남아시아에서 이뤄지는데다 최근에는 새우 전염병(EMS)이 심해져 생산량에 타격을 입었기에 더 오르게 될 것이다.

NeoEnBiz 양식장은 일반 해상 가두리 양식장에서 나타나는 빈번한 해수 교체나 오염 물질 방출 등의 문제가 없다. 전염병에 강하고, 육지 생산으로 운송비가 절감되는 등 경제성을 갖추고 있으며 대하를 포장해 서울로 가는 데는 1시간 30분이면 충분하고 얼음과 같이 포장하면 3-4시간은 살아있어, 제철이 아니라도 살아있는 대하를 서울에서 맛볼 수 있게 만든 셈이다.

아직 국내에서는 잘 알려지지 않았지만, 동남아시아와 일본에서 앞을 다퉈 기술 이전을 요구하고 있다.

회사에서는 '베트남 현지에 이런 양식장을 만들어 유럽과 미국의 식탁을 공략하려고 준비 중이고, 일본에서도 기술 이전 요구가 있어 8월 중순 출장을 갈 예정'이라고 한다.

정부는 2000년대 이후 연안(沿岸) 바다와 먼 바다(遠洋)에서 잡을 수 있는 수산물이 갈수록 줄어드는 반면에 소비자들의 수요는 늘어나고 있어 양식업 집중 육성 계획을 조만간 내놓을 계획을 갖고 있다.(조선일보, 20133년 8월 13일)

다음은 대표적 필름 회사로 오랜 기간 경쟁해 온 Kodak과 FUJIFILM에 대한 비교 사례를 통해 파괴적 이노베이션의 중요성을 살펴보도록 하자.(마쓰다 히사카즈 지음, 이기화 옮김, 성공기업 전략케이스 46, 한스미디어, 2013, pp.268-270)

경영위기에 처한 Kodak은 2012년 1월 파산보호를 신청하고 사실상 파산에 직면했다. 130여 년의 역사와 함께 사진 필름 분야 세계 1위 자리를 지켜왔던 기업이 역사 속으로 사라지는 순간이었다.

한편 사진용 필름 시장에서 Kodak과 경쟁해온 FUJIFILM은 1998년 이후 1조 1,000억 엔에서 2조 2,000억 엔으로 매출이 '두 배'나 껑충 뛰었다.

Kodak과 FUJIFILM의 명암을 가른 것은 다름 아닌 디지털화에 대한 대응과 신사업 진출을 통한 다각화이다.

첫째, 디지털화에 대한 대응의 차이이다. 사진 필름과 인화지 제조를 중심 사업으로 하는 양사는 사진 필름 시장의 급속한 축소에 직면했다. 디지털카메라에 대한 대응은 양사 모두 비슷했지만, 사진 현상기기 개발 부분에서 차이가 발생했다.

FUJIFILM은 디지털카메라 전용 인화 기계를 독자적으로 개발했는데, Kodak은 자체 개발을 추진하지 않았다. 뒤처진 Kodak을 제치고 FUJIFILM은 자사제품을 전 세계 사진관(현상소)에 납품하는데 성공했다.

둘째, 미래를 내다본 사업의 다각화이다. Kodak도 꾸준히 사업 다각화를 추진하기는 했지만 필름 사업에 대한 미련을 차마 버리지 못하고 필름 품질 향상에 집착했다. 결과적으로 디지털화에 따라 새롭게 생겨난 Needs에 대응하거나 필름 기술을 사용한 새로운 시장을 창출하는 부분에서 뒤처질 수밖에 없었다.

한편 FUJIFILM은 사진 필름 부문의 구조조정을 단행하고, 약 40개 사에 총 6,500억 엔을 투자하는 M&A를 진행하며 적극적인 공세에 나섰다.

2001년에는 후지제록스의 사무기기사업에 주력하여 오피스용 문서 솔루션 사업으로 재편했고, 2004년에는 필름을 대체할 신규 사업을 가속화하기 위해 '제2의 창업'을 선언했다. 2005에는 액정 패널용 광학필름 시장에 진입했으며, 2006년에는 사명에서 '사진'을 배제하고 화장품, 의약품 등 지속적으로 신규 사업을 개발했다. 나아가 이들 사업을 정보 솔루션이라는 제3의 핵심 사업으로 삼아 사업 내용을 확대해 나갔다.

Kodak이 디지털화에 중점을 두기 시작한 것은 대규모 적자에 빠졌던 2000년대 후반부터이다. 이후 디지털사진 즉석 인화, 디지털 프린터 등 사진 관련 사업의 디지털화를 본격적으로 추진했다. 하지만 급속히 감소하는 사진 관련 사업을 대체할 신규 사업을 창출하지 못하고 수명을 다했다.

결과적으로 리스크를 감수한 혁신을 감행한 회사와 그렇지 못한 회사의 대조적인 의사결정이 지금의 결과로 이어진 것이다.

Ⅲ 다국적 기업의 R&D 환경

21세기의 세계경제에 긍정적인 영향을 주는지 아니면 부정적인 영향을 주는 지에 대한 공과(功過)가 규명되고 있지 않음에도 불구하고 지역과 국가를 넘나들며 현재진행형인 것은 기업활동의 다국적화(globalization)이며 주체는 다국적기업(multinational corporation)이다.

다국적기업에 관련한 정의는 다음의 〈표 9-1〉에서 보는 바와 같이 학자들의 연구만큼이나 다양하다.

<표 9-1> 다국적기업의 정의

연 구 자	내 용
J. Behrman	강력한 경영 통제로 국경을 넘어 분리되어 있으며 다수의 국가에서 활동을 하고 있으면서도 단일 기업으로 다양성속에 통일성이 있다.
J. Dunning	해외기업활동의 소유 및 지배에 중점을 두고 2개국 이상에 생산자회사를 소유하거나 지배하는 기업이다.
N. Hood & S. Young	소득을 창출하는 자산을 2개국 이상에서 소유 · 통제 · 관리하고 국경을 초월하여 국제생산을 수행하는 기업이다.
Maison Rouge	여러 국가에서 사업 활동을 수행하고 해외 자회사와 R&D · 제품생산 · 판매 · 서비스를 소유하며, 현지사정에 정통한 본국인이 있고, 본사의 인적구성은 다수국으로 이뤄지면서 여러 국가의 국민이 기업 주식을 소유해야 한다.
M. Brooke & H. Rammers	기업 활동 대상국을 포함해 최소한 2개국에서 주된 영업활동을 수행하는 기업이다.
F. Root	여러 국가에 계열회사를 두고 경영활동을 수행하면서 이들을 직접 통제 · 관리하는 모회사이다.
R. Vernon & L. Wells	해외에 수많은 자회사를 거느리고 국제사업활동을 수행하며 장소는 상이하나 공동소유로 연결되어 있고 자금 · 신용 · 정보 · 시스템 · 특허권 등의 자원을 공유하여 공동 전략으로 움직이는 기업군(群)이다.
B. Richmond & M. Copen	지구 및 세계적 시야를 갖고 있으며 나라마다 다른 환경조건의 우위를 인정하면서 자사의 경영기술과 시스템을 전수하고 통제는 집중적으로 이뤄지나 전략은 통일된 정책을 수행한다.

다국적기업(多國籍企業)에 대한 연구, 특히 이들의 경영행태(business activities)에 관련한 연구는 다양하게 이뤄지고 있는데, 그러한 연구의 결과들을 보면 주로 신규시장에서 활발하게 경영활동을 수행하는 핵심은 뛰어난 기술에 있음을 밝히고 있다.

물론 이들의 우수 및 첨단(superior & advanced)의 기술은 바로 이들 기업들이 확보하고 있는 뛰어난 연구개발(research and development) 능력에서 비롯되고 있는 것이다.

또한 다국적 기업은 정보의 수집과 세계적인 인재기술력의 확보와 직접투자 그리고 선진의 마케팅기법 등 복합적인 강점들의 활용으로 세계시장에서 이익을 극대화 하여 왔다.

다국적기업을 수용하고 있는 국가(또는 지역이나 시장)들은 이들 기업의 필요성에 대하여 기술의 이전(transfer of technology)효과와 고급제품의 생산 공정 입수 및 이러한 제품의 생산을 위해서 요구되는 고용인원의 창출효과와 같은 장점들을 언급하고 있다.

세계 기술의 90%이상을 독점하고 있는 다국적기업들은 규모의 경제(economic scale)로 세계 경제의 복지후생(world wel-fare)을 증대시키는 긍정적인 측면도 있지만 그들만의 성장을 위하여 수용국(host country)의 주권(sovereignty)을 애매모호하게 하거나 침해하는 경우까지도 야기하고 있다.

그리하여 다국적기업(MNE)들은 기술은 물론 금융과 고급 정보, 치밀하고 정확한(detailed and sophisticated) 마케팅능력 등을 앞세워 세계의 시장을 지배하고 있어 경제에서의 막대한 영향력은 점차로 정치와 문화 그리고 나아가 국가의 정체성(identity)마저도 위협하게 될지도 모른다.

그럼에도 불구하고 다국적기업은 기술 분야에서 무역불균형을 해소시키는데 크게 기여하였다고 볼 수 있다. 즉 세계 제2차 대전 직후 자본과 기술력이 부족했던 유럽과 일본의 기업들이 미국 기업, 특히 다국적기업들의 진출과 함께 기술을 수용하면서 자체적인 기술력을 갖추게 되었고 드디어 1980년대 후반에는 세계경제에서 미국의 지위를 위협하는 수준에까지 도달하게 되었다.

다국적기업들은 해외시장(지역이나 국가)에 진출하는 경우 Franchising이나 Licensing을 맺게 되지만 적극적인 경영활동을 전개하는 경우에는 해외직접투자(FDI)를 시행하게 된다.

이러한 경우 다국적기업이 내세우는 것은 선진 기술의 이전이다. 이를 통하여 기술공여를 받는 국가 또는 기업들에게 다국적기업들은 해외 판매의 비중이 큰 다국적 기업일수록 기술이전을 신속하게 이전시켜 주며, 매상에 대한 R&D 투자비중이 큰 기술 지향적 기업 또는 다국적기업 일수록 기술이전을 많이 해주고 있다.

한편으로는 다국적기업 간의 기술이전도 활발하게 이루어지고 있다. 예를 들어 일본기업의 모기업과 현지법인 간에 행해지고 있는 기업 내 기술이전은 해외에서 수령되는 전체 로열티 금액의 70%를 점하고 있다.(若杉隆平 · 伊藤萬里, グローバル · イノベーション, 慶應義塾大学出版会, 2011, p.106)

그러나 기술이전을 받아들이는 현지국의 입장에서는 긍정적인 영향 못지않게 부정적인 영향도 점차로 증대되고 있는 바, 특히 먹거리는 식량주권의 침해 내지 찬탈을 우려하게 되는 경우까지 이르게 되었다.

즉 유전자변형식품(GMO)으로 대변되는 다수확 농업방식은 유해성 논란으로 인해 식품업계는 물론 식탁을 위협하고 있음에도 불구하고 2007년에는 세계 시장에서 차지하는 GMO 종자의 비중은 약 20%에 불과하였다.

그러나 2015년에는 50%를 넘어설 것으로 예상되고 있으며 특히 식량난을 겪고 있는 아프리카 지역의 개발 국가 등에서는 GMO(Genetically Modified Organism)생산이 활발하게 이뤄지고 있기 때문이다.

특히 의약품, 신소재, 화학 등의 분야는 세계 최대의 종자업체인 Monsanto의 경우 자사에서 개발한 GM 콩에만 사용할 수 있는 제초제를 만들어 독점 판매하고 있다.

새로운 종자개발을 위한 R&D는 현재 Monsanto, Dupont, Syngenta 등의 기업이 장악하고 있다. 이들은 모두 다국적기업들로 미국의 Monsanto와 LandOLakes 그리고 Dupont, 스위스의 Syngenta, 프랑스의 Limagrain, 독일의 KWS와 Byer, 일본의 Sakata와 다키이, 덴마크의 Trifolium 등이다.

이들 기업들은 막대한 자본과 시간을 필요로 하는 종자 개발의 효율성을 높이기 위해 M&A 등 전략적 제휴를 통해 개발품목을 늘리고, 사업영역을 확대하고 있다.

심지어 한국의 경우 세계에서 여섯 번째로 많은 유전자원(약 26만점)을 보유한 국가임에도 불구하고 국산 종자 보급률이 매우 저조하여 매운 고추의 대명사로 알려진 청양고추 종자가 해외 기업으로 넘어가 현재는 Monsanto로부터 역수입되고 있는 실정이다.

1998년 IMF 당시 청양고추 종자를 개발, 판매하고 있던 중앙종묘는 세미니스에 넘어갔고 이는 다시 Monsanto에 인수되면서 청양고추가 외국으로부터 역수입되는 기현상이 빚어지게 된 것이다.

또한 미국 라일락 시장의 30% 이상을 점유하고 있는 'Miss Kim 라일락'도 비슷한 경우로 1980년대 미 식물채집가가 북한산 정향나무 종자가 미국으로 유출되어 품종개량을 거쳐 다시 한국에 수입되고 있다.(이강봉, Science times, 2009년 12월 22일)

앞서 지적한 바와 같이 FDI는 자본과 함께 기술 및 경영자원을 이전하게 되는데 최근 증가하고 있는 FDI는 기술이전의 중요한 채널이 되고 있다.

FDI에 의한 기술이전이 첨단기술을 동반하는 경우에는 기술유출의 문제가 발생할 가능성도 배제할 수 없다. 따라서 각 국이 지적재산권제도를 어떻게 설정하고 있는 가 역시 다국적기업의 기술이전에 적지 않은 영향을 미치는 요소이다.

한편 와카스기(若杉)와 이토(伊藤)는 글로벌 R&D 활동과 생산성에 관한 연구를 통해 다국적기업의 현지법인에 의한 R&D 활동과 현지법인에 이전된 기술이 해외현지법인의 생산성을 상승시키는 효과를 가지는가에 대한 실증분석을 통해 다음과 같은 결과를 제시하고 있다.

첫째, 현지법인에 의한 R&D 활동과 모회사로부터 현지법인으로의 기업 내 기술이전은 모두 생산성을 높이는데 기여하고 있다.

둘째, R&D 활동과 기술이전은 생산성의 상승에 대해 상호 보완적인 관계이며, 한쪽의 기술지식이 다른 쪽의 기술지식의 한계효과를 높이는 관계에 있다는 것이다.

셋째, 지적재산권보호의 수준이 높은 국가에서는 R&D 활동이 기술지식의 생산성에 미치는 영향이 높다는 것이다.

이처럼 지적재산권보호는 다국적기업의 R&D 활동 및 기술이전의 결정요인으로 중요한 역할을 하기 때문에 다국적기업에 의한 기술이전 및 R&D 투자 활동을 적극적으로 유인하려는 국가일수록 지적재산권을 보호하는 것이 FDI를 통한 기술이전 및 R&D 투자활동을 활발하게 한다는 점을 시사하고 있다.

마지막으로 R&D활동의 국제화가 활발하게 일어나는 배경으로 다음과 같이 정리할 수 있다.

첫째, 테크놀로지가 국제 표준화되는 한편으로 지역 특성도 존속하고 있기 때문이다. 물론 R&D활동을 국제적으로 전개하기 위해서는 세계 각국의 기술 인프라가 정비되어 있어야 한다는 것은 필요조건이다.

또한 특허에 의한 지적소유권의 보호와 같은 법적 정비가 없이는 그 국가에서의 지적 생산 활동은 불가능하다.

만약 기술이 완전히 국제 표준화된다면 연구개발활동이 지구에서 가장 강한 장소에 모든 연구개발거점을 배치하여 그곳에서 모든 글로벌제품을 개발하면 된다. 그러나 현실적으로 그러한 현상은 나타나지 않고 있다. 왜냐하면 세계 표준화가 진전되고 있지만 여전히 지역적 특성도 강하게 남아 있기 때문이다. 따라서 현실적으로 존재하고 있는 지역 특성에 맞추어 R&D활동을 전개해야 할 필요성이 대두된다.

둘째, 지식 역량이 국제적으로 유동적이라는 점이다. 과거에 기업은 본국의 우위성을 바탕으로 한 이노베이션이 중심이었다. 그러나 최근에는 본국의 경영자원·기술·지식만을 활용하여 글로벌한 경쟁우위를 구축하기에는 한계가 있다.

따라서 국제적으로 다양한 기술의 진전(進展)이 일어나고 있는 환경에서 본국의 우위성이 안정적으로 지속된다고 보기에는 한계가 있다.

셋째, 시장의 국제화이다. 즉 글로벌 소비자 기호가 표준화되고 있다는 지적이 있는 한편 소비자 기호의 지역적 분산도 진행되고 있다. 따라서 거점을 한 장소로 집중하여 연구개발을 효율적으로 진행하는 방법만으로는 부족한 상황이다.

넷째, 경쟁의 글로벌한 전개이다. 국경을 넘어선 자유경쟁이 확산되는 한편 각국에 의한 규제도 강화되고 있다. 예를 들어 제약 산업에서는 임상개발의 현지화가 강하게 요구되는 측면이 있다.(浅川和宏, グローバル経営入門, 日本経済新聞社, 2006, pp.193-194)

그러나 모든 기업들이 R&D 활동을 국제적으로 전개해야 하는 것은 아니며 이에 대한 판단과 결정은 기업들이 전략적으로 선택할 문제이다.

제10장

전략적 제휴

I 전략적 제휴의 의의

한국을 대표하는 산업 중 하나로 성장한 자동차산업은 과거 소재·부품산업 등 관련 산업의 기반이 절대적으로 부족하고 축적된 기술도 없는 상황에서 단기간에 수출산업으로 성장할 수 있었던 배경으로 크게 두 가지 원인을 들 수 있다. 첫째는 정부의 보호·육성정책이며, 둘째는 선진 자동차기업과의 기술제휴이다.

한국 자동차산업의 기술제휴에 의한 발전 과정을 간단히 요약하면 다음과 같다. 먼저, 1970년대 전 세계적으로 영향을 끼친 두 차례의 오일쇼크 이후 선진국 자동차기업들은 글로벌화의 추진과 함께 제휴전략에 의한 국제 분업의 움직임을 보이게 되었다. 이 때 한국의 자동차기업들도 선진국의 자동차기업과의 자본 및 기술제휴를 통해 적극적인 기술도입을 시도하였다.

한국의 자동차기업들은 기술제휴를 통해 도입한 기술을 흡수하고 개량하여 독자 모델의 개발력을 축적함과 동시에 국제경쟁력 향상을 도모했다.

또한 이 시기에 설비투자를 급격하게 확대하여 자동차산업의 중요한 경쟁력 중 하나인 대량생산체제를 확립시켰다. 1980년대 한국의 주요 자동차기업의 자본 및 기술제휴관계를 나타낸 것이 〈그림 10-1〉이다.

그림 10-1 우리나라 주요 자동차기업의 자본·기술제휴관계(1980년대)

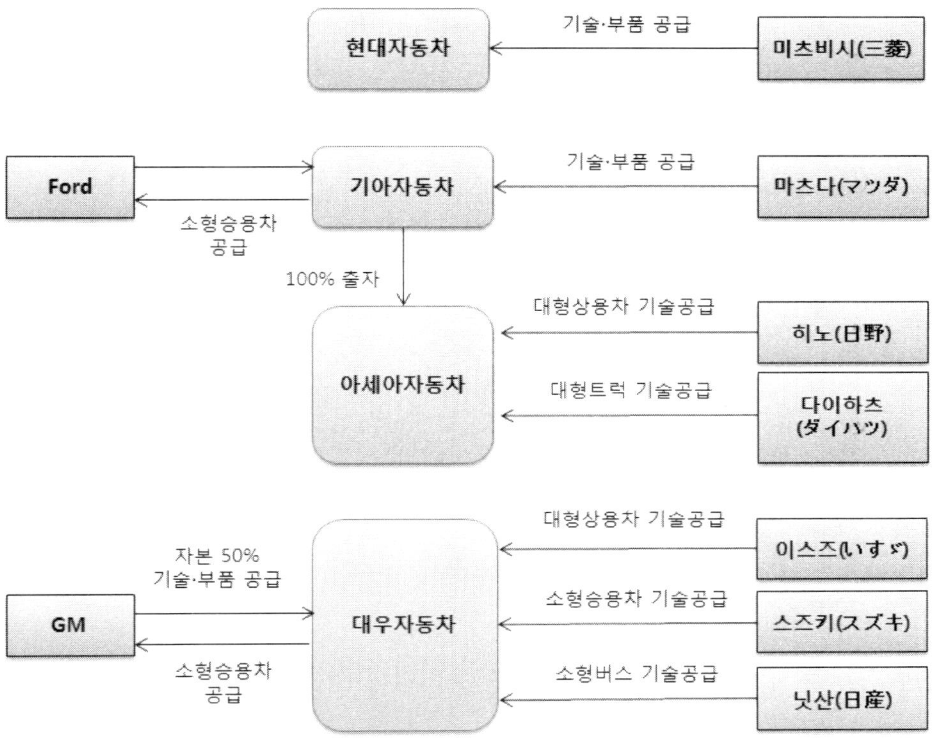

자료: 金奉吉, 日·韓自動車産業の國際競爭力と下請け分業生産システム, 神戸大學経濟経營研究所, 2000, p.167.

이처럼 한국 자동차기업은 자본 및 기술제휴를 통해 기술도입을 적극적으로 시행함과 동시에 해외마케팅을 제휴기업에게 의존하면서 수출확대 전략을 확대해 나가며 성장했다.

한국 자동차산업의 발전과정에서 제휴의 역할은 선진국 기업과 개발도상국 또는 후진국과의 국제 분업이라는 하청관계였다고 볼 수 있다.

그러나 과거와 달리 글로벌 경쟁이 심화되고 희소한 경영자원의 활용이 더욱 중요한 경쟁우위 요소로 나타나면서 최근의 제휴관계는 그 성격이 변화하고 있다. 즉, 제휴관계의 특징은 광범위한 시장에서 경쟁을 하고 있는 두 개 이상의 기업이 전략적인 목적 달성을 위해 일부 사업 또는 기능별 활동부문에서 일시적인 협력을 해 나가는 형태로 확대되고 있는 것이다.

예를 들어 자동차산업에 있어서도 차세대 엔진개발을 위해 업계의 선두기업들이 자본 및 기술제휴 등을 통해 공동으로 개발하여 실질적인 산업표준을 달성함으로써 R&D 비용을 절감하는 것 등을 들 수 있다. 즉 보다 전략적인 제휴관계의 형성이 활발해 지고 있다.

전략적 제휴는 1990년대 들어 글로벌화가 한층 심화되고 기업 활동 역시 다양한 국가(시장)에서 동시적으로 치열한 경쟁으로 전개되면서 더욱 주목받기 시작하였다.

즉 급변하는 환경 속에서 단일 기업 혼자만의 경영자원만으로는 지속경영이 불가능한 상황에 이르게 된 것이다. 따라서 기업들은 자신의 부족한 경영자원을 상호보완하고 나아가 새로운 핵심역량을 창출할 수 있는 방법으로 전략적 제휴를 선택하게 되는 것이다.

이러한 전략적 제휴는 국제 간 뿐만 아니라 국내의 대기업 및 중소기업 간에도 활발히 이용되고 있다.

예를 들어 2013년 3월에 있었던 신라면세점의 지분참여(19.9%, 600억 원)를 통한 동화면세점과의 전략적 제휴는 국내 면세점업계의 첫 사례로 대기업과 중소·중견기업 간의 상생모델로 주목받기도 하였다.

신라면세점은 동화면세점과의 전략적 제휴를 통해 머천다이징·마케팅 등 다양한 방면에서 협력을 강화해 시너지 효과를 낸다는 계획이었다.

이처럼 전략적 제휴는 다양한 경영활동 분야로 확대·활용되면서 기업의 경영전략에 있어서도 매우 중요한 위치로 자리 잡고 있다.

본래 전략적 제휴(strategic alliance)는 시장에서 우호적인 기업관계를 구축하는 것이 목적이 아니라 치열한 경쟁상황에서 제휴를 맺은 기업과 일시적으로 협조함으로써 파트너 외의 다른 경쟁기업보다 유리하게 경쟁우위를 확보하는 것이 궁극적인 목적이다.

Ⅱ 전략적 제휴의 목적 및 유형

전략적 제휴는 다양한 목적에 따라 활용될 수 있다. 첫째 규모의 경제(economies of scale)가 중요한 경쟁우위인 산업에서 막대한 고정비가 요구되는 경우 전략적 제휴를 통해 규모의 경제를 달성함과 동시에 투자위험을 분산할 수 있다.

둘째, 특별한 유통관행을 가지고 있는 시장 또는 지리적 접근이 어려운 외국시장 등 특정 시장에의 접근이 필요할 때에도 전략적 제휴는 유용하다. 또한 파트너 간 협력을 통해 신속하게 시장에 진입하는데도 유용하다.

셋째, 새로운 경영기술을 학습하거나 파트너 기업이 가지고 있는 핵심기술에의 접근을 통해 연구개발시간을 단축하고, 또한 전략파트너의 기술을 이용하기위해 전략적 제휴를 활용할 수 있다. 이를 통해 새로운 기술을 확보함은 물론 신기술을 바탕으로 전략파트너들을 통해 새로운 산업표준을 확립할 수 있다.

넷째, R&D 투자활동 등 자금적 제약이 있을 때 전략파트너와의 비용분담을 통해 효율적인 자금운용을 실현시키기 위하여 전략적 제휴를 이용할 수 있다.

이처럼 전략적 제휴는 제한되고 희소한 경영자원의 한계 속에서 위험과 비용을 분산시키고 부족한 경영자원을 확보함으로써 새로운 기술 또는 핵심역량을 바탕으로 신속하게 시장에 진입하여 산업표준을 달성하는 등 지속적인 경쟁우위를 확보하기 위한 전략적 의사결정이라고 할 수 있다.

전략적 제휴는 다양한 형태로 다양한 경영활동 분야에서 행해지고 있다. 〈그림 10-2〉는 전략적 제휴의 대표적인 유형을 나타낸 것이다.

그림 10-2 전략적 제휴의 유형

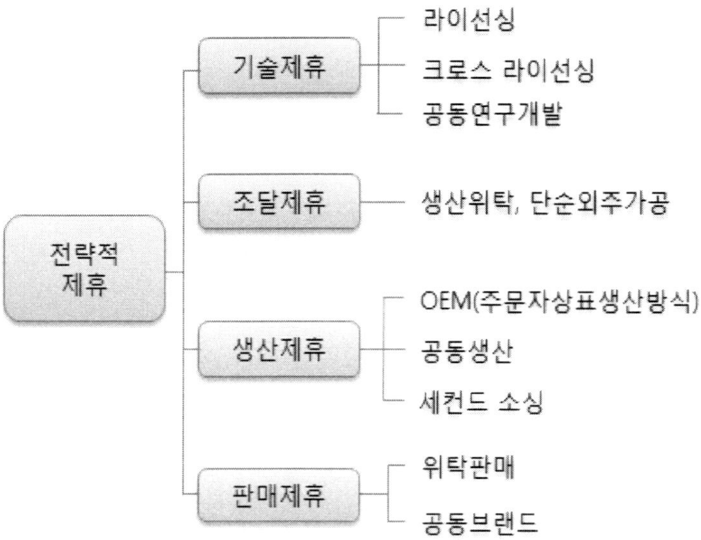

기술제휴는 전략적 제휴에 참가한 기업들이 각자의 기술을 이전 또는 상호 교환하거나 새로운 기술을 공동 개발할 목적으로 추진된다.

라이선싱(licensing)은 넓게 정의하면 지적재산권(Intellectual Property Right)의 사용권의 허락 및 양도를 목적으로 하는 계약방식을 말하는데, 무형의 지적재산권의 사용권을 타(他)기업에게 부여하고 그에 상응하는 로열티 등의 보상을 받는 것이다.

지적재산권은 특허(Patent), 실용신안(Utility Model), 의장(Design), 상표(Trademark), 기업비밀(Trade Secret), 상호(Trade Name), 저작권(Copyright), 반도체집적회로, 반도체칩의 회로배치(Semiconductor Circuits, Chips) 등으로 구분할 수 있으며, 지적재산권의 법적보호 대상 및 범위는 국가마다 상이하다.

일반적으로 라이선싱은 제조업에서 주로 행해지며 상대방의 기술에 의존하게 되는 경향이 있다.

크로스 라이선싱(cross-licensing)은 일방적으로 상대방의 기술을 이전받거나 그 기술에 의존하는 것이 아니라 파트너 기업 상호 간의 기술을 교환해서 사용하는 형태를 말하며,

공동연구개발은 예를 들어 자동차 기업 간의 차세대 친환경엔진 공동개발과 같이 서로의 기술을 합작하여 새로운 기술을 개발하는 활동을 말한다.

조달제휴는 생산위탁이나 단순외주가공 등을 통해 부품이나 제품을 장기간 안정적으로 확보하는 것이 주요 목적이다.

생산제휴의 대표적인 형태는 OEM, 공동생산, 세컨드소싱(second sourcing) 등이 있는데, OEM은 자사 고유의 상표가 아니라 주문자가 요구하는 상표명으로 부품이나 완제품을 생산하는 방식으로 강력한 브랜드이미지를 가지고 있지만 생산능력이 약한 기업과 생산능력은 가지고 있지만 브랜드이미지가 약한 기업 간의 전략적 제휴를 자주 볼 수 있다.

공동생산은 제휴에 참여한 기업들이 공동으로 특정제품을 생산하는 것을 말하며, 세컨드소싱은 OEM과 유사하게 타사에 위탁생산하는 방식이지만 자사의 기술을 제공한다는 점에서 철저한 기술관리 및 통제가 필요하다는 점과 생산된 제품의 판매권을 수탁업체에 부여한다는 점에서 OEM과 상이하다.

이는 기술우위를 바탕으로 특정 제품의 시장을 장악하고 있는 기업이 늘어나는 수요를 독자적으로 감당하기 어려운 경우에 공급을 확보하고 판매망을 확대하기 위해 활용되는 전략적 제휴이다.

판매제휴는 위탁판매나 공동브랜드 활용 등을 통해 제휴기업의 판매능력을 활용하여 상대시장에 보다 쉽게 접근하고 판매를 확대할 목적으로 활용되는 전략적 제휴이다.

이상과 같은 기능별 제휴는 파트너 간의 지분참여가 동반되지 않고 수행되는 협조관계이다. 따라서 연구개발, 생산, 마케팅, 기술, 유통과 같은 구체적인 경영활동 분야에 대한 제한적인 관계라고 할 수 있다. 그러나 기능별 제휴 안에서도 일부는 주식교환이 동반되는 경우도 있으며 이런 경우 보다 넓은 제휴관계로 확대될 가능성이 높다.

Ⅲ 합작투자 전략

전략적 제휴관계가 기업의 전략에서 중요한 위치를 점하고 있고, 제휴를 통해 보다 명확한 목적달성과 광범위한 시너지 창출이 기대되는 경우, 기업들은 자본참여를 동반하는 합작투자의 형식을 선택할 수 있다.

합작투자는 법률적으로 모기업으로부터 독립된 법인체를 설립하며, 이렇게 설립된 법인체를 '합작회사(joint venture)'라고 한다.

합작회사는 공통의 목적을 달성하기 위해 경영자원이 보완적 관계에 있는 두 개 이상의 기업들의 출자에 의해 신설된 기업이라고 정의할 수 있다. 이처럼 합작회사는 출자에 의한 자본참여가 동반되기 때문에 각 회사의 지분율이 중요한 의미를 갖는다.

Bleeke & Ernst(1997)의 연구에 의하면 전략적 제휴는 일반적으로 50 대 50의 소유구조일 때 양자 모두 성과를 올리는 비율이 60%로 높았으며 양자 모두 실패할 확률은 20%였다. 한편 불균등한 소유구조의 전략적 제휴의 경우 양자 모두 성공한 비율은 31%, 양자 모두 실패한 비율은 61%로 나타났다.

지분율의 구조의 경우 합작에 참여하는 기업의 핵심역량의 정도 및 규모, 자본력, 교섭능력 등에 의해 결정될 것이다. 일반적으로 지분율은 소유비율에 따라 소수지분, 동등지분, 다수지분으로 분류한다.

여기서 중요한 것은 소수지분을 가진 기업이 무조건 불리하다는 것을 의미하는 것은 아니다. 왜냐하면 기업이 가지고 있는 경영자원 및 핵심역량의 정도에 따라 지분은 적게 갖고 있지만 보다 중요한 역할을 할 수 있기 때문이다.

합작회사는 다음과 같은 특징을 갖는다. ① 특정의 공통 목적의 달성, ② 자산의 공동소유, ③ 이익의 공동 배분 및 손실의 공동 부담, ④ 공동 경영과 감독이다.

이제 합작회사의 장점과 한계에 대해서 알아보자. 먼저 단독투자 등에 의한 완전소유의 현지법인설립과 비교해 보았을 때 합작회사는 다음과 같은 장점이 있다.

첫째, 투자 자본을 한정할 수 있다.

둘째, 사업위험을 한정할 수 있다.

셋째, 파트너 기업의 경영자원을 이용할 수 있다. 여기서 말하는 경영자원이란 기존의 경영자 및 종업원, 기존 고객과 시장점유율, 명성 및 신용, 현지 은행·정부·규제기관 등과의 인맥 및 유리한 대우, 기존의 생산설비·공급망·유통망 등을 의미한다.

넷째, 진출시장에서 신속하게 수익을 확보할 수 있다.

다섯째, 파트너 기업의 기술, 제품의 개선능력 등을 이용할 수 있다.

여섯째, 합작투자가 국외에서 행해지는 경우 현지정부의 정책적 대우(조세면제, 보조금, 관세 등)를 받을 수 있다.

일곱째, 합작투자가 국외에서 행해지면 외국기업으로서의 부정적 이미지를 줄일 수 있다.

여덟째, 합작투자가 국외에서 행해지는 경우 국가(시장)와의 무역마찰을 회피할 수 있다.

한편, 단독투자 등에 의한 완전소유의 현지법인설립과 비교해 보았을 때 합작회사는 다음과 같은 한계가 있다.

첫째, 완전소유의 자회사와 비교했을 때 기대이익이 적다.

둘째, 경영권이 분리돼 있으므로 의사결정이 자유롭지 못하다.

셋째, 파트너 기업과의 경영방침, 경영전략 등의 상이(相違)로 인해 대립할 수 있다.

넷째, 합작관계가 종결된 후 파트너 기업이 강력한 경쟁기업으로 부상할 가능성이 있다.

이상과 같은 한계점을 보더라도 합작파트너의 선정이 매우 중요하다는 것을 알 수 있다. 적합한 합작파트너를 선정하기 위해서는 먼저 자사와 합작 파트너기업과의 전략적 상호보완성을 확인하여야 한다.

즉 합작투자를 계획하고 있는 기업은 외부환경분석을 통해 자사가 산업 내에서 차지하는 위치를 명확히 하고, 내부환경분석을 통해 자사의 자원과 능력을 평가하여 이를 바탕으로 실현 가능한 목표를 예측한다.

이러한 과정을 통해 자사의 전략적 목표와 실현 가능한 목표 사이에서 전략적 갭(gap)이 명확해진다. 이 갭을 보완하는 데 필요한 경영자원이 명확해 질 것이며, 자사의 부족한 경영자원을 합작파트너기업에게서 추구해야 하므로 선정해야 할 합작파트너, 즉 필요한 상호보완적 자원을 가진 파트너가 명확해진다.

또한 합작 파트너기업이 기여할 것으로 기대되는 부분을 구체적으로 평가하여야 한다. 예를 들어 제품, 기술, 제조시설 및 전문지식, 시장접근, 마케팅 능력, 고객지원, 경영관리 등에 대해 자사가 기여할 수 있는 부분과 파트너기업이 기여할 수 있는 부분을 명확히 파악함으로써 중복되는 경영자원은 없는지 또는 상호보완적인 자원이 경쟁우위로서의 역할을 할 수 있는지에 대해서도 평가하여야 한다.

한편 합작파트너 간의 기업문화 및 경영관행, 경영관리시스템 등도 합작회사의 성공 여부에 크게 영향을 미친다. 합작투자가 실패로 끝나는 많은 사례들은 조직의 통합과정에서 실패하는 비율이 매우 높다.

따라서 의사결정의 신속성, 사업추진의 적극성, 전략추진의 일관성 등 의사결정권자들의 스타일은 물론 조직원 간의 커뮤니케이션, 전략의 전달 과정에서의 차이점으로 인해 합작회사가 목표하는 시너지효과를 내지 못하는 원인이 되기도 한다.

M. Cauley de la Sierra(1995)는 제휴파트너 선정 시 가장 중요한 기준으로 양립성(compatibility), 능력(capability), 몰입성(commitment)의 3C를 강조한다.(참조 〈그림 10-3〉)

처음의 양립성은 제휴파트너의 기업전략, 기업문화, 경영관리시스템, 의사결정구조 등에서 자사와 서로 모순되거나 이해가 상반되지 않는가에 대해 검토해야 한다는 것이다.

두 번째의 능력은 자사는 물론이거니와 파트너가 가지고 있는 경영자원과 핵심역량을 정확히 파악함으로써 상호보완적인 능력을 가지고 있는지에 대한 검토를 의미한다.

제휴의 궁극적 목적은 자사가 가지고 있는 약점을 보완하고 자신의 강점을 강화하는 데 있으며 제휴 및 합작을 통해 이러한 목적을 달성하기 위해서는 파트너가 가지고 있지 않은 자원을 보완해 줄 상호보완이 가장 중요하기 때문이다.

마지막의 몰입성은 제휴당사자들이 제휴에 대해 얼마나 많은 자원과 시간과 노력을 투자할 수 있는가에 대한 검토이다. 즉 제휴파트너 간 양립성을 가지고 상호보완적인 능력을 가지고 있다고 하더라도 적절한 시간과 자원의 투입 그리고 성공시키려는 노력을 해야만 성공할 수 있을 것이다. 또한 파트너와 자사간의 몰입 정도 차이에 따라 상호간의 신뢰도가 떨어지고 상대에 대한 감시를 강화하는 등 성공적인 시너지 효과를 얻기 어려울 수 있다.

그림 10-3 파트너 선정의 주요 기준(3C)

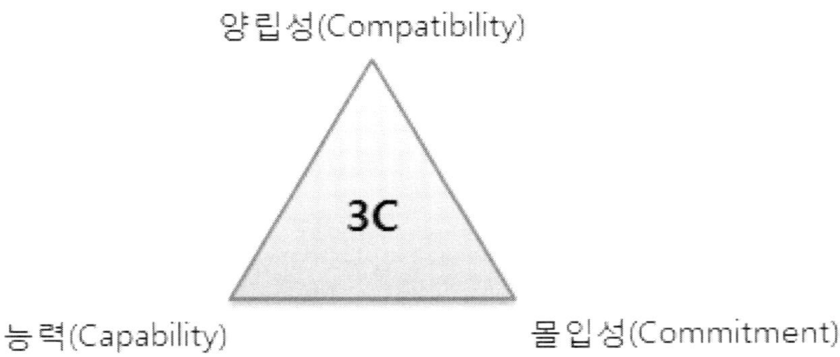

자료: M. Cauley de la Sierra, 1995.

1. 전략적 제휴 사례(1)

일본 오사카 최대 번화가인 도톤보리(道頓堀)에는 78년의 역사를 가진 대형 광고판이 있다. 두 주먹을 하늘로 뻗은 채 뛰어오는 마라토너의 모습이 담긴 높이 25m짜리 광고판이다. 오사카(大阪)에서 창업한 일본의 과제 제조업체 글리코(glico)사가 설치한 이 광고판은 1935년 이후 줄곧 같은 자리를 지키며 '오사카의 자존심, 글리코 아저씨'라는 별명까지 얻었다.

창업자의 3세로 글리코를 글로벌 기업으로 키운 최고경영자(CEO)는 에자키 가쓰히사(江崎 勝久·72) 사장이다. 그는 "세계 30여 개국에 진출한 글리코가 정작 이웃 나라 한국에 진출하는 데는 91년이나 걸렸다"고 말문을 열었다. 글리코사는 해태와 6대 4의 지분으로 '글리코 해태'를 설립하고 최근 한국에 스틱형 과자 '포키'를 출시했다. 포키는 67년 글리코가 세계 최초로 개발한 스틱형 과자로 전 세계에서 연간 5억 케이스씩 팔리는 스테디 셀러다.

그는 한국 시장 진출에 시간이 걸린 이유로 한국 과자 시장의 독특함을 꼽았다. "일본에서는 제조사가 도매상에 물건을 건네주면 업무가 끝인 데 비해 한국에서는 제조사가 직접 소매점까지 전달해주는 유통 방식을 갖고 있다"며 "세계적으로 흔치 않은 구조"라고 말했다. 외국계 과자 회사들은 유통망이 없어 진입장벽이 됐다는 뜻이다.

해태와 손잡은 이유에 대해서는 “경쟁이 아니라 강점을 합해 ‘2 곱하기 2는 5’가 되는 사업을 하는 것은 글리코의 DNA”라고 설명했다. 실제 오사카에 있는 글리코 박물관에 들어서면 벽면에 걸린 창업자 어록이 눈길을 끈다. ‘당연한 것을 해서는 경쟁에서 이길 수 없다. 2 곱하기 2는 4가 아니라 5나 6이 될 수 있다는 생각을 하라’는 문구다.

스틱 제품 히트작이 없는 해태에 글리코는 제조 기술과 노하우를 전수하고 대신 해태는 대형마트는 물론 소매상에까지 전달하는 유통망을 제공해 시너지 효과를 얻겠다는 설명이다.

에자키 사장은 “한국 소비자와 일본 소비자의 입맛이 비슷해 일본에서 크게 성공한 글리코 제품들은 한국에서도 성공할 것”이라고 전망했다.

글리코는 과자뿐 아니라 아이스크림·요구르트·우유·푸딩·카레 등에서 스테디셀러가 많은 회사로 유명하다. 그는 “포키의 한국 출시는 시작일 뿐”이라며 “아이스크림·카레 등 히트상품들을 잇따라 한국 시장에 선보일 계획”이라고 말했다.

그는 특히 “가구당 인원 수가 줄고 있어 대용량 포장을 중심으로 하는 한국 제품보다 고품질, 소용량화 기술이 뛰어난 글리코 제품이 경쟁력을 가질 것”이라고 덧붙였다.

과자업체의 성장 전망에 대해서도 낙관했다. 그는 “한국과 일본이 모두 저출산에 시달리고 있지만 전체 인구수가 줄지 않는 한 성장성을 걱정할 정도는 아니다”라며 “전 연령층을 상대로 세대별 입맛을 공략해야 한다”고 말했다. 그러기 위해선 ‘건강에 좋은 과자’를 만들어야 한다고 강조했다. 그러면서 그는 “‘맛을 통해 건강에 기여한다’는 글리코의 창업 철학은 세월이 갈수록 더 유효해진다”고 덧붙였다. 실제 글리코사의 창업 제품인 ‘글리코’는 굴에 들어 있는 글리코겐 성분을 뽑아 캐러멜로 만들었다. 두 번째 제품인 ‘비스코’도 효모를 넣은 영양광자로 만들어 주부들의 호응을 얻었다.

에자키 사장은 “칼로리를 낮춘 아이스크림, 충치를 예방해주는 껌처럼 글리코가 오랜 시간 연구해 만든 건강 식품 노하우를 한국 시장에도 하나씩 펼쳐 보이겠다”고 덧붙였다. (중앙일보, 2013년 11월 4일)

2. 전략적 제휴 사례(2)

일본의 TOYOTA자동차와 미국의 제너럴 모터스(GM)의 전략적 제휴사례를 살펴보도록 하자. 이 TOYOTA와 GM의 전략적 제휴는 전형적인 전략적 제휴로서, 그리고 성공사례로서 자주 인용된다.(グローバル経営戦略, 吉森賢, 放送大学教育振興会, 2006, pp.128-131)

1983년 TOYOTA와 GM은 합작회사 NUMMI(New United Motors Manufacturing Inc.)를 설립한다는 협약서(Letter of Intent)에 서명했다.

먼저 각 회사의 합작회사의 설립 동기를 살펴본 후 TOYOTA 자동차의 합작회사 설립 동기를 요약하여 살펴보기로 하자.

첫째, 미국시장에 진출하기 위한 첫 걸음을 실현시키는 것

둘째, 미국의 종업원에게 TOYOTA생산방식이 어느 정도 가능한가를 테스트하는 것

셋째, 자동차 관련 미일 마찰의 해소 등이다.

다음으로 GM의 합작회사 설립 동기는 다음과 같이 요약할 수 있다.

첫째, TOYOTA 자동차로부터 소형차를 공급받는 것

둘째, 소형차 생산 기술을 도요타자동차로부터 흡수하는 것

셋째, TOYOTA 자동차의 미국 내 수입차를 감소시키는 것 등이다.

TOYOTA 자동차와 GM의 전략적 제휴가 성공하기 위한 중요한 열쇠는 미국 노동조합의 태도가 매우 중요하였는데, 미국의 자동차 노동조합인 전미조직 UAW의 회장은 물론 GM의 UAW지국장도 합작회사의 성공에 협력할 것을 약속했다.

이렇게 만들어지게 된 합작회사 NUMMI의 개요를 살펴보도록 하자.

TOYOTA 자동차와 GM은 각각 약 100만 달러씩 자본금을 거출하여 합계 200만 달러의 융자를 받아 설립되었다. 즉, 지분구조는 50 : 50의 동등지분이었다. GM의 출자는 프로몬트 공장의 현물출자에 의해 거출되었다.

한편, TOYOTA 자동차는 공장을 경영하고 도요타자동차 및 GM 브랜드의 승용차를 설계, 생산, 판매, 서비스하는 것을 수행하는데, GM에서 이전에 레이 오프된 종업원의 대부분을 재고용하는 것에 동의했다.

GM은 시보레-NOBA의 브랜드 차종을 판매, 서비스하고 TOYOTA의 생산방식을 배우기 위한 것과 합작회사와의 조정을 위해 소수의 관리자를 교대제로 합작회사에 파견하는 것에 동의했다.

합작회사의 최고경영책임자에는 도요타 타츠로(豊田達郎)가 취임했으며 다른 경영자 한 명은 TOYOTA 자동차에서 파견되었다. GM에서는 전(前)포드 사원과 전(前)제너럴 다이나믹스의 관리자 두 명이 채용되었다.

위와 같은 계약조건에 따라 2,200명의 종업원 중 85%는 원래 GM 프로몬트 공장에서 일하던 종업원이 채용되었다.

GM의 프로몬트 공장의 상황을 살펴보면 다음과 같다.

GM은 1963년에 캘리포니아주 프로몬트에 자동차 조립공장을 건설하고 7,200명의 종업원을 고용했으나 약 20년 후인 1982년에는 다음과 같은 다양한 이유로 폐쇄되었다.

첫째, GM의 모든 공장 중에서 프로몬트 공장의 생산성 평가가 가장 낮았으며 품질도 GM 최악의 공장 중 하나였다.

둘째, 노동조합은 투쟁적이고 노동협약이 개정될 때마다 5천에서 6천 건의 요구를 경영자에게 제시했다. 프로몬트 공장에서는 병결, 태만, Wildcat strike, 공장기계 파손행동 등이 발생했다.

Wildcat strike는 본부의 지령 없이 노동조합의 지부나 조합원의 일부가 분산적으로 하는 동맹파업을 말한다. 그 때문에 현장관리자는 호신용으로 총을 소지하지 않으면 안 되었다. 결근률은 20% 가까이 올랐고 마약, 알코올 중독이 종업원을 좀먹고 있었다. 경영자와 종업원 간의 관계는 공포와 불신이 지배하고 있었다.

이러한 프로몬트 공장은 합작회사에 의한 혁신을 일으키게 된다. TOYOTA 생산방식의 중요한 목적은 조직적으로 낭비를 배제함으로써 생산원가의 절감과 이익 극대화를 실현시키는 것이다.

NUMMI 공장에도 이러한 목적 외에 품질과 안전성의 개선이 추가되었으며 결국 이들의 비전은 세계에서 최고의 품질과 최저의 생산비용을 달성하려는 것이었다.

조업개시 후 2년이 지난 1986년에 NUMMI의 생산성은 GM의 Framingham 공장과 비교하면 60%나 높았다.

NUMMI의 종업원 수인 4,000명은 GM의 구 프로몬트 공장의 반 밖에 되지 않음에도 불구하고 생산대수는 같았으며 품질은 휠씬 우수했다.

이러한 결과를 내기 위해 NUMMI가 필요했던 투자액은 15억 달러였으나 GM은 구 공장에 1983년 이래 700억 달러를 생산성과 품질향상을 위해 투자하고 있었다. 이처럼 NUMMI는 구 프로몬트 공장의 종업원에 의해 GM 중에서도 가장 생산성과 품질이 높은 공장이 되었다.

1996년 NUMMI의 생산대수 1대 당 종업원 수에 의한 생산성은 GM의 3.62인과 비교해서 20%나 적은 2.26인 이었다. 또한 품질 측면을 보더라도 GM이 100대 당 클레임 수가 110건인데 비해 NUMMI는 80건이었다.

이러한 TOYOTA와 GM의 전략적 제휴관계는 양사(兩社) 모두에게 공헌한 바가 크다.

먼저, TOYOTA 자동차에게 NUMMI의 성공경험은 이 후 1985년 캔터키 공장 건설에 크게 공헌했다. 즉 TOYOTA의 생산방식은 미국의 종업원에 의해서도 실현가능하다는 것이 증명되었기 때문이다.

이는 당시 미국에서 주장하던 일본 특수론의 근거를 뒤집었다는 것에 큰 의미가 있다. 즉 TOYOTA의 생산방식은 일본에서 일본의 종업원에 의해서만 가능한 방식으로 노동관행이나 가치관이 다른 미국에서는 통용되지 않는다는 주장이었다.

NUMMI의 성공은 미국 종업원의 질이 나쁜 것이 아니라 경영자의 경영방법에 문제가 있었다는 것에 대해 반론의 여지도 남기지 않고 증명한 것이다.

실제로 이후에 일본의 경영, 일본의 노동자를 미국과는 이질적인 것으로 보고, 이에 대해 대일(對日)수입제한이나 보복조치를 취하는 것이 당연하다는 생각은 급속하게 설득력을 잃었으며, 자동차산업에 관한 미일마찰은 거의 소멸되는 결과를 낳았다.

성공적인 제휴관계를 장기적으로 지속함으로써 TOYOTA 자동차와 GM이 추구한 목표를 달성해 왔던 NUMMI 자동차는 2010년 4월 약 25년간의 제휴관계를 마치고 폐쇄되었다. 관련 동향을 신문 기사를 통해 정리해 보면 다음과 같다.

TOYOTA 자동차와 GM의 합작으로 캘리포니아주에 세운 공장인 '누미(NUMMI)'의 폐쇄를 고려하고 있다고 11일 일본 니혼게이자이신문(日本経済新聞)이 보도했다.

TOYOTA는 10일 "현재의 비즈니스 환경에서는 NUMMI의 청산을 본격적으로 검토할 수밖에 없다"며 GM 없이 공장을 운영할 수 있는지 이달 내 결정할 방침이라고 신문은 전했다.

2009년 6월 1일에 있었던 GM의 파산보호 신청과 29일의 합작관계청산 발표 이후 NUMMI에 대한 TOYOTA 자동차의 입장이 주시돼 왔다.

TOYOTA가 NUMMI의 청산을 검토하게 된 배경에는 단독운영에 따른 경영부담 및 전미자동차노동조합(UAW)에 가입된 종업원의 비싼 임금 등의 요인이 크게 영향을 미친 것으로 보인다. (매일경제신문, 2009년 7월 13일)

결국 2013년 3월, 미 자동차 노조(UAW)가 NUMMI의 폐쇄 계획을 받아들였다고 니혼게이자이신문(日本経済新聞)이 17일 보도했다. 이처럼 미국과 일본의 유일한 자동차 합작 공장이었던 NUMMI 공장이 약 25년의 역사를 뒤로하고 결국 문을 닫았다.

한편, 미국 전기자동차 벤처인 테슬라모터스는 NUMMI 공장의 토지와 건물 일부를 4,200만 달러(약 500억 원)에 매입하기로 했다고 니혼게이자이신문(日本経済新聞)이 2010년 5월 28일 보도했다.

테슬라와 TOYOTA 도요타자동차는 동월 20일 공동성명을 통해 전기차 개발과 생산시스템, 기술지원 등의 분야에서 상호 협력하기로 했다고 발표했다.(이투데이, 2010년 5월 28일)

두 회사는 이날 공동성명에서 "앞으로 전기차, 관련 부품은 물론 생산시스템 개발부터 기술지원까지 다양한 분야에서 상호 협력하기로 합의했다"고 밝혔다.

엘론 머스크 테슬라모터스 사장은 "모델 S 생산은 NUMMI 공장 생산능력의 일부분일 뿐이며, 새로운 공장 인수로 회사 성장의 발판을 마련했다"고 말했다. 아놀드 슈워제너거 캘리포니아 주지사는 "NUMMI 공장은 캘리포니아 주 내 최소 1,000개 이상의 새로운 일자리를 창출할 수 있을 것"이라고 말했다.(매일경제신문, 2010년 7월 12일)

3. 전략적 제휴 사례(3)

2013년 말 산둥(山東)성 칭다오(青島) 가는 길. 단체 관광객인 듯한 중국인들이 삼삼오오 모여 비행기에 오른다. 그들 손에 라면박스 절반만 한 크기의 박스가 들려 있다. '그게 무엇이냐'는 질문에 하나같이 '푸쿠'라고 답한다. 박스 구석에 붙은 중국어 '福庫'는 '복을 쌓아 두는 창고'란 듯을 담고 있다. 관광객들은 왜 한국 밥솥에 열광할까? CucKoo 전자 칭다오 공장에서 해답을 찾았다.

"7:7:10 전략이다. CucKoo는 1년에 밥솥 약 24만 개를 중국인에게 판다. 7만 개는 칭다오에서 만들어 팔고, 나머지 7만 개는 한국에서 수입해 판다. 한국에서 수입해 파는 게 훨씬 고급이다. 나머지 10만 개는 한국에 온 중국 관광객들이 사간다. 비행기에서 봤다는 그 사람들 말이다."

조학래 CucKoo 전자 중국법인장의 설명이다. CucKoo 전자에 한·중 간 경제국경은 의미가 없어 보였다. 싸게 만들 수 있는 곳(칭다오)에 공장을 두고, 최대한 비싸게 팔 수 있는 곳(공항 면세점)에 판매점을 둔다. 그는 "중국 고급 백화점에 들어선 CucKoo 매장은 그 자체가 '광고판' 기능을 한다"고도 했다. 광고판을 본 중국인들은 한국 관광 때 '푸쿠'를 꼭 산다. 기술이 있기에 가능한 얘기다. 조법인장은 "동이나 스테인리스의 도금 · 코팅 기술은 중국 기업이 엄두도 못 낼 정도로 앞서 있다"며 "여기에 맵시 있는 디자인이 소비자를 끌고 있다"고 말했다. '기술만 있다면 제조업체에도 중국은 아직도 신천지'라는 게 그의 지론이다.

처음부터 승승장구했던 건 아니다. 2003년 칭다오에 진출한 이 회사는 제품을 조립해 한국으로 수출하는 구조였다. 그러나 대기업이 꽉 잡고 있는 국내 가전시장에서 '메이드 인 차이나'가 제대로 팔릴 리가 없었다. 2009년에는 쌓인 적자를 이기지 못해 철수도 고려했다. 내수시장으로 눈을 돌린 게 바로 이때다.

조학래 법인장은 "과감한 구조조정과 함께 '최고급 소비층을 공략한다'는 원칙으로 내수 영업에 나섰다"고 말했다.

수지 · 철판 등 기초원자재와 핵심 부품은 모두 한국에서 수입해 왔다. 100% 한국 디자인에 '중국형 세련미'를 더했단다. 중국에서 시판되는 밥솥의 80%가 300위안 선이지만, CucKoo 밥솥은 모두 1,500위안이 넘는다. 이 회사는 5년 만에 2,200만 위안(약 38억 5,000만원)의 누적 흑자를 기록했다.

CucKoo 사례는 중국 소비시장이 확대되면서 기술력 있는 기업은 오히려 선택할 수 있는 전략이 더 많아졌다는 것을 보여준다.

중국 진출 제조업체가 어렵다는 얘기가 많다. 그러나 기술력으로 성공을 일궈가는 사례는 이 밖에도 많다.

서부 시안(西安)에 진출한 KMW는 이동통신기지국에 들어가는 안테나와 무선주파수필터 등을 생산하는 기업. 2002년 진출한 후 무려 10년 동안 적자행진을 계속해야 했다. 그러나 2012년 상황이 바뀌기 시작했다. 매출은 전년보다 100% 넘게 증가한 2억 위안, 순익은 2,500만 위안에 달했다. 2013년에도 매출과 순익이 각각 30%씩 늘어 누적 적자를 털어낼 수 있게 됐다. 도대체 무슨 일이 벌어진 것일까?

"중국에서도 언젠가는 LTE시장이 터질 것으로 확신했다. 본사와 협력해 중국에 적합한 이동통신 핵심 장비 기술을 개발해 놓고 기다렸다. 가격은 로컬(현지) 경쟁업체들보다 높다. 그러나 화웨이 · ZTE · 루슨트 등 통신업체들은 KMW를 찾는다. 비교할 수 없는 성능의 기술을 갖고 있기 때문이다." 이 회사 정갑용 부총경리는 "중국이라는 '호랑이' 등에 올라탄 기분"이라며 이렇게 말했다.

제조업체들이 중국 비즈니스에 나서면서 가장 민감하게 생각하는 것이 바로 기술 유출이다. 합작파트너에 기술을 빼앗기고 결국은 쫓겨 날 것이라는 우려다. 그러나 국내 반도체 부품 · 소재 기업인 네패스는 전혀 다른 길을 선택했다.

네패스는 지난해 10월 장쑤성(江蘇省) 리양(溧陽)시와 스마트폰용 시스템 반도체 공장을 건설하는 내용의 양해각서(MOU)를 맺었다. 네패스는 장비와 기술을, 리양사는 땅과 세제 혜택을, 현지 벤처투자기업이 자본을 각각 제공하는 조건이다. 중국 측이 51% 지분을 가지지만 실질적인 경영은 네패스가 맡는다. 압도적인 기술이 있다면 을(乙)의 입장에서도 갑(甲)을 선택할 수 있다는 것을 보여준다.

이병구 대표는 "지역사회의 인프라를 활용하면서 위험도 줄이자는 차원에서 초기부터 중국 회사로 출범하는 전략을 선택했다"고 밝혔다. "중국 내 반도체 수요는 한해 900억 달러에 달한다. 이 중 10%만 중국 기업이 담당하고 나머지 90%는 수입에 의존하고 있다. 자체 생산 비율을 30%로 끌어올리려는 중국 정부의 시책에 맞췄다"고 배경을 설명했다. 중국 기업들과 함께 시장을 공략하는 '메이드 위드 차이나(Made with China)' 전략이다. (중앙일보, 2014년 1월 15일)

제11장

M&A와 경영전략

I 다각화 전략의 의의

A. Chandler는 그의 저서(Strategy and Structure, MIT Press, 1962)에서 미국 기업들의 단계별 발전 유형을 다음과 같이 설명하였다.(어윤대 · 방호열, 전략경영, 학현사, 1998)

① 초기에는 특정지역시장을 대상으로 하여 단일 제품사업으로 기업을 시작한다.

② 수송과 통신수단의 발달로 시장을 점차로 확대하여 가며 나중에는 미국시장 전체를 대상으로 확대한다(지역적 다각화)

③ 이 후 수직적 통합을 통해 성장을 계속하며 특히 전국적 마케팅을 전개하려는 기업들은 마케팅과 유통시스템에서 전방통합을 추진한다.

④ 마케팅과 유통시스템으로 축적된 과잉능력을 이용하여 다각화를 추진한다.

결국 다각화 전략(diversification strategy)은 위험의 분산이나, 성장의 극대화, 시장지배력의 강화를 위한 전략인 것이다.

Ansoff는 기업의 다각화 방식을 다음의 다섯 가지로 구분하였다.

첫째, 수평적 다각화이다. 이는 어떤 기업이 같은 경제 단계에 있는 어떤 상품을 새롭게 취급하는 것으로 같은 시장에서 상품군이 확장된 것이다. 따라서 시장에 공급해 온 기존 제품과 새로운 제품에는 깊은 연관성이 있다.

둘째, 수직적 다각화이다. 이는 작업 단계의 깊이가 확장되거나 상품군이 경제 단계의 상부 혹은 하부까지 확장되는 것을 말한다.

셋째, 측면 다각화이다. 이는 기업이 지금까지와는 다른 분야의 시장에 진입하는 것으로 기존의 비즈니스 영역과 새로운 비즈니스 영역의 상관관계는 없다.

넷째, 집중적 다각화이다. 이는 어떤 기업이 하나의 핵심역량을 근거로 여러 개의 사업영역을 구축하는 것을 말한다. 이런 기업은 자기가 특별한 노하우 또는 특별한 장점과 역량을 가지고 있는 분야에서 성장할 수 있는 사업영역을 찾는다.

다섯째, 복합기업적 다각화이다. 이는 기업이 영위하고 있는 복수의 사업영역이 현재 집중하고 있는 핵심사업과 전혀 연결점이 없이 형성된 기업 집단으로, 어떠한 상관관계도

없이 서로 합쳐지기만 했기 때문에 성공한 사례는 찾기 어렵다.(랄프 쇼이스, 전개서, pp.184-185)

이제 기업의 경쟁력 차원에서 신속하게 시장에 진입하려는 기업들의 대안으로서 선호되고 있는 M&A에 관하여 살펴보기로 하자.

M&A는 두 개 이상의 기업이 하나로 통합되어 단일 기업이 되는 합병(merger)과 특정 기업이 다른 기업의 주식이나 자산을 취득해 경영권을 획득하는 기업의 인수(acquisition)가 결합된 경영전략이다.

또한 특정의 기업이 외부적인 경영자원을 활용하여 기업의 성장을 도모하는 기업전략상 가장 적극적인 투자방법의 하나이다.(K. Fowlers&D. Schmodt · 김상희, 한국기업의 국제 M&A 선택요인에 관한 연구, 강릉원주대학교 대학원 박사논문, 2013)

M&A는 국내 M&A와 해외 M&A로 분류된다. 먼저 국내 M&A는 부실기업인수와 업종전문화에 따른 그룹 계열간의 합병이 대부분이며, 해외 M&A는 선진국의 기술 습득이나 무역장벽 극복 및 해외유통망 확대, 경영다각화 등을 목적으로 수출주도형 산업구조를 지닌 나라들이 국제화 전략으로 많이 사용하는 전략이다.

이의 장점은 무엇보다 신규 사업에 진출할 때 시간을 단축하는 효과가 있다는 것이다. 따라서 새로운 경영환경의 변화에 신속하게 적응할 수 있어 다각화의 전형적인 전략으로 수행되고 있다.

그리고 종업원이나 기술자 등의 인재를 단기간에 집단적으로 확보할 수 있어 투자비를 절약하고 나아가 투자의 안정성이 보장되는 등 M&A에 의한 선발기업의 경영권 확보로 신규 사업의 투자 안정성이 확보되어 시너지효과 창출을 기대할 수 있기 때문이다.

물론 국제화를 추진하려는 기업은 해외진출을 하게 될 경우에는 FDI에 의한 직접투자는 단독투자 또는 합작투자(JV)의 방식을 선택할 수 있다.

즉 전자의 경우에는 greenfield investment로 기업을 설립하는 방법이든 아니면 brown investment로 현지국의 기업을 인수(引受)하거나 합병(合併)을 하게 된다.

이는 신속하게 경쟁적 지위(competitive advantage)를 확보하기 위한 것이지만 M&A의 당사자 상호간에 신의성실에 의하여 합법적으로 수행하여야 할 것이다.

즉 IM(Information Memorandum)을 통해서 자신의 회사를 소개하고 투자자(investor)인 인수 기업에서는 LO(Letter of Intent/인수의향서)를 작성하여 제출하는 등의 업무를 진행하면서 M&A 계약이나 당사자인 기업에 관련한 정보를 대외적으로 유출하지 않겠다는 CA계약(Confidentiality Agreement/비밀유지계약)을 맺어야 한다.

이후 실사(D/D, Due Diligence)가 있은 후에 M&A 가격을 합의하게 되면 양해각서(MOU)를 작성하고 상호간에 교환이 있은 후에 대금지급이 이뤄지면 M&A는 완료된다.

본격적인 M&A의 수행은 우호적(friendly) M&A와 적대적(hostile) M&A로 구분하여 볼 수 있다. 전자는 인수 회사의 독단이 아닌 피인수 회사와의 우호적인 합의에 의해 진행되는 것이나, 후자는 피인수 회사의 의사와 관계없이 인수 회사가 독단적으로 경영권을 강제로 탈취하는 것으로 공개매수 방식이나 주식매집 등으로 이뤄진다.

적대적 M&A 수법에는 목표 기업의 주식을 시장에서 직접 사들이는 방법과 함께 장외에서 일정 가격에 주식을 사들이는 공개매수, 주주총회에서 우호지분을 모아 표 대결을 거쳐 경영진을 바꾸는 위임장 대결 등의 다양한 형태의 방법들이 시도되고 있다.

그러나 이의 폐해가 심각해지면서 미국의 경우에는 외국인에 의한 미국기업 인수를 대통령이 금지할 수 있는 방어장치를 합법화하여 적대적 M&A가 불가능하도록 하고 있으며 한국에서도 외국자본에 의해 국내 대기업의 적대적 M&A 시도가 빈번하게 이뤄지고 있어 이에 관련한 방어장치의 마련과 같은 방안이 다양하게 검토되고 있다.

물론 적대적 M&A는 내부정보가 비교적 정확하게 공표되고 대주주의 지분율은 낮은 기업이 대상이 되고 있다.

특히 한국에서는 이를 비도덕적이라는 비판과 함께 정당치 못한 어긋나는 행위(unfair business activities)로 여기고 있음에도 불구하고 지속적으로 증가되는 추세에 있다.

이에 대한 적극적 방어 전략에는 다음과 같은 방법들이 있다.

① 여론에 호소를 하거나 백기사 전략(White Knight)으로 인수대상기업이 적대적 인수 세력에 대항하여 우호적인 제3세력의 자본을 앞세워 경영권을 보호하는 방안,

② 황금알(Crown Jewel: 공장이나 투자가치가 높은 부동산뿐만 아니라 영업권이나 특허 기술권 등의 무형 자산) 매각이라 하여 대상회사의 가치가 있는 자산이나 사업부분 (Crown Jewel)을 우호적인 제3자에게 매각하거나 이를 인수할 권리인 Crown Jewel Option을 부여하는 방식으로 실질적으로는 전부의 자산을 양도하

는 것이 아니므로 주주총회의 승인을 받을 필요가 없고 다른 기업인수자의 입장에서는 이러한 대상회사는 기업인수의 대상으로 선호하지 않는 방식,

③ 자기공개매수와 역공개매수의 방식,

④ 자본감소 방식,

⑤ 인수되는 대상기업 경영진의 의사와는 무관하게 대상기업이 인수기업에 적대적으로 인수될 경우 대상기업의 이사진 전원이 동시에 사임함으로써 대상기업의 경영에 일대 혼란을 야기 시키는 방법,

⑥ 적대적인 M&A가 시도되는 경우 피인수 대상기업이 적대적 인수기업과 경쟁관계에 있는 다른 기업을 인수 합병함으로써 대상기업과 인수기업간의 독과점문제를 야기해 법률적으로 인수를 방어하는 방식,

⑦ 매수자의 매수절차나 독점금지법에 위반하는 사항을 찾아내어 법원이나 관계기관(금융감독원)에 소송을 제기하는 방식 등이 있다.

지난 1999년에 설립된 일본의 반도체 제조기업 Elpida는 2005년 2월에 '앞으로 3-5년 뒤에 세계 D램 시장에는 3개 업체만 살아남을 것이며, 자신은 이들 중의 하나가 될 것이다'라고 언론에 공표하였으나 7년 뒤인 2012년에 5조 2,000억 원의 빚을 안고 파산하게 되었다.

만일 2013년 8월에 삼성전자에 이어 세계 3, 4위 업체인 일본 Elpida와 미국 Micron의 합병이 이뤄지게 되면 세계 2위 수준으로 떠오르게 되어 기존 2위였던 SK 하이닉스와는 치열한 싸움이 불가피할 것으로 전망되고 있다.

Micron과 Elpida는 시장 경쟁력 강화를 위한 사업 구조조정에도 속도를 내고 있어 Elpida의 일본 히로시마 공장은 스마트폰 등에 들어가는 모바일용 D램 생산에 주력할 예정으로 웨이퍼 생산 능력은 월 10만-12만 장으로 늘어 날 것이다.

Micron은 지난해 7월 파산한 Elpida를 2천억 엔(약 2조 3천억 원)을 투자해 인수하기로 결정했으나 일부 채권단의 반대로 인수 작업이 애초 계획보다 1년여 가량 늦어지게 되었다. 세계적인 신용평가기관인 S&P는 2013년 1분기에 SK하이닉스의 신용등급을 기존 BB-에서 BB로 상승시켰을 당시 금융시장에서는 'D램 반도체 치킨게임의 공식 종언'이라고 하였다.

위에서 언급한 이러한 상황들, 곧 한국 반도체기업들의 '좋은 시절'은 지난 10여 년 동안 뿌렸던 씨앗의 결실이다.

15년 전만 해도 반도체 종주국은 일본이었다. 그들은 1980년대 이후 세계 반도체 산업의 패권을 미국으로부터 빼앗은 후 2000년대 초에는 시장을 주도하면서 NEC · Hitachi · Toshiba · Panasonic 등은 1980년대 초 '반도체 글로벌 톱10' 기업으로 성장하여 한때 세계 D램의 75%를 일본 기업이 생산하기도 하였으나 Elpida의 파산이 상징하듯 이제 일본 반도체 산업은 몰락했고 이제는 한국이 패권을 갖게 되었다.

그동안 일본 기업들은 삼성전자 등 한국 반도체 기업에 밀리자 '여전히 기술은 우리가 앞선다. 다만 삼성전자의 과감한 설비 투자에 밀릴 뿐'이라고 했다.

경영전략의 입장에서 보면 투자 효율은 '자원을 투입해 얼마나 많은 결과물을 얻을 수 있는가'에 달려 있다. 즉 최소한의 적은 'Input'으로 최대한 많은 'Output'을 거두려 하며 이런 경우를 '투자 효율이 높다'고 말하는 것이다.

기업에서 투자 효율을 높이려면 '투자 효율의 3대 원칙'이 필요하다. 첫째, '적합한' 자원을 '충분하고 꾸준하게' 투입해야 한다. 둘째, 트렌드에 맞는 상품이 나오게 해야 한다. 셋째, 핵심 역량에 자원이 투입돼야 한다.

이제부터는 S 빵집과 F 베이커리의 사례를 통하여 핵심역량의 파악과 이에 근거한 전략 수행의 결과를 살펴보자.

두 가게는 모두 창업자금 1억 원으로 빵집을 개점 하면서 서로 간에 차이점을 갖고 있었다. 즉 S 빵집에서는 솜씨 좋은 제빵사를 구하는 데 집중적으로 노력을 기울였다. 적임자를 찾자 과감히 높은 보수를 제시했다. 한편 빵 시장은 생크림 케이크, 와플, 천연 발효빵 등으로 새로운 트렌드에 반응하였다.

한편 F 베이커리에서는 창업자금의 대부분을 프랜차이즈 가맹에 사용했다. 그에게는 '투자=돈'이었다. 최신 와플 기계를 들여 놓고는 '어떻게 하면 기계를 최대한 돌려 기계 값 이상의 수익을 뽑을까'를 생각하면서 작은 효율성에만 집중하고 변화하는 고객 입맛에는 무심했다.

방문 고객 숫자와 금전출납기의 돈에만 신경을 썼으나 6개월 이 후에도 수익이 나지 않자 결국에는 '문을 닫자'는 결론을 내리게 되었다.

그러므로 투자 효율의 3대 원칙을 기준으로 볼 경우 같은 동네 두 빵집의 성공과 실패 요인은 명확하다. 결론적으로 빵집의 핵심역량(core competence)은 맛과 신선도이므로 설비를 갖추든 제빵사를 고용하든 여기에 집중을 해야만 하는 것이다.

다음에는 삼성전자와 SK하이닉스의 투자전략을 비교하여 살펴보기로 하자.

메모리 반도체의 경우 주기적으로 호황과 불황 곡선을 그리는 산업으로 이 곡선의 변곡점마다 반도체 산업은 중대한 전환기를 맞게 된다.

지난 2006년 불황기에 세계 반도체 업체들은 설비투자 확대 경쟁에 집중하여 공급이 넘치게 되었고 2008년에는 D램의 가격은 반토막이 되어 2009년 1분기에 이르러 후발업체인 대만기업들은 적자가 매출액과 맞먹을 정도로 상황이 나빠졌다.

대부분의 업체들이 투자를 절반으로 줄였으나 삼성전자는 공격적인 투자로 2007년과 2008년에 약 7조 원씩을 반도체 생산량을 늘리는 미세공정에 쏟아 부으면서 후발업체들이 경쟁을 포기할 경우에 이르면 수익을 내겠다는 '치킨 게임'을 시도하였다.

삼성전자는 2009년에는 세계 최초로 40 나노급 2기가 비트(Gb) D램을 양산했고 2010년에는 30 나노급 공정을 개발하는 등 선도적인 투자와 생산을 이어 나갔다. 한편 자금력과 인력 규모에서 삼성전자를 넘어서기 어려웠던 SK하이닉스 는 특유의 승부근성으로 경쟁사들을 따돌렸다.

그리하여 탄탄한 기술력과 시장 지배적 공급량을 갖춘 현재에는 HP · Dell · Apple 등의 반도체 고객들이 이들의 제품을 구매하게 되었다. 메모리 반도체는 미세공정 전환에 걸리는 한 달의 시간차가 기업의 생사(生死)를 가르기도 하는데, 이들은 시간이라는 자원을 경쟁우위의 원천으로 인식하고 있었다.

물론 밤낮없이 일하는 기업문화와 오너 경영 체제도 장점으로 작용하면서 신속한 의사결정으로 급변하는 시황에 즉각 적응할 수 있었다.

결국 미국의 반도체 선도기업들은 1999년에 NEC와 Hitachi의 D램 부분을 합병하여 탄생시킨 Elpida와 같이 M&A를 통하여 기업의 규모를 키웠으나, 삼성과 SK의 경우 효율성을 앞세우면서 단순화(simplification)와 집중화(concentration)에 모든 자원을 기울이는 전략을 통하여 현재와 같은 반도체 시장의 강자가 될 수 있었다.(보스톤컨설팅그룹, 중앙 Sunday, 2013년 7월 7일)

한편, 무리한 M&A로 인해 큰 손해를 입었거나 실패한 사례를 Sony와 마츠시타전기(松下電器)의 사례를 통해 살펴보자.(グローバル経営戦略, 吉森賢, 放送大学教育振興会, 2006년 3월 20일, pp.135-143)

먼저 Sony는 콜롬비아 영화사를 1989년 50억 달러(당시 환율로 6,440억 엔)에 인수했다. 이 M&A는 오가 노리오(大賀 典雄)사장의 발안(発案)이었다고 전해진다.

최대의 전략적 동기는 가정용 VTR에 대한 VHS와의 규격경쟁에서 Sony의 베타가 굴욕적으로 패배한 것이다. 오가사장은 "만약 Sony가 영상소프트가 있었다면(VTR의 규격경쟁의) 흐름은 변했을 것이다"고 말해왔다.

두 번째 동기는 당시 예정되었던 8미리 비디오와 고화질 하이비전TV의 개발이었다. 그것을 위해 많은 영상자산을 소유하고 있는 미국의 영화회사 인수가 필수적이라고 오가사장은 확신했다.

모리타 아키오(盛田 昭夫)회장도 '소프트와 하드는 자동차의 양쪽 바퀴'라는 생각에 공감하였고 인수는 실현되었다.

M&A의 대상이었던 콜롬비아 영화사는 1924년 창업하였다. 인수 시점에 영화메이저사 중에 매출 5위, 종업원은 약 4천 명이었다. 또한 영화타이틀 3,000편 이상과 2만 7천개의 TV 프로그램을 보유하고 있었다.

이것은 가정용 비디오, 하이비전 TV, 위성방송용의 영상사업을 추진할 계획을 가지고 있던 Sony에게는 매력적인 자산이었다. 이러한 근거로 Sony는 콜롬비아 영화사를 34억 달러에 인수하였다.

Sony는 영화제작과 관련한 경험자가 없기 때문에 미국인 제작자에게 새로운 회사의 경영을 맡기기로 결정했다.

그리하여 '배트맨', '레인맨' 등의 히트작으로 유명한 구버와, 역시 저명한 제작자인 피터가 채용되어 Sony 픽쳐스로 개명된 회사의 경영을 맡게 되었다. 그러나 이 두 사람이 소유하고 있는 영화제작회사도 구입해야 할 필요성이 생겼기 때문에 Sony는 2억 달러를 지출하게 되었다.

그리고 Columbia 영화사에는 거액의 부채가 있어 그것을 대신 상환해야 할 필요도 있었다. 또한 두 사람이 취임 전에 Time-Warner와의 계약위반으로 인한 소송비용 10억 달러를 대신 지불해야 했다. 이러한 예상외의 지출 때문에 결과적으로 매수비용은 Columbia 영화사 자체의 34억 달러에서 50억 달러로 증가하였다.

또한 두 경영자에 대한 보수는 250만 달러의 연봉과 5,000만 달러 이상의 보너스였으며, 두 사람은 호화로운 오피스, 고액의 각본료 등으로 회사를 방만하게 경영하였고 적자는 크게 증가했다. 게다가 연간 100억 엔 상당의 영업권 매각비가 발생했다.

그 때문에 1994년 Sony 본사의 연결누계손실은 3901억 엔 달했고 영화부문의 영업권 2,652억 엔이 일괄 상각되었다.

결과적으로 1995년 Sony는 2,650억 엔의 순손실을 계상하게 되었으며 이로 인하여 주가하락에 의한 손실을 받게 된 미국의 주주는 '허위' 정보개시를 이유로 Sony를 소송했다.

그리하여 손해배상에 대한 합의금으로 97년에 1,250만 달러(14억 6천만 엔)를 변상해야 했다.

다음으로는 마츠시타전기(松下電器)의 예를 살펴보기로 하자.

Sony의 콜롬비아 영화사의 인수로부터 1년 후인 1990년, 마츠시타전기는 영화회사 MCA를 61억 달러(7,800억 엔)에 전체 주식을 취득했다. 타니이(谷井)사장은 "소프트와 하드를 양축으로 커다란 상승효과가 기대 된다"고 기자회견에서 말했다.

이것은 Sony의 콜롬비아 영화사 인수금액인 약 50억 달러를 넘는 대형 인수이며, 당시 일본기업에 의한 인수금액으로는 사상최대였다. 또한 콜롬비아 영화사와 달리 당시의 MCA의 업적은 매우 높았다.

인수 후 MCA는 '쥬라식 파크', '쉰들러 리스트'의 대 히트로 마츠시타전기의 연결수익에 공헌했다. 그러나 영업권으로 인한 수익의 상각과 금리부담으로 연간 200억 엔이 마츠시타 전기의 고정비 증가로 나타났다.

Sony와 마찬가지로 마츠시타도 영화제작 경험자가 없었으며 인수 후 MCA의 경영은 Lew Wasseman회장 등의 경영자에게 맡겼다.

두 회장은 약 30년 간 MCA를 경영해온 실력가다. MCA의 실적이 위기상황에 직면하게 되는 1995년까지의 5년 간 마츠시타에서는 현지에 한명의 경영자도 파견하지 않았다. 사명도 변경하지 않았다. 이러한 상황에서 미국의 경영자가 실권을 쥐게 되고, 마츠시타와 전략에 관해 대립하는 것은 당연한 수순이었다.

영화 사업에 경험이 없는 마츠시타전기가 미국의 경영자에게 거의 완전히 의존했다는 것은 당연한 일이었으며, 여기에 MCA 경영진의 독립성을 조성하게 되는 근본적 원인이 있었다. 그 결과 모회사의 이익과 상반되는 행동을 MCA의 경영자가 취하기 시작한 것도 당연한 수순이었다.

이러한 행동은 예를 들어 '쥬라식 파크'의 게임소프트 권리를 마츠시타전기 뿐만 아니라 닌텐도, 세가, 그 외의 기업에게도 이양했다는 것에서도 나타난다.

당시 마츠시타전기는 멀티미디어형 게임기 '리얼'에도 진출했으며, 권리이양한 기업들은 모두 마츠시타와 라이벌 기업이었다. 게다가 MCA는 미국 TV방송국 CBS와 NBC에 자본참가, 버진 레코드의 인수를 제안했으나 마츠시타전기는 이러한 안건을 모두 거부했다.

결국, 1995년 마츠시타전기는 MCA를 캐나다의 음료회사 시그램에 57억 달러에 매각을 결정했다. 그러나 엔고(円高) 때문에 환차손이 1996년 3월분기에 1,642억 엔에 달해 마츠시타전기는 연결결산에서 569억 엔의 최종 적자를 계상할 수밖에 없었다. 이처럼 마츠시타전기는 영화 사업에서 완전히 철수하였다.

이 두 사례의 경험을 통한 시사점을 정리해 보면 다음과 같다.

첫째는 비관련 분야의 진출에 대한 리스크이다.

Sony와 마츠시타전기에 공통되는 경험은 영화 사업이라는 전혀 새로운 비관련분야에 진출했다는 것이다. 그 대의명분은 하드와 소프트의 상승효과였다. 그러나 이 전략이 올바른 것이라고 하더라도 하드기업으로서 전혀 경험하지 못한 분야에 진출한다는 것은 매우 큰 리스크가 따른다. 양사 모두 영화업계에 정통한 인물이 없었다. 게다가 매입대상기업이 외국기업이라는 것은 리스크가 더욱 증가하는 요인이다.

Sony의 경우에는 거액의 수업료를 지불한 후에 영화 사업에 정통한 경영자를 채용하고 나서 처음으로 소기의 목적을 궤도에 올려놓을 수 있었다. 마츠시타전기의 경우에는 철수하고 말았다.

둘째는 현지인 경영자에 대한 완전한 의존과 방임이다.

우선, 본사가 사업에 대한 지식이 없는 한 현지인 경영자가 말하는 대로 할 수밖에 없다. 만약 업적이 나쁘다고 현지인 경영자를 해고하게 되면 회사는 바로 경영불능 상태에 빠지게 된다. 새로운 경영자를 채용하더라도 무엇을 평가기준으로 새로운 경영자를 채용해야 하는지 조차 본사는 모른다.

또한 본사로부터 보내진 경영자가 현지에 없으면, 현지법인의 상황을 파악하기 곤란하다. 반대로 본사의 상황을 꿰뚫고 있는 현지인 경영자는 본사의 의향을 무시한 자기 마음대로의 경영을 하기 쉽다. 이러한 상황이 Sony와 마츠시타전기에도 있었던 것이다.

셋째는 매입대상 기업에 대한 세밀한 조사가 결여되었다는 점이다.

두 회사 모두 매입대상 기업에 관한 due dilligence(기업실사, 매입대상기업의 가치를 결정하기 위한 종합적 사전평가)가 있었는지 의문이다. 왜냐 하면 Sony의 경우 매입가격 이외에도 당초 상정한 이상의 지출이 거액에 달했기 때문이다.

또한 매입 후에 경영을 위탁받은 현지인 경영자의 자질 평가가 정확히 내려지지 않았을 뿐만 아니라, 문제가 분명해진 후에도 경영자에 대한 대응조치도 늦었다. 이것은 마츠시타전기도 마찬가지이다.

넷째는 사업리스크, 수요변동리스크, 환변동리스크, 경영자의 모럴해저드 등의 리스크관리가 충분했다고 생각하기 어렵다는 점이다. 두 회사 모두 막대한 환손실에 의해 큰 피해를 입었다.

위의 사례에서 보여준 많은 문제는 미리 상정할 수 있었다고 추정된다. 그러나 두 기업 모두 문제가 발생한 후에 대책을 고심했고 항상 사후처리로 진행했다. 그러다보니 철수에 필요한 손해를 더욱 키웠다는 공통점이 있다.

마지막으로 사업가능성 조사를 철저히 해야 한다는 것이다.

외국기업의 매입뿐만 아니라 중요한 신규투자계획에 있어서는 사내에 프로젝트팀을 형성하고, 전략, 상승효과, 재무, 마케팅, 생산, 법무, 연구개발 등의 다양한 시점에서 대상기업 및 해당국의 사업 환경에 관한 정보를 수집하고, 실시가치가 있는지 없는지에 관한 중요한 정량평가를 실시해야 한다.

Ⅱ M&A 전략

M&A는 주주 가치의 관점에서 실행 여부를 결정해야 하며, M&A의 성공은 통합 후의 업적 하락을 방지하고 통합 시에 지불한 프리미엄을 상회하는 가치를 창조함으로써 비로소 달성할 수 있게 된다.

한편 기업 간의 인수·합병(引受合併)은 주주 가치라는 관점에서 보면, 주식 프리미엄과 통합 후의 업적 하락이라는 2가지 비용이 발생하게 된다.

피매수 기업의 주식을 대량으로 매입함으로써 경영권을 확보하려 할 때 매도측의 주주는 현재의 주가를 상회하는 정도의 프리미엄을 요구하게 되고 매수측의 주주는 경영진이 프리미엄을 초과하는 기업 가치를 실현했을 경우에 이익(투자 수익)을 획득할 수 있게 된다.

즉 M&A가 이루어진 후에는 거점의 통폐합과 정보 시스템의 통합으로 인한 비용 발생, 고객 대응 능력의 하락, 사내 정치·문화의 충돌 등으로 업적이 하락하는 경우가 많다. 그리하여

① 인수의 23% 정도만 자본비용(cost of capital)이 보전된다
② M&A 거래가 발표되는 시점에서 30% 정도의 회사에서만 주가가 상승된다.
③ 피인수 기업경영진의 47%가 첫해에 이직하고 75%는 3년 이내에 이직을 한다.
④ M&A 거래에서 기대된 시너지효과가 실제로 실현된 경우는 30% 정도이다.
⑤ M&A 직후 4-8개월간의 생산성은 50% 정도까지 감소된다.
⑥ CEO와 CFO는 M&A의 가장 큰 실패의 요인을 '사람문제와 문화적 이슈'로 본다.
⑦ 신규 합병회사의 경영자들은 자사의 재무 성과에 대해 평균 C-로 평가한다.

이렇듯 M&A에 관련한 통계 자료들은 M&A가 유일무이한 기업성장의 '전가의 보도(傳家寶刀)'가 결코 아니라는 점과 함께 지속적인 성장의 가능성을 지향하는 가운데 면밀한 경영전략의 수립과 수행으로 이뤄져야 할 것임을 강조하고 있다.(전용욱·김주헌·윤동진, 국제경영, 박영사, 2008)

통상 M&A를 위하여 매도측 주주에게 지불하는 프리미엄은 평균 25% 정도로, 이는 그 만큼의 주주가치 향상이 필요하다는 것을 의미하며, 주식 시가총액과 동일한 수준의 순부채를 갖고 있는 기업의 경우 주주로부터 피매수 기업의 업적 개선을 요구받게 된다.

예를 들어 기업 가치가 주식 시가 총액과 순부채의 합이라고 볼 때 주식 시가 총액 500억 원의 기업은 순부채 500억 원을 합하여 기업 가치는 1,000억이 되는 것이며, 시가 총액에 대해 25%의 프리미엄을 지불하는 것은 시가 총액은 625억 원으로 상승하는 것과 마찬가지인 것이다.

즉 순 부채 500억 원과 상승한 시가 총액 625억 원을 합하면 기업 가치는 1,125억 원이 되어 현재의 기업 가치보다는 12.5%가 많아진 수치가 되어 주주는 현재보다 12.5%의 기업 가치 개선을 경영진에게 기대하는 것이 된다.(〈그림 11-1〉참조)

그림 11-1 M&A (기업인수합병)프리미엄과 업적 개선의 관계 예시

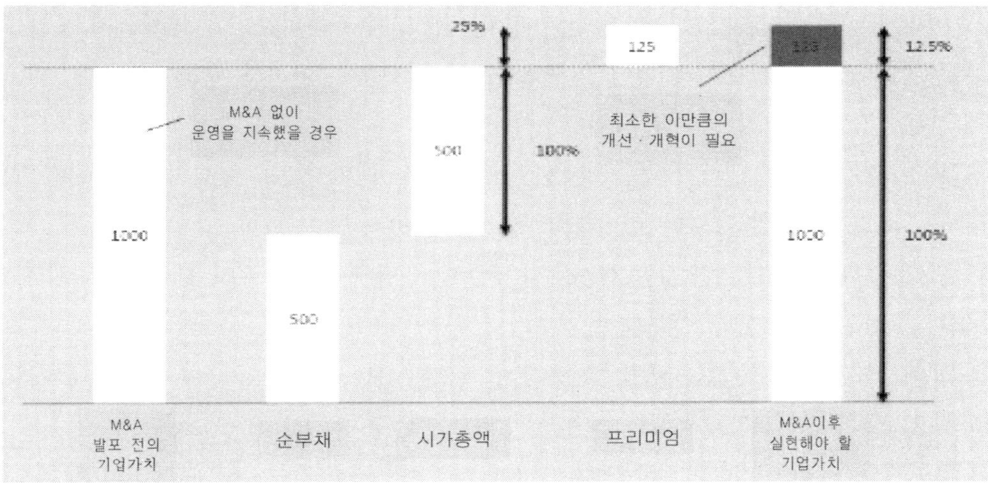

이제 본격적인 M&A가 이뤄지게 될 경우 성공을 위해서는 다음과 같은 요소들이 선행되어져야 한다.

첫째는 두 기업을 단순히 합치는 데에 만족하지 말고 대담한 전략을 수립, 실행해야 하는 바, 규모가 커지면 경쟁력도 자동적으로 증대하는 것은 아니므로 단순한 규모의 확대를 뛰어 넘는 경쟁력 강화 전략이 불가피하게 되어 비효율 요인의 제거를 위하여 중복되는 기능을 통합하여야 한다.

둘째는 새로운 부가 가치 창출을 위해 M&A로 확보된 기술, 노하우, 판매 채널 등을 활용하여 타사가 모방할 수 없는 새로운 강점으로 만들 수 있어야 한다.

셋째는 안이한 통합 형태의 선정을 피하고 목적에 부합되는 통합 형태를 선택하여야 한다. M&A 시에 목적에 부합된 통합 형태를 취하지 않으면 목적 달성을 위한 최적의 활동을 할 수 없어 기대한 만큼의 성과를 달성할 수 없게 되기 때문이다.

그러므로 통합 형태의 설정 시에는 M&A 목적의 명확화가 필요하며 이러한 경우 자회사나 사내 컴퍼니의 형태로 독립성을 유지하거나 지주회사를 활용하여 양사를 대등하게 위치시키는 형태를 취하는 것이 적절하다.

넷째는 두 기업 간의 기업 문화와 풍토의 차이를 고려하지 않고 통합을 추진하게 될 경우 사내의 혼란, 도덕성 해이, 통합에 대한 저항의 증대, 핵심 인재의 유출 등을 초래하여 업적 하락으로 이어지는 경우가 많다.

다섯째는 회사 구성원들과의 커뮤니케이션을 중시하여야 한다. M&A로 인하여 향후 회사가 어떻게 변할 것인지, 그리고 자신의 위치는 어떻게 변화하는지가 명확하지 못할 경우 업무에도 집중하지 못하게 되어 업무효율성이 극도로 떨어지기 때문이다.

여섯째는 강력한 추진 체제를 확립하여야 한다. 기업 간의 다른 주장을 조정해 가면서 끊임없이 의사 결정을 실행하려면 고차원의 프로젝트 매니지먼트 능력이 필요하며 이를 위해서는 최고경영자의 강력한 리더십이 필요하게 된다.

다음으로 M&A전략의 구체적인 사례로서 중국에 진출하여 성공적인 경영활동을 수행하고 있는 두산인프라코어의 사례를 살펴보기로 하자.

두산인프라코어는 2007년 3월 친환경의 HCNG(Hydrogen Blended Compressed Natural Gas) 엔진기술 및 특허를 보유하고 있는 미국의 CTI를 인수하였다.

미국 CTI사는 압축천연가스(CNG)에 수소를 혼합해 사용 하는 HCNG엔진의 원천기술과 특허를 보유한 친환경 엔진개발 업체로 세계 최고의 배기규제 지역인 미국 캘리포니아주의 기준을 충족시키는 엔진을 생산하고 있다.

두산인프라코어는 이 회사 인수를 통해 세계 최고 수준의 친환경 원천기술을 보유하게 되었으며, 매년 12% 이상의 성장이 예상되는 북미지역 고부가가치 엔진시장 진입으로 안정적인 매출과 수익성 확보기반을 마련하게 되었다.

또한 2007년 7월에는 산둥성 옌타이시에 위치한 연대유화기계를 인수해 중국 건설기계 시장의 40%를 차지하고 있는 휠로더(흙이나 모래, 골재 등을 옮기는 데 쓰이는 건설장비) 시장에 진출할 수 있는 허가권과 생산기지를 확보하였다.

특히 연대유화기계를 인수한 이후 연간 생산능력 5천대 규모로 생산시설 증설을 진행하는 한편 AS망도 재정비 하는 등 경쟁력 제고에 힘썼다.

Wheel Loader와 굴삭기(掘削機, 挖土机, 땅이나 암석을 파고 깎는 데 사용하는 건설 기계)의 고객이 겹치기 때문에 중국에서 시장점유율 1위를 차지하고 있는 굴삭기 사업의 영업 및 A/S망(網)을 활용할 수 있어 고객확대와 원가절감 등의 시너지효과를 기대하고 있다.

중국 건설기계 시장이 대형업체 위주로 재편되고 비가격적인 요소가 중요하게 고려되는 고급형 및 대형 휠로더 위주로 전환되고 있어 브랜드파워를 갖춘 두산인프라코어의 경우 선도업체로의 도약과 수익성 확보에도 유리할 것으로 전망하고 있다.

지난 2007년 11월에 두산인프라코어는 미국 Ingersoll Rand의 Bobcat 건설중장비(Compact Equipment), 어태치먼트(Attachment), 유틸리티(Utility)등 3개 사업부문을 49억 달러에 인수하는 계약을 체결하였다. 계약 규모는 국내 업체가 해외에서 추진한 기업 M&A 중 최대 규모로 두산인프라코어는 건설 중장비 부문에서 글로벌 7위권 기업으로의 도약과 함께 기존의 중대형 건설중장비 사업 이외에 부족했던 컴팩트 건설중장비 사업을 보완함으로써 완벽한 제품 포트폴리오를 구성하는 등 세계 최고 수준의 첨단 기술 및 브랜드를 확보하게 되었다.

두산 인프라코어는 M&A뿐만 아니라 지주회사의 설립으로 글로벌화를 가속화하였는바, 대표적인 지주회사로는 DII(Doosan Infracore International. Inc.)를 들 수 있다.

Ingersoll Rand 3개 사업부문인 Bobcat, DI Portable Power, DII Attachments에 대한 M&A를 완료한 후 두산 인프라코어 인터내셔널(DII)을 설립하여 3개 사업부문의 경영을 총괄하고 있는데, 두산이 인수한 이들 3개 회사는 해당 업계에서 세계 최고의 경쟁력을 보유한 글로벌 선도기업이다

현재 두산은 미주 · 유럽 · 중국을 중심으로 총 16개의 생산기지와 9개의 R&D 센터를 운영하고 있어 세계 27개국 73개 법인에서 5,800여 임직원이 종사하게 되었다.

영국 FT가 두산의 M&A에 대하여 '대한민국이 전문가를 활용하는 방법에 대해 새로운 길을 찾았다'며 두산 M&A의 성공비결을 사람에서 찾았다고 했다. 설명하면서 두산인프라코어의 미국 건설중장비사 Ingersoll Rand의 Bobcat 인수를 크게 보도했다.

FT는 두산인프라코어가 Bobcat을 인수할 수 있었던 배경에는 '사람'이 있었다고 분석하고 있다. 맥킨지에서 활동했던 인물을 부회장으로 영입하여 M&A를 총괄하도록 할 뿐만 아니라 Yahoo나 IBM과 같은 글로벌 기업에서 매니저들을 공격적으로 스카우트하고 있다고 했다.

그동안 국내 기업들은 해외기업을 M&A하거나 해외에 지사를 냈을 때 한국인 매니저를 현지에 파견하는 방식으로 기업을 꾸려 왔으나 인력관리 솔루션 공급업체인 Korn Ferry 서울지사 대표는 '이러한 방법은 글로벌 비즈니스를 통합하는 방식으로 옳지 않다'고 강조한다.

현재 두산에서는 'Bobcat의 경영을 위해 국내에서는 많아야 1-2명 정도가 파견될 것'이라고 말하고 있으나 여타의 한국 기업들은 아직도 글로벌 인재를 수용하는 것을 두려워하면서 '아직도 한국계 미국인이 한국의 문화를 이해하고, 한국인들과 같은 생각을 갖고 있는 것'으로 착각하는 경향이 심하다.

한국 기업에 근무하는 외국인들은 '절대 의문을 가지면 안 되고, 보스에게 엄격히 복종해야 하는 부분에 쉽게 지치고 나가떨어지며', '연필깎이 하나 사는 것도 허가를 받아야 하는 형편'이라며 외국인들은 한국 기업문화를 꼬집고, '회식'이나 '폭탄주'라는 집단적 문화 등으로 강하게 묶여 있어 외국인들이 자유롭게 일하는데도 한계가 있다고 토로한다. 다음의 〈표 11-1〉에서 보는 것처럼 국내에서도 M&A가 활성화되고 있다.

한편 한국 기업이 글로벌 기업을 M&A하거나 경영하는데 있어 실패하는 이유는 외국인들이 한국인과 같다고 보는 관점과 사업 부분의 문화적으로나 비즈니스 활동에서 상이함을 깨닫지 못하고 있기 때문이다.

그리하여 FT는 삼성의 경우 상당히 많은 외국인들이 근무하고 있지만 3년을 지내고 나면 다른 기업, 다른 국가로 떠난다고 밝히고 있다.(헤럴드경제, 2010년 4월 4일)

한국에서는 국내기업들의 매각이 있을 경우 대개는 외국기업들에 의한 M&A가 이뤄지고 있다.

이는 결국 안방도 못 지키고 있다는 것인데 외국기업들이 엄청난 수수료를 벌수 있다는 점으로 활발하게 움직이는 이유 때문이기도 하지만 실은 무엇보다도 매도·매수에서의 풍부한 경험과 장기 및 저리의 자금을 조달할 수 있는 능력 때문이다.

예금보험공사는 우리금융지주 산하의 경남은행 등 지방은행에 대한 매각 공고를 하면서 미국계 JP모건과 대우증권, 삼성증권을 매각 주관사로 선정했다.

금융위원회 관계자는 '국내사들은 대형 M&A 거래를 주관해본 적이 없어 전적으로 맡기기엔 불안한 측면이 많다'고 하면서 '경험 축적을 위해 모든 정부 주관 거래에 국내 회사를 끼워주지만, 외국계가 거의 모든 과정을 주도하는 경우가 많다'고 했다.

경남은행 인수전에 뛰어들 채비를 갖추는 DGB금융(대구은행)은 금융자문사로 골드만삭스를 유력하게 고려하고 있고, 경쟁자인 BS금융(부산은행)도 크레디트스위스 등 외국계 자문사를 물색 중인 것으로 알려졌다. 부산은행 관계자는 '거래를 반드시 성공해야 하는 입장에서는 경험이 많고, 네트워크도 풍부한 외국계를 선호할 수밖에 없다'고 말했다.

국내 M&A 시장을 외국계 금융회사가 독식하는 현상은 외환위기 이후 15년이 흘렀지만 전혀 바뀌지 않고 있다.

우리투자증권사에 의하면 2008년 글로벌 금융위기 이후 국내 10대 M&A 거래 가운데 국내 증권사가 단독으로 매각 주관이나 매수 자문을 한 경우는 단 1건이었다. 그것도 작년에 하나금융이 외환은행을 인수할 때 하나금융의 계열사인 하나대투증권이 단독으로 매수 자문한 경우가 유일하다.

작년에 있었던 롯데의 하이마트 인수의 경우 유진그룹이 매각하고 롯데그룹이 매입하는 건이었는데 매각 자문은 Citi Global Market 증권, 매수 자문은 골드만삭스로 양측 모두 외국계 회사였다.

2010년 롯데그룹이 GS마트·백화점을 인수할 때도 양측의 자문사는 BOA Merrill Lynch와 Barclays로 외국계가 전담해서 M&A를 진행하였다.

당시 외국계 증권사 임원은 "한국 증권사들이 10대 M&A 자문에 일부 참가하기도 하였으나 외국계가 취약한 국내 규제 문제를 어떻게 풀어나갈지 자문하는 정도의 역할을 하는 게 보통"이라고 말했다.

10대 M&A를 보면 10건 중 9건은 외국계가 주도한 것으로 파악됐고, 이런 추세는 같은 기간 5억 달러 이상 M&A를 조사한 내용에서도 그대로 나타났다.

Citi·Leham Brothers 등 외국계와 산은·우리금융 등 국내 금융회사를 두루 경험한 티스톤 회장(전 산업은행장)은 '국내 금융사들은 좁은 한국 시장만 두고 경쟁하다 보니 이미 글로벌화된 국내 기업의 M&A 거래에서 기업의 눈높이를 맞출 정도의 노하우를 축적하지 못했다'며 '경험이 없으니 거래를 따지 못하고, 거래를 따지 못해 경험을 쌓지 못하는 악순환이 벌어지고 있다'고 지적한다.

<표 11-1> 글로벌 금융위기 이후 10대 국내 M&A 현황

M&A 규모순위	M&A 내용	매수 자문사	매각 자문사
1위	현대차, 현대건설 인수	골드만삭스, HMC투자증권	BOA메릴린치, 산은, 우리투자증권
2위	포스코, 대우인터내셔널 인수	매쿼리, 신한금투, 우리투자증권	BOA메릴린치, KPMG
3위	하나금융, 외환은행 인수	하나대투증권	크레디트스위스
4위	현대중공업, 현대오일뱅크 인수	-	모건스탠리
5위	SK텔레콤, 하이닉스 인수	BOA메릴린치, 매쿼리	크레디트스위스, 산은, 우리투자증권, 신한금투
6위	롯데, 하이마트 인수	골드만삭스	씨티글로벌마켓증권
7위	CJ, 대한통운 인수	모건스탠리	노무라, 대우증권, 산은
8위	美 시게이트, 삼성전자 HDD사업부 인수	모건스탠리	앨렌앤컴퍼니
9위	롯데, GS마트 인수	BOA메릴린치	바클레이스
10위	MBK, 웅진코웨이 인수	모건스탠리	골드만삭스, 우리투자증권

자료: 우리투자증권, 머저마켓

상식적으로 보면 국내 M&A는 국내 기업을 잘 아는 한국 금융사들이 유리할 것 같지만 현실은 그렇지 않다. 국내 M&A에서도 매수·매도사 물색, 거래 가격 산정, M&A 전략 수립 등에서 다양한 글로벌 M&A 경험이 있는 외국계 회사들이 유리한 위치에 있기 때문이다.

그리고 대형 M&A 과정에서 필요한 막대한 자금을 조달하는 데 국내 은행이나 증권사들은 만기 10년 이상 장기 자금을 조달할 능력이 없고 해외 자금 중개 능력에도 한계가 있어 외국계의 독무대가 될 수밖에 없는 것이 현실이다.

또한 M&A를 추진하는 기업들은 풍부한 글로벌 M&A 경험에서 축적된 방대한 DB를 한 번 접하면 국내 금융사는 쳐다보지도 않으며 국내사가 M&A 건당 최소 수수료를 외국계(건당 최소 20억 원)의 절반 정도인 10억 원을 제시하고 있음에도 불구하고 계약으로 이어지지 않는다. 더욱이 외국계의 기업들은 M&A 이후의 조직관리전략을 제공하는 등 철저한 A/S를 서비스해 주고 있다.

그러나 국내사의 항변도 만만치 않다. 대우증권 IB에서는 "국내 기업의 M&A 담당자들이 실패 위험을 회피하려는 성향이 강하다는 점도 무시 못 한다"고 하면서 "마치 수술을 받을 때 동네 병원보다는 종합병원을 찾는 것과 마찬가지인데, M&A가 잘못됐을 경우 최고 M&A 전문가인 외국계에 조언을 받았음에도 그런 결과가 나왔다는 핑계를 내세울 수 있기 때문에 외국계를 선호하는 경향도 있다"고 강조한다.

국내 금융회사들은 한 해 400억 달러(약 45조 원)에 육박하는 국내 은행 · 대기업들의 해외 채권 발행에도 들러리로 참여하는 데 만족하고 있으며 "국책은행들이 달러 표시 채권을 발행할 때 구색 맞추기 식으로 국내 증권사를 1곳씩 참여시키고는 있지만, 국내사들의 해외 네트워크가 일천해서 실제 매수자를 찾아오는 등의 역할을 하는 곳은 거의 없다"고 한다.

전문가들은 지금부터라도 제대로 해외 네트워크를 쌓고 경험을 축적하는 한편 강점인 국내 네트워크를 강화해야 한다고 조언하고 있다.

무엇보다 '글로벌 안목을 키워야 한다'는 것으로 한국이라는 국내 시장에만 매몰되다 보면 국내 M&A 거래에서도 밀려날 수밖에 없게 되어 국내사의 해외 채권 발행도 제대로 중개하지 못하게 될 것이다. 따라서 우선 인접한 동남아시아 시장부터 나가서 전략적으로 해외 네트워크를 쌓아 나가야 한다.

또한 정부 및 행정적인 정책이나 지원 등으로 국내 증권사들이 자생력 내지 경쟁력을 키워 나갈 수 있도록 글로벌의 중견기업(中堅企業) 내지 강소기업(强小企業)들을 발굴하고 성장시켜야 할 것이다(조선일보, 2013년 7월 22일)

다음은 한국에서 증권 및 투자전문의 자산운영기업인 미래에셋이 미국 커피전문업체의 하나인 Coffee Bean & Tea Leaf를 M&A한 사례를 살펴보기로 하자. 이는 지난 2011년에 Fila Korea와 함께 골프용품 1위 브랜드 Titleist를 공동 인수한 이후 두 번째의 미국 기업과의 M&A이다.

미래에셋파트너스 6호 사모펀드(PEF)는 미국 Coffee Bean 본사와 이달 중에 주식매매 계약(SPA)을 공식 체결할 계획으로 있다. 지난해부터 Coffee Bean 인수를 위한 물밑 작업을 벌여오던 중 Coffee Bean과 주식 인수를 위한 비구속적(Non-binding) MOU를 체결한 바 있다.

인수자금은 총 4,000억-5,000억 원 규모로 미국계 사모펀드 등 2개의 PEF와 함께 컨소시엄을 구성해 인수자금을 마련하였으며 미래에셋은 1500억 원 안팎의 자금을 투입한다.

예상보다 인수자금이 크지 않은 이유는 Coffee Bean의 대다수 매장이 직영점이 아닌 프랜차이즈 형태로 운용되고 있기 때문이며 실제로도 수익은 브랜드 사용료에서 나오는 것으로 알려졌다.

이번 Coffee Bean 인수는 Titleist 인수 때와는 달리 Fila Korea와 같은 전략적 투자자(SI)는 없는 것으로 알려졌으며 사모펀드들은 협의체를 구성해 경영권을 행사한다. 미래에셋의 경우 1대 주주는 아니지만 '비토권'을 보유하고 있어 Coffee Bean의 경영에 깊숙이 관여할 수 있게 된다.

이처럼 미래에셋 사모펀드가 Coffee Bean 인수에 공을 들이는 것은 국제 커피산업의 발전 가능성과 Coffee Bean 브랜드의 가치를 높이 평가했기 때문이다.

사모펀드 업계 관계자는 '전 세계 불황에도 불구하고 커피 시장의 성장세가 당분간 계속될 것으로 예상되는 데다 커피 회사들의 현금 창출 능력이 뛰어난 만큼 돈 냄새를 잘 맡는 사모펀드들이 커피산업에 큰 관심을 보이고 있다'고 말한다.

최근 국내 대형 PEF(Private Equity Fund)인 IMM PE가 Hollys Coffee를 인수했고, MBK파트너스는 일본의 3위권 커피 프랜차이즈 업체인 KOMEDA를 사들였으며 독일계 투자회사인 JAB는 미국 내 프리미엄 커피 브랜드인 Peets를 1조원이 넘는 가격으로 인수하는 동시에 올해에는 네덜란드 커피 · 차 전문 음료회사 DEMB를 인수한 바 있다.

미래에셋이 Coffee Bean 인수를 통해 아시아 커피 시장을 적극 공략한다는 계획을 갖게 된 것은 아시아 시장의 커피 수요가 폭발적으로 늘고 있어 Starbucks 등은 공격적으로 경영활동을 수행하고 있으나 Coffee Bean은 아시아 진출에 소극적이었기 때문이다.

즉 중국에서 수백 개 매장을 보유한 Starbucks와는 달리 Coffee Bean의 매장은 두 자릿수에 멈춰 있는 상태라고 보면서 미래에셋은 Coffee Bean의 브랜드를 앞세워 중국시장 공략에 적극 나설 것이라고 한다.

Coffee Bean은 1963년 미국 캘리포니아 Brentwood에 첫 매장을 열면서 탄생했으며 1996년에 Coffee Bean의 싱가포르 프랜차이즈권을 샀던 사업가 형제인 Sunny Sasson과 Victor Sassoon이 친구인 Severin Wunderman과 공동으로 1998년에 미국 본사를 인수해 글로벌 회사로 변신하기 시작했다.

그리하여 처음 인수 당시에는 미국 내 약 30개에 불과하던 매장이 연매출은 5억 달러로 성장하였으며 매장은 현재 27개국 930여 개로 늘어나게 되었다.(매일경제, 2013년 8월 6일)

한편 M&A를 통하여 기업의 경영진은 물론 투자자 등의 관계당사자들 모두가 win-win 하는 경우와는 달리 기업이 아예 사라지는 경우도 있다.

지난 10년간에 걸쳐 M&A를 이용하여 기업을 탈취하는 기업사냥꾼(raiders)의 사례들도 빈번하게 발생하여 무려 325개의 기업이 사라지면서 피해액은 45조에 이르렀다.

지난 2000년 음원 사이트로 유명세를 탔던 G사의 박모 회장은 최근 대법원에서 6년형이 선고됐다. 500억 원대의 주가 조작, 횡령으로 투자자들에게 큰 손실을 입힌 혐의로 소액주주들은 100% 배상 판결은 받았으나 실제로 배상받을 수 있을지는 미지수다.

2013년 8월에 한국거래소와 조선비즈가 공동으로 추산한 바에 따르면 적은 돈으로 기업을 인수한 뒤 내부 자금을 횡령하거나 주가를 조작하는 '기업 사냥꾼', 혹은 주가 조작 세력과 결탁한 오너의 부정 · 비리로 상장 폐지된 기업이 최근 10년간 325개사에 이르고, 이들로 인한 개인투자자들의 피해액이 최대 45조 1,000억 원에 달하는 것으로 나타났다.

피해액은 상장 폐지되기 직전 주가 조작으로 찍었던 최고점, 혹은 기업 사냥꾼의 힘이 미치기 전 정상적이었을 때의 주가를 기준으로 산출했다.

별다른 매출처 없이 테마(신사업에 대한 기대감)만으로 시가총액이 1조 원을 웃돌았거나 저점에 비해 10배 이상 오른 기업은 태반이 상장 폐지되었다.

시가총액 1조 원을 넘나들다가 상장 폐지된 기업은 알앤엘바이오, 헬리아텍, 에이치앤티, 플래닛82 등 4개사이며 UC아이콜스와 신지소프트, 인네트, 글로웍스, 팬텀엔터테인먼트그룹, 액티투오, 코어비트 등은 비록 시가총액이 1조 원엔 미치지 못했지만 10배 이상 급등세를 기록하다가 퇴출되었다.

이들의 공통점은 모두 배후에 주가 조작 세력이 있었다는 점이다. 오너가 주가 조작 일당과 결탁해 억지로 주가(株價)를 띄우거나, 기업 사냥꾼 일당이 주가 조작을 목적으로 기업을 인수한 사례가 많았다. 알앤엘바이오와 팬텀, 액티투오의 전 회장, 에이치앤티의 전 사장 등은 구속됐다.

한국거래소의 한 관계자는 '코스닥시장에서는 시가총액 1조 원 징크스라는 말이 있을 정도로 실적 개선 없이 단기간에 급등한 주식은 주의해서 접근해야 한다'고 조언하고 있다.

외부 자금을 끌어와 상장사를 인수한 뒤 내부 자금을 빼내는 기업 사냥꾼들의 무자본 M&A 사례도 많았다.

위조지폐 감별기 생산업체 SBM은 지난해 말 조직폭력배 일당에 피인수되어 이들은 사채업자에게서 M&A 자금을 빌린 뒤 SBM의 내부 자금을 빼돌려 빌린 돈을 갚게 되었으나 이후로도 추가로 내부 자금을 횡령한 것이 적발되며 상장 폐지되었다.

2012년 말 최대주주가 바뀌었을 때의 투자자들이 아직 주식을 보유 중이라고 가정할 경우 손해율은 80%가량이다.

시가총액이 2,500억 원, 1,400억 원대인 소프트웨어 업체 I사, A사도 한 기업사냥꾼에게 인수된 지 일 년여 만에 상장이 폐지되었는 바, 기업사냥꾼이 인수대금을 사채업자에게서 빌렸기 때문이다.

최고 권력자의 조카사위가 연루돼 파장이 일었던 씨모텍도 사채업자들이 회사 돈을 빼내기 위해 바지사장(가짜 사장)을 내세워 회사를 인수했던 경우다.

기업 사냥꾼인 주가 조작단(操作團)에 공통적으로 나타나는 현상은 상장폐지(上場廢止)가 임박해질 때쯤 주식을 모두 처분하여 그만큼 개인투자자들의 손실은 더 커지게 하는 것이다. 이들 퇴출된 기업 325개사의 최대주주 지분율(마지막 사업보고서 제출 시점 기준)은 보통 3-5% 수준으로 90%가 넘는 지분을 개인투자자가 갖고 있었기 때문이다.(조선일보, 2013년 8월 9일)

최근 기업들 간에 빈번하게 이뤄지고 있는 M&A에 대비한 교육과정들이 성행하고 있는 바, 이들의 커리큘럼을 요약하면 다음과 같다.

M&A 전략 수립, M&A 대상 목표기업의 선정, M&A 관련 법률사항의 검토, M&A 구조조정과 법정관리, M&A 협상실습, M&A 가치평가분석, 적대적 M&A 및 자금조달, 인사조직 문화 통합전략(PMI), 국내 · 외 기업의 M&A 사례 등이다.

Ⅲ 사업다각화 사례

첫 번째 사례로 높은 시장점유율을 바탕으로 다른 사업으로 다각화를 추진하고 있는 미국의 Adobe Systems(이하 Adobe)의 사례를 보도록 하자.

기업은 고객과 상대할 때에 회사개요 팸플릿이나 판촉용 전단지, 웹사이트 등에 관해 종이인지 디지털인지에 관계없이 다양한 제작물을 만들어 자사 또는 자사의 제품이나 서비스를 팔려고 한다.

제작현장에서는 디지털카메라로 촬영한 사진을 컴퓨터로 옮겨 화상을 편집하거나 때로는 일러스트를 그려 넣으면서 어떻게 이미지를 전달할 수 있을지 생각하며 보기 좋게 디자인한다. 이렇게 완성된 제작물을 업계에서는 'Creative'라고 부른다.

이러한 크리에이티브 분야에서 오랜 기간 굳건히 지위를 구축해 온 기업이 미국의 Adobe이다. 화상편집이나 일러스트제작, 동영상편집 등 제작 현장을 지원하는 다양한 툴을 지속적으로 제공하며, 카메라맨, 일러스트레이터, 디자이너, 영상크리에이터 등 프로의 현장에서 반드시라고 말해도 좋을 정도로 Adobe의 소프트가 사용되고 있다.

이러한 Adobe가 주력업종인 콘텐츠 제작 툴로부터 사업영역을 확대하고 있다. 즉, 적극적인 M&A를 통해 마케팅사업을 제2의 중심축으로 육성하며 특정 분야에서의 높은 시장점유율에만 안주하지 않고 성장을 모색하고 있다.

Gartner Inc.에 의하면 Adobe는 세계의 DCC(Digital Contents Creation) 소프트 시장에서 2007년부터 6년 연속 1위. 2012년도 시장점유율은 2위 이하와 크게 벌어진 55.4%를 점하고 있다. 이러한 Adobe가 지금 급격하게 이미지를 바꾸려하고 있다.

2009년 9월 Adobe는 웹사이트의 액세스해석 툴을 제공하는 업계 최대 기업인 미국의 Omniture를 약 18억 달러에 인수했다고 발표했다. 옴니추어는 기업의 웹사이트 방문자 동향을 분석하여, 계약률이나 재방문율을 높일 수 있는 대책을 내기 위해 필요한 마케팅 툴을 제공해온 회사이다.

이 뉴스는 마케팅 업계를 놀라게 했다. Adobe와 마케팅 분야의 접점을 아무도 상상하기 어려웠기 때문이다.

Adobe는 그 후 쫓기듯이 차례로 M&A 전략을 수행한다. Adobe의 샨타누 나라옌 최고경영자(CEO) 는 "총액 20억 달러 이상을 투자했다."고 말한다.

업적의 악화가 원인이 아니다. 오히려 업계 내의 시장점유율은 계속 증가하였고, 옴니추어를 인수할 때 까지 일관되게 매출은 증가하였다. 2002년에 11억 달러였던 매출액은 2008년 시점에 35억 달러까지 확대, 그 후에도 순조롭게 성장해 왔다.

Adobe는 2013년 5월, 지금까지 판매해 온 소프트의 팩키지 판매를 원칙적으로 중지한다고 선언했다.

2012년 5월에 판매한 최신판 소프트를 재고가 남은 만큼 판매하고 향후에는 개발을 동결하기로 결정했다.

Adobe가 대안으로 제시한 것이 'Creative Cloud'이다. 월 5,250엔(2013년 8월 현재 환율로 약 60,000원)의 정액제로서 전 15종류의 소프트를 마음대로 사용할 수 있다.

제품이 품절되면 판매가 종료되는 비즈니스 모델인 품절형(品切型)에서 지속형(持續型)의 비즈니스모델로 방향을 바꾼 것이다. 이러한 판단은 필연적이었다고 말할 수 있다. 기존의 소프트웨어 기업에게 클라우드화라는 흐름이 주류가 되어가고 있었기 때문이다.

그러나 프로용의 고가 소프트웨어를 제공한 Adobe에게 있어 이것은 일종의 도박이다. 예를 들어 Adobe의 대표적인 화상편집소프트 최신판 'Photoshop CS6'의 점포가격은 현재 9만 1,500엔(2013년 8월 현재 환율로 약 1,038,000원)으로 간단히 구입할 수 있는 금액이 아니다.

월정액 5,250엔(약6만원)이라는 요금으로 이러한 소프트를 모두 사용한다면 사용자의 초기투자비용이 큰 폭으로 낮아져 고객층은 크게 확대된다. 하지만, 한편으로는 매월 지불하는 것을 싫어하는 이용자가 있는 것도 사실이다.

저렴한 타사 제품으로 옮겨갈 계기를 마련해 줄 위험(risk)도 있다. 그럼에도 Adobe가 일부러 기존의 비즈니스 모델을 버린 이유는 '마케팅 클라우드'와의 통합에 있다.

기업용으로 제공하는 마케팅 지원 툴은 네트워크 경유로 제공되는 것이 주류이다. Adobe의 구상은 기업의 마케팅 부문과 크리에이티브 부문이 협동하는 작업의 흐름을 창출하는 것에 있다.

Adobe는 콘텐츠를 제작하는 프로를 지원해 왔는데, 그 콘텐츠를 어떻게 최종소비자(end user)에게 보여주고, 또한 수익을 올릴 수 있는지를 일괄적으로 지원할 수 있다고 생각한 것이다.

그러기 위해서는 분석이나 전략수립을 담당하는 마케팅부문과 크리에이티브 부문이 클라우드를 통해서 떨어진 장소에서도 협동할 수 있는 환경을 갖출 필요가 있다.

뿐만 아니라 컴퓨터는 물론 스마트폰이나 태블릿 등 계속해서 새로운 디바이스가 등장하는 현재의 환경변화는 매우 빠르다. 제작용 소프트가 1년 반에서 2년 사이에 버전업되는 팩키지의 제공형태에 묶여 있어서는 확실히 대응이 늦어진다.

"밀리세컨드(천분의 1초)의 감동을 창조한다." 고객이 사이트를 방문했을 때, 순간적으로 속성이나 과거의 판매이력 등을 바탕으로 최적의 디자인 및 콘텐츠를 제공한다면, 이전 사이트에서는 실현할 수 없었던 서비스를 제공할 수 있다는 것이 Adobe가 그리는 구상이다.

Adobe의 크리에이티브 분야에서의 강점을 충분히 살려 마케팅 분야에서 경쟁하는 Salesforce.com이나, IBM에는 없는 강점도 발휘할 수 있다.

일본의 닌텐도나 라쿠텐 트래블, 리쿠르트 그룹 등, 대형 기업을 중심으로 점차적으로 마케팅클라우드의 도입을 결정하기 시작했다.

특정분야에서 매우 높은 시장점유율을 가진 기업은 상승효과가 있는 신규 사업의 창출에 고뇌하거나 검토는 하지만 발을 내딛지 못하는 경우가 많다.

스스로의 강점을 이해한 후에 타 분야에 어떻게 진출할 것인가. 명확한 비전과 확실한 전략수립을 실행한 Adobe의 전략 방침 전환은 그야말로 좋은 예라고 말할 수 있을 것이다. (NIKKEI BUSINESS, 2013년 6월 24일)

1. M&A 사례(1)

21세기 최대 인수합병(M&A) 계약이 초읽기에 들어갔다. 미국 통신회사 Verizon이 영국 Vodafone이 보유한 Verizon Wireless 지분 45%를 1,300억 달러(약 144조 원)에 사들이기로 했다고 뉴욕타임스(NYT)와 파이낸셜 타임스(FT)가 2013년 9월 1일(현지시간) 보도했다.

Verizon은 미국의 대표적인 지역 통신·브로드밴드 회사로 벨 애틀랜틱과 GTE가 합병해 2000년 출범했다. 정확한 회사명은 Verizon Communications이다.

이번 계약이 성사되면(2014년 1분기에 완료될 예정) 역사상 세 번째이고 21세기 들어선 최대 M&A가 된다. 이전엔 Vodafone이 1999년 독일 통신회사 만네스만을 2,030억 달러에 인수한 게 가장 컸으며 두 번째는 2000년 타임워너를 1,650억 달러에 사들인 AOL이 기록했다.

Verizon과 Vodafone은 2000년 55대 45 비율로 미국에 이동통신회사 Verizon Wireless를 세웠다. 당시 투자액은 Verizon 495억 달러, Vodafone 405억 달러 등 총 900억 달러였다. 이후 휴대전화 혁명이 일어나면서 Verizon Wireless가 폭발적으로 성장해 AT&T를 누르고 미국 1위 이동통신회사로 발돋움했다. Verizon Wireless는 지난해에만 759억 달러 매출을 올려 218억 달러 영업이익을 냈을 정도로 '황금알을 낳는 거위'가 됐다.

그러자 두 모기업은 수년 동안 지분정리협상을 벌여왔다. 유럽 1위이자, 차이나모바일에 이어 세계 2위 통신회사인 Vodafone은 현금이 절실하게 필요했다. Vodafone 입장에선 405억 달러를 투입해 13년 만에 1,300억 달러를 손에 쥐게 됐으니 투자 수익이 895억 달러나 되는 셈이다.

Vodafone은 여전히 영국과 독일에선 절대강자다. 그러나 스페인어권에선 멕시코 통신재벌 카를로스 슬림의 아메리카 모빌에 고전하고 있다. Vodafone이 99년 독일 만네스만에 이어 지난 6월 독일 케이블TV까지 패키지로 묶는 게 절실해졌다. Vodafone은 매각대금 1,300억 달러 중 최소 600억 달러는 현금으로 받을 예정이다. '실탄'이 확보되면 본격적인 M&A에 나설 공산이 커 유럽 통신시장은 지각변동이 예고되고 있다.

Verizon도 황금알을 낳는 거위를 통째로 차지하게 돼 더욱 공격적인 경영이 가능해졌다. 그동안엔 Verizon Wireless가 이익을 내도 이를 M&A나 투자에 쓰기보다 주로 배당으로 배분했다. Vodafone의 요구 때문이다.

그러나 앞으론 이익을 Verizon 뜻대로 처리할 수 있게 돼 무선전화 가입자 확대를 위한 공격적 마케팅에 나설 것으로 보인다. 일각에선 Verizon의 맞수 AT&T가 아예 Vodafone 인수전에 뛰어드는 게 아니냐는 관측도 나온다. 미국 시장에서 Verizon에 밀린 AT&T로선 Vodafone과 손잡고 유럽과 인도 등 글로벌시장 공략에 나설 것이란 얘기다.

세기의 M&A로 월가도 들떴다. 이번 거래 한 건으로 월가에 떨어질 각종 수수료 수입만 5억 달러에 달할 것으로 보인다. Verizon 진영엔 모건스탠리 풀 타웁만 전 사장과 구겐하임 파트너스가, Vodafone엔 골드먼삭스와 UBS은행이 자문에 응하고 있다. 1,300억 달러에 달하는 자금 조달 · 결제는 JP모건 · 뱅크오브아메리카(BOA) · 바클레이스 등이 맡았다. 이번 거래 후 Vodafone이 추가 M&A에 나설 공산이 커 월가는 모처럼 호황을 맞고 있다.

월가는 2008년 금융위기 이후 분위기가 잔뜩 가라앉아 있었다. 월가의 투자은행(IB)들은 금융위기를 몰고 온 주범이란 눈총을 받았고, 실제 투자자들에게 손실을 끼친 거래 사실이 드러나 거액의 벌금을 무는 사례도 속출했다. 미 금융당국은 규제를 강화해 투자은행들의 행보를 제약하기도 했다.

하지만 최근 미국 경제가 회복 흐름을 맞으면서 뉴욕 증시의 주가가 꾸준히 상승한 가운데 이번 대형 M&A가 성사되면서 엄청난 수수료 수입을 챙기게 됐다. 월가에선 이번 딜을 계기로 80년대 후반과 같은 M&A 붐이 일 것이란 기대도 하고 있다. 현재 미국 기업들은 역대 최대 규모의 현금을 쌓아 놓고 있다. 투자 여건은 무르익고 있다. 미국 등 선진국 경기가 점차 살아나는 가운데 Obama 행정부에선 '제조업 르네상스'를 외치며 각종 투자 유인책을 내놓고 있다. 미국 기업들은 사업을 확장할 때 직접 회사를 설립하기보다는 해당 업종의 유망 기업을 곧장 M&A하는 전통을 갖고 있다. (중앙일보, 2013년 9월 3일)

2. M&A 사례(2)

산토리(Suntory)맥주와 야마자키(山崎)위스키로 유명한 일본 주류·음료업체 Suntory는 글로벌 기업과는 거리가 멀었다. 1899년 설립돼 100여 년의 역사를 자랑하지만 매출의 80%가 일본에서 일어나는 소위 '골목대장'에 불과했다.

그런데 Suntory가 2014년 1월 13일 전 세계 금융시장을 깜짝 놀라게 했다. Suntory Holdings가 미국 대표 위스키업체 Beam을 인수한다는 발표 때문이었다. 인수가액만 160억 달러(약 17조 원)에 달하는 초대형 인수합병(M&A)이다.

공교롭게도 이날 Google이 스마트홈 분야기업인 네스트를, Facebook이 인터넷 토론장 서비스인 브랜치(branch.com)와 포틀럭(potluck.it)을 각각 인수했지만 Suntory의 Beam 인수 소식에 묻혔다.

시장이 놀란 것은 Suntory의 대담한 구상이다. Suntory는 글로벌 시장에서 매출규모로 15위 업체에 불과했다. 그러나 현재 4위인 Beam을 인수하면 연 매출이 43억 달러로 불어나 단번에 세계 3위 주류 업체로 올라서게 된다.

내수에 사활을 건 Suntory의 고민은 빨라지는 일본의 인구 감소와 고령화였다. Suntory는 돌파구를 해외에서 찾았다. 최근 버번 위스키의 빠른 성장세가 구미를 당겼다. 일례로 Beam이 만들고 있는 프리미엄 버번위스키는 생산량이 수요를 못 맞출 정도로 인기다.

Beam 인수 후 Suntory는 북미 수익이 60%, 유럽과 중동 수익이 20%인 글로벌 업체로 거듭나게 된다.

시장에선 Suntory가 Beam을 비싸게 샀다는 분석이 많다. Beam의 인수가격은 주당 83달러 50센트로 지난 주말 주가보다 25%나 높았다. 데비슨 앤 코의 티머시 래미 애널리스트는 "거의 최대 가격을 치른 것 같다"고 말했다.

사지 노부타다 Suntory 사장이 "세계에서 유례없는 강력한 브랜드 포트폴리오를 가진 주류 기업이 탄생할 것"이라고 의지를 불태운 것도 같은 맥락이다.

미국인들은 Beam이 일본 기업에 넘어간 것을 애석해한다. 가장 미국적인 기업 하나가 또 해외로 팔려갔다는 식이다. 뉴욕타임스가 관련 기사 리드를 "버번만큼 미국적인 술은 없다"고 시작한 것은 이번 M&A에 대한 미국 내 정서를 대변한다.

Beam은 1795년 이래 가업으로 버번 위스키를 만들었다. 금주법이 1933년 폐지되자 James Beam이 자신의 이름을 딴 'Jim Beam'을 생산해냈다. 이 회사의 3대 상품인 Jim Beam, Maker' s Mark, Knob Creek은 미국 애주가들이 사랑한 버번이었다.

007시리즈의 제임스 본드로 나와 인기 절정이었던 숀 코너리(Sean Connery)가 광고 모델로 등장하는 등 유명 영화배우들이 Jim Beam의 단골 모델이었다.

세계 주류산업 사상 세 번째 규모인 이번 M&A는 일본 기업의 해외 M&A 중에서 세 번째로 큰 규모이기도 하다. 앞으로 관련 업계에 살아남기 위한 M&A 태풍이 몰려올 것으로 예상되는 가운데 정작 관심이 가는 대목은 이번 M&A의 배경이다. 전문가들 사이에선 '아베노믹스'가 일본 기업을 한층 더 공격형으로 진화시키고 있다는 증거라고 보는 시각이 적지 않다. (중앙일보, 2014년 1월 15일)

제12장

경영전략과 자원분석

I 자원분석의 의의

우리가 무언가 새로운 일을 시작하려면 우선 어떤 일을 수행할 지에 대한 구상을 세워야 하지만 그것을 실현시키기 위해서는 자금이 필요하다. 물론 필요한 것은 자금뿐만 아니라 다양한 기술 및 노하우나 재료, 사람들의 협력도 필요하다.

이는 기업을 경영하기 위해서도 반드시 필요한 것이다. 이러한 것들을 일반적으로 '경영자원'이라 부른다.

경영자원의 문제는 기업경영에서 중심적인 위치를 점하고 있다. 왜냐하면 시장 환경에서 경쟁상대와 싸우고 있는 기업은 전략을 실행하기 위해 경영자원이라는 무기가 없으면 싸울 수 없기 때문이다. 다시 말해 경영자원은 '기업이 경영활동을 하기 위해 필요한 다양한 자원과 능력'을 말한다.

경영자원은 일반적으로 인적자원, 물적자원, 자금적 자원, 정보적 자원으로 표현하기도 한다. (〈그림 12-1〉 참조)

그림 12-1 경영자원의 분류

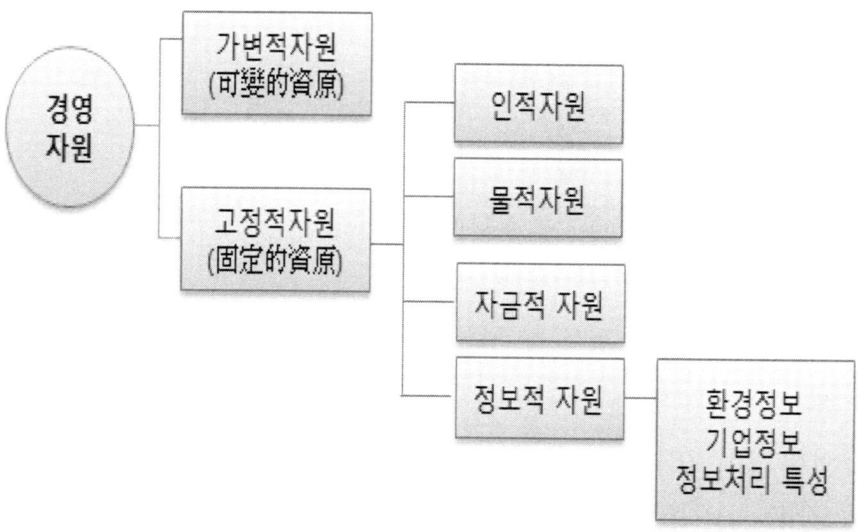

첫째, 인적자원은 작업자, 기술자, 관리자, 경영자 등 기본적으로 기업조직을 구성하고 있는 인재(人材)를 말하는데, 경영전략의 수행단계에서는 반드시 자사의 조직 내 인재로 한정하는 것은 아니며, 제휴 또는 협력사의 인재도 포함시킨다.

둘째, 물적자원은 원재료나 토지, 건물, 생산설비, 물류설비 등 유형적인 형태의 자원을 말한다.

셋째, 자금적 자원은 현금, 유가증권, 차입금 등이 대표적인 예이다. 기업이 보유하고 있는 자금전반은 대차대조표에 기재된다. 넷째, 정보적 자원은 기술, 각 종 노하우, 브랜드 및 기업이미지, 기업의 신용, 종업원의 사기(士氣), 조직문화 등으로 최근에는 그 중요성이 더욱 증가하고 있다.

경영자원을 전략적으로 활용하기 위해서는 경영자원을 보다 상세히 분류할 필요가 있다. 따라서 이제부터는 경영자원을 ① 형태와 성질에 근거한 분류, ② 축적 장소에 따른 분류, ③ 기능에 따른 분류로 나누어 살펴보자.

① 형태와 성질에 근거한 분류

경영자원은 유형자원과 무형자원으로 나눌 수 있다. 즉 인적, 물적, 자금적 자원은 유형자원이며, 정보는 무형자원이다. 이러한 분류의 방법은 단순명쾌하다는 장점을 가지고 있으나 전략책정 시에는 막연한 분류이기도 하다. 따라서 조금 더 상세한 분류적인 표현이 필요하다.

예를 들어 공장시설이나 기계류 등을 '물적자원' 시스템이나 조직을 '구조적 자원'으로 표현하는 방법이다. 또한 정보적 자원에서는 기술자원, 경영관리스킬, 정보시스템 등 구체적인 표현이 시도되고 있다.

② 축적장소에 따른 분류

경영자원의 축적장소가 기업내부인가 기업외부인가에 의해 구분하는 것으로 '내부자원'과 '외부자원'으로 분류할 수 있다. 이 둘은 모두 기업이 활용할 수 있는 자원인데, 특히 외부자원의 활용 및 조달, 운용은 경쟁우위성을 구축하는데 매우 중요한 역할을 한다.

내부자원의 축적 장소로는 Michael Porter 교수가 제안한 Value Chain 모델이 유효하다. 이것은 기업이 고객의 가치를 창출하는 일관된 흐름의 구성요소를 담당하는 분야별로 정리한 것으로 경영자원의 축적장소를 특정 하는데 유용하다.

③ **기능에 따른 분류**

외부로부터 조달이 가능한 가 아닌가를 기준으로 '가변적 자원'과 '고정적 자원'으로 분류하는 방법이다. 가변적 자원에 속하는 것은 재료 및 부품, 미숙련의 작업자와 일반 종업원, 시중에서 판매되는 기계 등이다. 이러한 가변적 자원은 누구라도 간단히 조달할 수 있기 때문에 경쟁의 무기로 사용하는 것은 불가능하다.

한편, 고정적 자원은 외부조달이 곤란하여 자사 내에서 육성, 축적해야 하는 자원을 말한다. 구체적으로 각 사의 특징적인 노하우를 체화한 숙련노동자 및 기술자, 자사 개발의 생산설비, 환경 변화에 신속하게 대응할 수 있는 조직풍토, 유명한 브랜드 및 기업 이미지, 고객의 신용 등이 포함된다.

이러한 고정적 자원은 희소하면서 대체성이 없거나 적기 때문에 가변적 자원보다 중요하다.(1からの戦略論, 嶋口充輝·内田和成·黒岩健一郎, 碩学舎, 2009, pp.184-188)

기업이 전략을 수립할 시 '경쟁우위를 구축하기 위해서 외부요인(기업을 둘러싼 환경)을 중시해야 하는가, 또는 내부요인(기업이 가진 능력이나 자원)을 중시해야 하는가'라는 논점이 존재한다.

외부요인을 중시하는 견해를 '포지셔닝 이론'이라 하며 앞에서 살펴본 5 Forces(산업구조분석 모델)를 고안한 Michael Porter 교수가 대표적인 학자이다.

1970년대부터 1980년대에 걸쳐 발전해온 Porter의 전략론은 기업이 이용할 수 있는 경영자원은 한계가 있기 때문에 기업은 많은 Trade-off 관계에 직면하게 된다는 것이 전제이다. 즉, 기업은 Trade-off를 인식해야 하며 어느 한쪽에 주력하기 위해서는 다른 한쪽을 버리는 선택이 요구된다.

전형적인 전략론에서는 그것이 전략적인 행동이라고 파악한다. 예를 들어 어떤 제품에 기능을 부가적으로 추가하면 비용이 상승한다. 또는 장기적 성장을 우선시하면 단기적인 이익을 희생해야 한다는 생각이다.

Michael Porter 교수는 기업이 비용우위전략과 차별화전략 중 어느 한 쪽에 특화해야 한다고 생각했으며, 양쪽을 모두 추구해서는 안 된다고 주장했다. 만약 양쪽을 추구하는 어중간한 선택을 하게 되면 경쟁우위 형성에 실패한다는 것이다.

그러나 글로벌 경쟁이 심화되면서 한국 및 일본의 많은 제조업기업들은 비용을 삭감하는 동시에 제품차별화를 추구하는 전략을 펼치고 있다.(田村 直樹, 経営戦略とマーケティング戦略, 星雲社, 2013, p.7)

한편 내부요인을 중시하는 견해를 'Resource Based View(경영자원에 근거한 기업관)'이라 하며 뒤에 논하게 될 VRIO 분석을 고안한 Jay. B. Barney 교수가 대표적인 학자이다. 이러한 framework에는 경쟁우위 구축에 대한 견해의 차이가 반영되어 있다.

그러나 실무에서의 경영전략수립에는 이 두 견해가 서로 보완관계에 있다고 말할 수 있다. 즉, 외부환경의 분석을 통한 기회와 위협요인을 파악하고, 내부 환경의 분석을 통한 강점과 약점요인을 파악함으로써 보다 통합적인 전략을 구축할 수 있게 되는 것이다.(この1冊ですべてわかる経営戦略の基本, 日本総合研究所 経営戦略研究会, 日本実業出版社, 2011, p.54.)

이처럼 기업의 무기가 될 수 있는 자원과 능력을 파악할 경우에는 'Core Competence'라는 개념을 고려해야 한다. Core Competence는 미국의 Gary Hamel교수와 C. K. Prahalad교수가 제시한 개념이다.

이들의 연구대상은 1970년대부터 1980년대까지 비약적으로 성장한 일본기업(NEC, Canon, Honda, Casio 등)이었다. 이 시기의 일본기업을 조사하여 일본기업이 급속히 성장한 배경을 Core Competence라는 개념으로 설명한 것이다.

그들은 Core Competence는 '고객에 대해 타사는 모방할 수 없는 자사만의 가치를 제공하는 기업의 핵심적인 힘'이라고 정의하고 있다. 이것은 반복된 학습을 통해 조직에 축적된 것으로서 특정의 기술이나 개별적인 어떤 존재를 의미하는 것이 아니라 기업자체 또는 조직능력 그 자체가 Core Competence라고 정의한다.

즉, 단순히 그 기업이 잘하는 활동이나 우수한 몇 명의 인재를 의미하는 것이 아니라 경쟁기업에 비해 월등히 우위에 설 수 있는 능력으로 그 능력이 경쟁우위를 창출하고 유지시키며 나아가 기업의 성장과 존속에도 영향을 주는 말 그대로 핵심역량인 것이다. 〈그림 12-2〉는 핵심역량의 유형을 나타내고 있다.

그림 12-2 핵심역량의 유형

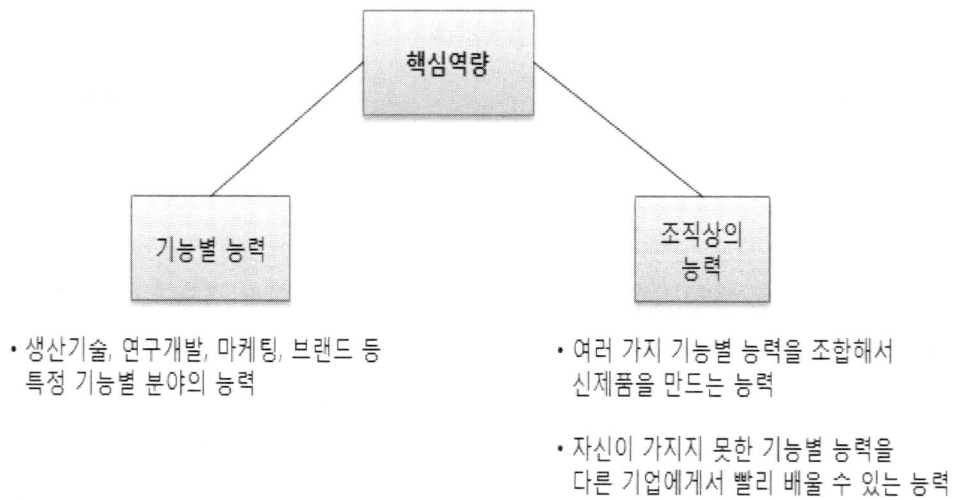

장세진(경영전략, 박영사, 2012)교수에 의하면 핵심역량은 사업부의 경쟁우위의 원천이면서 기업성장의 근원으로서 역할을 한다.

즉 단기적인 기업의 경쟁력은 판매되고 있는 제품의 가격, 성능, 특성 등에서부터 나오나, 장기적인 경쟁력은 경쟁자보다 낮은 비용으로 더 빨리 새로운 제품을 개발할 수 있는 핵심역량에서 비롯될 수 있기 때문이다.

한편 기업의 성장에 따라 새로운 사업 분야로의 다각화가 진행되는 경우가 일반적이다. 이때에 핵심역량은 다양한 시장으로 진출할 수 있는 가능성을 제공하는 근원적 역할을 하게 된다.

다시 말해 기업의 핵심역량은 다각화에 대한 지침역할을 하며, 핵심역량을 올바로 파악함으로써 기업의 수직적 통합 또는 outsourcing의 주요 판단근거가 될 수 있다. 기업의 활동을 제3의 기업에게 계약을 통해서 이전하는 행위를 outsourcing이라고 하는데 기업은 outsourcing을 통해서 자신의 핵심역량에 집중하고, 전문인력의 부족을 해소할 수 있으며 기업의 비즈니스 프로세스를 단순화시키고 복잡성을 감소시킴으로써 시장의 도전에 더 빠르게 대응할 수 있다.

이러한 기업의 핵심역량을 파악하기 위해서는 기업의 생산활동을 가치사슬을 통해 분석할 수 있다.

가치사슬(value chain)이란 McKinsey사가 개발한 Business System을 Michael Porter가 정교한 분석틀로 발전시킨 것으로서 기업활동을 주활동과 지원활동으로 구분하여 경영활동의 전반을 파악할 수 있는 frame work이다. 〈그림 12-3〉은 Michael Porter의 가치사슬 모델을 나타낸다.

그림 12-3 Michael Porter의 가치사슬 모델

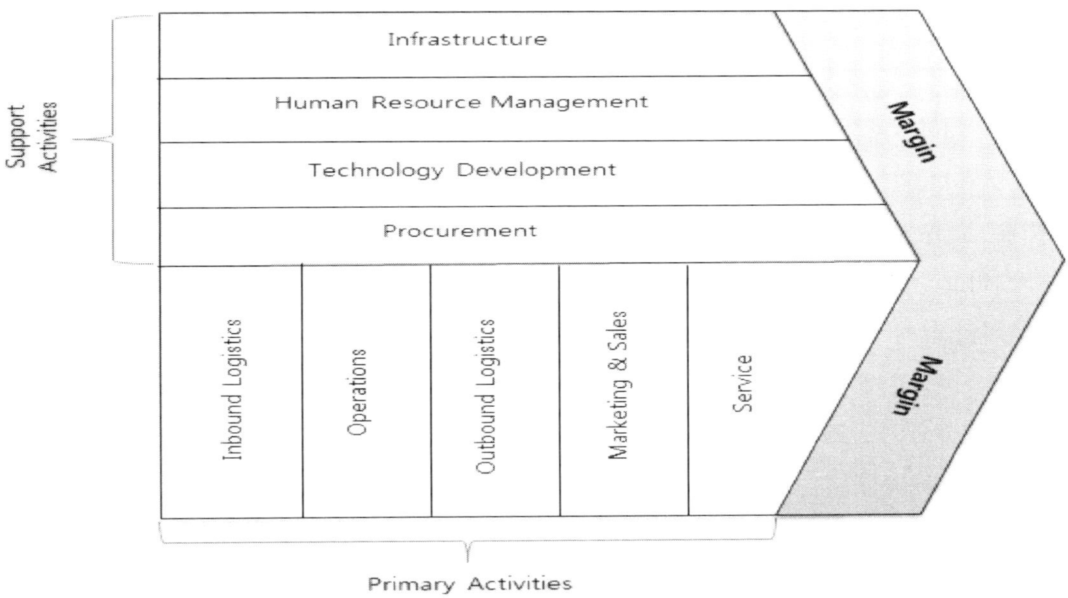

가치사슬 분석은 기업의 활동을 각 기능적 요소별로 분석할 수 있기 때문에 자사와 경쟁사의 강점 및 약점을 상대적으로 비교·파악할 수 있다. 즉, 기업이 경쟁기업보다 월등히 우위를 점하고 있는 부문은 어떤 것인지 명확히 파악함으로써 자사의 핵심역량을 파악할 수 있다.

우선 주활동은 제품의 물리적인 제조 및 마케팅, 구매자에 대한 공급, A/S 등에 관한 활동이다.

구매물류는 제품생산에 필요한 원자재의 관리와 관련된 가치 활동을 말하는데 공급업자로부터 원자재를 공급받아 이것을 제품 생산 부서에 넘겨주는 제반활동을 말하는 것이다.

제조는 원자재를 가공, 조립하여 제품을 완성시키는 가치창출 활동을 말하는 것이며, 출하물류는 완제품의 재고관리, 주문처리 및 구매자에 대한 인도 등 완제품의 물적유통과 관련된 가치창출 활동을 말하는 것이다.

또한 마케팅 및 판매는 구매자가 제품을 구입하도록 유도하는 활동을 통해 제품을 판매함으로써 발생하는 가치창출 활동을 말하는 것이며, 서비스는 제품의 가치를 유지 및 보수하는 가치창출 활동을 말한다.

한편 지원활동은 주활동을 수행할 수 있도록 하기 위해 투입되는 자원이나 지원활동을 말한다.

기업전반관리는 일반관리, 기획, 재무, 회계, 법률관계, 정부관계, 정부관계, 품질관리 등 가치사슬 전반을 보조하는 활동을 말하는 것이며, 인적자원관리는 인적자원의 채용, 임용, 교육훈련, 인력개발 및 보상 활동 등을 말한다.

그리고 기술개발은 제품 및 공정의 개선을 위한 제반 활동을 말하는 것이며, 조달활동은 기업의 가치사슬 내에 필요한 원자재 구매활동을 말하는 것이다.

Ⅱ 기업의 내부자원

제2장에서 살펴 본 바와 같이 기업을 둘러싸고 있는 가시적(visible)인 환경과 비가시적인(invisible) 환경 또는 내부적인(internal) 환경과 외부적인(external) 환경들은 타 기업과의 경쟁에서 우위를 차지하게 하는 자원이 된다.

곧 재무자원, 노동력 및 기술 등은 보유자원이 되어 생산 · R&D · 유통 · 마케팅 등과 같은 기능면에서의 자원은 곧 특정 기업의 경쟁력(competitiveness)이 되는 것이다.

한편 전략수립의 관점에서 접근해 보면 기업이 경쟁기업보다 경쟁우위에 설 수 있는 건 타사가 가지고 있지 않은 탁월한 능력이나 자원을 가지고 있기 때문이다. 이처럼 타사와의 경쟁상태(기업 외부환경)보다 자사가 가지고 있는 능력이나 자원(기업 내부환경)에 주목하는 견해를 '자원 어프로치'라고 말한다.

탁월한 자원과 능력은 기업에게 장기적인 경쟁우위를 갖게 해 준다. 또한 이러한 경영자원을 보유하면 그것을 무기로 다양한 사업전개가 가능해지기 때문에 시너지효과를 얻을 수도 있다.

자원 어프로치의 관점에서는 기업 내의 경영자원이 경쟁우위의 원천이며, 자원의 축적과 전개를 전략의 중심에 두는 것이다.

예를 들어 자동차업체 중에는 디자인이 우수한 기업, 효율화(생산시스템)가 우수한 기업, 브랜드력이 우수한 기업 등이 존재한다. 복수의 기업이 같은 Position을 목표로 하고 있더라도 능력이나 자원이 기업마다 다르기 때문에 업적에는 차이가 발생한다.

기업의 경영자원을 분석할 시 유용한 Framework으로 Jay. B. Barney 교수가 제창한 VRIO 분석이 있다.

VRIO 분석은 기업의 경영자원을 경제가치(Value), 희소성(Rarity), 모방가능성(Imitability), 조직(Organization)의 네 가지 시점으로 나누어 분석함으로써 기업의 경영자원이 얼마나 우위에 있는 가를 파악할 수 있다.

먼저 경제가치(Value)는 기업의 경영자원이 얼마나 가치가 있는가를 분석하는 것이다.

다음의 희소성(Rarity)은 기업의 경영자원이 시장에서 얼마나 희소성이 높은가를 분석한다. 자사의 자원이 희소성이 높으면 신규기업은 시장진입에 장벽을 느끼게 될 것이며 희소성이 낮으면 신규기업은 쉽게 시장에 진입해 올 것이다.

모방가능성(Imitability)은 자사기업의 경영자원에 대해 경쟁사가 얼마나 모방하기 쉬운가를 분석한다. 모방하기 어려울수록 경쟁기업은 위협을 느끼게 될 것이다.

마지막으로 조직(Organization)은 기업의 경영자원을 활용할 수 있는 조직체계가 정비되어 있는가를 분석한다.

조직체계가 정비되어 있지 않은 경우 경영자원을 유효하게 활용할 수 없기 때문이다. 〈그림 12-4〉는 VRIO 분석의 개요를 잘 보여주고 있다.

그림 12-4 VRIO 분석의 개요

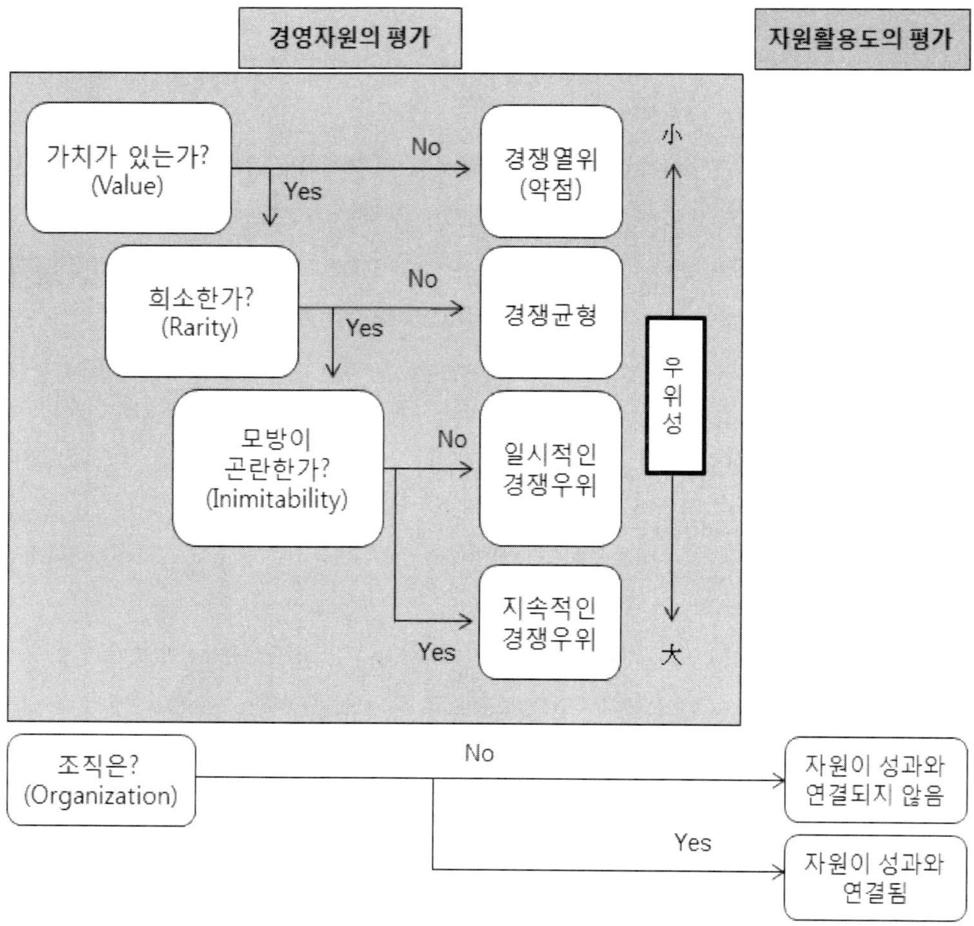

출처: 日本總合研究所 経營戰略研究會, 2009, p.49.

VRIO분석은 자사의 내부 분석을 통해 강점인 부분을 무기화 할 수 있으며 약점인 부분을 파악하고 개선할 수 있다. 경영자원을 단기간에 개선하는 것은 어려운 일이기 때문에 VRIO 분석은 사업의 중기적인 계획을 수립할 때 주로 활용된다.

한편 아오시마 · 카토(青島·加藤, 2003)는 모방이 불가능한 세 가지의 조건에 대해 다음과 같이 주장한다.

첫째, 모방하기 위한 비용과 시간이다. 이것은 모방할 대상을 알고 있고 어떻게 하면 모방할 수 있는지 알고 있다고 하더라고 모방하기 위한 비용과 시간이 많이 드는 경우이다.

자원을 보유하고 있는 기업보다 높은 비용을 지불하지 않으면 그 자원을 확보할 수 없다면 그 비용의 차이가 상대 기업의 경쟁우위의 원천이 될 것이다. 마찬가지로 모방하기 위해 오랜 시간이 걸린다면 그 시간차이 역시 상대 기업의 경쟁우위의 원천이 될 것이다.

둘째, 자원의 특성이 모방하기 곤란한 경우이다. 경영자원 자체가 명확히 보이지 않거나, 무엇을 모방해야 좋은지 모르는 경우, 또한 모방의 대상을 알았다고 하더라도 복잡해서 완벽히 파악하기 어려운 경우 등이다.

셋째, 모방한 자원이 자사에게 이득이 되지 않는 경우이다. 즉, 모방은 할 수 있으나 모방할 수 없는 상황이 발생하는 것이다. 예를 들어 컴퓨터의 직판을 실시하여 시장 점유율을 확대한 델컴퓨터의 경우, 경쟁사들이 직판 시스템 자체를 모방하기 어려웠다기 보다는 기존의 대리점망과 유통망을 통한 판매방식이 이미 확립되어 있었기 때문이다.

Ⅲ 기업의 외부자원

경영전략의 수립을 위해서는 내부자원 못지않게 경쟁력의 제고 차원에서 외부자원의 효율적인 배분이 요구된다. 이에 따라 사업전략은 전사적으로 자원이 분배되며, 조직구조를 재편성할 수 있게 되어 기존의 프로세스를 변경하면서 새로운 업무 프로세스를 정립할 수 있게 된다.

물론 사업전략을 새롭게 수립함으로 회사의 조직 전체가 변경될 수도 있는 바, 이는 사업전략을 통하여 조직 구성원들의 방향을 집중시키는 성과를 이룰 수 있기 때문이다.

치열한 경쟁에서 살아남는 정도가 아니라 지속적인 성장을 이루려는 기업들의 경우 그들이 보유하는 인적 · 기술적 · 재무적 자원과 같은 정태적 자원은 기업의 성패에 크게 영향을 미치고 있다.

그러나 기업의 현재가 아닌 미래를 위해서는 보다 빠르고 안전하게 자원을 활용할 수 있는 원동력인 자원의 동태적 축적 가능성(resourcefulness)이 더 중요하다. 이는 경쟁적 우위를 보장할 수 있게 하는 것으로 창의성(creativity) 내지 전략적 의지(strategic intent)가 되는 것이다.

아래의 그림은 Igor Ansoff가 설명하고 있는 시장점유율의 제고를 위한 성장 매트릭스로서 다각화(diversification)를 비롯한 기업의 미래에서의 성장 방향을 제시하여 주고 있다.(〈그림 12-5〉 참조)

여기에서의 구체적인 전략은 크게는 제품과 시장으로 구분한 다섯 가지의 접근방안을 고려하여 볼 수 있다.(어윤대 · 방호열, 전게서, 1998)

첫째는 시장 확대 전략으로 지역적으로 확대를 하거거나 해외로 진출하는 것이다. 둘째는 제품 확대로 기존의 생산에서의 노하우나 유통망을 그대로 활용할 수 있다. 셋째는 후방통합으로 자동차 제조 기업이 부품공장을 인수하는 것처럼 현재의 고객이 잠재적인 경쟁기업이 될 가능성이 매우 높다. 넷째는 전방통합으로 현재 부품을 조달해 주는 공급업체도 경쟁기업이 될 수 있다. 다섯째는 다각화로 현재의 산업과 전혀 관련이 없는 산업(시장)에 진입을 하는 것이다.

그림 12-5 기업의 성장 방향

	기존 제품	신제품
신시장 / 고객	시장 개발 전략	다각화 전략
기존시장 / 고객	시장 침투 전략	제품 개발 전략

기업 외부의 경영자원들은 현재는 우호적인 상황에서 공생하고 있지만 미래에는 경쟁기업이 될 수 있는 것이기에 과거보다는 현재의 전략에 충실하면서도 미래에 대한 경영전략을 앞서 가며 수립할 수 있어야 한다.

이를 위해서는 기업이 보유한 내적 및 외적 자원을 효율적으로 활용할 수 있는 전략적 태도 내지 의지를 소유하고 있어야만 한다.

다음은 기업의 외부자원을 적극 활용하고 나아가 기존 시장에서의 성장 동력(growth engine)을 확보하려는 다각화전략의 사례이다.

"한국에 'Alessandro Mendini'란 브랜드도 있나요? 독특하긴 한데 좀 생소하네요."라는 말을 들을 정도로 아직 한국에서는 낯설다. 그러나 외국인 사진과 함께 'Alessandro Mendini'라고 적힌 제품 라인에 관심을 보이는 고객들이 심심치 않게 눈에 띄고 있다. Alessandro Mendini(72)는 이탈리아 출신으로 현존하는 세계 3대 디자이너로 꼽히는 명장이다. 주로 가구, 인테리어, 건축설비 등의 분야에서 활동 중인 그의 주요 작품은 이탈리아 포럼박물관, 일본 히로시마 항구의 기념탑, 네덜란드의 흐로닝언박물관 등에 있다.

한국도자기가 2011년 Mendini의 디자인을 도자기에도 접목시켜 그의 이름을 딴 브랜드에 공(功)을 들이는 것은 한마디로 독특한 디자인을 통한 기존 제품과의 차별화와 틈새

명품화 때문이다. 한국도자기와 Mendini의 협업 제품명은 'Geometrica!'이며 티포트 · 티컵 · 에스프레소컵 · 우유기 · 설탕기 등 다섯 가지로 구성돼 있으며 작은 기하학적 형태가 연결된 손잡이가 특징이다. 특히 손잡이 부분이 화이트, 골드, 플래티늄(백금) 세 종류로 출시돼 각기 다른 분위기를 낸다.

한국도자기 관계자는 'Mendini 제품은 기존 디자인과는 다르게 심플하면서 유니크해 나름대로 선호하는 고객층이 형성돼 올해 매출 20% 성장을 예상한다'고 밝혔다. 한국도자기에서 형제 간 분리된 젠한국도 2011년 선보인 'RACHEL BARKER' 시리즈로 쏠쏠한 재미를 보고 있다.

젠한국 홈세트 판매량의 70%를 차지하는 베스트 상품 반열에 올랐기 때문이다. 이러한 흐름에 대해 형제기업 간 디자인 경쟁이 뜨겁다는 시각이 동종업계에 일고 있다. RACHEL BARKER는 영국의 친환경 디자이너로 기존의 화려하고 큰 문양 패턴이 즐비했던 식기 디자인에서 탈피해 심플하면서도 감각적인 디자인을 선보이고 있다.

특히 RACHEL BARKER 디자인에 주로 사용되는 코발트블루 색상은 고급스러우면서도 독특한 색감을 나타내 디자인이 다른 제품 사이에서도 세련된 테이블 연출을 가능하게 한다.

젠한국 관계자는 RACHEL BARKER 시리즈는 '매년 10% 이상 꾸준한 매출 증대를 보이고 있다'고 하면서 특히 20 · 30대 젊은 여성들에게 인기가 높다고 말한다.

해외 디자이너와 협업(collaboration)을 통해 만든 브랜드는 특색 있는 디자인으로 인정받기도 하지만 비교적 단기간에 고유 브랜드 이미지를 형성할 수 있다는 장점이 있다.

젠한국 측은 외국 디자이너만이 갖는 전문성과 고급스러운 이미지가 소비자 감성을 자극해 매출 증대에 도움이 되고 있다고 보고 있으며 올해 하반기에는 대용량 도자기 밀폐용기에도 RACHEL BARKER 디자인을 접목한 새 제품을 선보일 예정으로 있다. 도자기업계에서는 "도자기업계는 전통산업 특성 때문에 경기 침체 여파를 더 타게 된다"고 하면서 제품 다변화를 통해 틈새 고객과 시장을 더 확보할 수 있을 것으로 보고 있다.(매일경제, 2013년 8월 12일)

또 다른 사례로 UNIQLO를 살펴보자.

캐주얼의류품 제조 소매업체인 UNIQLO가 성장전략의 일환으로 식품판매사업을 수행한 적이 있다.

2002년 9월에 'FR Food'라는 회사를 설립해 11월부터 'SKIP'이라는 브랜드로 일본 전국의 계약 농가가 수확한 야채 등의 식품을 소비자에게 판매한 것이다.

SKIP의 특징은 상품기획에서부터 생산 · 물류 · 판매까지 FR Food가 일괄 관리한다는 것이었다. 또한 나가타농법(永田農法)이라 불리는 방법으로 생산된 유기야채를 판매하고 있다는 것도 특징이었으며 판매는 주로 인터넷 판매로 'SKIP store'라는 사이트에서 주문해 택배업자가 배송하였다.

UNIQLO의 식품판매사업 진출은 매우 놀라운 일이었다. 왜냐하면 주력인 의류사업과는 너무나 동떨어진 분야에 대한 사업진출이었기 때문이다.

Igor Ansoff의 매트릭스로 생각해 보면 신시장 · 신제품의 진출이며 어떤 시너지 효과를 얻을 수 있을지 이해하기 어렵다.

그러나 UNIQLO는 다른 견해를 가지고 있었다. UNIQLO의 강점은 재고관리기술에 있다고 인식하고 있었다.

의류품에 대해서도 상품개발부터 생산 · 물류 · 판매까지 일괄 관리하고 있기 때문에 점포의 판매정보가 상품개발부분 및 공장에 실시간(real time)으로 전달되어 재고상품이 쌓이기 쉬운 의류품업계임에도 폐기상품을 최대한 줄여 저가격에 판매할 수 있었다.

그리고 이 기술을 충분히 활용할 수 있는 분야가 식품판매라고 생각한 것이다. 야채 등의 신선식료품은 신선함을 잃어버리면 폐기한다. 만약 재고관리기술을 충분히 활용할 수 있다면 폐기량을 감소시키고 이익을 창출할 수 있다는 논리이다. 즉 재고관리기술 공동으로 이용할 수 있다는 점이 시너지 효과로 나타날 것이라 기대한 것이다.

이렇듯 주목을 받았던 SKIP이었으나 아쉽게도 2004년 3월에 시장에서 철수를 하게 되었다. 실패의 원인에 대해서는 다양한 견해가 있을 수 있으나 당시 야나이(柳井)회장은 "의류품과 달라 계획생산을 할 수 없었다."고 말했다.

UNIQLO의 강점으로 의류품과 식품에 공동으로 이용할 수 있을 것으로 자신한 재고관리기술이 식품에는 응용될 수 없었던 것처럼 시너지 효과를 사전에 예측한다는 것이 얼마나 어려운 일인지를 보여주는 사례이다.(1からの戦略論, 嶋口充輝·内田和成·黒岩健一郎, 碩学舎, 2009, pp.169-170)

한편 Nintendo(任天堂)주식회사는 1947년 교토(京都)에서 트럼프류를 제조 · 판매하는 회사로 설립되었다.

1960년대에 일렉트로닉완구 분야에 진출한 것을 계기로 가정용 컴퓨터게임 시장에 진입하게 된다. 원래 Nintendo는 오랫동안 화투제조의 대표 브랜드로 폭 넓게 알려져 왔으며 그 후의 사업전개에 있어서도 완구 유통업과의 관계를 강하게 구축하고 있다.

Nintendo는 1983년 '패미콤(Famicom)'을 발표하며 전기를 맞게 된다. 패미콤이 발매되자 높은 그래픽 능력과 그것을 즐길 수 있는 인기 소프트웨어가 맞아 떨어져 국내외에서 압도적인 강점 발휘하면서 시장진입 후 약 1년 만에 300만 대를 판매하여 압도적인 시장점유율을 확보하게 되었다.

그 결과 업적도 비약적으로 확대되어 1980년에 약 240억 엔이었던 매출액이 10년 만에 약 20배인 4,710억 엔으로 증가하였다.

패미콤의 발매시점에 Nintendo는 'Atari'와 'Bandai' 등의 경쟁사보다 후발기업이었지만 한순간에 Top의 자리로 뛰어 올랐다.

Nintendo의 성공요인은 가정용 컴퓨터 게임기의 표준규격이 정해지지 않은 시기에 기존 넓게 사용되고 있어 이점 및 결점이 잘 알려진 기술을 시장으로부터 조달하여 활용하고, 세분화한 needs에 충분히 대응할 수 있는 고성능을 실현시키면서도 낮은 가격으로 제품을 공급하여 선발기업을 압도할 만한 새로운 업계표준을 형성했다는 것이다.

실제로 패미콤은 14,800엔에 발매되었는데 선행 타사제품은 2만-5만 엔에 판매되고 있었다. 특히 주목해야 할 것은 Nintendo가 추구해온 하드(Hard)와 소프트(Soft)의 연계라는 사고방식이다.

자사가 모두 제작하는 Hard와 달리 Soft는 외주를 병용해야 한다. 또한 소프트는 4,000엔 대로 저렴하게 설정하여 소비자의 패미콤 체험을 조기에 확대할 수 있었다.

일반적으로 일본의 가전메이커 및 일렉트로닉스 업계에서는 경쟁을 유리하게 전개하기 위해 항상 기술적 최첨단 요소를 탑재하여 하드(기계장치)의 빈번한 모델체인지를 진행하게 되는데, Nintendo의 패미콤은 하드의 모델체인지를 피하고 동일 규격의 소프트를 다양하게 개발시켜 소프트의 풍부함으로 하드를 장기화함으로써 하드의 단가를 낮춤과 동시에 누계판매대수를 무기로 소프트의 단가를 낮추는 상승효과를 만들어 냈던 것이다.

이러한 전략을 수행한 결과 패미콤은 누계대수 약 6,300만 대(일본 1,935만 대)를 달성해 가정용 컴퓨터 게임의 업계표준이 되었고, '패미콤'이 그 대명사가 되었다.

Nintendo는 가전과 일렉트로닉스업계 중에서 규모도 작고 기술력도 결코 높지 않았으나 경쟁기업보다 우위에서 경쟁을 전개하고 신시장을 주도적 입장에서 형성해 나갈 수 있었다. (1からの戦略論, 嶋口充輝·内田和成·黒岩健一郎, 碩学舎, 2009, pp.178-180)

이제 외부자원을 확보하기 위한 시장의 환경은 동태적으로 있다는 것을 중국시장의 사례를 통해 알아보자.

중국의 싼 인건비를 노리고 진출했던 제조업은 쇠락의 길을 걷고 있다. 1992년 한·중 수교와 함께 임가공 업체들이 몰려들면서 칭다오에는 한때 한국기업이 약 3000개를 넘었지만 2014년 1월 현재 500여 개만 남았다. 상하이, 선전 등에서도 저임금에 의존했던 업체들은 퇴로를 찾고 있다.

반면 소비자를 겨냥한 서비스(상품)는 시장 개척에 즐거운 비명을 지르고 있다. CJ그룹은 16개 도시에서 27개 CGV영화관(210개 스크린)을 운영하는 등 엔터테인먼트 시장 공략에 박차를 가하고 있다. 중국진출 한국 기업들 사이에서 '선수 교체'가 이뤄지고 있는 것이다.

그 이유는 '중국시장의 패러다임이 바뀌었기 때문'이다. 즉 투자에 의존했던 성장 방식을 소비 중심으로 전환하겠다는 시진핑 정부의 성장전략에 기인하고 있다. 또한 사회적 배경으로 중산층의 등장에 따른 소비 구매력이 상승하며 소비시장을 키우고 있다. 중국경제의 큰 흐름이 '제조 시대'에서 '소비 시대'로 바뀌고 있다는 지적에 부합하는 내용이다.

안형근 무역협회 상하이지부장은 "매년 20% 안팎에 달하는 임금 인상을 당해낼 외국 제조업체는 많지 않을 것"이라며 "이제는 중국에서 무엇을 생산할 것이냐 보다는 소비자와 어떻게 소통할 것이냐에 초점을 맞춰야 한다"고 말했다.

상하이의 중심가인 푸저우루(福州路)에 자리 잡은 'Mr. Pizza'는 문을 열고 들어가면 식탁 건너편 주방이 눈에 들어온다. 투명 유리 건너편에서 요리사들이 피자를 만들며 가끔 피자 도우를 돌리는 '쇼'를 연출한다. 이 회사 류장현 부총경리는 "중국 소비자들도 이젠 위생 청결에 신경을 많이 쓴다"며 "그들에게 깨끗한 주방을 보여주는 것 자체가 마케팅"이라고 말했다.

또한 Mr. Pizza는 신규 매장을 선정할 때 가급적 Pizza Hut에 가까이 간다는 원칙을 가지고 있다. 류 부총경리는 "소비자들에게 '당신들이 최고라 여기는 Pizza Hut 맛과 비교해 보라'는 뜻"이라고 말했다.

황재원 KOTRA 베이징무역관 부관장은 '새로운 선수'의 기준으로 "중국의 서플라이 체인(공급망)에 끼어들 수 있는 회사"를 꼽는다. 그는 "그동안 중국 업체들은 기술 수준이 낮아 핵심 부품을 우리나라에서 수입해 왔지만, 기술 수준이 높아진 지금은 자국 내 업체로부터 제품을 조달하기 시작했다"며 "그 공급선에 파고들 수 있어야 한다"고 말했다. 새롭게 형성되고 있는 생산 분업에 능동적으로 대응해야 한다는 얘기다.

톈진(天津)의 서울반도체는 새 선수의 면모를 갖춘 대표적인 회사다. 2001년 현지에 진출한 이 회사는 톈진에서 생산한 발광다이오드(LED)조명을 베이징 · 시안(西安) 등에 공급한다. 초기에는 대부분 수출했으나 지금은 약 40%를 중국 내수 시장으로 돌렸다. 중국에서만 지난해 650억원 규모의 매출을 올렸다.

황승현 주칭다오 영사관 총영사는 "중국 정부도 앞으로 같은 값이면 첨단기술 · IT · 환경 등에 강점을 가진 기업의 투자를 원한다"며 "그들이 탐내는 기술을 가진 업체라야만 살아남을 수 있다"고 덧붙였다.(중앙일보, 2014년 1월 14일)

제13장

경영전략의 수립과 실행

13.1 경영전략의 수립

13.2 사업영역의 설정

13.3 산업분석과 경영전략 사례

13.4 기업분석과 경영전략 사례

13.5 기업경영과 경영전략

I 경영전략의 수립

기업경영과 경영전략의 다양한 범위와 관계에 대해서는 이미 살펴보았으니 이제부터는 경영전략의 수립을 위한 기본적인 분석범위와 경영전략 간의 관계를 알아보기로 하자.

기업은 경영전략 수립을 위해 기업을 둘러싼 외부 환경과 내부 환경을 분석함으로써 외부 환경에서의 기회와 위협, 내부 환경을 통한 강점과 약점을 명확히 할 수 있다.

외부 환경을 명확히 하기 위한 frame work로 대표적인 PEST 분석과 5 Forces 분석에 대해 살펴보기로 하자.

PEST 분석은 정치, 경제, 사회, 기술 등 기업이 통제할 수 없는 거시적 외부 환경에 대한 분석을 정리할 수 있다. 이는 모든 산업 및 모든 기업에게 영향을 주는 영역이다.

또한 5 Forces 분석을 통해 산업구조분석을 함으로써 자사에 대한 수익성 및 시장의 매력도 등이 어떠한 영향을 미치는지 분석할 수 있다.

5 Forces 분석은 특정 산업에 대해 영향을 미치며 기업이 전략을 통해 자사에 유리한 방향으로 조정 가능한 외부 환경 요인이다.

산업 및 자사에 영향을 미치는 다섯 가지 힘은 기존 기업 간의 경쟁, 신규 진출 기업의 위협, 구매자의 교섭력, 공급자의 교섭력, 대체품의 위협으로 이러한 외부 환경 요인이 시장의 매력도 및 기업의 수익성에 영향을 미치게 되고 이에 대응하기 위한 기업의 구체적인 전략수립이 필요하게 된다.

기업은 이러한 외부 환경 분석을 통해 산업 또는 시장에서의 기회요인과 위협요인을 명확히 할 수 있다.

다음으로 내부 환경을 명확히 하기 위한 frame work로 대표적인 가치사슬 분석과 VRIO 분석에 대해 살펴보자.

가치사슬 분석은 기업의 활동을 주활동과 지원활동으로 구분해 각 기능적 요소별로 분석함으로써 자사와 경쟁사의 강점 및 약점을 상대적으로 비교 · 파악할 수 있다. 즉, 기업이 경쟁기업보다 월등히 우위를 점하고 있는 부문은 어떤 것인지 명확히 파악함으로써 자사의 핵심역량을 파악할 수 있다.

VRIO 분석은 기업이 가지고 있는 경영자원을 경제가치(Value), 희소성(Rarity), 모방가능성(Imitability), 조직(Organization)의 네 가지 시점으로 나누어 각 시점의 관계성을 분석함으로써 경쟁우위를 창출하고 그 경쟁우위를 지속적으로 유지할 수 있는 경영자원을 파악하는데 유용한 frame work 이다.

기업은 이러한 내부 환경 분석을 통해 자사의 강점과 약점을 명확히 할 수 있으며, 궁극적으로 경영전략의 기반이 되는 핵심역량을 명확히 파악할 수 있다.

이렇게 분석된 내·외부 환경은 3C 분석과 SWOT 분석을 통해 통합적인 시점으로 분석할 수 있다. (〈그림 13-1〉 참조)

그림 13-1 경영전략 수립을 위한 환경 분석

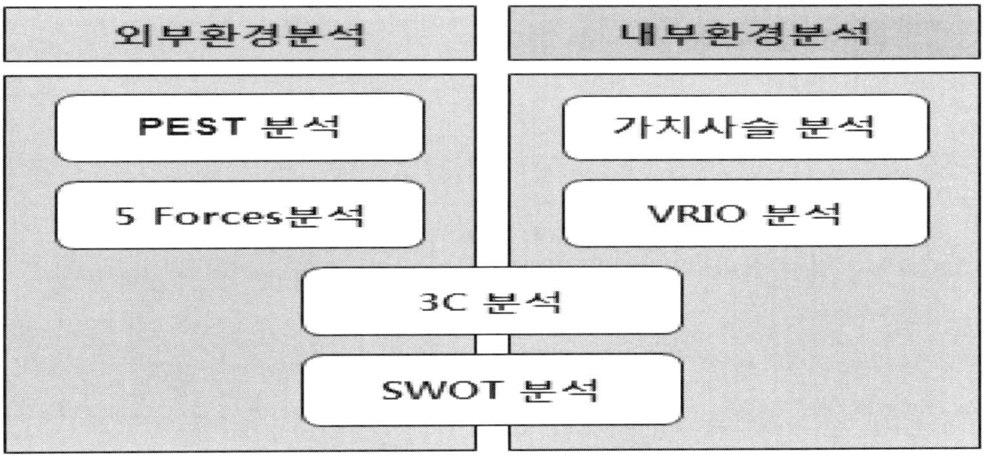

자료: 日本總合硏究所 経營戰略硏究會, 2011, p.38.

3C는 고객(Customer), 경쟁자(Competitor), 자사(Company)를 의미하며 이러한 3개의 시점에서 시장의 현황을 분석한다. 고객은 기업에게 매출을 가져다주는 존재이며, 경쟁자들은 매출을 두고 서로 경쟁하는 도전자들이다. 자사는 고객에게 제품 및 서비스를 제공하는 기업자신이다. 전략적 사고는 언제나 이 3C 네에서 움직이며 연결되어 있다. 즉 고객의 행동에 변화가 오면 다른 두 요소에 직접적인 영향을 미치며, 경쟁기업이 전략을 변경하면 역시 다른 두 요소에도 영향이 가는 것이다. 이러한 3C 분석의 목적은 그 시장의 KFS(Key Factor for Success)를 파악하는 것이다.

고객의 시점에서는 시장의 규모, 트렌드, 유행, 구매행동, needs 동향 등의 분석을 통해 구매요인을 정리한다. 또한 시장 Segment 별로 고객동향을 파악한다.

경쟁자의 시점에서는 시장점유율, 비용구조 등을 파악하고 자사의 경쟁상대를 명확히 하여 강점과 약점을 분석한다. 한편 시장에서 성공한 기업을 찾아내어 그 기업의 성공요인을 파악한다. 이러한 두 가지 시점에 대한 분석을 통해 시장의 KFS를 도출해 낸다.

한편, 자사의 시점에서는 자사의 강점과 약점을 분석하고 그 강점이 도출해낸 KFS와 얼마나 가까이 있는지 또는 멀리 있는지 파악함으로써 향후 전략의 방향성을 검토한다.

이러한 자사 및 경쟁사의 분석은 가치사슬 분석과 VRIO 분석이 유용하다.

고객과 경쟁자 분석은 외부 분석에 해당하며 자사의 분석은 내부 분석에 해당한다. 〈그림 13-2〉는 3C 분석의 개요를 나타낸다.

그림 13-2 3C 분석 개요

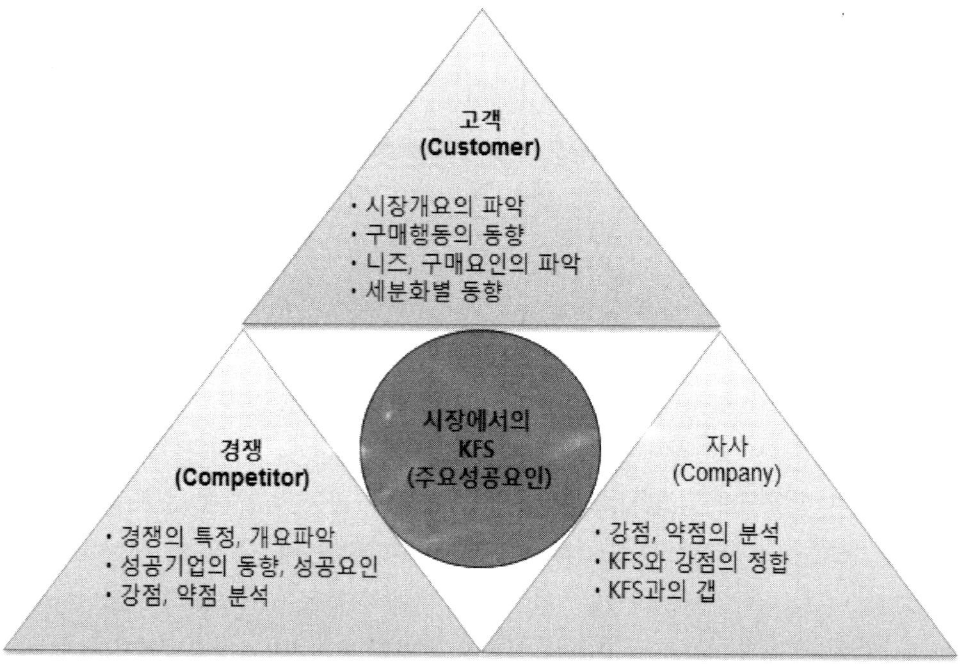

자료: 日本總合硏究所 経營戰略硏究會, 2011, p.50.

한편 SWOT 분석은 기업 내부 자원의 강점(Strengths)과 약점(Weakness), 그리고 기업 외부 환경에서 오는 기회(Opportunities)와 위협(Threats)으로 구분하여 전체적으로 파악할 수 있다. 이러한 SWOT 분석은 크게 두 가지 단계로 나눌 수 있다.

첫째는 앞서 설명해 온 내·외부 환경 분석의 결과를 정리하는 단계이고,

둘째는 강점, 약점, 기회, 위협의 네 가지 요소를 바탕으로 전략의 방향성을 구체화하는 단계이다.

여기서 중요한 것은 각 요소들에 대한 객관적 시점을 검증하는 것이다. 예를 들어 기업 내에서는 강점으로 여겨지고 있는 항목이 실제로 고객들의 시점에서 검증해 보면 약점으로 인식하고 있는 경우도 있다. 이러한 결과는 시장 상황이 변하거나 고객의 needs 등이 변화한 것을 파악하고 있지 못하는 경우 등에 쉽게 나타날 수 있다.

따라서 기업은 분석한 내용을 객관적으로 검증하는 것이 경영전략 수립에 중요한 요인이다.

그림 13-3 SWOT 분석

	+ 요인	- 요인
내부환경	Strength 강점	Weakness 약점
외부환경	Opportunity 기회	Threat 위협

기업이 경영전략을 수립하기 위한 기본적인 환경 분석의 흐름을 정리해 보았다. 이상에서 정리한 내용을 즉 각 분석의 관계를 나타낸 것이 〈그림 13-4〉이다.

그림 13-4 각 분석의 관계

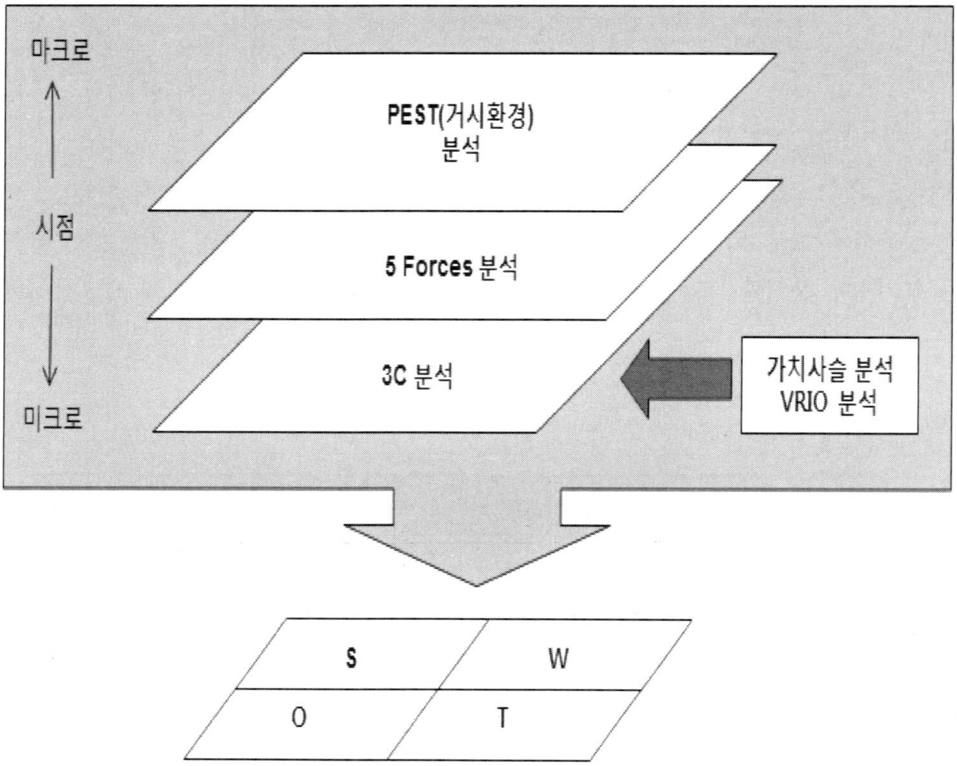

자료: 日本總合硏究所 経營戰略硏究會, 2011, p.53.

기업의 경영전략은 크게 복수사업을 대상으로 하는 기업전략, 개별사업을 대상으로 하는 사업전략과 기능별 전략 등 대상 및 범위에 대응할 수 있는 경영전략을 수립하고 시행한다.

이 때 상기의 환경 분석이 경영전략 수립의 방향성을 제시하는 근거가 되는 것이며 구체적인 전략을 수립할 수 있게 된다.

기업이 특정의 사업부문에 진출하기 위해서는 산업의 성장세와 함께 자사의 시장점유율을 면밀히 검토하여야 한다. 널리 알려진 보스톤컨설팅그룹의 BCG 모델은 〈그림 13-5〉와 같이 특정의 산업분야에 대한 진단과 예측을 위한 도구로서 널리 활용되어 오고 있다.

그림 13-5 BCG 매트릭스

이는 기업이 전개하고 있는 복수 사업을 상대적인 시장 지분 즉 시장점유율과 시장의 성장률로 파악하여 네 가지 매트릭스로 분류한 것이다.

다음의 〈표 13-1〉은 위에서의 각 사업단위의 특징과 전략적 대안의 내용을 요약한 것이다.(어윤대 · 방호열, 전게서, 1998)

<표 13-1> 사업단위의 특징과 전략적 대안

분 류	수 익 성	투자 요구액	순현금 흐름	전략의 방향
스타	높 음	높 음	전체적으로 또는 약간 -	현재지위 고수 M/S 증가
현금 젖소	높 음	낮 음	상당한 +	현재 지위 고수
문제아	손익분기 또는 적자	아주 높음	상당한 -	M/S 증가
개	낮거나 적자	투자 회수	+	수확 또는 철수

세로축의 시장 성장률은 제품의 수명주기와 연관된 것으로 기업 입장에서는 컨트롤하기 어려운 외부환경에 해당한다. 경쟁사와의 상대적 시장 점유율을 나타내는 가로축은 경험곡선 효과를 기반으로 경쟁사에 비해 어느 정도의 원가 우위에 있는지, 즉 기업 내부의 강점을 나타낸다.(마쓰다 히사카즈 지음, 이기화 옮김, 2013, p.30)

Cash cow는 시장 점유율은 높지만 성장률은 낮은 영역으로 신규 투자가 적고 원가우위(原價優位)도 확보되어 있는 만큼 많은 현금을 확보할 수 있다. 따라서 이곳에 속한 사업의 정석은 '수확전략(收穫戰略)'이다. 즉, 더 이상의 투자를 수행하지 않고 현재의 점유율을 유지하면서 최대의 수익을 올리는 것을 목표로 한다.

Dog는 시장 성장률과 점유율 모두 낮은 영역으로 신규 투자는 많지 않지만 원가 우위 역시 확보되어 있지 않기 때문에 사업을 지속할 필요가 없는 영역이다. 따라서 이곳에 속한 사업의 정석은 '철수전략(撤收戰略)'이다. 즉, 사업을 타사에 매각하거나 사업 자체를 포기하는 것이 올바른 의사결정이다.

Problem Child는 시장 점유율은 낮지만 성장률은 높은 영역으로 신규 투자가 많이 필요하고 원가 우위도 확보되어 있지 않기 때문에 수익률은 낮은 상태이다.

따라서 이곳에 속한 사업의 정석은 '유지전략(維持戰略)'이다. 즉, 시장 점유율과 시장 성장의 추이를 파악하고 검토한 후 사업의 진척 상태를 바탕으로 철수나 투자를 결정하는 전략이다.

Star는 시장 성장률과 점유율이 모두 높은 영역으로 비용 우위를 확보하고 있지만 신규 투자도 많이 진행해야 하는 만큼 큰 수익을 얻기는 힘들다.

따라서 이곳에 속한 사업의 정석은 '성장전략(成長戰略)'이다. 즉, 미래의 수익을 예상하고 적극적으로 투자하여 장기적으로는 Cash cow 의 영역으로 성장시키는 것을 목표로 한다.

BCG 매트릭스를 통한 사업 단위의 전략적 관리 차원에서 기업은 현금창출사업들이 제공하는 현금을 어디에 투자할 것인가에 대한 의사결정을 내려야 한다.

일반적으로 올바른 투자 방향은 장기적 시점으로 Problem 영역의 사업에 투자함으로써 Star 영역의 사업으로 성장시키고 결과적으로 Cash cow 영역의 사업으로 성장시키는 것이다. 또한 Star 영역의 사업에도 투자함으로써 Cash cow 영역의 사업으로 성장시키는 투자가 올바른 투자관리라고 할 수 있다.

한편 지나친 투자 또는 불충분한 투자는 결과적으로 전략적 관리의 실패로 이어지게 될 것이다.

이와 같이 BCG 매트릭스는 복잡 다양한 사업 단위들을 분류하고 투자의 방향성을 명확히 할 수 있다는 점에서 매우 유용하다.

그러나 BCG 매트릭스는 다음과 같은 문제점도 가지고 있다.

첫째, 복잡한 사업의 성격을 너무 단순하게 시장 성장률과 상대적 시장점유율만으로 파악하기 때문에 사업부의 잠재적인 성장성을 무시하거나 현재 상황을 너무 단순하게 파악하기 쉽다는 점이다.

둘째, 시장을 어떻게 정의하느냐에 따라 시장점유율과 성장률이 각각 달라진다는 점이다.

셋째, 시장 점유율이 높은 사업단위가 반드시 기업이 가진 핵심역량과 일치하는 것은 아니라는 점이다.

최근에 이르러 제조 기업들의 최대 난관은 글로벌시장의 공급과잉 심화로 자동차산업의 경우 25%, 철강은 30%에 이르는 등 기업들 간의 치킨게임 현상이 뚜렷해지고 있다.

특히 아베노믹스 여파로 글로벌 시장에서 일본과는 가격 경쟁, 중국과는 좁혀진 기술격차와 함께 제조 기업들은 제조 마인드를 통한 공급자 중심의 생산에 의존하여 저원가(低原價), 대량생산체제(大量生産體制)라는 양적 성장만을 추구한 결과 창의성을 발휘하기 어려운 구조를 만들게 되었다.

POSCO는 2013년 1분기 제조업 실질성장률은 1.3%로 국내총생산 성장률 1.5%를 밑돌고 영업이익률도 6.5%로서 2009년 글로벌 경제위기 수준이었던 6.6%에 근접한 수준의 저성장 · 저수익 구조에서 벗어나지 못하는 위기 상태라고 한다.

그는 이러한 문제의 대안으로 POSCO는 '도전 · 혁신정신을 앞세운 창의적 문제해결, 생태계 중심의 전방위 협업체제, 가치 중심의 질적 성장을 목표로 한 창조경제로 치료해야 한다'고 주장하고 있다. 즉 신뢰(trust) 협력(together) 미래지향(tomorrow)의 3T와 창의적 인재 육성, 혁신적 기업문화 조성, 산업 간 융 · 복합화 추진, 신뢰의 산업생태계 강화, 혁신기술개발, 가치경쟁지향의 전략의 필요성을 강조하였다.(매일경제, 2013년 7월 19일)

Ⅱ 사업영역의 설정

사업영역이란 사업활동의 범위를 의미한다. 사업영역을 결정한다는 것은 조직원의 활동범위를 결정하는데 도움이 되고 일반 소비자에게 기업의 이미지를 형성시키는 등 중요한 역할을 하고 있다. 따라서 사업영역을 이해하는 것은 기업의 전략적 방향성을 이해하는 것이며 기업의 존재이유를 설명할 수 있다.

사업영역이나 활동영역을 도메인(Domain)이라고 말한다. 예를 들어 맥도날드 등의 패스트푸드점은 기본적으로 지역 사람들에게 햄버거를 적시(timely)에 제공하는 것이 도메인이다. 또한 패밀리레스토랑에서는 가족용의 식사메뉴를 제공하는 것이 도메인인 것이다.

이처럼 도메인은 누구(WHO)에게 무엇(WHAT)을 어떻게(HOW) 제공할 것인가를 생각하는 것이다. 이처럼 도메인은 기업의 특징을 나타낸다. 〈그림 13-7〉는 도메인의 체크리스트를 나타낸 것이다.

그림 13-7 도메인의 체크리스트

누구 (WHO)	▪ 고객은 누구인가? 어떤 손님을 상대하고 있는가? (성별, 연령, 주소, 소득, 방문빈도 등) ▪ 고객의 만족도를 생각하고 있는가? ▪ 고객에게 충실함과 감동을 전해주고 있는가? ▪ 고객의 클레임에 대한 대응을 신속하게 하고 있는가?
무엇 (WHAT)	▪ 어떠한 상품 및 서비스를 제공하고 있는가? ▪ 그것은 고객에게 매력적인 것인가? ▪ 경쟁상대와의 차이점을 가지고 있는가?
어떻게 (HOW)	▪ 취급하고 있는 상품 및 서비스에 대해서 어떻게 고객에게 제공하고 있는가? ▪ 고객에 대한 상품제공방법이 매너리즘에 빠져있지 않은가? ▪ 유행하고 있는 비즈니스의 제공방법을 알고 있는가? ▪ 시행하고 있는 상품제공방법 중에서 독자적으로 활용할 수 있는 것?

자료: 嶋口充輝·內田和成·黑岩健一郎, 2009, p.153.

도메인 설정의 의의는 크게 세 가지로 나타낼 수 있다.

첫째, 사업범위가 명확해짐으로써 기업조직의 공동체의식을 특정 사업에 집중시킬 수 있다. 자사가 영위하고 있는 사업범위에 대해서 조직의 상부에서부터 하부에 이르기 까지 명확히 이해할 수 있으며 이는 무엇을 해서는 안 되는지도 명확히 해준다.

둘째, 사업전개를 해 나가기 위해 필요한 경영자원이 명확해짐으로써 불필요한 행동을 할 필요가 없어진다는 장점이 있다.

셋째, 기업 내·외에 대해 자사의 존재감을 형성할 수 있다는 것이다.

이러한 도메인을 정의하는 방법으로 첫째는 기업이 취급하고 있는 제품을 중심으로 도메인을 정의하는 것인데 이를 물리적 정의라고 한다.

두 번째는 Theodore Levitt 교수의 기능적 정의로서 예를 들어 철도기업을 수송서비스, 영화기업을 엔터테인먼트로 정의하는 방법이다. 그는 기업의 성장이 정체되는 것은 시장의 포화 때문이 아니라 도메인 정의에 실패했기 때문이라고 주장한다.

예를 들어 미국의 철도기업이 사양화(斜陽化)된 것은 여행객이나 화물수송의 수요가 감소했기 때문이 아니라 도메인을 철도사업으로 규정한 결과 항공기, 자동차, 트럭 등의 수송수단을 고려하지 않았기 때문이라고 주장한다.

또한 미국의 영화기업 역시 엔터테인먼트산업이 아닌 영화산업이라고 도메인을 규정한 것이 부진의 원인이라고 주장한다.

도메인은 〈그림 13-8〉에서 보는 바와 같이 시장과 기술이라는 두 가지 차원으로 접근하는 방법도 있다.

이것은 기업이 사업 활동을 수행하는 시장의 범위 그리고 기업이 사업 활동을 위해 가져야 할 기술의 범위라는 두 가지의 선택적 조합을 의미한다.

이러한 관점은 제품지향에서 고객지향으로의 사업규정으로 물리적 정의보다 넓은 개념이다. 고객의 집합인 시장과 제품을 만들기 위해 필요한 기술의 조합 중 각각 어느 정도 깊이로 접근했는가에 의해 규정하는 도메인이 올바르다는 것이다.

심경형(深耕型)이란 깊이 파고드는 것을 의미하는 일본어 표현이다. 또한 시장과 기술을 동시에 확대해 나가는 것이 사업의 다각화이다.

그림 13-8 사업의 범위

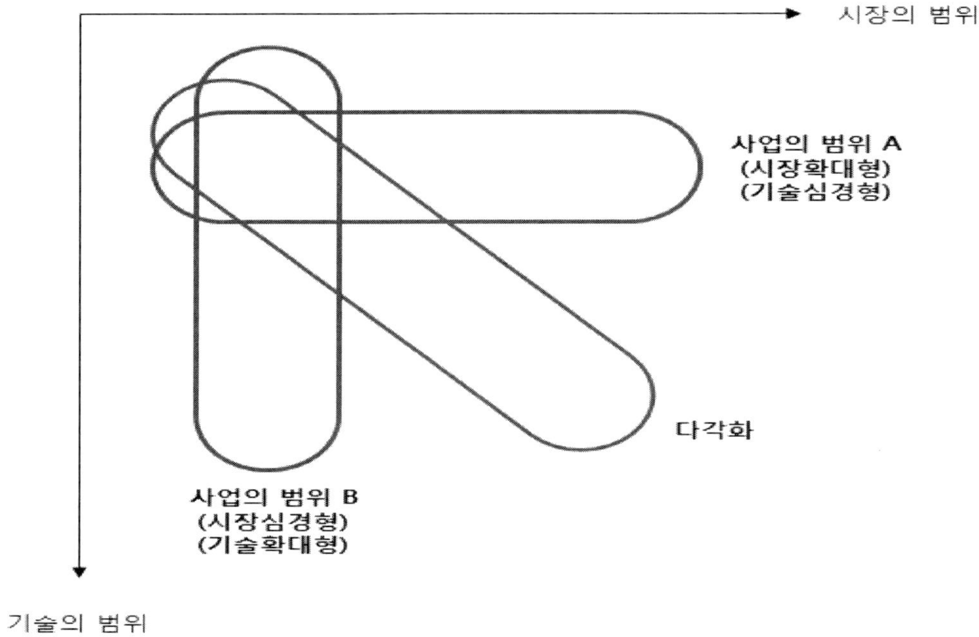

자료: 伊丹敬之·加護野忠男, 1997, p.29.

도메인 설정의 요건으로는 ① 적절한 범위를 가지고, ② 미래의 발전방향을 시야에 두고, ③ 자사가 형성해야할 핵심적 능력을 활용하여, ④ 기업 내 · 외 사람들의 공감을 얻는 것이 중요하다.

도메인을 정의할 때에는 먼저 Target 고객(WHO)을 어떻게 세분할 것인지가 중요하다. 다음에는 Needs에 대응할 수 있도록 제공하는 것(WHAT)을 명확히 하여야 한다. 그리고 마지막으로 자사의 경영자원을 어떻게(HOW) 활용할 것인가를 제시하는 것이다.

물론 이러한 과정을 거쳐 규정된 도메인을 기업의 내·외에 전달하기 쉽도록 간결한 표현으로 나타내는 것도 중요하다. (嶋口充輝·内田和成·黒岩健一郎, 1からの戦略論, 碩学舎, 2009, pp.148-158.)

Ⅲ 산업분석과 경영전략 사례

최근의 기업환경은 미래를 예측할 수 없는 것이어서 오직 '미래는 불확실(uncertain)하다'는 것만이 확실한 시대이다.

지금 현재의 기업만 해도 과거에 쉬운 환경 속에서 기업 활동을 시작(establishing) 하거나 진출(entry)한 것 아니었으며 현재의 상황 역시 안정 속에 지속적인 성장을 이룰 것이라는 미래를 보장하고 있지 못하다.

따라서 성공적인 경영전략은 특정의 기업이 진입하려는 산업에 대한 철저한 자료 수집과 이에 대한 면밀한 분석에 의해서만 가능한 것이다.

다음의 사례는 치열한 경쟁 환경에 직면하고 있는 기업에게 있어 '쾌도난마(快刀亂麻)'의 경영비법은 결코 없으며 또한 '유일하고 최선(one and only)'인 환경이나 조건은 없다는 것을 잘 보여주고 있다.

지난 1999년 한국에 진출한 이후 커피전문점 부동의 1위였던 Starbucks는 지난해 말 토종 브랜드인 Cafebene에 역전을 허용한 후 최근에는 롯데그룹 계열의 Angel-in-us에도 밀려 3위까지 추락한 것으로 나타났다.

Starbucks는 모든 매장을 직영으로 운영하기에 프랜차이즈 가맹점이 대부분인 Cafebene나 Angel-in-us에 비해 본사 매출은 앞서지만, 매장 수에서는 크게 뒤지고 있다.

지난 2013년 7월을 기준으로 현재 한국에서 영업 중인 점포수는 Cafebene가 410개로, 336개의 Starbucks보다 70여개나 많으며 '한 달에 30여개의 점포를 개설하는 Cafebene의 개점 속도를 볼 때 Starbucks가 Cafebene를 따라잡기는 불가능할 것'이라고 보고 있다.

지난해 초 한국 Starbucks의 지분 50%를 갖고 있는 신세계는 미국 Starbucks 본사를 방문해 '매장 개설 스피드를 내지 않으면 1등을 지킬 수 없다'고 주장했다.

이 때문에 지난 4월 Starbucks 회장인 Howard Schultz가 방한해 신세계와 사업 강화방안을 논의하기도 했으나 10여명의 매장 개발팀을 별도로 운영하며, 커피전문점이 들어가기에 가장 좋은 점포를 겨냥하고 선점하는 Cafebene를 당해낼 수 없었다.

다음의 〈표 13-2〉는 커피점과 패스트푸드 매장 수 및 검색사이트 점유율, 캐주얼 웨어 시장 점유율, 대형마트 점포 수에 대하여 국내외브랜드를 비교하여 본 것이다.

<표 13-2> 영업 매장 수 등의 비교

커피전문점 영업 매장 수	
1위 카페베네(국내 독자 브랜드) : 410개 2위 엔제리너스커피(롯데그룹) : 370개 3위 스타벅스 : 336개	
패스트푸드 영업 매장 수	
롯데리아(890개)	맥도날드(250개)
검색사이트 검색시간 점유율	
네이버(76.18%)	구글(2.32%)
캐주얼 웨어 시장 점유율	
빈폴(31%)	폴로(26%)
대형마트 점포 수	
이마트(79개)	월마트(16개)

유통업계에서는 세계 최고의 대형마트 운영 노하우를 가진 Walmart가 한국시장에서 실패한 가장 큰 원인 역시 의사결정의 스피드에서 뒤처졌기 때문으로 보고 있다.

E-mart 최고위 임원은 '2005년 경기도 하남의 신도시 상가 입찰에 Walmart가 들어올 것에 대비하여 두 곳 모두 응찰했는데 결국 Walmart는 들어오지 않았다'면서, 'Walmart는 여름휴가 기간이어서 본사의 결정을 얻지 못해 포기했다는 얘기를 들었다'고 말했다.

토종 외식브랜드 매장에는 글로벌 브랜드에 없는 메뉴들이 많다. Cafebene에는 곡식을 넣어 만든 다이어트 대용식 '오곡라떼' 등 독창적인 메뉴가 다양하고, Lotteria에는 햄버거 제품 중 한국 최고의 히트상품인 '불고기버거'가 있다. 한국 고객들만 겨냥한 상품들이다.

Cafebene는 24시간 운영하는 매장이 10여개 있다. 서울 동대문점은 야간 활동인구가 많고, 강남점은 점포세가 비싸 그만큼 점포 효율을 높여야 할 필요가 있기 때문이다.

컨설팅회사의 설명에 따르면 '토종(土種) 경쟁업체들은 사업성이 있다고 판단되면 매우 공격적인 전략을 쓰기 때문에 처음 성공을 거뒀던 글로벌 브랜드일지라도 지속적인 성공을 장담할 수 없다'고 하면서 '한국시장에 맞게 빠른 의사결정을 통해 빠르게 변신하지 않으면 이름값만으로는 버티던 시대는 갔다'고 한다.

최근 한국에서는 토종이거나 외국계이거나를 막론하고 대형화되는 추세로 한국에서 재래(在來) 또는 전통(傳統)인 유통업체들은 수세(守勢)의 정도가 아니라 쇠락(衰落)의 길을 걷게 되었다.

이러한 경영환경의 악조건 속에서도 적극 부응(副應)하고 대처(對處)하는 가운데 바람직한 대안(代案)의 모색과 수립으로 지속적으로 성장하고 있는 기업의 경영전략을 살펴보기로 하자.

의정부에 소재한 E-Mart 민락점에서는 그동안 '한국형 할인점' 특징으로 꼽혀 왔던 천장 마감재를 과감히 생략하면서 비용 절감을 이룰 수 있었고 화장품 · 완구 매장의 경우에는 '체험형 매장'으로 바꿔놓았다.

요즘 한국의 대형마트 매장들은 '변신'을 시도하고 있다. 그동안 신규 출점 자체가 정부 및 지자제 등의 규제로 쉽지 않게 되자 점포들의 효율성에 초점을 맞춘 이른바 '콘셉트변화', '상품군 확대 · 강화', 'LCO(Low Cost Operation)'등을 다양하게 시도하고 있는 것이다.

2013년에 들어 신규 출점은 거의 없었으며 E-Mart의 경우 민락점이 첫 점포이며, 롯데마트도 마장휴게소점(4월) · 판교점(7월 4일) 등이다. 홈플러스도 3개 점포(합정점 · 오산점 · 경산점)밖에 열지 못했다.

이는 경기 부진, 대형마트 주변 상인들 반발과 사업 조정 신청, 신규 출점 시 사전에 지방자치단체장에게 보고하도록 한 유통산업발전법 등이 출점(出店)을 가로막는 요인들이었다.

E-Mart 민락점의 경우 '체험형 매장'을 대대적으로 확대하여 화장품 매장은 기존 150㎝이었던 진열대를 120㎝로 낮추고, 샘플 제품을 매대 핵심 자리에 놓아 고객이 직접 써보고 고를 수 있도록 만들었으며 완구 매장 역시 '와라토이'로 이름을 바꾸고 체험형 완구 수십 가지를 함께 배치했다.

식품매장은 오픈 키친 형태로 바꾸고 고객들이 현장에서 외식을 바로 즐길 수 있도록 만들면서 고객들이 매장에 체류하는 시간을 최대로 늘리고자 하는 전략을 통해 기존의 타 소매업태와의 차별화를 이루며 매출상승으로 이어지게 하였다.

롯데마트 판교점은 카테고리 킬러(특화 매장)를 강화하면서 가전 양판점 '하이마트', 애완용품 전문매장 '펫 가든', 언더웨어 전문매장 '이너센스' 등을 입점(入店)시켜 전문적이고 다양한 구색을 갖추도록 만들었으며 지하 1층 매장에 신선식품, 가공식품, 생활용품, 문화용품을 한데 모아 '논스톱(nonstop)' 쇼핑이 가능하도록 했다.

상품 영역도 크게 확대하여 E-mart 민락점은 가구매장을 콘셉트형 매장으로 구성하면서 키즈가구, 거실, 사무실, SOHO오피스, 침실, 원목가구 등을 모두 연출시켜 고객들이 직접 사용하고 만져볼 수 있게 하였다.

이는 그동안 대형마트에서 가구는 배송과 상품 부피로 인한 재고 적재 문제 때문에 잘 다루지 않았던 점을 감안하면 상당한 진전인 것이다.

또한 롯데마트 판교점에서는 프리미엄 식품 매장을 구성해 상품 고급화를 통한 차별화를 시도하면서 친환경 과일, 유기농 채소 등 프리미엄 식품을 기존 매장보다 20%가량 확대하였고 건과 전문매장, 프리미엄 과일 · 채소 · 반건 생선, 유기농 과자 · 조미료, 수입 초콜릿, 치즈 등 가공식품까지 구색도 다양하게 갖췄다.

LCO에 집중하는 것도 최근 나타난 대표적인 현상으로 민락점은 매장 내 광고 매체를 40%나 줄이고 신선식품을 박스를 뜯지 않은 채로 진열하는 등 효율성을 높이기 위하여 노력하였다. 즉 상품 네임태그를 10가지 색상에서 2-3개 색으로 줄이고 자연채광, 태양광 발전 등을 활용하여 기존 점포보다 에너지 비용을 연간 20%까지 절감하였다.

롯데마트는 상품을 진열하는 선반 두께를 기존 9㎜에서 7㎜로 줄이고, 선반 후면 마감을 플라스틱 보드에서 철재망으로 바꿔 비용을 10%가량 절감했으며 인테리어 마감재를 예전보다 과감하게 줄이기도 하였다.

특히 최근 대형마트의 화두(話頭)인 상생에도 관심을 갖고 E-mart 민락점에서는 신입사원 채용을 진행하면서 의정부시청 일자리센터의 도움을 받아 지역주민 119명을 채용했으며 롯데마트 판교점에서는 용인 지역에서 잎 채소류를 재배하는 업체인 '조은영농'을 입점시켰다.(매일경제, 2013년 7월 29일)

이제 한국에서는 '비싸야 명품'이라는 인식으로 해외에서 별로 이름 없는 제품 가격을 올려 '명품인 냥'하며 소비자들을 유혹했던 업체들도 더 이상 과거의 행태를 반복하기 어렵게 됐다.

2000년대 이후 해외여행이나 연수 등을 하며 현지 브랜드에 익숙해진 소비자들이 늘고, 해외 인터넷 쇼핑에 능숙한 '쇼핑의 달인(達人)'이 대폭 늘어나면서 바가지 상술에 직접 항의하는 소비자층도 상당히 늘어나 유통업계에서는 어떤 해외 업체라도 한국의 직구족을 당해낼 수 없게 되었다.

최근 미국의 유명 브랜드인 Polo가 국내 판매되는 아동복 가격을 최대 40%까지 내린다고 발표한 뒤 각종 인터넷 커뮤니티엔 '직구족의 한판승', '아줌마 파워의 결정판' 등의 승전보를 알리는 글들이 줄을 이었다. "그동안 많이 해먹었잖아요. 버티다 결국 인하하네요. 그래도 직구가 더 싸겠죠?" "진작 그랬어야죠. 25만 원짜리 40% 인하해도 15만 원인데, 우린 그 돈이면 몇 벌 사잖아요. 한국 아줌마 파워를 뭘로 보고." Polo의 항복은 상징적이다.

1990년대만 해도 '압구정 오렌지족의 교복'으로 군림하며 명품으로 꼽혔던 그 Polo다. 수십 만 원이 넘는 가격표가 붙어 있어도 한때 그야말로 없어서 못 파는 제품이었다. 그랬던 Polo가 무릎을 꿇었다. 똑똑한 한국 직구족의 파워를 견디지 못해서다. 직구족(直購族), 즉 해외 사이트 등을 통해 직접 물건을 구매하는 알뜰족 때문에 결국 가격을 내리게 된 것이다.

직구족들은 해외 유명 제품을 직접 구입하는 한편, 해외 가격과 국내 가격을 일일이 비교하며 가격 거품을 지적한다. 10원 차이라도 꼼꼼하게 비교해 좀 더 싸게 사는 비법을 각종 인터넷 카페와 블로그 등에 올려놓아 서로 정보를 교환한다.

옥션이 집계한 지난 상반기 한국의 해외 인터넷 쇼핑 규모는 6억 4,000만 달러(약 7,172억 원). 직구 주문은 200만 건에 달한다. 한국 소비자들이 직구족을 자처하며 팔을 걷어붙이게 된 것은 한국만 들어오면 '초고가 명품'으로 둔갑하는 일부 제품들 때문이다. 현지 가격보다 두 배 가까운 가격에 팔리기도 한다.

지난해 정식 수입되며 큰 인기를 누렸던 'CANADA Goose'와 같은 경우는 해외에서 약 90만 원짜리(794.95달러)가 국내 백화점에서 150만 원에 팔리고 있다.

한 직장인은 '명품(名品) 딱지를 붙여놓고 일부러 고가 정책을 펼치는 브랜드에 화가 난다'며 '국내 구매 대행업체에 알아보니 배송비, 관세, 소비세까지 더하고 마진까지 고려해도 110만 원 정도면 충분히 구입할 수 있었다'고 말했다.

제일모직에서 수입하는 Tory Burch Amanda Hobo같은 경우 국내 백화점에서 90만 원 선에 팔리지만 해외 직접 구입 방식으로는 절반인 46만 원 정도에 살 수 있다. 백화점에서 약 36만원에 팔리는 폴로 아동복은 해외 직구를 통해 9만 2,000원에 살 수 있다.

한 주부는 "그야말로 한국 소비자를 '봉'으로 보는 업체 측의 횡포 아니겠느냐"며 "그동안 명품이라면 눈이 벌게서 달려들던 우리도 잘못이지만, 업체 측도 유통 마진 거품을 빼고 정신 차릴 때가 됐다"고 말했다.

사실 그동안 한국의 소비자들은 가격이 비쌀수록 오히려 소비가 늘어나는 이른바 베블런 효과(Veblen effect)의 과시적 소비(conspicuous consumption)의 전형적인 사례라고 지적을 받기도 하였다.

그리하여 특정 브랜드의 상품이 명품(名品)이라는 미명하에 '과시적 소비', '금전상의 경쟁', '된장녀' 등으로 불리며 논란이 일기도 했다.

이는 미국의 경제학자이자 사회과학자인 Veblen이 유한계급론(The Theory of the Leisure Class)에서 다이아몬드의 가격이 상승하면 더욱 허영심을 자극하게 되어 수요가 증대하지만, 가격이 떨어지면 그 가치와 희소성이 떨어지기 때문에 수요도 줄어들게 된다는 것으로 기업들은 고급화와 차별화 또는 고가 전략으로 널리 활용되어 왔다.

그러나 이제 IT 세대를 사는 똑똑하고 지혜로운 소비자들은 Internet과 SNS을 넘나들며 기업들의 일방적인 '갑(甲)의 전략' 내지 'Push 전략'을 그대로 수용하지 않게 되었다.

이제 기업들에게 지금 잘 나가는 특정의 산업이나 상품에 대하여 종전과 같이 안일(安逸)하게 대응하는 것은 금물이다.

특히 글로벌시대에 계속기업(going concern)으로서의 지속가능한 경영활동(sustainable management)을 전개해 나가기 위해서는 불확실한 미래의 대하여 장기적이고도 상세한 경영전략(long-termed & detailed strategy)을 수립하고 수행하여 나가야만 한다.

이제 Polo에 대응한 한국의 소비자들에 관련한 사례를 좀 더 살펴보기로 하자. Polo의 가격책정(pricing)에 대한 불만이 커지자 '쇼핑의 달인'들은 본격적인 활동을 시작하게 되었다.

즉 인터넷을 통으로 마치 입시문제의 '기출문제 족보'처럼 널리 알리고 특정의 유명 브랜드가 세일을 시작했다는 소식이 들리거나 단 1원이라도 싸게 살 수 있다는 소문이 돌기 시작하면 순식간에 몰려들며 시장을 장악하게 되었다. 올해 일본의 엔저 현상이 두드러지자 Bidbuy, JPNinsight 등 일본 제품 구매를 대행하는 사이트에 고객이 몰렸다. 이곳에서 정보를 얻은 K모씨는 일본 브랜드 'Combi F2 유모차'를 약 20만 원에 샀다. 한국 인터넷 쇼핑몰에서는 30만 원은 줘야 살 수 있는 물건이었다.

한국 직구족의 힘에 눌려 가격을 낮추는 해외 업체도 하나둘씩 생겨나고 있다. 최근 고가 유모차로 명성을 높이고 있는 노르웨이 유아용품 전문 브랜드 Stokke Korea는 이번 달부터 값을 낮췄다. 169만 원짜리 Xplory 모델은 159만 원으로, 기존 99만 원의 Scoot 모델을 89만 원으로 각각 10만 원씩 인하한 가격이다. 캐주얼의 제왕으로 군림하던 Polo가 결국 투항하고 가격을 내리게 된 건 '직구족'과의 끊임없는 전쟁 때문이다.

2000년대 초반 Polo 미국 본사는 직구족의 구입을 원천적으로 봉쇄하려고 한국에서의 접속 자체를 금지했다. 그때까지만 해도 Polo는 캐주얼 분야에서 독보적인 1위 매출을 기록한 때였다.

하지만 2000년대 중반에 들어서면서 상황이 바뀌었다. 인터넷 쇼핑이 활성화되고 각종 구매 대행, 배송 대행업체들이 늘어나면서 해외 사이트를 통해 직접 구매하는 소비자들이 많이 증가한 것이다.

그러다 보니 Polo의 정책은 한국 소비자들 사이에 '뜨거운 감자'가 됐다. 미국 본사에 끊임없이 항의 메일을 보냈다. 폴로 측은 IP 차단은 풀었지만 이번엔 또 다른 카드를 내밀었다. 한국 신용카드로는 인터넷을 통해 구입할 수 없게 한 것이다.

미국의 유명 백화점인 Bloomingdale's나 NiemanMarcus도 한국에 결제 주소(billing address)를 둔 신용카드로는 인터넷 구매를 못 하도록 했다.

그러자 직구족들은 미국 내에 있는 구매 대행업체와 제휴를 맺고, 그 업체들이 보유한 미국 신용카드를 이용해 물건을 사들이기 시작했다. 한 소비자는 "10년 전만 해도 Polo가 최고로 고급스러운 옷인 줄 알았는데 미국에선 국내 백화점 가격의 반의반의 반값도 안 되게 팔리는 걸 보고 충격을 받았다"면서 "15만 원 이하면 관세도 안 내도 되니 당연히 직구에 몰릴 수밖에 없다"고 말했다.

결국 Polo는 이 전쟁에서 완패했다. 직구족을 비롯한 한국 소비자들은 한국 카드를 받지 않는 Polo에 수년 동안 강하게 항의했고, 결국 지난해 미국 본사 측은 한국 카드도 받기로 했다. 한 대형 백화점 관계자는 "직구족들이 형성한 여론 때문에 일반 소비자들마저 Polo는 백화점 가서 제돈 주고 사면 바보라는 인식이 강하게 퍼졌다"고 말했다.

매출도 떨어졌다. 국내 한 백화점에 따르면 지난 2011년 매출은 4% 증가에 그쳤고, 지난해에는 -3% 성장률을 기록했다. 1위 아성도 국내 브랜드인 제일모직 Bean Pole에 내준지 오래됐고, 최근엔 3위 Lacoste와 4위 TommyHilfiger에도 바짝 추격당하고 있다. 그러다 보니 급기야 아동복 제품의 국내 백화점 가격까지 낮추게 된 것이다.

미국 아동복 브랜드 Gymboree 역시 직구족과의 전쟁을 선포했다가 채 1년을 버티지 못하고 백기를 들었다. Gymboree는 작년 1월 해외 사이트에서 배송 국가를 고르는 항목에서 한국을 제외했다. "롯데와 새로운 계약으로 한국에 배송하지 않는다"는 게 이유였으며 이에 앞서 Gymboree는 지난 2011년 롯데백화점과 계약을 체결하고 국내에 독점 매장을 열었다.

그러자 직구족들은 롯데 측에 "다시 Gymboree 사이트에서 옷을 구입할 수 있도록 해달라"는 내용증명을 보내기도 했고, 인터넷 포털사이트에 "아이들 옷값 거품 빼기 반드시 이루어져야 합니다"라는 글을 올리며 온라인 서명운동도 벌여 2주 만에 3,200여 명이 동참할 정도로 호응이 컸다. 이런 여론 때문에 공정거래위원회까지 나서 조사를 진행하기도 했다.

결국 약 8개월 뒤 Gymboree 측은 한국에서도 물건을 받을 수 있도록 허용했다. 롯데백화점 관계자는 '브랜드를 잘 정착시키는 게 가장 중요한데, (배송지에서 한국을 제외한 것에 대한 비판 때문에) 브랜드 이미지가 더 나빠지는 것을 우려해 내린 조치'라고 말했다.

미국 의류 브랜드 Gap은 지난해 말 한국 직구족과 '한판 인터넷 전쟁'을 벌이다 진땀을 뺐다. 크리스마스와 더불어 미국 최대의 쇼핑 핫 시즌인 추수감사절 뒤의 일 기간에 한국 소비자에게 접속 금지를 시행하였던 것이다.

한 주부가 인터넷 게시판에 "그렇게 한국 엄마들이 많이 매상을 올려 주었는 데도... 어디 두고 보자"라며 '한국에 수입되는 Gap 의류를 불매운동 하자'라는 글을 올렸고, 댓글이 수 백개에 달했다. 열혈 직구족들은 또한 한국 측 수입 업체인 신세계 인터내셔널(SI)에 항의 전화를 걸었으며, 미국 Gap 본사에도 항의 메일을 보냈다.

결국 Gap은 SI를 통해 '인터넷 접속이 안 된 것은 기술적인 결함 때문이지, 절대 고의는 없었다'며 '앞으로는 절대 이런 일이 없을 것'이라는 입장을 밝히면서 모양상의 결함을 주장했지만 현지 사정에 밝은 구매대행업체 관계자는 '결국 한국 직구족들이 집요하게 항의해 이룬 승리'라고 했다. '막으면 뚫는'이 한국의 직구족들은 한국에서 인터넷 접속을 막는 해외 업체들이 생겨나자 인터넷 IP주소를 미국의 것으로 조작하는 방법까지 알아냈다.

미국 의류 브랜드인 Abercrombie는 할인 행사를 할 때 외국에서는 가격을 알 수 없게 IP를 차단했다. 이 소식이 알려지자 몇 분도 안 되어 각종 블로그에 'IP 바꾸는 프로그램'이 퍼졌다. 주부 이모(38)씨는 "블로그에 IP를 조작해 해외 사이트에 접속하는 방법이 상세히 나와 있다"며 "친구들이나 다른 직구족들에게 그 방법을 열심히 전달하고 있다"고 말했다.

직구족들은 "해외 업체들이 더는 한국 소비자들을 얕보고 한국에서 폭리를 취해서는 안 된다"고 주장했다. 이번 폴로의 가격 인하를 보고도 직구족들이 만족스럽지 못하다는 평가를 하는 것도 극심한 가격 거품 때문이다.

직구족 이모씨는 "40% 내려도 판매할 수 있다면 그간 소비자를 우롱했다는 것"이라며 "한국을 무시하니까 벌어지는 현상이 아니겠느냐"고 말했다. 주부 박모씨도 "우리나라 백화점이나 대리점에서 판매하는 제품과 내가 직구로 산 제품을 비교해 보면 전혀 차이가 없다"며 "예전에는 그냥 '안사고 말자'라고 생각했지만, 이제는 그들이 하는 것을 보니 가만히 있어서는 안 되겠다는 생각이 든다"고 말했다.

이에 대해 해외 제품 판매를 대행하는 한 백화점 담당자는 "한국 인터넷을 막거나 배송을 중단하는 것은 미국 본사의 영업 정책"이라며 "우리 백화점 가격이 비싼 것은 유통 및 매장 운영에 드는 비용과 AS가 있기 때문에 어쩔 수 없다"고 말했다.

한 직구업체 관계자는 '한국의 직구족들의 열정과 치밀함은 세계적으로도 유명하다'고 하면서 이들과 '정면으로 맞서 이겨낼 외국 업체는 그리 많지 않을 것'이라고 말했다.(조선일보, 2013년 7월 20일)

Ⅳ 기업분석과 경영전략 사례

Richard Pascale과 Anthony Athos는 1970년대 - 1980년대에 놀라운 성장을 거둔 일본 기업의 성공요인을 연구한 결과 일본기업은 전략에 초점을 맞추고 있는 것이 아니라 전략에 걸맞은 경영진들의 실천이 중요한 성공요인이라고 결론지었다. 그들은 성공요소이론을 '7S 모델'이라고 이름 붙였는데 이를 바탕으로 컨설팅 기업 Mckinsey는 국제적 컨설팅에 이 이론을 접목시켰고 이를 'Mckinsey 7S 모델'이라고 부른다.

7S의 각 개념은 다음과 같이 설명할 수 있다. 공유가치(Shared value)는 경영층과 직원들의 모든 가치관과 기대를 포함한 공동의 가치를 의미한다.

전략(Strategy)은 기업이 나아가야 할 미래의 방향을 제시하는 것이다.

구조(Structure)는 계급과 권력 및 결정권한과 책임범위를 규정하는 것이다.

시스템(System)은 작업과정, 작업 매뉴얼과 정보의 흐름, 경영층의 통제 시스템 등을 의미한다.

기술(Skills)은 기업의 특별한 역량인 핵심역량 및 노하우 등을 포함하는 의미이다.

인력(Staff)은 기업의 인적자원을 말하며, 스타일(Style)은 기업의 문화적 차원을 포괄하는 개념이다.

최고의 기업들은 경영층이 7개의 성공요소 모두를 조화롭게 장려하기 때문에 다른 기업보다 더 성공적일 수 있다는 것이다.

미국의 P&G는 Panteen · Gillette · Febreze · Oral-B · Whisper 등의 생활용품과 미용 및 소형 가전제품 등 300종 이상의 글로벌 브랜드 제품을 전 세계 180개국에서 44억 명의 소비자에게 공급하며 연간 100조 원에 가까운 매출을 자랑하는 세계 1위 생활용품 기업이다.

돈만 잘 버는 기업이 아니라 지난 27년간 26번 미국 경제전문지 Fortune이 선정한 세계에서 가장 존경받는 생활용품 기업이라는 1위 자리도 굳건히 지키고 있다.

또한 인재관리 부문에서도 Google · Apple 등에 이어 전 세계 7위로 선정될 기업 경영실적, 기업문화 및 인재육성 등의 모든 부분에서 인정을 받고 있다. 올해 창립 175주년을 맞은 P&G가 돈과 존경을 한 몸에 받을 수 있었던 배경과 오랜 시간 동안 전 세계 소비자의 사랑을 받아온 세기의 기업 P&G의 장수(長壽)와 성공(成功)의 전략을 알아보기로 하자.

P&G는 Procter&Gamble의 약자다. 회사를 세운 두 창업자의 이름으로 1837년 영국 출신 양초 제조업자 William Procter와 아일랜드 출신 비누 제조업자 James Gamble이 탄생시킨 세계 최대 생활용품 기업 P&G의 시작은 보잘 것 없었다. 영국에서 모직 의류 가게를 운영하던 William Procter는 가게에 불이 나고 도둑이 드는 등 악재가 겹치면서 큰 빚을 지게 되어 새로운 삶을 위하여 미국행 배에 몸을 실었다.

아메리칸 드림을 꿈꾸던 부모님을 따라 미국에 온 James Gamble은 비누 제조업자 밑에서 일을 배우기 시작했으며 둘은 1833년 신시내티에 살던 자매와 결혼하여 동서지간이 됐다. 5년 후에 Procter와 Gamble의 사업이 시너지를 낼 수 있다고 믿었던 그들의 장인은 둘이 협력할 것을 조언했고, 둘의 이름을 딴 Procter&Gamble(P&G)라는 회사가 탄생했다.

Procter와 Gamble은 회사 초기부터 "현재와 다음 세대를 위해 전 세계 소비자의 삶의 질을 향상시키는 최상의 품질과 가치를 지닌 브랜드와 서비스를 제공한다"는 일관된 경영목표를 추구하면서 소비자가 일상에서 느끼는 불편함을 해소해 좀 더 편안하고 즐거운 삶을 누릴 수 있도록 끊임없이 제품 혁신을 추구해 왔다. P&G는 이를 위해 175년 간 일곱 세대를 거치면서 소비자의 일상을 개선하려는 노력에 기반을 둔 혁신적인 제품을 개발해 왔다.

첫 번째 혁신제품은 바로 1879년 탄생한 Ivory 비누다. 당시 끈적끈적한 큰 덩어리를 작게 잘라 파는 것이 일반적이었던 것과 달리 Ivory는 브랜드를 달고 포장까지 돼 판매된 최초의 비누였다.

특히 옷에 얼룩진 자국을 씻어낼 만큼 세안(洗眼) 능력이 강하면서도 피부에 닿아도 안전한 비누로 선풍적인 인기를 끌었다. Ivory가 물에 뜨는 비누였다는 점도 폭발적인 인기의 배경이었다. 당시 판매되던 대다수 비누는 무거워 강가에서 목욕하다가 물에 빠트리던 일이 많아 소비자들은 물에 뜨는 비누 Ivory의 탄생을 반겼다.

1901년 출시된 Gillette도 소비자의 일상에서 불편함을 해소한 혁신적인 제품이다. P&G는 날카롭고 위험한 면도칼을 대신 남성들이 안전하게 면도할 수 있는 세계 최초의 안전면도기를 선보였다. 남성들이 더는 일자 면도날에 상처입지 않고 아침을 더욱 부드럽게 시작할 수 있도록 한 것이다.

P&G는 1955년도에는 미국 인디애나 대학교와 공동연구를 진행, 최초의 불소 함유 치약인 Crest 치약을 출시했다. P&G는 당시 미국 전역에서 두 번째로 흔한 질병이었던 충치를 예방하는데 효과적인 불소를 치약에 접목시켜 치약시장에 큰 반향을 일으켰다.

1961년은 P&G에 제품 혁신의 해였다. P&G는 이해 세계 최초의 가정용 섬유유연제인 Downy, 세계 최초 일회용 기저귀 Pampers, Shampoo에 비듬완화 성분을 추가한 두피 관련 전문 샴푸 Head&Shoulder를 한꺼번에 선보였다. Downy는 빨래가 세탁한 뒤 뻣뻣해지는 것을 방지했고, Pampers는 아기가 밤에 잘 때 더 편안할 수 있게, Head&Shpulder는 비듬으로 걱정하던 소비자에게 자신감을 선사했다.

P&G는 지금도 개방성 혁신 프로그램 'C+D'(Connect+Develop)을 통해 혁신 작업을 진행 중이다. 'C+D'는 기업 내부의 연구개발에만 의존하는 것은 한계가 있기 때문에 창의적이고 혁신적인 성과를 위해선 외부 지식과 기술을 내부의 연구개발과 연계해야 한다는 믿음에서 출발했다.

P&G의 혁신은 제품에만 국한하지 않는다. 1924년 P&G는 기업 최초로 소비자에 대한 철저한 데이터 기반 시장 조사를 했고, 이러한 미래지향적인 사고방식은 현재 P&G가 소비자를 이해하고 소비자 니즈를 예측하는 초석이 됐다.

1941년에는 고객 서비스 부서를 만들어 고객들의 문의와 불만에 체계적으로 대처할 수 있는 시스템을 고안했다. 광고라는 개념을 처음 만들어낸 것도 P&G다. Ivory 브랜드를 위해 1만 달러의 예산을 잡아 다양한 프로모션을 진행했으며, 잡지 · 라디오 광고, TV 야구중계 방송에서 최초의 컬러 광고 캠페인을 단행했다. 이런 노력의 결과 오후 TV 드라마 전후 방영되는 Ivory 비누 광고 'Soap Opera'는 드라마를 일컫는 별칭이 됐을 정도로 파급력은 대단했다.

본토인 미국을 벗어나 당시에는 생소했던 글로벌 기업으로서의 기반을 개척한 것도 P&G다.

P&G는 1915년 캐나다와 1930년 영국을 시작으로 유럽 · 남미 · 아시아 · 아프리카 등으로 진출했다. 한국에는 1989년에 서통과 합작법인 형태로 진출해 1992년도에 지사를 설립했고, 다양한 브랜드와 제품을 통해 소비자들의 꾸준한 사랑을 받고 있다.

한국 P&G는 Gillette · Febreze · Downy · Oral-B · Whisper · Braun · Head & Shoulder · Pantene · Duracell 등 총 13개 브랜드를 판매하고 있다. 741억→1,705억 달러

(시가총액)!, 399억→789억 달러(매출)!, 10→24개(연간 10억 달러 이상 매출을 내는 브랜드 수)! 기업의 CEO라면 누구나 탐나는 숫자들이다. 이는 2000년에서 2010년까지 10년간 폭발적으로 성장한 기업의 경영 수치다.

10년 동안 P&G의 놀라운 성장을 이끈 인물은 A. G. Lafley 회장이다. 지난 2010년 은퇴했다가 올해 5월 회장으로 다시 선임되면서 P&G는 제2의 전성기를 맞을지 주목받고 있다.

베스트셀러의 하나인 [승리하는 경영 전략]은 Lafley 회장이 경영 일선에 복귀하기 직전에 Martin교수와 함께 경영현장에서 적용한 P&G의 성공전략에 대하여 쓴 책이다.

Martin교수는 '책을 낸 것은 전략의 구멍을 메우기 위해서였다'고 말했다. 그는 '구멍'이란 많은 경영자가 전략을 비전이나 계획과 동일시하거나, 현재 사업에서 이미 하는 일을 최적화하는 수단으로 대부분은 전략(strategy) 없이 실행(implementation)만 하면 된다고도 생각하지만 방향 없이 실행하는 건 지속적으로 이기는 방법이 못 된다고 강조하였다.

이제 그가 말하는 P&G의 5 가지 성공의 핵심 포인트(KSF)를 살펴보기로 하자.

1. 선택(選擇)을 두려워 말라… 피하기만 해서는 결코 못 이긴다!

P&G는 전략을 어떻게 정의할까? 한마디로 선택이다. 좀 더 부연하면 시장에서 승리하기 위해 선택하는 행동으로 1970년에 P&G는 세탁 세제 15개와 식기 세척 브랜드 5개가 있었으나 지금은 각각 5개와 3개로 줄어들었다. 하지만 두 부문에서 돈은 예전보다 훨씬 많이 벌고 있다.

대부분의 리더는 '선택하는 것을 좋아하지 않는다'는 것을 40년 경험을 통해 알게 됐다고 Martin교수는 말하고 있다. 선택은 그들에게 특정한 행동을 강요하고, 꼼짝 못하게 하고, 위험을 만들어내기 때문이지만 그렇다고 해서 선택을 피하기만 해서는 결코 승리할 수 없다.

1980년대 CEO의 평균 임기는 8-10년이었으나 지난 몇 년간은 3년이다. 이는 주주를 만족시키지 못하기 때문이다. 이유는 차별화된 선택으로 기업과 경쟁해 승리하는 방법을 모르기 때문이다.

기업의 성공 또는 승리는 차별화된 제품을 제공하여 고객이 경쟁 제품보다 비싼 가격을 기꺼이 지불하게 하든가, 아니면 똑같은 제품을 정말 싸게 팔아 경쟁자들을 이겨야 한다.

2. 소비자(消費者)가 보스다… 제품 잘 만들면 된다는 생각은 버려라!

Lafley 회장은 직원들에게 늘 '소비자가 보스(Consumer is the Boss)'라고 강조했고 같은 제목의 책까지 썼다. 소비자에 기업의 열망을 100% 집중했다는 뜻이다. 고객과 인류에 공헌한다는 높은 열망을 갖고 일하는 기업과 단순히 사업하기 위해 사업하는 기업은 성과에 큰 차이가 나타날 수밖에 없다.

1900년대 GM은 불행히도 후자에 속했다. 당시 GM이 출시한 소형차 Saturn의 사례를 보자. GM은 Toyota · Nissan · Honda의 소형차에 대항하기 위해 새턴을 출시했을 당시에는 의욕적이었다.

독립적인 Saturn 본사를 개설하여 딜러에게 흥정이 없는 하나의 가격 정책을 취했으나 시간이 지나면서 일본차들은 GM보다 훨씬 많이 소형차에 투자했고, GM은 결국 투자 규모에서 못 따라갔다. 결국 생산과 판매 중단에 이르렀고, 200억 달러의 손실을 봤다.

GM은 단순히 사업에 참여하겠다는 수준에 머물렀고, 승리하겠다는 열망이 평범했기 때문이다. 일본차와 비교해 '더 매력적'인 차를 만든 것이 아니라 적당히 매력적이라서 적당히 팔릴 차를 만들었다는 것이다.

Martin교수는 열망은 제품보다는 고객을 염두에 두고 고안돼야 한다고 하면서 제품만 잘 만들면 된다는 생각은 '마케팅 근시안(marketing myopia)'을 낳고, 고객으로부터 멀어지게 만든다고 한다.

예컨대 스마트폰 회사 종사자에게 무슨 일을 하느냐고 물으면 우리 제품 라인은 이렇고 서비스가 어떻다고 설명하고 있다. 그들은 '우린 사람을 연결하고 언제 어디서나 의사소통을 가능하게 하는 사업을 한다'고는 하지 않는다는 것이다. 피부 산업도 마찬가지다. '1등 피부 관리 제품을 만들어요'라고 하지 '여성을 더 아름답게 느끼게 해 주는 사업에 종사한다'고 말하지 않는다는 것이다.

3. 나만의 경기장(競技場)을 찾아라… 모든 고객에게 모든 걸 제공할 순 없다!

전략은 곧 선택이라고 했는데, 선택 중에서 가장 중요한 것이 어디서 싸울지 경기장을 선택하는 것이다.

Martin 교수는 기업이 빠지는 가장 흔한 함정은, 선택을 거부하고 한꺼번에 모든 경기장에서 경기하려는 것이라고 했다. 모든 고객에게 모든 것을 다 제공하려다 보면 모든 사람에게 수준 미달 서비스를 제공할 가능성이 높아지기 때문이다. 경기장이란 단어에는 산업 부문, 지역, 표적 고객, 제품, 유통 채널이 모두 포함된다. 물론 어디에서 경기할지를 선택하는 것은 고통이다. 그래서 선택하지 않고 그냥 넘어가는 경우가 많아지게 된다.

Martin교수는 "오늘 아침 CEO 미팅에서 2011년 6월 새로 Levis의 CEO가 된 Charles Bergh는 이렇게 말하더군요. '처음 Levis에 가보니 아무 경기장이나 선택해 경기를 치르고 있었다. 중국에서 값이 싼 브랜드를 론칭했는데, 실제 돈을 벌 수 있는 가격 경쟁력을 갖추지도 않았더군요.

이와는 달리 IBM은 컴퓨터를 파는 사업에서 떠나 운영체제(OS)와 비메모리 반도체 사업으로 전환했고, PC 사업은 Lenovo(聯想)에 팔았어요. 논란의 여지가 있지만 그건 경기장을 바꾸는 매우 신중한 결정이었습니다. CEO라면 아침마다 내가 플레이할 경기장을 상상해야 합니다."

P&G의 최고 경쟁력은 가능성 있는 매력적 시장을 치밀한 분석과 용기 있는 결정으로 선택하는 능력이 있었다. 현재 P&G에 연간 매출 20억-30억 달러를 올려주는 피부 관리 화장품 브랜드인 Olay를 꼽을 수 있다.

P&G가 1985년 처음 이 브랜드를 인수했을 때만 해도 골칫덩이였다. 당시 가격은 3.99달러로 약국에서 파는 싸구려 제품이었다.

150년의 역사를 자랑하는 시세이도(資生堂), 100년의 Loreal, 60년의 Este Lauder에서 파는 100-400달러 수준의 로션은 Olay가 쳐다보기 높은 벽이었다.

그러나 P&G는 승리할 수 있는 경기장을 찾아냈다. 다른 경쟁 브랜드가 모두 50대 여성에게 초점을 맞춰 브랜드를 만들 때, P&G는 35세 여성에게 초점을 맞춰 제품을 만들기로 한 것이다. 35세 여성이 첫 주름을 발견하는 시기이고, 피부 색깔이나 여드름, 점, 자외선을 모두 두려워해 피부 관리에 관심을 갖기 시작하는 시기라는 관찰에서 나온 결론이다.

P&G는 일곱 가지 성분을 결합해 크림을 개발했고, 용기 디자인도 눌러 짜는 방식 대신 펌프질해 쓰는 것으로 바꿔 차별화했다. 가격은 18.99달러로 올렸다.

P&G의 화장품 브랜드 SK-II의 경기장은 전혀 다르다. 10억 달러 넘는 매출을 올리는 이 제품은 오로지 상위 1%만 공략한다. 매일 아침 고가 화장품을 피부에 바르지 않고 못 배기는 여성만 타깃으로 삼은 것이다.

종이 타월 브랜드인 Baunty는 북미의 고소득 소비자를 공략했다. 천 같은 느낌의 고급 타월을 팔기로 한 것이다. 냄새 제거제 Febreze는 어린 자녀 때문에 세균에 민감한 젊은 주부를 타깃으로 했다.

물론 경기를 하지 말아야 할 장소를 선택하는 것도 중요하다. P&G는 2000년부터 2009년까지 15개 사업 부문을 매각하거나 분리했다.

P&G는 경기 장소에 대한 결정을 소비자로부터 시작했다. 소비자 관찰과 가정 방문을 통해, 충족되지 않고 드러나지 않은 고객의 요구를 알아내는 데 막대한 투자를 했다. 경기장을 선택할 때 '이건 남들이 안 하는 거겠지'하며 쉽게 넘겨짚어서는 안 된다.

4. 남과 다른 길을 가라… 핵심 역량(核心力量)을 찾아 승리 공식 만들어라!

어디서 경기할지를 결정했다면, 어떻게 승리할지 고민해야 한다. 바로 다른 기업엔 없고 우리 회사에만 있는 강점, 즉 핵심 역량을 찾아내 강화하는 것이다.

"핵심 역량을 발견하는 건 내일이 될 수도 있고, 3-4년 뒤가 될 수 있어요. 그게 뭔지 깨닫기 어려워요. 일단 먼저 승리를 뒷받침하는 요소를 찾아야죠. 그걸 찾고 그 요소를 강화할 때 '아! 이건 핵심 역량이 될 수 있겠다'라고 받아들이는 겁니다."

그는 미국 보험회사 Progressive Insurance를 예로 들었다. 이 회사는 자신의 고객 데이터베이스를 다른 관점에서 봤다.

대부분의 보험회사는 고객의 나이, 차종, 사고 이력으로 보험료 등을 정한다. 그런데 이 회사는 '운전 습관'이란 새로운 기준을 도입했다. 이를테면 장거리 운전을 많이 하는 운전자에겐 보험료를 높게 매기고, 출퇴근이나 쇼핑 정도의 단거리 운전을 많이 하는 사람은 보험료를 적게 매기는 방식이다. 이 회사는 이 기준을 도입하기 위해 15년을 준비했다.

Martin교수는 "운전 습관이 운전자의 위험을 잘 예측할 수 있다는 자기 회사만의 핵심 역량(Core Competence)을 발견한 것"이라고 말했다.

P&G의 핵심 역량은 소비자를 정확히 이해하는 것이다. 이들 특유의 밀착형 소비자 조사가 이를 가능하게 하였다.

지난 2005년에 P&G가 인수한 면도기 회사 Gillette가 인도 시장에 진출할 때의 먼저 Gillette직원들을 인도에 2주간 보내기로 했다. 인도의 가정을 방문해 소비자가 어떻게 면도를 하는지 파악하고, 이발소를 찾아가 면도하는 장면을 보고, 소비자와 함께 쇼핑도 하게 했다. 처음에 그들은 "왜 굳이 인도에 가야 하나? 미국에도 인도 사람이 많지 않으냐, 그들을 모으면 되지 않으냐?"고 했지만, 결국 인도로 갔다.

그들은 인도 남자들이 대부분 찬물 한 컵만 가지고 면도한다는 사실을 알아냈다. 기존 선진국의 이중, 삼중 면도날은 뜨거운 물에 씻지 않으면 털이 날을 막히게 해 면도가 어려웠다. 그리하여 인도에서는 면도날이 한 개뿐인 싱글 블레이드 면도날 Gillette 가드를 출시(出市)한 결과 성공적인 판매결과를 얻었다.

외부 전문가의 기술과 의견을 적극적으로 수용하는 개방형 혁신도 P&G의 핵심역량(核心力量) 중 하나다. 예컨대 향수 장인들로 팀을 꾸려 향수를 개발하고, 피부과 전문의를 초대해 피부 관리 제품을 만든다. 혁신적인 새 브랜드의 50% 이상은 최소 1개 이상의 외부 제휴업체와 협업한 결과였다.

5. 마지막 단추는 관리(管理)이고 성과(成果)는 측정(測定)되어야 완료된다!

Martin교수는 "마지막 단계는 전략이 잘 작동할 수 있는 관리 시스템을 갖추는 것"이라고 하면서 이를 위해서는 성과를 측정하는 시스템이 필요하다고 강조했다.

P&G 기저귀 사업 부문은 제품의 기술적 성능만 측정해서는 소비자의 선호를 제대로 파악할 수 없다는 인식으로 가중 구매 의도(WPI)라는 지표를 만들었다.

기술적 성능 이외에 미학적인 측면, 디자인, 기저귀의 촉감, 가격 등 제품의 여러 측면을 고려했다. 이 기준으로 측정한 결과 P&G는 아기가 기저귀를 착용했을 때의 모습과 기저귀를 쉽게 착용할 수 있는지 같은 요인이 기술자들이 생각했던 것보다 훨씬 중요하다는 것을 알게 됐다.

관리 시스템 측면에서 P&G의 중요한 성과 중 하나는 회의 문화를 전략 중심적으로 바꾼 것이다.

"1990년대만 해도 P&G 경영진 회의는 매우 딱딱했어요. 25명이 들어가는 방에서, 한 명이 형식적으로 발표(presentation)를 했거든요. 그러니 전략이 잘못됐다는 이야기는 할 수 없는 분위기였어요." 이른바 '들어갔다 나오는'는 회의 문화가 팽배했다는 것이다.

그리하여 P&G는 4-5명으로 회의 규모를 축소했고 프레젠테이션도 없앴다. 전략에 관한 설명은 정해진 양식으로 1페이지 이내에 줄이도록 하고 대화 중심으로 전략에 대해 토론하도록 했더니 새로운 아이디어가 솟구쳤다.

회의에서 “제 생각과는 안 맞네요.” “정말 그럴까요?” 라는 식으로 구체적이지 않은 반론을 하는 것은 금지했다. 그는 “보통 우리는 상대방의 말을 감시하고 스크린하고 필터링하는 대상으로만 생각합니다. 하지만 이젠 '내 일은 상대방의 생각을 더 발전시키는 것이다'라고 생각할 필요가 있어요.”라고 강조하고 있다.

마지막으로 문서화도 매우 중요하게 인식하고 있다. 예를 들어 P&G는 브랜드 구축 노하우를 하나의 일관된 문서로 정리하고, 또한 몇 년에 한 번씩은 반드시 업데이트를 실시하고 있다.(조선일보, 2013년 7월 27일/매일경제, 2013년 7월 30일)

V 기업경영과 경영전략

특정의 기업은 기업경영을 이루는 핵심적인 하드웨어이다. 그리고 이를 원만하게 작동(作動)시키면서 기업 본연의 임무를 완수하게 하는 것은 생산과 마케팅 그리고 이를 움직이게 하는 자본금과 운전 자금 및 영영활동비 등의 비용과 같은 소프트웨어 또한 중요한 요소이다.

그러나 모든 기업활동(business activities)들은 결국 사람들에 의하여 계획(plan)되고 실시(do)되며 평가(see)되어 진다. 즉 기업은 하드웨어와 소프트웨어 그리고 휴먼웨어가 상호간에 조화를 이루며 원활하게 움직여야 한다는 것이다.

그러므로 기업의 성패(成敗)는 기업을 움직이는 이들의 상호작용이 시너지 효과를 이룰 수 있도록 인사를 조직하고 업무를 분장하며 평가하는 기능 내지 업무에 달려 있는 것이며 이를 담당하는 역할을 수행하는 것은 전적으로 경영인의 책무(責務)이다.

따라서 기업의 존속(存續)은 이들 기업경영인들의 수립하는 경영전략의 수행 결과에 달려있다고 해도 과언이 아니다.

다음의 사례들은 지난 2013년을 마감하면서 국내 및 글로벌 기업환경의 어려움에도 불구하고 지속적인 경영실적을 보인 기업인(CEO)들의 경영전략을 요약한 것이다(경영의 신 리더십의 비밀, 조선일보, 2013년 12월 24일)

이들 최고 경영인들이 수행하고 있는 경영전략들은 다음의 〈표 13-3〉에서 보는 것과 같이 일반적인 경영전략의 모든 기법(methodologies & technics)들을 원용하여 활용하고 있어 경영전략의 교과서라고 할 수 있다.

<표 13-3> 한국의 대표 기업인들의 경영전략

기업명	CEO	분야	경 영 전 략	Key words
삼성전자	권오현	IT	효율적 업무/경쟁력은 오래일하는 것과 상관없다	저녁 6시 이후 남지 마라
메리츠증권	최희문	증권	신속처리/원탁회의/문자보고	경쟁사가 한달걸릴 업무, 일주일내 처리
신라호텔	이부진	호텔	협상력 강화/외국기업유치 통한 해외진출	리틀 이건희
하이트진로	김인규	음료	비용 절감/시스템 개선	지속 투자로 해외진출강화
현대글로비스	김경배	자동차	기본 충실	해운업 강화와 해외시장 확대
대상	명형섭	식품	글로벌리제이션/차별화	전략적 제휴를 통한 해외시장 진출
한라비스테온공조	박용환	자동차	M&A	목표설정-단기간정착화
LG생활건강	차석용	식품·유통	Detail 경영	승부사/M&A귀재/미다스손
롯데칠성	이재혁	음료	적극적 해외경영/현지화	글로벌종합음료회사 성장
E1	구자용	에너지	소통/신바람경영	이청득심(以聽得心)
차바이오앤디오스텍	양원석	병원·의료	혁신/다각화	다양한 도전을 이어가겠다
한미약품	이관순	의약품	R&D투자강화/복합 및 신약개발	열성직원들과 함께라면성과는 얼마든가능
진양화학	정진욱	화학	내실경영(제품경쟁력강화/원가절감)	임직원의 무력감과 패배주의 탈피 최우선
화신정공	정서진	화학	매출처 다양화	미래지향&공격적 경영
쏠리드	이승희	통신	해외사업확대/신규사업진출	진두지휘(陣頭指揮)
하이비전시스템	최두원	전자	해외사업 혁신/개발	모두가 행복한 즐거운 일터(무 비서/운전기사)
성창오토텍	박만홍	자동차부품	확장지향 경영	R&D는 지속가능한 기업의 열쇄
지에스이	유석형	에너지	집중화	회사는 주주와 함께 성장한다
아이센스	차근식	의료기	인재 중시	사람이 꽃보다 아름다워
이녹스	장경호	IT	기술 경쟁력 강화	FPCB의 세계시장점유율 60%
원무역	성기학	의류	제품다변화/브랜드다각화	Multi-country, Multi-product, Multi-channel

위의 〈표 13-3〉에서 살펴 본 보고서의 소제목은 '국가대표 경영자, 그들은 숫자로 말한다'이다.

영업적자 80억 회사를 취임 1년만에 흑자로 전환하였다는 기업인(차바이오앤디오스텍), 취업 첫해에 910억원에 불과했던 영업이익을 1년만에 1543억으로 끌어올린 기업인(하이트진로), 전통적인 의류업에서 탈피하여 국내 처음으로 아웃도어시장을 창출하여 1조3000억원의 중견기업으로 성장시킨 기업인(영원무역)들의 사례들은 "치밀하고도 효율적인 경영전략"과 함께 "나를 따르라 대신에 내가 도와주겠다"의 인재중시 경영전략의 수행으로 기업을 크게 성장시키고 그들 자신을 정상에 등극시켰음을 보여 주고 있다.

뛰어난 경영실적을 보이는 기업들은 주어진 업무, 곧 경영활동의 전개를 지속적으로 계획하고 추진하여 온 기업인들의 열정과 노력의 결과물(output)로서 얻어지는 것이다.

물론 그들의 머리(idea)와 마음(mind) 속에는 그 어느 기업이나 기업인들이 따를 수 없는 치밀하고도 지속적으로 실시되도록 이끄는 경영전략이 준비되고 구축되어 있었기 때문인 것이다.

결국 경영전략이란 특정의 경영인에 의하여 이뤄지고 있는 '그저 그런 또 하나의 기업일 뿐(Business of business is a business.)'이라는 것에 머무른 채 그저 존속(存續)하는 것에 머무르지 않고 지속적으로 경영활동을 수행하는 계속(繼續)기업으로서의 자리매김을 위한 사전적인(ex ante) 기업경영의 활동인 동시에 경영활동의 성과를 보여주는 사후적인(ex post) 활동에 크게 영향을 미치는 결정적인 요소(critical factor)인 것이다.

이미 앞에서 살펴보았던 사례기업인 DAISO의 경우 창업주인 동시에 최고 경영자인 야노 히로다케(矢野博丈)회장은 '지금은 운이 따라줘서 사원들에게 월급을 주고 있지만 회사는 반드시 망하게 되어 있다'라고 믿는 가운데 이를 피하고 극복해 내야 한다는 절실한 마음과 정신으로 경영활동을 벌이고 있다. 이러한 절박한 심정으로 100엔을 중심으로 기본적으로 약 9만개의 상품을 취급하면서 일본 내에만 자사 창고 30개 이상, 전국에는 물류기지 200개 이상을 갖고 있으며, 전 세계 45개국의 사업처에 온 100개 이상의 컨테이너가 일본으로 입하되게 하여 1일 평균 160만 명이 찾아오게 하고 있다.(최상철, 이기는 기업, 한국경제신문, 2010)

DAISO의 성공은 밑바닥 인생에서 반드시 탈피하여 살아남으려는 "궁즉통(窮卽通)"의 절실함에서 고객에게 잘 봉사하겠다는 정도의 수준이 아니라 고객들을 진실과 성실로 대하겠다는 고객감동의 경영전략인 것이다.

또한 일본 외곽의 신흥 개발 도시지역인 우메다에 사철(私鐵)이었던 한큐전철(阪急電鐵)의 고바야시 이치조(小林一三)는 선두기업인 한신전철에 뒤떨어진 2류 기업이었으나 온천을 개발하면서 주택 내지 리조트를 개발하여 유명 관광지로 탈바꿈시키면서 '깨끗하고 빠르고 텅 비어있는' 전철임을 강조하여 한신의 선발자 이점(first-mover advantage)을 앞지르게 되었으며 이후 '부인 박람회'와 '혼례 박람회' 그리고 일본 여성들이 동경(憧憬)하는 금남(禁男)의 일본판 오페라단인 '다카라즈카(寶塚) 극단'을 창단하는 등 컨벤션사업을 정착시키면서 호텔업에 뛰어 들었다.

평소 '신발을 정리하면 신발정리를 세계에서 제일 잘하는 사람이 되어라. 그렇게 하면 누구도 당신을 신발정리만 하는 심부름꾼으로 놔두지 않을 것이다.'라고 강조하였던 그는 나이스 가이 메이킹(Nice guy making)의 컨셉으로 건물 5층 전체를 남성전용 백화점으로 개점하는 등 세계 최초의 터미널 백화점을 개점하면서 유통업에 뛰어들어 일류기업으로 성장시킨바 있다.

이는 단순히 기업의 경영활동을 시장에 대한 순응(順應) 내지 적응(適應)으로 충실하게 수행하는 것에서 머물지 않고 지금까지 없었던 시장을 만들거나 틈새시장을 찾아내고 새로운 시장을 창조적인 경영전략의 수행인 것이다.

제14장

그린 경영전략

I 지구환경문제의 배경 및 주요 국제환경협약

환경오염 및 기후변화 문제가 세계적으로 이슈화되면서 20세기 말부터 다수의 환경관련 국제협약이 체결되었다. 대표적으로 몬트리올 의정서(1989년 발효), 바젤협약(1992년 발효), 기후변화협약(UNFCCC, 1994년 발효) 및 교토의정서(2005년 발효) 등이다.

이러한 최근의 환경문제는 근본적으로 보면 근대공업사회로의 발전을 위한 활발한 산업 활동에 그 원인이 있다. 그러한 영향으로 인해 환경문제가 지구 규모로 확대되고 있는 것이 현실이다. 구체적으로 보면 지구온난화, 오존층파괴, 산성비, 하천 및 대기 오염 등 국경을 초월하여 지구의 각 방면에 걸쳐 큰 영향을 주고 있다.

또한 최근 UN, OECD 등 국제기구들은 지구온난화로 인한 세계적인 환경재앙을 예고하고 있다.

예를 들어 유엔의 정부간 기후변화위원회(IPCC: Intergovernmental Panel on Climate Change)는 지구 평균기온이 1.5~2.5도 상승하면 20~30%의 동식물 종이 멸종한다고 경고하고 있으며, 영국 정부의 수석 경제학자인 니콜라스 스턴은 지구온난화를 방치할 경우 경제적 손실이 전 세계 GDP의 5~20%에 이르러 경제적 파탄이 올 수도 있음을 경고하고 있다.

거기에 더해 2009년 이후 미국발 금융위기로 인해 세계 경제가 침체되면서 향후 신성장동력으로 부상할 가능성이 높을 것으로 평가되는 녹색산업에 대한 규제가 세계적으로 강화되고 있는 현실이다.

즉 세계 각국은 점점 더 심각해지는 환경문제에 대처하기 위해 상호 협조하여 이산화탄소 및 프레온 가스의 규제강화 등에 힘쓰고 있으며, 개별 기업들도 적극적으로 친환경적인 경영전략(이하 그린경영전략)을 추구해야 할 필요성이 더욱 커지고 있다.

지구환경문제에 대한 기업의 입장도 더 이상 기업의 사회적 책임(Corporate Social Responsibility: CSR)의 관점에서 뿐만 아니라 환경에 대한 공헌 및 배려를 통해 인센티브를 얻어 내려는 환경경영의 문제에도 초점을 맞추어야 한다는 것이다.

이러한 그린경영전략은 전통적인 견해로 보면 기업의 연구개발비와 생산비용을 높여 궁극적으로는 경쟁우위성과 국제경쟁력을 저하시킨다고 보는 부정적 견해가 강했다. 그러나 최근에는 그린경영전략이 오히려 국제경쟁력과 경쟁우위성, 더 나아가서는 경영성과 또한 높일 수 있다는 긍정적 견해가 강해지고 있는 추세이다.

녹색성장정책과 환경규제정책 그리고 그린경영에 관련한 선행연구를 살펴보면, 환경문제로 인한 각국의 녹색성장정책 추진과 그로 인한 환경규제의 강화와 확대, 그에 대응하기 위한 기업의 그린경영의 필요성이 주요 논제라고 할 수 있다.

예를 들어 홍범석(2008)은 경영의 패러다임이 새로운 시장을 찾는 블루오션에서 환경경영을 통해 개척하는 그린오션으로 변화하고 있다고 지적하고 그것은 각국의 환경규제가 확산·강화되고 소비자의 의식이 친환경 제품 선호로 바뀌어 가는 현실에서 기업에게 그린경영의 필요성을 강요하게 되었다고 주장하고 있다.

또한 이장균(2008)은 녹색성장정책의 추진에 따라 환경규제정책이 강화되고 있으며, 친환경 제품의 개발 목적이 기업 이미지 제고 차원을 벗어나 매출 증대 수단으로 전환되고 있다고 분석하고, 기업은 환경보호를 주 내용으로 한 이미지 제고 차원에서 제품개발, 광고, 환경보호활동 등 수동적 자세에서 벗어나 대응 수준을 비즈니스 차원으로 높여 통합적으로 대응하는 녹색경영의 추진이 필요하다고 주장한다.

이처럼 세계 각국에서 새로운 경제성장의 동력이 될 것으로 기대하는 녹색산업의 성장이 주요 정책으로 인식됨에 따라 한편으로는 글로벌 환경규제가 점점 확대되고 있다. 이는 국제무역이 증가하고 생산요소가 국제 이동하는 등 글로벌화가 급속히 확산되고 국가 간 · 기업 간 글로벌 시장에서의 무한 경쟁이 진행되는 영향으로 전 세계의 시장을 상대로 하는 제품에 대해 환경규제가 확대되는 것은 기업에게 심각한 부담으로 작용할 소지가 있다는 점에서 경영전략에 수립에 있어 간과해서는 안 되는 현실문제로 부상하고 있다.

이제 주요 국제환경협약에 대해 알아보자.

① 몬트리올 의정서

공식명칭은 오존층파괴물질에 관한 모트리올 의정서(Montreal Protocol on Substances That Deplete the Ozone Layer)이다.

몬트리올 의정서가 시행될 당시 5종의 CFC 물질과 3종류의 하론만 규제대상 물질로 지정하였으나 그 이후 오존층 보호에 미흡하다는 문제가 제기되면서 염화불화탄소의 단계별 감축 및 비(非)협약체결국가에 대한 통상제재에 더해 1990년부터 최소한 4년에 한 번씩 최대한의 가용한 과학적, 환경적, 기술적 및 경제적 정보에 입각하여 규제수단을 재평가하고 있다.

주요 대상 물질은 CFCs, HCFCs, Halons, Methyl bromide, Carbon tetrachloride, Methyl chloroform, Bromochloromethane 이다.

② 바젤협약

공식명칭은 유해폐기물의 국가간 이동과 처리의 규제에 관한 바젤협약(Basel Convention on the Control Transboundary Movements of Hazardous Wastes and their Disposal)이다.

1970년대 초부터 구미 선진국을 중심으로 유해 폐기물의 국가간 이동이 발생하게 되었으며, 1980년대 초부터는 이들 국가에서 발생한 폐기물이 아프리카 개도국에 방치되어 환경오염 문제를 야기하게 되면서 인체의 건강 및 환경에 피해를 끼칠 위험성이 있는 유해폐기물의 국가간 이동 및 최종처리에 관한 국제규범 채택 필요성이 유엔환경계획(UNEP) 등에서 논의되어 1987년 12월 제42차 유엔총회에서 협약채택을 위한 정부간 회의가 개최되어 결의되었다.

바젤협약은 유해 폐기물의 국제교역 규제에 대한 최초의 다자 협약으로서 유해 폐기물의 교역을 극소화하고 불법교역 규제 등 국가간의 공동지침을 확립했다는데 의의가 있다.

특히 바젤협약의 채택으로 개도국은 선진국으로부터의 무분별한 유해폐기물 수입을 사전에 통제, 규제할 수 있게 되었으며 선진국은 대내적으로는 환경보호 단체 및 여론에 부응하고 대외적으로는 유해 폐기물로 인한 개도국과의 마찰을 해소할 수 있게 되었다.

③ 기후변화협약

공식명칭은 기후변화에 관한 국제연합 기본협약(United Nations Framework Convention on Climate Change)이다.

지구온난화 문제는 그 영향력의 크기와 예측 불가능성으로 인해 지구환경논의의 중심 주제가 되어 왔다.

1988년 11월 세계기상기구(WMO: World Meteorological Organization), 유엔환경계획(UNEP: UN Environment Programme)의 주관 하에 "기후변화에 관한 정부간 패널(IPCC:

Intergovernmental Panel on Climate Change)"이 설립되어 기후변화의 원인, 영향 및 대응에 관한 종합적 연구를 진행하게 되었다.

1992년 6월 브라질 리우 환경개발회의에서는 이산화탄소 등 온실가스 증가에 따른 지구온난화에 대처하기 위해 기후변화협약을 채택하게 되었다. 기후변화협약에서는 지구온난화에 역사적 책임이 있는 선진국들에 대해 온실가스 배출량을 2000년까지 1990년 수준으로 감축할 것을 권고하였다.

그러나 협약 상의 감축의무만으로는 현실적으로 실효성이 없다는 것을 인식하고 제3차 당사국총회(일본교토, 1997년)에서 부속서1에서 지정하는 국가들의 온실가스 배출량 의무감축을 골자로 하는 교토의정서를 채택하였다. 대상 국가들은 2008년부터 2012년까지를 1차 의무감축기간으로 두고 온실가스를 1990년 대비 평균 5.2% 감축하고 배출권거래제도 등 경제적 수단을 도입할 것을 명시하였다.

이러한 교토의정서를 이행하기 위한 방법으로 시장원리를 도입하는 이른바 교토메카니즘을 제시하였다.

교토메카니즘은 배출권 거래(Emission Trading), 공동이행(Joint Implementation), 청정개발체재(Clean Development Mechanism)이다. 먼저 배출권 거래는 온실가스 감축의무가 있는 선진국가에 배출쿼터를 부여한 후 동 국가간 배출 쿼터의 거래를 허용하는 제도를 말하며, 공동이행은 예를 들어 선진국A가 선진국B에 투자하여 발생된 온실가스 감축량 일정분을 A국 배출 저감실적으로 인정하는 제도이다.

끝으로 청정개발체재는 선진국이 개도국에 투자하여 발생한 온실가스 배출감축량을 선진국의 감축량으로 인정하는 제도이다.

이처럼 지구환경문제가 심각하게 대두됨에 따라 다양한 국제환경협약이 이루어지고 있는데 특히 기후변화협약에 따른 교토의정서는 각국의 실질적인 온실가스 감축의무가 부여되는 만큼 다양한 환경규제정책을 동반하게 되었으며 다양한 시장(국가)에서 경영활동을 하는 기업들의 전략적인 의사결정에 커다란 영향을 미치게 되었다.

Ⅱ 기후변화협약의 추이

기후변화협약이 1992년 리우회의에서 채택되어 1994년 3월 21일 발효된 이래 1995년 제1차 당사국 총회(베를린)를 시작으로 2013년 11월 폴란드 바르샤바에서 개최된 제19차 총회까지 매년 연말에 개최되었다.

결과적으로 2013년부터 2019년까지는 교토의정서의 2단계 감축 공약기간으로 합의되었으나 미국, 중국, 인도는 1차 감축대상부터 빠져 있고, 일본, 캐나다, 러시아, 뉴질랜드도 탈퇴하면서 실효성의 문제가 강력히 대두되고 있는 가운데, 환경규제에 대한 선진국간, 선진국과 개도국 간의 의견 차이는 여전히 좁혀지지 않고 있으며 실질적인 감축을 위해 필요한 사항들과 관련된 구체적인 이행방안에 대한 합의는 지지부진한 상황이 지속되고 있다.

그러나 이러한 국제협약으로서의 정세와는 별도로 각국은 국내법으로 시행되고 있는 각종 환경규제를 강화하고 있으며 이는 새로운 무역장벽으로 나타나는 것을 우려하는 목소리가 크다.

따라서 기업은 기후변화와 관련된 다자간 협상의 결과와 별도로 개별 국가차원에서 진행되는 각종 규제에 대한 대비책 마련은 물론 의사결정에 대한 전략적인 접근이 더욱 요구되고 있다.

〈표 14-1〉은 위에서 설명한 내용들을 요약한 것이다.

<표 14-1> 기후변화협약의 추이 및 주요 내용

회의명(개최지)	주요 내용
기후변화협약 (1992. 6, 리우)	2000년까지 1990년 수준으로 온실가스 감축 개도국은 감축의무 부담 없음
제1차 당사국 총회 (1995. 3, 베를린)	베를린 위임사항 채택 2000년 이후 감축목표에 관한 부속의정서를 제3차 당사국총회에서 채택
제2차 당사국 총회 (1996. 7, 제네바)	각료선언 채택 IPCC 제2차 평가보고서 공식 인증
제3차 당사국 총회 (1997. 12, 교토)	교토의정서 채택 2012년까지 1990년 수준의 평균 5.2% 감축

제4차 당사국 총회 (1998. 11, 부에노스아이레스)	부에노스아이레스 실천계획 채택 2000년 제6차 당사국 총회까지 교토의정서의 세부 이행방안 확정키로 결의
제5차 당사국 총회 (1999. 10, 본)	주요 의제에 대한 각국의 입장확인 우리나라: 2018년부터 자발적 감축참여 발표
제6차 당사국 총회 (2000. 11, 헤이그)	협상결렬 우리나라: 2002년 교토의정서 비준예정 발표
제7차 당사국 총회 (2001. 7, 본)	교토메카니즘, 의무이행체제 및 배출량 산정·보고·검토에 관한 교토의정서의 구체적 이행방안 확정
제8차 당사국 총회 (2002. 10, 뉴델리)	교토의정서 운영규정 등 의제합의 부속서1 국가들은 재정지원, 기술이전, 역량강화 등을 포함하여 협약에 따른 공약이행 및 온실가스 배출저감에 있어 선도적 역할 수행
제9차 당사국 총회 (2003. 12, 밀라노)	개도국에 대한 기술재정지원 개도국의 적응 및 기술이전 등에 지원될 기후변화특별기금 및 최빈국 Fund의 운용 방안 타결
제10차 당사국 총회 (2004. 12, 부에노스아이레스)	교토의정서 비준 및 발효 그리고 향후 일정 논의 개도국 능력형성 및 기후변화 영향 대응 방안
제11차 당사국 총회 (2005. 12, 몬트리올)	교토의정서 발효(2005. 2. 16) 2013년 이후 체제 논의를 위한 협의체 구성에 합의
제12차 당사국 총회 (2006. 11, 나이로비)	1차 감축의무기간(2008-2012) 이후 선진국의 감축의무 논의 교토의정서의 주기적 검토
제13차 당사국 총회 (2007. 12, 발리)	모든 선진국 및 개도국의 참여 방안 논의 Post 2012 기후변화 대응체제 논의
제14차 당사국 총회 (2008. 12, 포츠난)	선진국-개도국 간의 장기 협력방안 논의 2012년 이후 2차 의무감축국 및 목표설정 논의
제15차 당사국 총회 (2009. 12, 코펜하겐)	2012년 이후 선진국 추가감축 개도국 감축 참여에 관한 논의
제16차 당사국 총회 (2010. 12, 칸쿤)	교토의정서 1차 공약기간과 2차 공약기간 간에 공백이 없도록 하자는 데 합의 녹색기후기금(GCF) 채택 칸쿤 합의문 채택
제17차 당사국 총회 (2011. 12, 더반)	교토의정서를 대체할 모든 당사국이 참여하는 새로운 기후변화체제 설립에 합의 녹색기후기금 설립 합의
제18차 당사국 총회 (2012. 12, 도하)	교토의정서의 효력을 2020년까지 연장하기로 합의 1차 이행기간에 참여했던 러시아, 일본, 캐나다, 뉴질랜드 등 불참의사 표명
제19차 당사국 총회 (2013. 11, 바르샤바)	당사국은 2020년 이후 온실가스 감축 책임분담 방안에 대한 로드맵을 2015년까지 책정 녹색기후기금 확보 방안 논의

Ⅲ 주요국의 환경규제 정책

현재 글로벌 환경규제의 일환으로 제품 전 과정은 물론 제품 단위별로 규제가 마련되고 있으며 유해 화학물질에 대한 규제가 세분화되면서 전기전자제품 재활용(WEEE), 유해화학물질 제한(RoHS), 에너지 효율(EuP) 등 EU를 중심으로 제품의 환경규제가 확대되고 있는 추세이다. 국내에서도 대기전력경고표시제도, 탄소배출정보표시제도 등을 시행하고 있다.

또한 각국 정부는 향후 탄소세 부과, 배출쿼터제 도입 등 환경규제를 보다 강화할 전망이다. 유럽에서는 1990년대 초부터 환경세(탄소세)를 도입하여 교토의정서 발효에 대비하고 있었으며, 한국과 일본 역시 환경세를 도입할 예정이었으나 관련 정부 및 관련 산업계의 반발 등에 부딪쳐 실행되지 못하고 도입을 목적으로 논의하고 있는 단계이다.

<표 14-2> 세계 주요 환경규제

전기전자제품 폐기처리 지침(WEEE, 05.8) : EU	· 제조업체 무료수거, 재생, 재활용비율 의무화 · 수거시스템 비용부담, 특정 물질 분리 의무 등 · 회수/재활용시스템, 친환경디자인, 재활용기술개발
유해물질 사용 제한 지침(RoHS, 06.7) : EU	· 전자제품에 납, 수은, 카드뮴, 6가크롬, 브롬계 난연제 금지 · 대체 소재기술, 시험분석, X-freed인증 등 필요
에너지사용제품 친환경 설계 지침 (EuP, 08.1) : EU	· 제조업체 무료수거, 재생, 재활용비율 의무화 · 수거시스템 비용부담, 특정 물질 분리 의무 등 · 회수/재활용시스템, 친환경디자인, 재활용기술개발
신화학물질 관리제도 REACH(EU, 08.8) : EU	· 연간 1톤 이상 제조, 수입되는 모든 물질 수입량, 위해성에 따라 등록/평가/허가/제한하는 관리규정 · 화학물질 통합관리체계 구축 필요
에너지 효율 인증제도 Energy Star Recommendation : 미국	· 에너지 효율 우수제품 인증 · 컴퓨터/모니터(99), PC/랩톱 등 효율 강화(07) · EU 공공 조달시 Energy Star 제품 구매의무화(07.7)
대기전력경고표시제도 : 한국	· 세계 최초 제정된 에너지이용합리화법에 기초 8-15W 대기전력 저감기준 미달 제품에 라벨 부착, TV(08.8), 컴퓨터/전자레인지 6개 품목확대(09)

자료: 이혜정, “그린경영과 그린 IT”, 「전자공학회지」, 제35권 제11호, 대한전자공학회, 2008.11, p.45.

앞서 본 바와 같이 세계 각국은 1997년 12월 일본 교토의 국립교토국제회관에서 개최된 '기후변동에 관한 UN범위조약의 교토의정서'(이하, '교토의정서')에 합의하였으며, 2005년 2월 16일에 발효되었다.

교토의정서의 핵심은 지구의 전체 온실가스 배출량을 기준년도인 1990년 수준에서 평균 5% 이상 감축을 목적으로 온실가스 배출량 삭감을 위해 선진국부터 우선적으로 제1차 의무이행기간(2008-2012년) 중에 감소시켜야 할 온실가스 삭감 의무를 규정하고 있다.

교토의정서에 이어 2007년에 기존 온실가스 감축국은 2020년까지 기준년인 1990년 대비 25~40%까지 온실가스 배출량을 감축하고 교토의정서에 동의하지 않았던 미국을 비롯한 기타 선진국과 개발도상국은 협상을 통해 2009년까지 기후환경 협약을 마련한다는 발리 로드맵에 합의하였다.

이와 같이 교토의정서 이후 미국은 환경주도권에 관심을 갖기 시작했으며 교토의정서에는 포함되지 않았던 선진국과 개발도상국들이 포함됨으로써 온실가스 감축노력은 보다 급진전될 것으로 예상되며 그에 따른 기업에 대한 영향 또한 확대될 것으로 예상된다.

<표 14-3> 주요 선진국의 이산화탄소 환산 온실가스 배출량 추이(단위: 백만 톤, %)

	1990	1995	2000	2005	2008	1990년 기준 증감률	
						'05년 실적	'12년 목표
미 국	6,229	6,561	7,126	7,241	6,369	16.3	-7%
일 본	1,272	1,344	1,348	1,360	1,391	6.9	-6%
E U	5,613	5,240	5,090	5,165	4,971	-0.8	-8%
(영 국)	771	710	674	657	581	-14.8	-8%
(독 일)	1,228	1,096	1,020	1,001	857	-18.4	-8%

자료: 구본관, "일본의 환경강국 전략과 시사점", 「SERI 경제포커스」, 제207호, 삼성경제연구소, 2008.8.25, p.2와 국회기후변화포럼 보도 자료를 참고로 작성.

즉, 〈표 14-3〉에서 나타나는 것과 같이 의무감축을 달성하고 있지 못하는 미국과 일본 시장에서의 환경규제는 지금보다 강화될 것이 예상되며, EU 시장 역시 지금 이상의 강력한 환경규제정책을 시행할 것으로 예상할 수 있다.

그리고 2013년부터 시작되는 2차 의무이행 기간에는 한국을 포함한 개발도상국에게도 감축량의 의무화가 시작될 예정이기 때문에 관계 국가의 기업들 역시 향후 온실가스 감축에 대한 상당한 부담이 예상된다.

이제 주요 선진국의 환경정책의 현황에 대해 알아보자.

1. 미국의 환경정책

세계 각국은 선진국을 중심으로 교토의정서에 근거해 지구온난화의 원인이 되는 이산화탄소, 메탄, 아산화질소(N2O), 특정프레온 3가스(HFC, PFC, SF6)에 대해서 선진국들에게 우선적으로 목표 삭감률을 할당하는데 합의하였으나 미국은 이를 거부하였다.

그러나 UN이 기존의 UN환경계획을 실행력을 갖춘 UN환경기구로 전환함으로써 온실가스 감축을 미루는 세계 각국에 대한 현실적인 참여방안을 마련하고자 노력하고 있고, 그동안 중립적인 자세를 보여 왔던 여타 국제기구들도 점차 미국의 정책을 변화시키기 위한 압력을 높이고 있는 등 미국 역시 국제사회로부터의 압력을 받고 있는 현실이다. 특히, 미국대통령 Barack Obama정부의 정책적 변화로 인해 환경주도권을 잡기 위한 움직임이 현저하게 나타나고 있다.

다음은 2013년 7월 2일자 중앙일보에 실린 칼럼(글로벌 아이, 이상복 워싱턴특파원)으로 제목은 "주시해야 할 Obama의 기후변화' 의지"를 요약한 것이다.

Obama 대통령은 2013년 6월 말 야심찬 선언을 했다. 기후변화를 막기 위해 자신이 할 수 있는 모든 일을 하겠다는 거였다. 행정부엔 발전소의 이산화탄소 배출을 당장 규제하라고 지시했다. 캐나다와 미국을 잇는 대형 프로젝트인 원유 파이프라인 건설조차 재고할 수 있다는 깜짝 발언도 했다. 지구온난화 주범인 온실가스의 추가배출이 없어야 사업을 승인하겠다는 논리였다.

며칠 뒤 방송된 대통령 주례연설에서도 기후변화가 핵심이었다. Obama 대통령은 "지구는 과거 어느 때보다 빠른 속도로 더워지고 있다"며 "가뭄과 홍수 · 산불 · 허리케인 등인 빈번해지는 것은 그 때문"이라고 말했다. 그러면서 "우리가 더 늦지 않게 행동할 용기가 있느냐가 중요한 시점"이라고 지적했다. 기후변화가 일회성 이벤트가 아님을 재차 강조한 것이다.

그동안 기후변화 관련 규제에 미국과 중국 두 강대국은 소극적인 입장을 보여 왔다. 그런데 그 태도가 눈에 띄게 바뀌고 있다. 2013년 6월 미국에서 열린 미 · 중 정상회담에서 양국 정상은 다른 현안을 제쳐놓고 기후변화 대책에 대해 우선적으로 합의를 도출했다.

이런 흐름이 가속화되면 국제사회의 움직임 역시 탄력을 받게 된다. 규제 폭풍이 갑자기 밀어닥칠 수 있다는 얘기다.

이처럼 미국이 온실가스 감축을 위한 실질적 노력에 참여할 경우 교토협약이 미국에 유리한 방향으로 수정될 가능성이 크다. 이 밖에 미국은 다른 나라들과 달리 1990년이 아닌 2000년이나 2005년 배출량을 기준으로 협약에 가입하거나, 배출권 거래시장을 유럽에서 미국으로 이전하는 등 다양한 협상을 통해 미국의 온실가스 감축 참여의 실익을 키우기 위한 사전 노력을 기울이고 있다.

즉, 미국은 교토의정서에 대한 비준 거부로 EU와 일본 등으로 넘어간 녹색산업에 대한 주도권을 잡기 위해 재생에너지의 사용 확대, 에너지효율의 제고, 온실가스배출권 거래제 도입 추진 등 정책적 노력을 기울이고 있다.

한편 뉴욕, 캘리포니아, 유타 주는 주정부 차원에서 하이브리드 자동차 구매자에게 최고 4,000달러의 소득공제를 제공하고 있으며, 태양광, 풍력 등 신재생에너지 생산설비 구입·설치 사업자에게는 세액공제 혜택을 주는 등 적극적인 환경정책을 시행하고 있다.

2. EU의 환경정책

EU는 교토의정서에서 기준한 2005년도에 이미 기준년인 1990년도 대비 0.8% 감축을 달성하고, 2005년부터 온실가스 배출권거래제를 시행하는 등 전체적으로 적극적이고 실효성 있는 결과들을 내놓고 있다. 이러한 EU는 미국과 주요 배출국의 폭넓은 참여와 교토의정서 기준 감축목표 채택을 요구하고 있다.

2008년 12월 '기후에너지통합법(Climate and Energy Package)'이 공식 채택되었으며, 이 통합법은 재생에너지 사용촉진, 유럽연합 온실가스 배출권거래제 강화, 이산화탄소 포집·저장, 교통부문 온실가스 배출저감과 감시 등을 포함하고 있다.

EU 역시 새로운 경제성장 동력으로서의 녹색산업정책이 필수불가결하다고 판단하고 있으며, '유럽 2020'은 2020년까지 이산화탄소 배출량을 1990년 대비 20%로 줄이고, 연구개발(R&D)투자비를 기존 국내총생산(GDP)의 1.9%에서 3%까지 확대시키는 것을 목표로 하고 있다.

또한 EU는 〈표 14-4〉와 같이 이미 1990년대 초부터 탄소세나 연료세, 기후변화세 등을 도입하여 운영하는 등 적극적인 환경규제정책을 시행하여 왔다.

대표적으로 전기 · 전자장비 폐기물처리 지침(WEEE: Waste Electrical and Electronic Equipment), 유해물질 사용제한 지침(RoHS: Restriction of the use of certain Hazardous Substance in electric and electronic equipment), 新화학물질 관리제도(REACH: Registration, Evaluation, Authorisation and Restriction of Chemicals), 에너지 관련제품의 친환경설계 지침(ErP: Ecodesign requirements for energy-related products) 등이 있다.

WEEE는 폐전기 · 전자장비의 처리(소각, 매립 등)를 방지하고 전기 · 전자장비가 폐기되는 것을 줄이기 위해서 폐기물의 재사용과 재활용 및 기타 폐기물 재생을 촉진하는 것을 목적으로 한다.

RoHS는 전기 · 전자제품의 유해물질 사용 제한에 대한 각 회원국들 간의 법률 조정 및 인류의 건강 보존을 목적으로 폐전기 · 전자장비의 환경친화적 회수 및 폐기를 의무화한 것이다.

REACH는 화학물질의 양과 위해성에 따라 등록, 평가, 신고, 허가, 제한하는 것으로서 EU에서 연간 1톤 이상 제조 또는 수입되는 화학물질은 반드시 등록해야 하는 것이다. 또한 연간 100톤 이상의 물질과 高위험성 물질에 대해서는 우선적으로 평가를 받게 되며, 특정 물질에 대해서는 허가를 받거나 일부 물질에 대해서는 사용이 제한된다.

ErP는 에너지 관련제품의 에너지효율 및 대기전력 등 환경영향을 최소화할 목적으로 친환경설계, 시스템구축, 정보공개, CE(Conformity European) 마킹 등을 주요 내용으로 하고 있다.

이러한 환경규제정책은 다른 나라 제품의 수입을 금지할 수 있는 새로운 무역장벽이 되고 있다. 예를 들어 WEEE의 적용대상 제품군은 대형가정기기, 소형가정기기, IT 및 통신기기, 소비가전, 기타 장비 등인데, EU는 기존 WEEE제도가 적용되던 대상을 제한된 대상 품목에서 전체 전기전자제품으로 확대하는 방향으로 정책을 시행하고 있다.

<표 14-4> EU 각국의 탄소세 도입 추이

국가	명칭	도입시기	비고
핀란드	탄소세	1990년	LP가스 및 전력은 제외
노르웨이	탄소세	1991년	LP가스 및 전력은 제외
스웨덴	탄소세	1991년	전력은 제외
덴마크	탄소세	1992년	가솔린은 제외
네덜란드	일반연료세 연료규제세	1992년 1996년	가솔린, 중유 및 석탄은 제외 96년부터 가정용 등에 추가 과세
독일	전기세	1999년	전력에만 부과
영국	기후변화세	2001년	석탄, LP가스, 천연가스, 전력에 부과

자료: 김현진·노재범·동용승, "교토의정서 발효 이후의 기업경영", 「CEO Information」, 제488호, 삼성경제연구소, 2005.2, p.5.

3. 일본의 환경정책

일본의 환경정책은 1970년대부터 본격적으로 시작하여 1971년 환경청이 설립되면서 각 분야별 환경보전관련 규제 내용과 관련 법규들이 제정되었다.

일본은 미국, EU처럼 국제무역과 관련한 국제적 차원의 환경보호라는 명목보다는 녹색체제를 구축하여 기업 활동의 녹색화를 유도하고 이를 통해 기업의 생산성을 제고하며 대외 경쟁력을 강화시킴으로써 장기간 침체기에 있는 일본 경제의 새로운 성장을 도모하고 환경기술을 활용하여 세계적인 입지를 굳히려는 목적이 강하다.

이러한 환경정책의 구체적인 예로 첫째 '그린세제(Green Tax)'를 들 수 있다. 일본 정부는 질소산화물(NOx: nitrogen oxide) 배출이 적은 휘발유 사용차량에 대해 자동차세를 경감하는 그린세제를 도입하여 시행하고 있다. 특히 자동차 배기가스를 주요대상으로 그린세제를 운영함으로써 대기오염의 주원인이었던 디젤 차량의 사용을 기피하도록 하였으며, 환경의 질을 개선하는 효과도 얻었다.

둘째, 폐가전제품의 재활용을 들 수 있다. 소비자가 가전제품을 사용한 후 불법투기 또는 불법소각 등의 부적절한 절차를 통하여 처리하는 경우가 빈번하게 발생함으로써 일본 정부는 '폐가전제품 리사이클링법'을 제정하여 TV, 냉장고 등 가전제품에 대한 재활용 의무를 강화하고 있다. 따라서 가전업체에서도 재처리시설의 설치 등 다양한 대책을 강구하는 등 이 규제로 인한 자원절약과 환경보전을 동시에 얻을 수 있게 되었다.

이와 같이 일본의 폐가전제품의 재활용 정책이 이전보다 많이 강화되었기 때문에 폐가전제품의 재활용 및 처리시설을 마련하지 못한 외국기업이 일본 시장에 진출한 경우 수출의 어려움이 따르게 된다.

셋째로 일본에서는 2001년 4월 시행한 '특수 가정용기기 재상품화법'을 통하여 세탁기, TV, 냉장고, 에어컨 등 4개 품목에 대하여 냉장고와 세탁기는 50%, TV는 55%, 에어컨은 60%의 재사용을 의무화하고 있다. 이미 일본은 200리터 이상의 냉장고, 25인치 이상의 TV 등 제품의 폐기를 제조사가 책임지고 처리하는 제도를 도입한 바 있다.

이 외에도 자동차 배기가스 배출허용기준, 에너지절약 라벨제도 등 환경관련 규제사항은 미국이나 EU와 같이 강화하고 있는 추세이다. 일본은 한국과 유사한 산업구조와 환경을 가지고 있기 때문에 세계 시장에서 직접적인 경쟁을 해야 할 일이 많다.

일본은 미국이나 EU의 환경기준보다 오히려 자국의 환경기준이 더 강화되어 있어 자국의 환경기준을 충족할 경우, 일본 기업이 미국과 EU 등에 수출하는데 있어 환경규제정책으로 인해 제재를 당하는 것을 예방할 수 있을 것이다.

그러나 한편으로는 국내의 과도한 규제가 기업에게 보다 많은 비용과 리스크를 발생시킴으로써 국내 경제 활성화에 악영향을 미칠 수도 있다.

이제 일본의 그린경영전략의 구체적인 내용을 IT 및 전자분야(Electronics)에 있어 대표적인 기업들의 사례를 통하여 살펴보기로 하자.(남정우, 일본의 그린 IT 정책과 일본 기업의 대응전략, 전자무역연구, 제9권 2호, 2010. 5. 31)

① Hitachi(日立)

Hitachi는 주요 IT 제품의 전력 절약기술 개발을 진행시키는 'Harmonious Green' 플랜을 책정하여 2008년부터 향후 5년간 누계 약 33만 톤의 CO_2 억제를 목표로 하고 있다.

뿐만 아니라 'Harmonious Green' 플랜으로 축적된 IT 전력 절약기술과 노하우(know-how), 공조기, 전원설비 등의 전력 절약 기술을 융합해 2012년도까지는 2007년도 대비 데이터 센터의 소비전력을 최대 50% 삭감하는 프로젝트인 'CoolCenter 50'도 추진하고 있다.

Hitachi는 이러한 플랜과 프로젝트를 통해 얻은 전력 절약기술 및 노하우를 활용해 데이터 센터의 기획, 설계, 구축부터 운용에 걸쳐 IT 기기, 변전시스템 등 폭넓은 솔루션을 갖추어 원스톱으로 제공할 계획이다.(〈그림 14-1〉 참조)

그림 14-1 Hitachi의 그린 IT 전략

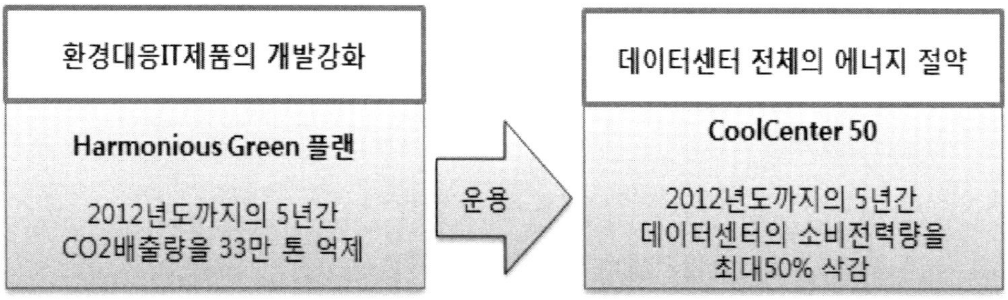

자료: http://www.hitachi.co.jp/products/it/harmonious/greenit을 필자가 수정 인용.

또한 'CoolCenter 50'을 완수하기 위해 일본의 요코하마 제3섹터(환경배려형 데이터센터)를 건설했다. 요코하마 제3섹터에서는 Hitachi 그룹의 고효율 공조설비 및 전원설비를 도입해 IT 기기의 배치를 최적화하였다.

이를 통하여 소비전력량을 20% 삭감함과 동시에, Harmonious Green 플랜의 성과인 ecology server 등의 전력 절약 IT기기를 도입하여 환경부하의 감소에 공헌하고 있다. 이 데이터센터는 2009년 7월부터 서비스를 시작하였다.

② Fujitsu(富士通)

일본의 대표적 IT 기업 중 하나인 Fujitsu 그룹은 일본 정부의 정책에 대응함과 동시에 IT 기업으로서의 역할과 책임에 충실하려는 목적으로 그린 IT 프로젝트인 Green Policy Innovation을 추진하고 있다.

이 프로젝트는 IT기기나 데이터센터의 에너지 절약을 통한 'IT 인프라의 환경 부하 절감'과 IT를 활용함으로써 고객과 사회 전체의 에너지 효율 향상을 도모하는 'IT 활용에 의한 환경부하 절감' 실현이라는 측면에서 추진되고 있다.

Fujitsu 그룹은 Green Policy Innovation을 통해서 4년간(2007-2010년) 누계 700만 톤 이상의 CO_2 배출량 삭감을 목표로 하고 있다.

또한 세계 전체의 온실가스 배출량 삭감을 위해 2009년도부터 2012년까지 누계 1,500만 톤 이상의 CO_2 배출량 삭감을 목표로 하고 있는데, 전체 1,500만 톤 삭감 중에 Green of IT를 이용하여 약 300만 톤, 「Green by IT」를 이용하여 약 1,200만 톤의 삭감을 예상 목표로 두고 있다.(〈그림 14-2〉 참조)

그림 14-2 Fujitsu의 그린 IT 전략

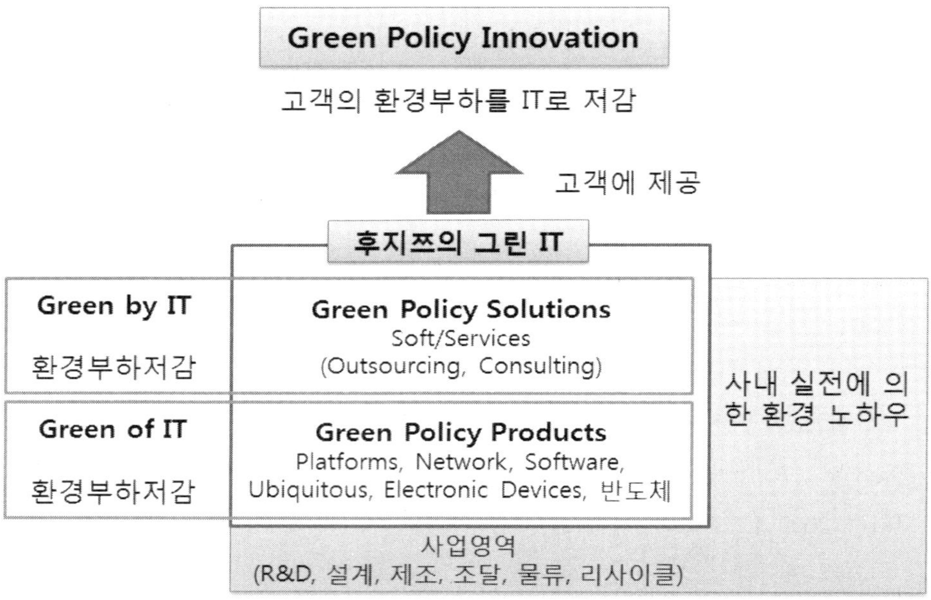

③ NTT 그룹

일본 최대의 통신기업인 NTT는 ICT(Information and Communications Technology)의 전력 절약이나 리사이클을 의미하는 「Green of ICT」와 ICT의 활용에 의한 효율화를 목표로 하는 「Green by ICT」라는 두 가지 측면에서 전략을 수립하고 있다.

우선 Green of ICT 전략으로는 ICT 기기의 전력을 절약하여 환경부하를 감소시키는 것이 목적인데, 특히 NTT 데이터는 일본 전국에 18개의 데이터센터를 가진 일본 최대의 데이터센터 사업자로서 태양광발전시스템의 도입을 시작으로 고전압직류급전시스템이나 가상화 기술 등 최첨단 기술로 전력소비 삭감을 위해 노력하고 있다.

또한 Green by ICT 전략으로는 탈이동(脫移動)과 탈물질(脫物質)을 도모함으로써 환경부하 삭감을 목적으로 하고 있다. 구체적으로는 TV회의 Service, Monitoring Service, Mobile Solution Service, Network FAX Service 등을 실시하고 있다.(〈그림 14-3〉 참조)

그림 14-3 NTT 데이터의 그린 ICT 솔루션

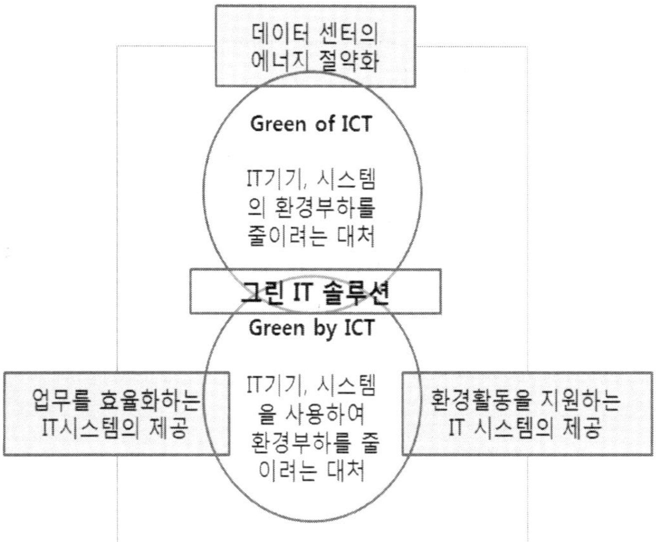

자료: NTTデータ,「CSR報告書」, 2009, pp.12-13을 참고하여 저자가 작성.

④ NEC

2007년 11월 NEC는 자사의 에너지 절감 플랫폼과 제어 소프트웨어 그리고 제반 설비에 사용되는 전력을 효율화하기 위해서 'Real IT Cool Project'를 개시하였다.

이 프로젝트에 의하면 2012년까지 IT 환경의 소비 전력을 최대 50% 삭감하여 IT기기의 CO_2 배출량을 약 91만 톤 삭감한다는 것이다.

최근 NEC는 미국발 금융위기 이후, 기업을 둘러싼 환경의 변화와 일본 국내시장의 축소, 글로벌화의 가속화되고 있다.

더불어 새로운 법규제에 대한 대응, 내부통제 강화 등 기업경영의 혁신이 절실히 요구되고 있다는 인식으로 기업 기간시스템의 처리형태를 진화시켜 복잡화, 고도화하는 시스템을 안정적으로 설계, 구축할 수 있는 IT 기반이 필요해짐에 따라 REAL IT PLATFORM G2를 새롭게 제창하고 있다.

REAL IT PLATFORM G2의 핵심은 '안심', '유연', '쾌적'이다.(〈그림 14-4〉 참조)

그림 14-4 NEC의 REAL IT PLATFORM G2

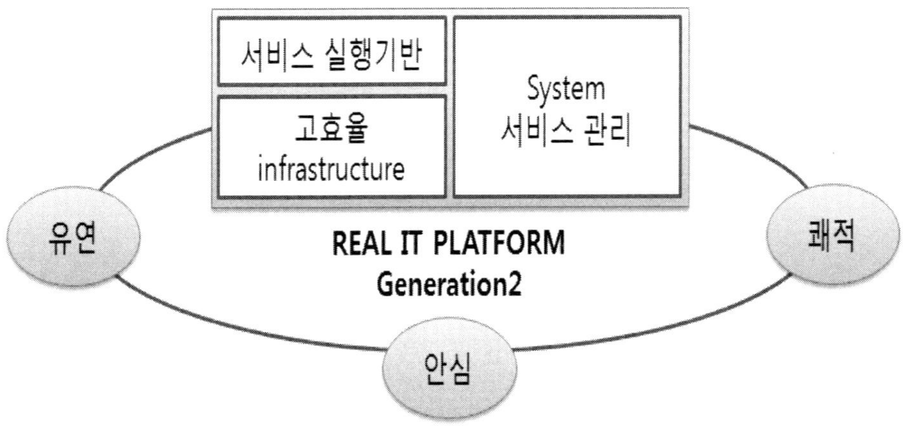

자료: NEC (http://www.nec.co.jp/realit)

4. 중국의 환경정책

시진핑 정부가 환경 관련 산업 육성과 환경오염 규제에 박차를 가하고 있는 데 따라 환경 문제가 중국 사회의 화두가 되고 있다.

중국 정부는 2010년 말 12차 5개년(2011년-2015년) 계획 수립 당시 경제 발전의 5대 원칙 중 하나로 '자원절약형, 환경친화형 사회 건설'을 내세울 정도로 환경 문제에 관심을 가지고 있다. 특히 최근 중국의 심각한 대기 오염 이슈는 중국 국내는 물론 주변국에게까지 악영향을 미치면서 중국 정부를 다급하게 하고 있다. 이에 중국 정부는 각종 환경 관련 규제와 지원책을 쏟아내고 있다.

예를 들어 환경보호부는 2013년 9월부터 1만 5,000여 곳의 오염 통제 대상 사업장을 지정해 오염물질 배출 수치를 공개토록 하고 지정된 사업장들은 오염물질 배출량 등 31개 항목의 세부정보를 인터넷에 공개하도록 했다.

대기 오염의 주범 중 하나인 자동차 구입제한도 전국으로 확대되고 있다. 톈진 · 충칭 · 청두 · 항저우 · 선전 · 칭다오 · 스좌좡 · 우한 등 8개 도시에서는 '차량 구입 할당제'가 실시된다. 도시별로 매월 판매되는 신차의 대수를 제한하는 제도로 베이징 · 상하이 등지에선 이미 시행하고 있었다.

뿐만 아니라 중국 최고인민법원과 검찰원은 환경사고로 인해 30명 이상의 중독자를 내거나 재산 피해액이 30만 위안(약 5,500만원) 이상인 경우 또는 불법 투기한 위험물질이 3t이 넘는 경우 등을 '엄중 오염사고'로 규정해 엄벌하겠다는 방침을 밝혔다.

한편, 친환경 산업에 대한 투자는 증가하고 있다. 국무원은 에너지 절약과 환경보호 분야를 7대 전략 신흥 산업 중 첫 번째로 지정하고 2020년까지 5조 위안(약 910조원)을 투자할 방침이다.

이러한 투자환경은 한국을 포함한 주변국의 기업에겐 기회요인으로 작용할 수 있다. 한국 기업의 환경분야 진출은 아직 초기 단계이지만 2013년 현재 협상이 진행 중인 한 · 중 자유무역협정(FTA)이 체결되면 국내 친환경 산업계는 큰 기회를 맞을 수 있을 것이다.(중앙일보, 2013년 7월 25일)

5. 한국의 환경정책

이명박 정부에서는 2008년 8월 15일 '저탄소녹색성장'을 새로운 국정 운영의 새로운 비전으로 제시하고 구체적 추진방안으로 2010년 4월 14일 '저탄소녹색성장기본법 시행령'이 발효되었다.

<표 14-5> 녹색성장과 관련한 정부의 국정과제

국정과제	주요 과제	주관기관
친환경 산업, 에너지 절감의 핵심 인프라 조성	· 에너지 R&D 확대 및 사업화 촉진 · 환경산업의 수출전략산업화 · 녹색성장 패러다임 구축 · 그린카 세계 4대 강국도약 · 녹색 기술 R&D 2배 이상 확대 · 그린 에너지 기술 개발	지경부 환경부(지경부) 총리실 지경, 환경, 국토부 교과부(지경, 환경) 지경부
기후변화에 대응한 신산업 개척	· 기후변화 종합대책 수립 · 에너지 저소비 · 탈화석연료 사회로 전환 · 시장 메커니즘을 활용한 온실가스 감축	총리실 지경부, 환경부, 총리실, 재경부 지경부(환경부)
에너지 자주개발을 제고	· 패키지형 자원개발 해외진출 전략 추진 · 동북아 오일허브 구축 · 원자력 비중 제고 · 자주 개발율 향상 · 극지탐사 및 연구를 통한 국제사회 기여 및 미래, 자원 확보	지경부 지경부 지경부 외교부, 지경부 교과부, 국토부
신재생에너지와 청정에너지 개발	· 신재생 에너지 산업 육성 · 원자력 및 전략산업 수출산업화 · 새만금 신재생에너지 시범단지 조성 · 그린 홈 백만호 프로젝트	지경부(국토, 환경) 지경부 지경부, 농식품부 국토부(환경, 지경)
녹색한반도 건설	· 내륙과 연안을 잇는 광역생태축 조성 · DMZ 생태평화공원 조성 외 2건	환경부(국토부) 환경부

자료: 홍운선·장윤섭, "그린 비즈니스에 관한 소고(1) : 개념과 측정기준", 「KOSBI ISSUE PAPER」, 제57호, 중소기업연구원, 2009, p.2.

한국은 녹색성장의 실현을 위해 첫째, 신성장동력 17개 사업을 선정해 집중적으로 육성하는 것을 목적으로 하며 신성장동력의 중심은 에너지 · 환경 분야이다.

선정된 17개 사업 중에서 ① 신 · 재생에너지, ② 탄소 저감에너지, ③ 고도물처리, ④ LED 응용, ⑤ 그린 수송시스템, ⑥ 첨단 그린도시 첨단융합사업의 여섯 가지 사업이 녹색성장에 관련된 사업이다.

둘째로 녹색성장위원회의 구성과 '저탄소 녹색성장기본법'의 제정을 통해 그린 산업·기술의 육성과 지원을 통한 국제경쟁력 향상과 고용창출, 화석연료 수입의존도의 저하, 온실가스 삭감 등에 대한 목표관리제의 도입, 배출량 거래제도의 도입, 환경세의 추진 등을 규정하고 있다.

셋째로 녹색산업활성화 5개년 계획을 들 수 있는데 이것은 녹색성장위원회가 저탄소 녹색성장의 기본전략을 책정하고 이것을 실현하기 위해 5년간 총액 107조 원을 투입하는 계획을 발표한 것이다. 주요한 목표는 ① 온실가스의 삭감, ② 온실가스 배출량 거래제도의 도입, ③ 대체 에너지 개발 촉진, ④ 민간투자의 활성화이다.

이러한 온실가스 삭감은 단기적으로는 경제에 부담을 줄 것으로 예상되지만 장기적으로 보면 국내기업이 새로운 성장시장에서 경쟁력을 갖추기 위해서는 피할 수 없는 과정이며 의무적인 부분이기도 하다. 따라서 이러한 환경변화에 대처해야 하는 기업 역시 긍정적인 태도로 그린경영으로의 전환을 신중히 고려하고 실행해야 할 때라고 판단된다.

Ⅳ 글로벌 환경규제에 따른 그린경영(Green Management)전략

최근 많은 기업에게 있어 환경문제는 피해갈 수 없는 경영과제의 하나가 되었다. 특히 글로벌화가 확대되고 그에 따라 글로벌기업들이 전 세계의 시장에서 경영활동을 하게 됨으로써 각국의 환경규제정책은 각 시장에서의 기업 간 경쟁구도에 영향을 줄 수밖에 없기 때문이다.

그러나 환경문제는 20세기 초까지 아주 적은 일부의 기업에게만 적용되는 예외적인 과제였다. 예를 들어 소위 직접적인 공해배출 기업에게만 해당되는 문제로 인식되었다.

한편 많은 선진국들은 1960년대 후반부터 환경문제를 정책적인 과제로 인식하기 시작하였다. 그에 따라 기업을 둘러싼 많은 이해관계자들은 기업에게 환경문제에 대해 보다 엄격한 대처를 요구하고 기대하게 되었는데 그 배경으로는 다음과 같은 요인을 생각해 볼 수 있다.

첫째, 1970년대부터 미국과 서유럽 국가에서 나타나기 시작한 녹색소비자(Green Consumer)의 대두이다. 이러한 녹색소비자는 상품의 안전성에 관한 소비자의 의향을 기업에 전달하기 위한 활동이 활발해지면서 나타나기 시작했으며 이러한 녹색소비자의 운동을 Green Consumerism이라고 부르게 되었다.

둘째, 기업의 사회적 책임론의 대두이다. 기업의 지속적인 발전을 위해서는 주주는 물론 고객, 지역주민 등 많은 이해관계자와의 양호한 관계를 유지하는 것이 중요한데, 적정한 이익을 통한 확대재생산과 함께 그 일부를 이해관계자에게 환원하는 등, 사회 구성원으로서의 자각을 기업에게 요구하게 되었다. 이것을 기업의 사회적 책임이라 하며 이 문제는 1970년대부터 선진국을 중심으로 논의가 확대되어 왔다.

기업의 사회적 책임문제는 점차 기업의 규모가 커지고 그 영향력이 확대되면서 기업을 둘러싼 이해관계자 또한 확대됨에 따라 보다 다양하고 복잡해지고 있으며 동시에 지구적 환경문제에 대해서도 기업의 사회적 책임의 관점에서 논의하는 상황에 이르렀다.

셋째, 세계 각국이 녹색성장정책을 통해 환경주도권을 확보함으로써 새로운 성장동력과 국가경쟁력을 확보하려는 노력의 일환으로 환경규제 정책을 확대·강화하고 있다는 점을 들 수 있다. 각국은 제품에 대한 환경규제를 무역장벽으로 활용하고 기준에 미달하는 경우 수입을 금지하는 등 실질적으로 기업에게 영향을 주게 되었다.

즉 기업에게 있어 환경문제는 글로벌 경영전략을 수립하는데 있어서 간과할 수 없는 중요한 요소로 급부상하게 된 것이다. 특히, 교토의정서의 발효는 기업의 경영환경에도 변화를 요구하고 있다. 예를 들어 탄소세와 배출쿼터제 도입 등 환경규제의 강화는 세금과 연료 가격을 상승시킴으로써 기업의 원가 부담이 증가하게 될 것이다.

또한 공장신설 또는 증설에도 제한을 주게 될 것이며, 마찬가지로 배출권 등의 구매비용이 증가하게 되고 무역규제에 따라 각국이 제시한 기준에 미치지 못하는 경우에는 수입금지와 범칙금 등이 부과되는 등 새로운 무역장벽이 될 가능성도 높다. (〈그림 13-5〉참조)

그리고 환경기술을 선점하지 못하는 기업은 경쟁력을 상실할 위험도 간과할 수 없다. 이와 같이 기업에게 요구되는 환경문제 대응에 대한 기대가 커지면서 기업이 사회에 대해 인지해야할 사회적 책임의 범위도 확대되고 있으며, 향후 환경문제에 대한 기업의 대처능력은 그 기업이 지속적인 경영활동과 발전을 이룩할 수 있을지 판가름하는 중요한 척도가 되어 가고 있다고 해도 과언이 아닐 것이다.

이러한 그린경영전략을 기업경영에 있어 온실가스 감축과 환경보호를 전략목표로 설정하고 그에 따른 친환경 제품의 개발과 환경보호와 조화를 이루면서 성장해 가고자 하는 장기적이고 전략적인 경영으로 정의하여야 한다. 제품생산계획 단계부터 설계, 생산, 유통은 물론 소비자의 사용과 사용 후 처분에 이르기까지 환경적 영향을 고려하여 의사결정을 하는 것이다.

또한 그린경영은 환경을 통한 성장, 즉 기후변화, 에너지 · 자원 · 환경의 위기를 성장의 기회로 전환하는 환경 부가가치를 창출하는 경영전략을 의미한다. 이와 같이 '친환경'에 대한 Green Consumer의 욕구 증가와 국제적 환경규제의 강화 등으로 인해 그린경영은 이제 더 이상 선택의 대상이 아니라 지속가능한 기업경영을 위한 필수적인 조건이라고 할 수 있을 것이다.

그림 14-4 환경규제정책에 따른 기업의 경영환경 변화 및 리스크 요인

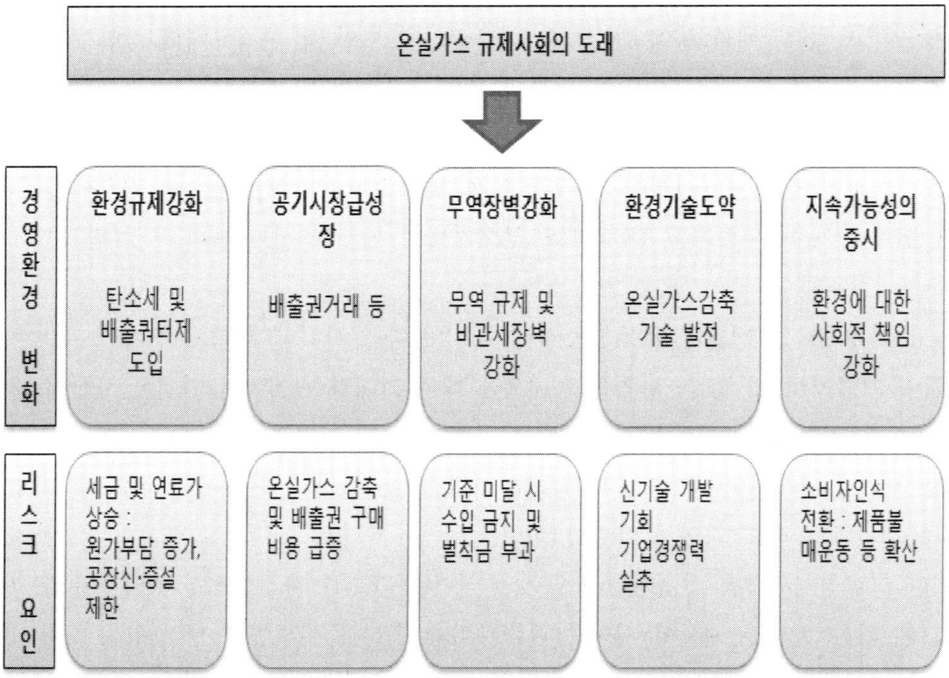

자료: 김현진, '교토의정서 발효 이후의 기업경영', "CEO Information", 제488호, 삼성경제연구소, p.5.

그린경영전략을 수립하고 실행하는데 있어 경영자 또는 의사결정권자는 다음의 두 가지 어프로치에 의한 영향을 받게 된다.

첫 번째로 기업이 경영활동을 행할 때에는 그 기업의 행동에 대해서 외부로부터 다양한 제약조건이 있으며 환경문제뿐만 아니라 다양한 기업행동을 규제하는 강제력을 가진 제약조건으로 기업을 움직이게 하는 법령이 있다. 그 외에도 행정지도, 관련업계의 결정, 고객과의 계약 조건 등이 있으며 이러한 규제들은 그 수가 점점 증가하고 있는 추세이다.

기업은 경영을 하는데 있어서 이러한 규제들을 반드시 준수해야하는데, 최근에는 각국의 환경규제들이 확대 · 강화되고 있는 추세이며 이러한 환경규제정책은 기업을 둘러싼 법률과 제도로서 그린경영전략의 수립과 실행에 대한 기업행동을 강제적으로 움직이게 하는 요소이다.

두 번째로는 기업이 자발적으로 친환경적 행동을 하도록 유도하는 자발적 어프로치를 들 수 있는데, 이것은 기업이 자주적이고 적극적으로 환경보호에 대처하게 하기 위한 계획의 책정을 요청하거나 국제규격으로 작성된 환경경영시스템모델 등을 활용하는 경우라 할 수 있다. 대표적으로 국제적인 환경기준인 ISO14001 규격을 들 수가 있다.

또한 일본 환경청에 의하면 기업의 환경경영은 네 가지의 유형으로 분류할 수 있다.

제1의 유형은 '규제 대응형(規制 對應型)'이다. 즉, 정부의 규제나 관계자의 요망 등에 의해 수동적으로 환경보전에 관한 대처를 하는 경우이다.

제2의 유형은 '예방적 대응형(豫防的 對應型)'이다. 이것은 환경대책을 사업 활동 리스크에 대응하는 것으로 인식하고 사업자 내부의 환경관리체제를 정비하는 등 예방적으로 대처하는 경우이다.

제3의 유형은 '기회 추구형(機會 追求型)'이다. 이것은 환경보존을 사업자의 경영전략 또는 비즈니스 기회로 받아들이고 그린비즈니스를 전개하거나 보다 친환경적인 제품의 전개를 도모하는 것이다.

제4의 유형은 '지속발전형(持續發展型)'으로 환경보존은 기업의 사회적 책임이며 지속가능한 기업경영을 위해 필수불가결한 것으로 받아들이고 사업 활동 전체에서 환경부하를 삭감하고자 노력하는 것이다.

기업을 둘러싼 이해관계자들은 보다 적극적인 환경문제에 관한 대처를 기업에게 요구하고 있으며 기업은 이를 적극적으로 수용하여 그린경영을 실현하려는 노력을 하는 것이 장기적인 관점에서 지속가능한 경영을 가능하게 할 것이다.

기업은 그린경영체제 수립 시 다음과 같은 사항에 대해 고려해야 한다. 기업은 자의적 또는 강제적 어프로치를 통해 기업의 경영행동에 영향을 주어 경영전략을 수립하고 수행하게 되는데, 최근 글로벌기업에게 주어진 주요 과제로 새로운 환경변화에 따른 그린경영 전략이 필요하게 되었다. 다시 말해, 기후변화, 자원고갈, 제품 환경규제 확산 등 새로운 환경이슈가 대두됨에 따라 기존 경영전략의 혁신이 필요하게 되었다.

그와 동시에 탄소배출권 시장 등 새로운 환경이슈에 부응한 신시장이 형성됨에 따라 글로벌 기업은 기존의 비즈니스 모델 재편을 포함한 그린경영을 적극적으로 추진해야 한다. 이러한 그린경영전략은 제품, 생산, 업무 프로세스 등을 포함한 기업문화 전체의 변화가 동반될 때에 경쟁력 제고를 달성할 수 있는 전략으로 기능할 것이다.

따라서 기업은 환경규제정책이라는 강제적 어프로치와 기업문화의 변화를 포함한 그린경영전략의 구축이라는 자발적 어프로치를 정확히 이해하고 활용하는 경영행동을 취해야 할 것이다.

그러기 위해서 기업은 첫째, 기존의 경영체제의 전환이 필요하다. 즉, 그린경영체제로 전환이다. 그린경영체제로의 전환 필요성은 기업의 부분적인 변화를 요구하는 것이 아니라 기업의 경영활동의 전반에 걸친 새로운 재편을 필요하기 때문이다. 생산, 판매, 유통, 마케팅, 조직, 기업문화, 경영자의 마인드, 조직원의 마인드, 고객관리에 이르기까지 기업의 경영활동에 관계된 모든 부분에서 그린경영은 상호 간에 연계되어야 한다.

둘째, 환경관련 기술을 개발하고 운용할 수 있는 기업의 핵심역량 개발이 반드시 필요하다. 그러기 위해선 신기술에 대한 투자와 온실가스 저감을 위한 녹색기술을 적극적으로 개발 · 도입해야 한다.

셋째, 그린경영체제로의 전환과 녹색관련 핵심역량 개발을 가능하게 할 수 있는 그린경영전략의 수립이 필요하다. 이는 새로운 녹색관련 시장의 개발과 녹색소비자를 만족시킬 수 있는 녹색마케팅을 비롯하여 확대·강화되어 가는 각국의 환경규제에도 대처할 수 있는 통합적인 전략으로 수립되어야 한다.

넷째, 기업을 둘러싼 강제적 어프로치임과 동시에 기업의 경영체제전환에 큰 도움을 받을 수 있는 정부의 각종 지원책을 파악하여 녹색시장 진출에 발판을 마련하고 새로운 시장에서 성장해 나가기 위해 정부의 지원책을 적극적으로 활용할 필요가 있다. 예를 들어 한국 정부는 제품의 기능과 품질을 서비스 형태로 제공하는 제품서비스화 비즈니스 모델을 발굴·지원하기 위해 지속가능한 제품서비스산업 육성 5개년 계획을 수립하고 우수 사업모델은 사업화 지원 및 보급·확산시킨다는 전략을 추진하고 있다.

마지막으로 우리나라에서 최근 불거지고 있는 온실가스 감축목표와 배출권거래제 시행에 대한 두 가지의 상이한 견해를 살펴보기로 하자(중앙일보, 2013년 12월 28일).

① 과도한 감축은 산업경쟁력 약화시킬 뿐이다.

2008년 한국은 '저탄소 녹색성장'을 새로운 국가 비전으로 선포하고 저탄소녹색성장기본법을 제정했다. 2009년에는 온실가스를 2020년 배출전망치(BAU: Business As Usual) 대비 30% 감축하겠다고 국제사회에 공표했다. 이를 위해 정부는 2012년부터 온실가스·에너지 목표관리제를 시행해오고 있고, 2015년부터는 온실가스를 사고팔 수 있는 배출권거래제도를 실시할 예정이다. 하지만 최근 온실가스 감축 관련 국내외 환경이 크게 변화되고 있는 상황이다. 정부가 이를 외면한 채 기존 정책을 고수하면서 산업계의 우려가 커지고 있다.

먼저 정부의 온실가스 배출전망치는 실제 배출량과 확연한 차이를 보이고 있다. 2010년 온실가스 실제 배출량은 6.69억t으로 목표 수립 당시 예측치 6.44억t보다 4% 정도 초과했다. 실배출량 기준으로 추계 분석한 결과 2020년 예상배출량은 8.99억t으로 당초 예측치인 8.13억t보다 10% 이상 상회하는 것으로 나타났다.

2020년 BAU 대비 30% 감축 목표도 설정 당시와는 여건이 많이 변화됐지만 국제적 체면을 의식한 정부는 조정할 생각이 없어 보인다. 목표 설정 당시 제시했던 탄소포집저장(CCS) 기술의 상용화 지연과 원전 비중 축소 등으로 국가 온실가스 감축목표 달성이 어려워진 것이 현실이다. 2010년 온실가스 배출량이 전 세계 배출량(490억t)의 약 1.4%였다는 것을 감안하면 우리나라가 2020년에 가서 전 세계 감축목표치(30억-70억t)의 3-8%까지 책임지겠다는 것은 산업계의 국제경쟁력을 고려하지 않은 처사다.

국제사회의 흐름도 간과해서는 안 된다. 교토의정서 체제가 선진국의 잇따른 이탈로 사실상 와해돼 실효성 없는 상징적 체제로 전락했다. 2013년 11월 말 열렸던 제19차 유엔기후변화협약 당사국총회에서는 구속력 있는 감축목표를 도출하는 데 실패했다. 미국·중국·인도는 처음부터 교토체제에 들어가지 않았고 온실가스 감축을 선도적으로 이끌었던 일본·러시아·캐나다·호주·뉴질랜드 등은 자국 산업의 경쟁력 보호를 위해 2011년부터 더 이상의 참여 중단을 선언했다. 배출량 상위 10대 국가 중 감축의무를 이행하고 있는 나라는 독일과 영국뿐이다.

특히 일본은 원전사고 이후 온실가스 감축 목표를 당초 2020년까지 1990년 대비 25% 감축에서 3.1% 증가로 방향을 전환했다.

교토체제의 핵심 메커니즘이라 할 수 있는 배출권거래제 기반의 유럽연합(EU) 탄소시장은 글로벌 경제위기로 붕괴 직전이다.

2008년 7월 t당 34유로이던 배출권 가격은 올 1월 한때 2.81유로까지 떨어졌다가 현재는 4유로 후반 수준이다. 유럽과 탄소시장 연계를 꿈꾸던 호주도 2012년 고정가격 거래제(탄소세)를 도입했으나 지난 11월 탄소세 폐지 법안을 상원에 제출했다.

인류의 미래를 위해 기후변화 문제 해결에 동참해야 한다는 것에는 이견이 있을 수 없다. 그러나 전 세계적인 경기침체로 국제탄소시장의 미래가 불확실하고, 교토체제가 무력화된 상황에서 한국만 과도한 온실가스 감축정책을 계속 추진하는 것은 국가경제에 부담으로 작용하고 궁극적으로 산업경쟁력만 훼손할 수 있다. 정부는 변화된 국내외 환경에 맞게 감축 정책 조정에 나서야 한다. 2020년 국가 온실가스 감축 목표를 대폭 축소하고 배출권거래제도 2020년 이후로 연기해야 할 것이다.

② 국제 신뢰 잃으면 더 큰 부메랑으로 돌아온다.

지난 19일 산업계가 정부와 국회에 온실가스 감축목표 재조정과 배출권거래제 시행 연기를 요청한 것으로 알려졌다. 산업계가 기후변화 대응 관련 입법 저지와 온실가스 감축정책 무력화에 총력전을 펴왔다는 점에 비춰 보면 놀라운 일은 아니다. 그러나 이번에는 도를 넘어도 한참 넘었다는 느낌을 지울 수 없다. 법률이 정하고 있는 온실가스 감축정책의 기본 뼈대까지 허물자는 것은 상식에 어긋날뿐더러 장기적으로는 국가경제에도 큰 부담을 줄 것이기 때문이다.

온실가스 감축목표를 수정하게 되면 국가가 욕을 먹더라도 기업들의 부담은 당장 줄어들지도 모른다. 하지만 그 다음이 문제다. 2020년 이후 온실가스 감축을 둘러싼 국가 간 협상은 2015년까지 완료될 예정이다. 가이드라인은 이미 나와 있다. 지구 평균기온이 산업화 이전과 견줘 2도 이상 상승하는 것을 억제한다는 것이다.

한국은 1인당 배출량, 역사적 책임, 지불 능력 등 어떤 기준을 들이대더라도 과감한 감축을 요구받게 돼 있다. 이런 조건에서 국제사회의 신뢰까지 잃게 되면 숙제를 하지 않은 책임은 나중에 더 큰 부메랑으로 돌아오게 된다.

산업계는 감축목표 수정의 근거로 2010년 온실가스 배출량이 예측치를 초과했다는 점을 들고 있다. 하지만 2009년까지 연평균 1.5% 증가에 그치던 배출량이 2010년 들어 전년 대비 9.8%나 폭증한 것은 철강 산업의 호황에 따른 대대적인 설비 증설에 기인한다.

현재 세계 철강업계의 과잉설비는 5억t가량으로 중국이 주도하고 있는 과잉공급 구조는 단기간에 해소되지 않을 전망이다. 이는 감축목표를 수정해야 한다는 주장이 과거의 비정상적인 배출량 증가가 되풀이될 것이라는 잘못된 전제에서 출발하고 있음을 단적으로 드러내고 있다.

전 세계 배출량의 약 1.4%를 차지하고 있는 한국의 감축목표가 국제사회의 목표로 삼고 있는 감축량에 비해 과도하다는 것도 착시효과를 노린 주장이다. 한 국가의 감축 책임은 단순히 세계 배출량에서 차지하는 비중만으로 결정되지 않는다. 국가마다 인구와 경제 수준이 다르기 때문이다. 오히려 중요한 것은 1인당 배출량이다.

한국의 1인당 이산화탄소 배출량은 13.0t으로 독일(9.7t)과 일본(10.4t) 등 경제대국들을 훨씬 앞지르고 있다. 문제는 최근 몇 년간 온실가스 배출량 증가속도가 GDP 성장률보다 빠르다는 점이다. 이런 상황이 지속되면 한국은 고비용·고효율 경제를 대표하는 '갈색국가'로 전락할 수밖에 없다.

미국과 중국 등 다른 국가들의 움직임은 우리보다 훨씬 기민하다. 미 Obama 정부는 의회의 동의가 필요 없는 행정명령으로 화력발전소에 대한 탄소배출량 규제에 나서고 있다. 배출권거래제보다 훨씬 강력한 방식이다.

중국은 2013년 6월 선전시를 시작으로 11월 말에는 베이징과 상하이에서 배출권거래제를 개시했다. 2014년이면 중국은 EU에 이어 세계 2위의 탄소 거래시장으로 부상하게 된다.

최근 바르샤바 기후변화 총회에서는 2020년 이후 감축목표를 2015년까지 제출하는 것을 구체적인 시간표가 짜였다. 경주 시작을 알리는 방아쇠가 당겨진 셈이다. 이런 마당에 한국은 늦게 출발하자는 산업계의 태도는 과연 현명한 것인지를 고민해야 할 것이다.

『참고 문헌』

국제환경규제 기업지원센터, 주요 국제환경협약 및 환경규제, 국제환경규제 기업지원센터, 2010.

곽나연, "공익마케팅을 통한 소비자태도 형성에 자아효능감과 자기감시성이 미치는 영향," 한국외국어대학교 대학원, 석사학위논문, 2009.

권영철·유력초, "현지국에서의 사회적 책임에 관한 연구;중국진출 한국기업을 중심으로," 국제경영리뷰, 16(1), 2012, 212-213.

권한용, "기업의 사회적 책임에 대한 국제적 논의와 법적과제," 동아대 동아법학, 53, 2011, 717- 752.

김병균·서민교, "중국진출 한국기업의 CSR에 관한 사례연구," 국제경영리뷰, 16(3), 2012, 235-265.

김상희, "한국기업의 국제 M&A 선택요인에 관한 연구," 강릉원주대학교 대학원 박사학위 논문, 2013.

김성호, "해외 진출 한국기업의 인적자원관리에 관한 연구," 협성대학교 산업경영연구소, 11, 2007, 1-21.

"한국 가구 제조기업의 국제화에 관한 연구-베트남 진출 기업들을 중심으로," 한국국제경영관리학회, 15(1), 2011, 1-17.

"글로벌시대의 교회의 사회적 책임에 관한 연구," 로고스경영연구, 통권27호, 한국로고스경영학회, 2011.

"교회안의 리더십, 세상과 다른가," 로고스경영연구, 통권21호, 한국로고스경영학회, 2011.

국제경영, 비즈프레스, 2011.

국제마케팅, 비즈프레스, 2012.

김주헌·조정, "외국기업의 CSR 활동이 기업 이미지와 구매의도에 미치는 영향; 중국진출. 김주헌 · 윤동진 · 전용욱, 국제경영, 문영사, 2008.

남정우, "환경규제에 입각한 기업의 그린경영전략" , 전자무역연구, 제8권 제3호, 한국전자무역연구소, 2010. 8. 31, 107-122.

랄프 쇼이스·안성철(역), 전략사전, 옥당, 2010.

마쓰다 히사카즈 지음, 이기화 옮김, 성공기업 전략케이스 46, 한스미디어, 2013.

박상안·김헌·임효창·홍길표, 기업의 사회적 책임 중시 경영, 한국학술정보출판사, 2007.

박의범 · 권종욱 · 오대혁, 세계화와 글로벌경영, 두남, 2010.

백권호·백목윤, "한·중간 CSR 관련 정책 및 기업사례 분석," 한국국제경영학회 해외세미나 논문집, 2012, 39.

신만 · 김보인, "한국과 미국 근로자의 감정적 조직몰입에 영향을 미치는 선행변수 분석:직무 특성, 의사결정참여 그리고 준거집단별 집단주의를 중심으로," 국제경영리뷰, 17(2), 한국국제경영관리학회, 2013. 6.

심영, "소비자의 사회적 책임에 관한 연구," 소비자학연구, 20(2), 2009, 81-119.

안영규·박의룡, "한국형 사회적 기업의 주요 성공요인에 대한 차이분석," 국제경영리뷰, 15(3), 2011, 40-41.

어윤대 · 방호열, 전략경영, 학현사, 1998.

이상민, 기업의 사회적 책임, 한국사회학, 36(2), 2002, 77-111.

이용근·남정우, "일본의 그린 IT정책과 일본 기업의 대응전략" , 전자무역연구, 제8권 제2호, 한국전자무역연구소, 2010. 5. 31, 115-130.

이현우(역) · 티모시 쿰즈(저), 위기관리 커뮤니케이션, 커뮤니케이션북스, 2001.

임은정, "공급체인관리(SCM)의 구축성과 결정요인에 관한 실증적 연구," 중앙대학교 대학원 석사학위논문, 2008.

장세진, 경영전략, 박영사, 2012.

장함자, "직장 상사의 리더십 유형이 직무소진에 미치는 영향에 관한 연구," 한성대학교 대학원 석사논문, 2013.

조대우 · 황경연, "코스닥 상장 제조기업의 연구개발투자가 수출성과에 미치는 영향," 국제경영리뷰, 17(2), 한국국제경영관리학회, 2013, 6.

조선일보, 위클리비즈, 21세기북스, 2010.

채서일, 마케팅, 비앤엠북스, 2007.

최상철, 이기는 기업, 한국경제신문, 2010.

Aaker, J., *Dimensions of Brand Personality*, Journal of Marketing Research, 1977, 347-356.

Ansoff, H. I. & McDonnell, E. J., *Implanting Strategic Management,* Prentice-Hall International(UK) Ltd, 1990.

Brad Stone, NIKKEI BUSINESS, 2013, 7, 1.

Chandler, A. D., *Strategy and Structure : Chapters in the History of the American Industrial Enterprise*, Cambridge, Massachusetts, and London, England : The M. I. T. Press : 13, 1962.

Joel Bleeke and Ernst, *Collaborating to Compete*, John Wiley & Sons, 1993.

Korea University, *Global Conference on CSR and Globalization*, Korea University Business School, 2012.

M. Cauley de la Sierra, *Managing Global Alliance*, Addison Wesley, 1995.

NTTデータCSR報告書, 社会全体の環境負荷低減に貢献する 'グリーンITソリューション'を, 2009, 12-13.

青島矢一·加藤俊彦, 競争戦略論, 東洋経済新報社, 2003.
浅川和宏, グローバル経営入門, 日本経済新聞社, 2006.
飯島英胤, グローバル競争時代の企業経営と人事, 三省堂書店, 2013.
伊丹敬之·加護野忠男, ゼミナール経営学入門, 日本経済新聞社, 1997.
小黒由貴子, "グリーンITブームを今日労力強化の機会と捉えよう一省エネ関連制度の改正と環 境視点の企業選別の広がり一", 大和総研, 2008. 9. 5.
小黒由貴子, "低炭素社会を実現する「グリーンIT」", 経営戦略研究, Vol.23, 2009 秋, 52-55.
岡本眞一, 環境経営入門, 日科技連, 2008.
大竹 剛, NIKKEI BUSINESS, 2013. 3. 25.
企業価値評価研究 編者, 企業価値向上の戦略, 税務経理協会, 2013.
金奉吉, 日·韓自動車産業の国際競争力と下請け分業生産システム, 神戸大学経済経営研究所, 2000.
香田克也, "日立によるグリーンITの実践 -プロジェクトCoolCenter50-", uVALUE, 日経ビジ ネスイノベーションフォーラム, 2008. 10. 27.
後藤直義, 週刊ダイヤモンド, 2013. 8. 3.
嶋口充輝·内田和成·黒岩健一郎, 1からの戦略論, 碩学舎, 2009.
田村 直樹, 経営戦略とマーケティング戦略, 星雲社, 2013.
ダイヤモンド編著, わかる!図解マーケティング, ダイヤモンド社, 2000.
豊澄智己, "エコビジネスの展開戦略一環境配慮型製品に着目して一", 人間環境学研究, 広島修道大学学術交流センター, 通号 8, 2006. 9.
南政佑, "韓国財閥におけるM&Aとコーポレート・ガバナンス-現代自動車グループを中心に-, 日本大学大学院, 博士学位論文, 2009.
日本総合研究所 経営戦略研究会, この1冊ですべてわかる経営戦略の基本, 日本実業出版社, 2011.
原 隆, NIKKEI BUSINESS, 2013. 6. 24.
日立ソフトCSRレポート, 環境マネジメント, 2009, 14-16.
マイケル·E·ポーター著, 竹内弘高訳, 競争戦略論 I, ダイヤモンド社, 2002. 12. 24.
マイケル·E·ポーター著, 竹内弘高訳, 競争戦略論 II, ダイヤモンド社, 2002. 10. 4.
宮崎哲也, "グリーン戦略とビジネス・パフォーマンス", 日本商業学会発表資料, 1998. 10.
苅込俊二, "グリーン成長戦略に取り組む韓国", みずほアジア・オセアニアインサイト, みずほ総合研究所, 2010. 2.
吉森賢, グローバル経営戦略, 放送大学教育振興会, 2006. 3. 20.
若杉隆平・伊藤萬里, グローバル・イノベーション, 慶應義塾大学出版会, 20

【찾아보기】

A~W

【저자 소개】

김성호교수는 고려대학교에서 국제경영을 전공하여 경영학박사를 받았으며 현재 협성대학교에서 강의하여 왔다. 대학에서는 국제통상학과장, 경영대학장, 학생처장, 경영정보대학원장, 평생교육원장, 도서관장 등을 역임하였다. 그동안 40여편의 논문과 Business Correspondence with Documents(법문사), 글로벌 경쟁시대의 국제무역(학문사), 국제통상실무(법문사), 국제통상협상(두남), 국제경영 공저, 학현사), 목회를 위한 경영 경영을 위한 목회(프리칭 아카데미), 국제해상운송실무(박영사), 글로벌 경쟁시대의 국제마케팅(비즈프레스) 등 16권의 저서가 있다.

남정우박사는 니혼대학(日本大学)대학원 상학연구과 경영학 전공 상학석사(2004년), 니혼대학(日本大学)대학원 상원연구과 경영학전공 상학박사(2009년)를 취득하고 중앙대학교 한국전자무역연구소 전임연구원으로 근무하였으며 중앙대학교, 협성대학교, 백석대학교 등에서 국제경영, 국제경영전략, 국제기업환경론, 국제기업경영론, 경영사례연구 등을 강의하고 있다.

글로벌 경쟁시대의 경영전략

2014년 3월 5일 초판 인쇄
2014년 3월 10일 초판 발행

저 자 김성호 남정우
발행인 추일재
발행처 비즈프레스

저자와의 협의하에 인지생략

서울시 강동구 천호 359-23
E-mail : bizpress@hanmail.net
등록 : 2006년 11월 27일 제324-2006-0044호

정가 22,000원

ISBN 978-89-92730-89-1